Frei Tod? Selbst Mord? Bilanz Suizid?

Wenn Gefangene sich das Leben nehmen

Einschätzung und Prävention

Katharina Bennefeld-Kersten,
Johannes Lohner,
Willi Pecher (Hrsg.)

Frei Tod? Selbst Mord?
Bilanz Suizid?

Wenn Gefangene sich das Leben nehmen

Einschätzung und Prävention

PABST SCIENCE PUBLISHERS
Lengerich

Korrespondenzadresse: Dr. phil. Dipl.-Psych.
                          Katharina Bennefeld-Kersten

                          e-mail: suizidforschung@gmx.de

Bibliografische Information Der Deutschen Bibliothek
Die Deutsche Bibliothek verzeichnet diese Publikation in der Deutschen Nationalbibliografie; detaillierte bibliografische Daten sind im Internet über <http://dnb.ddb.de> abrufbar.

© 2015 Pabst Science Publishers, 49525 Lengerich, Germany

Formatierung: Susanne Kemmer
Druck: KM-Druck2.0, D-64823 Groß-Umstadt
Bildnachweis Titelseite: © Ints Vikmanis – Fotolia.com

Print: ISBN 978-3-95853-002-7
eBook: ISBN 978-3-95853-003-4 (www.ciando.com)

3. Auflage 2023

VORWORT

Katharina Bennefeld-Kersten,
Johannes Lohner und Willi Pecher

Warum dieses Buch eine Notwendigkeit ist:

Der Gedanke an Selbstmord ist zugleich ein gutes Rezept gegen ihn.

(Peter Rudl, ein deutscher Aphoristiker)

So ähnlich könnte die Absicht des vorliegenden Buchs beschrieben werden:

Ein gutes Buch über Suizide ist zugleich ein gutes Rezept gegen sie.

Es ist ein Buch, das sich mit Ursachen, Anlässen, Umständen und u.a. psychosozialen, medizinischen, philosophisch-ethischen, theologischen und juristischen Hintergründen beschäftigt, kurz, mit Konstellationen rund um den Suizid. Es ist der Versuch, mit der Vielfalt der Autoren der Komplexität des Suizidphänomens einigermaßen gerecht zu werden. Fokussiert wird das Suizidgeschehen einer speziellen Klientel, nämlich das von Gefängnisinsassen, deren Suizidursachen ganz besonders schnell in der Nähe von „Bilanzsuiziden" gesucht (und gefunden) werden. „Closing the exit" so lautet die derzeit geläufige Devise, die Maßnahmen oder Eingriffe bezeichnet, die Suizidalität im Stadium der Ambivalenz wirksam begegnen. Je mehr Kenntnisse über Ursachen, Auslöser und Methoden gewonnen werden können, desto gezielter können Gegenmaßnahmen eingesetzt werden. So geht es neben der Ursachensuche auch um Prävention, um bauliche Gestaltung unter suizidpräventiven Aspekten und um Erfahrungen mit ganz praktischen Maßnahmen aus dem Gefängnisalltag.

Vollzugspraktiker erhalten sowohl einen theoretischen Überblick über nahezu alle relevanten Themen, die in ihrem Berufsalltag bei der Handhabung und Bewältigung von Suiziden eine Rolle spielen können, als auch konkrete Beschreibungen praktischer Maßnahmen zur Suizidprävention.

Leser, die die Lebensumstände von Gefangenen gar nicht, oder (schlimmer) nur aus Filmen kennen, erhalten einen Einblick hinter die Kulissen der hohen Mauern und erfahren etwas über die Lebensabläufe von Gefangenen, aber auch über den Alltag von Vollzugspersonal.

Das Thema ist vierfach gegliedert in:

- den *Überblick*, der die Grunddimensionen von Suizidalität in Haft beschreibt,

- den *Einblick*, der praktische Aspekte der Suizidprävention vermittelt,

- den *Ausblick*, der von Erfahrungen mit konkreten Maßnahmen und Projekten in der Suizidprävention berichtet und

- den *Weitblick,* der mit einem „integrativen Modell der Suizidprävention in Gefängnissen" den Abschluss bildet.

Restorf, Regensburg und München im Januar 2015

INHALT
Inhaltsverzeichnis

TEIL I

Überblick –
Grunddimensionen von
Suizidalität in Haft

1. Problemkonstellationen – Risiken und Anlässe für und gegen den Verbleib im Leben

Katharina Bennefeld-Kersten

In internationalen Studien beschriebene Risikofaktoren für die Entwicklung von Suizidalität werden vorgestellt und den Ergebnissen einer Studie in deutschen Gefängnissen (Totalerhebung von Daten über Suizidenten) gegenüber gestellt. Um Gefangene zu Wort kommen zu lassen, werden in Abschiedsbriefen genannte Anlässe für den Suizid in Beziehung gesetzt zu Anlässen für Suizidgedanken, die neu inhaftierte Gefangene angegeben haben. Ein möglicherweise für eine Entscheidung zum Suizid entscheidender Faktor sind Gefühle von Schuld und Versagen. Gefangene, die suizidale Gedanken „überlebt" haben, haben auch mitgeteilt, was sie im Leben hält. Die Liebe zum Leben und vor allem das Gefühl, gebraucht zu werden, haben für den Verbleib im Leben den Ausschlag gegeben. Aspekte, die in der Suizidprävention mehr Beachtung finden müssen.

1.1 Risikofaktoren

Risikofaktoren im medizinisch-psychologischen Bereich sind bestimmte Dispositionen, Eigenschaften oder Umweltbedingungen, die die Wahrscheinlichkeit für das Auftreten einer bestimmten Erkrankung / Beeinträchtigung erhöhen. Dabei sind die Risikofaktoren nicht ursächlich für die Erkrankung, sondern erhöhen die Wahrscheinlichkeit des Auftretens.

In der Literatur werden Geschlecht, Familienstand, Alter, Hafterfahrung, Delikt und psychische Befindlichkeit als die häufigsten Risikofaktoren für Gefangenensuizide beschrieben (vgl. u. a. Blaauw et al., 2005; Fazel & Danesh, 2002; Frottier et al., 2001; Liebling, 1999). In einem systematischen Überblick über Risikofaktoren für Suizid, wurden Daten aus 34 internationalen Studien ausgewertet, denen 4780 Gefangenensuizide zugrunde liegen (Fazel et al., 2008). Es wurden verschiedene demografische, kriminologische und klinische Faktoren auf Zusammenhänge mit Suizidalität untersucht. In vielen Studien ließen sich „männliches Geschlecht", „verurteilt" und „verheiratet" als Risikofaktoren identifizieren, auch Untersuchungsgefangene und Gefangene mit Tötungsdelikten zählten zu einer Gruppe mit erhöhtem Risiko, während z. B. zwischen Sexualdelikten und Suizid kein Zusammenhang hergestellt werden konnte. Als wichtigste Faktoren, die in engem Zusammenhang zum Suizid zu sehen sind, wurden „anhaltende Suizidgedanken", „Unterbringung in einer Einzelzelle", „Suizidversuche in der Vorgeschichte" und „Vorliegen einer psychiatrischen Diagnose" gefunden. Im Rahmen einer weiteren Auswertung internationaler Studien zur Identifizierung von suizidalen Gefangenen stellte sich heraus, dass Daten zur Kriminalität und zur psychiatrischen Beeinträchtigung am besten geeignet sind, Suizidrisiken anzuzeigen (Blaauw et al., 2005; ähnlich Tartarelli, 1999). Auch Frühwald et al. (2002)

fanden in einer Auswertung von 220 Akten über Gefangenensuizidfälle in Österreich aus den Jahren 1975 bis 1999 eine große Häufigkeit von Suizidhandlungen (49% vorangegangene Suizidversuche und 37% Suizidankündigungen) und eine Häufigkeit psychischer Störungen (37% psychopharmakologische Medikation, 48,6% Kontakt zu Psychiater) in der Vorgeschichte. Zudem sei 50% der Gruppe während der Haft vor dem Suizid ohne Arbeit gewesen. Kopp et al. (2011) haben die psychische Symptombelastung bei Lang- und Kurzzeitgefangenen in Deutschland erfasst und festgestellt, dass jeder 4. Langzeitgefangene während der Haft einen Suizidversuch unternommen und jeder 5. Langzeitgefangene von mindestens einem der Haft vorangegangenen Suizidversuch berichtet hatte. Hawton et al. (2014) erfassten Risikofaktoren für Suizid nach Suizidhandlungen von Gefangenen im Zeitraum 2004 bis 2009 in England und Wales. Sie stellten fest, dass die Suizidraten pro 100 000 Personen von männlichen Gefangenen nach Selbstverletzungen um mehr als das Dreifache höher waren als die Suizidraten der allgemeinen Gefangenenpopulation (334 zu 95). Für weibliche Insassen war die Suizidrate nach Selbstverletzungen leicht erhöht (149 zu 113). Die Suizide wurden meistens durch Erhängen begangen (83%) und mehr als die Hälfte aller Suizide wurde innerhalb eines Monats nach der Selbstverletzung durchgeführt. An Methoden vorangegangener Selbstverletzung wurden am meisten Schneiden oder Ritzen (58% der Suizide) genannt, an zweiter Stelle Erhängen (14% der Suizide).

Im Leitfaden der WHO (2007) wird berichtet, dass weltweit junge Untersuchungsgefangene, die zum ersten Mal in Haft sind, ein hohes Suizidrisiko haben. Oft begingen sie den Suizid innerhalb der ersten 24 Stunden, eine zweite Risikoperiode sei die Zeit der Verurteilung in Erwartung einer hohen Strafe. Strafgefangene, die sich das Leben nahmen, waren eher älter und Gewalttäter, und töteten sich erst nach einer beachtlichen Zeit von vier bis fünf Jahren Haft. Anlässe könnten Konflikte mit Mitgefangenen oder der Administration gewesen sein, Verlust oder Konflikte mit der Familie oder negative justizielle Entscheidungen.

Im Justizvollzug in Deutschland wurden im Rahmen einer Totalerhebung Daten über Suizide von 1067 Gefangenen, die sich in den Jahren 2000 bis 2013 in Deutschland das Leben genommen hatten, gesammelt und dokumentiert (Kriminologischer Dienst[1]). In der Auswertung bilden sich die genannten Risikofaktoren wie Geschlecht, Familienstand, Alter, Hafterfahrung, Tötungsdelikt, Unterbringung in einer Einzelzelle und psychische Befindlichkeit unterschiedlich ab.

1.2   Soziodemografische Variablen und Haftart

In der Allgemeinbevölkerung Deutschlands nehmen sich Männer dreimal häufiger das Leben als Frauen. Im Vollzug haben Männer mit 1037 Suiziden im genannten Zeitraum eine durchschnittliche Suizidrate von 102,5 Suiziden pro 100 000 Personen. Mit 30 Suiziden beträgt die Suizidrate weiblicher Gefangener mit durchschnittlich 54,6 Suiziden pro 100 000 nahezu die Hälfte. Der prozentuale Anteil der Suizide von weiblichen Gefangenen ist mit durchschnittlich 3,2% pro Jahr[2] geringer als der prozentuale Anteil weiblicher Gefangener an der Belegung mit durchschnittlich

---

[1]   Kriminologischer Dienst im Bildungsinstitut des niedersächsischen Justizvollzugs
[2]   mit einer Schwankungsbreite von 0 bis 7% bei den Suiziden und von 4,4% bis 5,7% an der Belegung

5,1%. Das heißt im Ergebnis, dass sich auch im Vollzug männliche Gefangene häufiger töten als weibliche, jedoch nur knapp doppelt so häufig.

Die meisten Suizidenten waren im Alter zwischen 20 und 40 Jahren (Tab. 1), der Jüngste war 15, der Älteste 83 Jahre alt. Ein Vergleich für den Zeitraum 2007-2013[3] von Alterskategorien der Suizidgruppe Strafgefangener mit solchen der Population Strafgefangener ergibt – abgesehen von einem etwas größeren Anteil der über 40jährigen in der Suizidgruppe (Tab. 2) – keine nennenswerten Unterschiede. Für Untersuchungsgefangene werden vom Statistischen Bundesamt keine Altersgruppen von Inhaftierten ermittelt.

Alter	U-Haft		S-Haft		Sonstige		Gesamt	
	m	w	m	w	m	w	m	w
<20	25	0	22	0	1	0	48	0
20-25	67	2	74	2	3	0	143	4
26-30	55	2	68	2	6	1	129	5
31-35	84	2	81	2	4	1	169	5
36-40	79	0	73	1	1	0	153	1
41-45	83	0	51	3	3	0	137	3
46-50	57	3	33	0	3	0	93	3
51-55	37	2	37	1	0	0	74	3
56-60	27	0	16	1	2	1	45	2
>60	31	2	13	1	1	1	45	4
Gesamt	545	13	468	13	24	4	1037	30

Tab. 1: Alter und Haftart nach Geschlecht (N=1067)

Anders als im Leitfaden der WHO (2007), sind mehr Strafgefangene als Untersuchungsgefangene unter den Jüngeren. Bei den über 40jährigen handelt es sich vorwiegend um Untersuchungsgefangene.

Alters-kategorie	Strafgefangene[4] Durchschnitt/Jahr N=5340	Suizidenten in Strafhaft n=214
< 25	18,9	18,2
25 < 40	48,5	47,7
>= 40	32,6	34,1

Tab. 2: Alterskategorien Strafgefangene und Suizidenten in Strafhaft 2007-2013

---

[3] Statistisches Bundesamt, Rechtspflege, Fachserie 10, Reihe 4.1, 2014
[4] Statistisches Bundesamt Wiesbaden, Fachserie 10 Reihe 4.1 (Vorbemerkung):
   Jeweils zum Stichtag 31. März eines Berichtsjahres wird die Struktur der Strafgefangenen im Freiheits- und Jugendstrafvollzug sowie der Sicherungsverwahrten nachgewiesen. Die wichtigsten Merkmalsgruppen sind Alter, Geschlecht und Familienstand, Staatsangehörigkeit, Art und Dauer des Vollzugs, Art der Straftat und Zahl der Vorstrafen.

Mit dem Erfassungsbogen wurde im Rahmen der Totalerhebung ab 2005 nach persönlichen Verhältnissen der Suizidenten und Ereignissen gefragt. Mehr als zwei Drittel (von N=589) der Suizidentengruppe war nach eigener Aussage „alleinlebend". Erfahrungsgemäß sind die Angaben nur bedingt zuverlässig. So kommt es häufiger vor, dass Gefangene ihre Partner nicht angeben, weil sie beispielsweise eine Kontaktaufnahme des Vollzuges mit der Person verhindern wollen. Aber auch der umgekehrte Fall kommt vor, dass Gefangene Personen als Partner bezeichnen, um als sozial gefestigt (und lockerungsgeeignet) zu erscheinen.

	Häufigkeit	Prozent
Ledig / allein lebend	306	52,0
Geschieden / allein lebend	91	15,4
Verheiratet / verpartnert	143	24,3
erwitwet	23	3,9
verwitwet	4	0,7
unklar	22	3,7
Gesamt	589	100,0

Tab. 3: Familienstand (2005-2013)

1.3 Haftart, Haftzeit und Unterbringung

Unter Berücksichtigung der Daten aus Stichtagserhebungen[5] beträgt die Suizidrate von 275,5 pro 100 000 Untersuchungsgefangenen fast das 5fache der Suizidrate für Gefangene in Strafhaft (55,7 pro 100 000 Strafgefangene). Unberücksichtigt bleibt dabei der höhere Durchlauf von Personen in der Untersuchungshaft, der zu einer größeren Annäherung der Suizidraten führen würde[6].

Grundsätzlich besteht zu Beginn der Inhaftierung das höchste Suizidrisiko. 495 Gefangene (von N=1067, Totalerhebung 2000-2013) haben sich innerhalb der ersten drei Monate getötet. Unabhängig von der Haftdauer waren durchgängig mehr Suizidenten zum Suizidzeitpunkt in einer Einzelzelle untergebracht (n=718). Prozentual hatte allerdings die Gefangenengruppe, die bei Selbsttötung gemeinschaftlich untergebracht war (n=256), signifikant kürzere Haftzeiten bis zum Suizid (Abb. 1).

Innerhalb der ersten drei Haftmonate haben sich 60,9% (n=156) der gemeinschaftlich Untergebrachten getötet, im Vergleich dazu 42,3% (n=304) der Suizidenten in einer Einzelzelle. Erstere haben sich selten am Tag der Inhaftierung getötet (2 in Gemeinschaftsunterbringung, 14 in einer Einzelzelle), aber vergleichsweise häufiger ab dem 4. Hafttag innerhalb der ersten beiden Wochen.

---

[5] Statistisches Bundesamt Wiesbaden, Bestand der Gefangenen und Verwahrten in den deutschen Justizvollzugsanstalten nach ihrer Unterbringung auf Haftplätzen des geschlossenen und offenen Vollzugs jeweils zu den Stichtagen 31. März, 31. August und 30. November eines Jahres.
[6] Vgl. Schmitt, Kap. 3

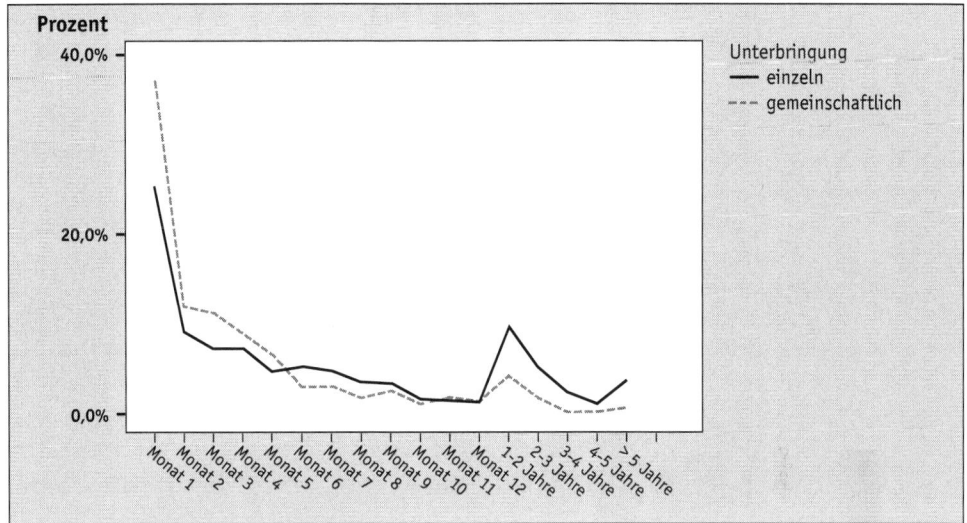

Abb. 1: Unterbringung und Haftzeit

Einiges spricht dafür, dass es sich bei der Gruppe gemeinschaftlich untergebrachter Suizidenten eher um psychisch instabile Persönlichkeiten handelte: Im Vergleich zur Gruppe einzeln Untergebrachter sind mehr unter Zwanzigjährige darunter, sie sind häufiger das erste Mal im Vollzug und mit Tötungsdelikten inhaftiert und hatten häufiger während der aktuellen Haft schon einen Suizidversuch unternommen.

Ab 2005 wurden Einschätzungen der Suizidgefahr und ggf. angeordnete Sicherungsmaßnahmen erfasst. 15 von 76 gemeinschaftlich untergebrachten Gefangenen (19,7%) und 20 von 173 einzeln Untergebrachten (11,6%) wurden als „eher nicht" bis „etwas" suizidgefährdet eingeschätzt und sechs in Gemeinschaft (7,9%) sowie zwei in Einzelunterbringung (1,2%) als „ziemlich" bis „hoch" suizidgefährdet. Die Bediensteten haben wohl ein Risiko gesehen und für immerhin ein Viertel der Gruppe in Gemeinschaft diese Art der Unterbringung als Sicherungsmaßnahme angeordnet. Gemeinschaftliche Unterbringung kann zur Entspannung einer Situation beitragen und eine soziale Unterstützung sein. Sie kann jedoch auch für die Person, die gestützt werden sollte, zum Stressfaktor werden. Dort leben zwei Menschen auf engem Raum zusammen, die sich nicht ausgewählt und nicht einmal gekannt haben.

1.4   Daten zur Kriminalität

Mit 265 Notierungen (Mehrfachnennungen von N=1067) waren zwar in den meisten Fällen Diebstahlsdelikte angeklagt oder verurteilt worden. Der Anteil von Gefangenen mit Tötungsdelikten (n= 234) ist allerdings sehr hoch. Mit 133 Suizidenten (70,4% von n=189; nicht bekannt n=45) war ein Großteil der Gruppe mit Tötungsdelikten zum ersten Mal in Haft. Von der Gesamtgruppe waren – soweit bekannt – 469 Gefangene zum ersten Mal inhaftiert (56,4% von n=832; nicht bekannt n=235). In der Suizidentengruppe mit Tötungsdelikt[7] befanden sich die meisten Gefangenen (n=150) noch in Untersuchungshaft. Die Population von Gefangenen mit Tötungsdelikten im Strafvollzug beträgt ca. 7% (Strafvollzug 31.3.2013 7,3 % Straftaten gegen das Leben). Der Anteil an Suizidenten mit Tötungsdelikten in Strafhaft an der Gesamtgruppe der Suizidenten beträgt 17,2%.

1.5 Psyche

Die psychische Befindlichkeit im Nachhinein festzustellen, grenzt in vielen Fällen an Spekulation. Dennoch wurde (ab dem Jahr 2005) nach Beeinträchtigungen, sowie Kontakten zum Psychiater und zu Fachdiensten gefragt. Von 589 Suizidenten hatten die Bediensteten für 121 (20,5%) psychische Auffälligkeiten festgestellt. Beeinträchtigungen durch Drogenmissbrauch wurden bei 65 Suizidenten (11%) und durch Alkoholmissbrauch bei 38 (6,5%) gesehen. 164 Suizidenten (27,8%; nicht bekannt n=142) waren einem Psychiater vorgestellt worden. 79 Suizidenten (13,4%) hatten einmalige Kontakte zu Fachdiensten, 350 Suizidenten mehrfache Kontakte (59,4%; nicht bekannt n= 65). Der Kontakt zu Fachdiensten beinhaltet obligatorische Kontakte zum sozialen Dienst und mehr sporadische, einzelfallbezogen zum psychologischen Dienst.

Die Frage, ob der Gefangene vor seinem Suizid als suizidgefährdet eingestuft wurde, wurde in den meisten Fällen verneint bzw. eher verneint (87,9%) (Tab. 4).

	Häufigkeit	Prozent
nein	456	77,4
eher nein	62	10,5
etwas	35	5,9
ziemlich	14	2,4
hoch	5	0,8
nicht bekannt	17	2,9
Gesamt	589	100,0

Tab. 4: Einschätzung der Suizidgefahr (2005-2013)

Von der gesamten Gruppe (N=1067; nicht bekannt n=260) hatten 137 Suizidenten bereits während der aktuellen Haft einen Suizidversuch unternommen, von 72 Suizidenten waren Suizidversuche aus früheren Zeiten bekannt. Demnach sind – soweit bekannt – mit 25,9 % der Suizidentengruppe mehr als ein Viertel mit Suizidhandlungen schon einmal auffällig geworden.

Insgesamt ist festzustellen, dass die Aussagekraft der Risikofaktoren als nicht sehr hoch einzuschätzen ist: Richtig ist, dass sich mehr Männer als Frauen getötet haben, aber im Verhältnis

---

[7]   1 in Auslieferungshaft, 1 wegen Körperverletzung in Ersatzfreiheitsstrafe

zum weiblichen Geschlecht nicht so viel mehr Männer wie in der Allgemeinbevölkerung. Oder es waren im Verhältnis zum männlichen Geschlecht mehr inhaftierte Frauen als in der Allgemeinbevölkerung. Auch das weiß man nicht so genau, weil sich die Suizidraten der Inhaftierten nicht mit denen der Allgemeinbevölkerung vergleichen lassen[8]. Gesichert ist hinwiederum, dass zum Suizidzeitpunkt deutlich mehr Gefangene in Untersuchungshaft als in Strafhaft waren. Ob die Suizidraten von Untersuchungsgefangenen aber tatsächlich das Fünffache derjenigen von Strafgefangenen betragen, ist nicht gesichert, denn in der Untersuchungshaft gibt es durch größere Belegungsdichte eine größere Population als mit der Stichtagserhebung zugrunde gelegt wird. Ob Alter, Familienstand, Delikt und Hafterfahrung der Suizidenten sich von denen der Gesamtpopulation Gefangener unterscheiden, lässt sich – wenn auch mit methodisch-statistischen Beschränkungen – nur für Strafgefangene angeben. Hier kann festgestellt werden, dass der Anteil von Suizidenten mit Tötungsdelikten an der Gesamtgruppe der Suizidenten deutlich größer ist als der Anteil Strafgefangener mit Tötungsdelikten an der Gesamtpopulation. Zu denken geben die Unterschiede in den Gruppen der einzeln und gemeinschaftlich Untergebrachten. Getötet haben sich Gefangene aus beiden Gruppen, aber möglicherweise haben insbesondere psychisch Instabile das Problem, sich an ein Zusammenleben mit fremden Menschen auf engem Raum zu gewöhnen.

Gedanken an Suizid sind für Außenstehende vor allem dann nicht zu erkennen, wenn die Betroffenen dies vermeiden wollen. Suizid spielt sich innen ab und wird oft erst deutlich, wenn die Suizidalen ihre psychische Verfassung kommunizieren. Die Suizidenten können jedoch nicht mehr befragt werden und die Auswertung der Daten wirft zum Teil mehr Fragen auf, als Antworten gegeben werden können. Das ist Anlass, auch Gefangene zu Wort kommen zu lassen, die sich mit Suizid beschäftigt, ihn aber nicht vollzogen haben.

1.6   Gründe für Suizidalität

Im folgenden Abschnitt werden Aussagen zur Suizidalität von drei verschiedenen Gefangenengruppen vorgestellt. Bei der ersten Gruppe (Abschiedsbriefe) handelt es sich um Suizidenten der Totalerhebung, die in einem Abschiedsbrief Gründe für ihre Entscheidung zum Suizid angegeben haben. Die zweite Gruppe betrifft Gefangene, die nach ihrer Aufnahme in einem Haftraum mit einem Seelsorgertelefon[9] untergebracht worden waren. Mit diesem Telefon hatten sie die Möglichkeit, zur Nachtzeit anonym mit einem Mitarbeiter der niedersächsischen Gefängnisseelsorge zu sprechen (TfG: Telefonseelsorge für Gefangene). Mittels eines Fragebogens waren sie u. a. nach dem Vorhandensein von Suizidgedanken befragt worden. Fragen, die auch Untersuchungsgefangenen der dritten Gruppe (Neuzugänge) kurz nach ihrer Aufnahme in niedersächsischen Gefängnissen gestellt wurden.

---

[8] Vgl. Schmitt, Kap. 3
[9] Vgl. Christoph, Kap. 25

Gruppe 1 (Abschiedsbriefe)

Pecher und Stark raten in ihrem Beitrag über „Abschiedsbriefe" zur Vorsicht bei der Interpretation, man neige schnell dazu, die von den Suizidenten genannten Gründe als „wahr" zu unterstellen. Der Blick der Suizidenten sei jedoch oftmals eingeengt, eine Art Tunnelblick. Bei der Zuordnung der Motive handele es sich selten um ein einziges Motiv, sondern mehr um Schwerpunktsetzungen. Möglich, dass die herausgefilterten Gründe stärker auf den „Tunnelblick" zurückzuführen sind, aber auch möglich, dass gerade die Intensität des Tunnelblicks Suizidenten von Suizidalen unterscheidet.

In der Totalerhebung wurde erst ab dem Jahr 2005 nach in Briefen angegebenen Gründen für den Suizid gefragt. 219 der 589 Suizidenten haben einen Abschiedsbrief hinterlassen (nicht bekannt n=37). Die Inhalte waren in 82 Fällen nicht bekannt. Um die in Haft verbrachten Zeiträume dieser Gruppe bis zum Schreiben der Abschiedsbriefe mit den Zeiträumen der Gruppen 2 und 3 bis zur Beantwortung des Fragebogens vergleichbar zu halten, wurden in der Gruppe 1 nur die Suizide erfasst, die innerhalb des ersten Haftmonats begangen worden waren.

58 Gefangene, die sich in den Jahren 2005 bis 2013 innerhalb des ersten Haftmonats getötet hatten, haben einen Brief hinterlassen. In 34 Fällen wurden Gründe für den Suizid bekannt. An erster Stelle wurden Äußerungen niedergeschrieben, die unter der Bezeichnung „Hilflosigkeit" i. S. von mangelnder Selbstwirksamkeit subsumiert werden können, bspw. ungerechte Verurteilung, subjektiv ausweglose Lage, er gehe in der JVA kaputt, keine Kraft mehr... „Schuldgefühle und versagt zu haben", „Beziehungsprobleme" und „mangelnde Perspektiven" standen in der Rangfolge gleichermaßen an zweiter Stelle. An dritter Stelle wurden „Ängste" benannt, Angst vor Schmerzen, Angst vor Verlust und Angst, die Situation nicht mehr bewältigen zu können (Abb. 2).

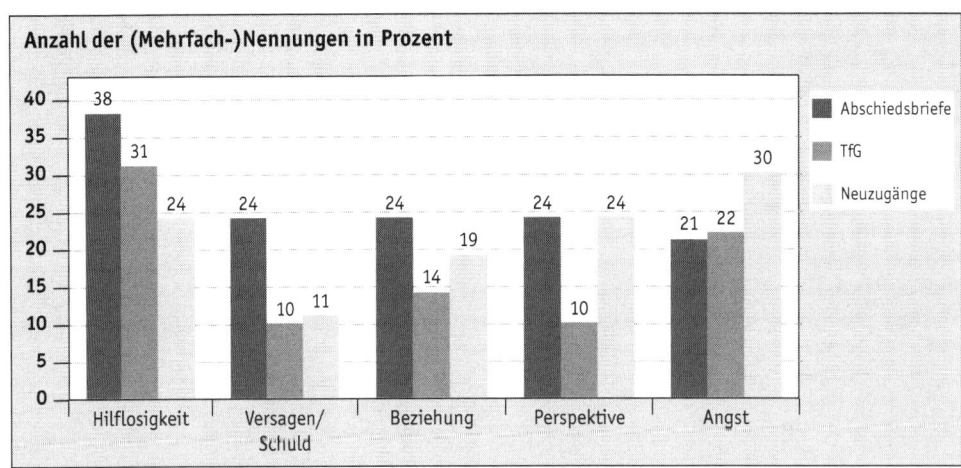

Abb. 2 Gründe für Suizidalität (Gruppen 1, 2, 3)

Gruppe 2 (Telefonseelsorge für Gefangene)

Im März 2010 wurde in einigen niedersächsischen Anstalten das Angebot der Telefonseelsorge für Gefangene (TfG; heute: Seelsorge am Telefon) eingerichtet. Dazu wurden Einzelhafträume der Aufnahmeabteilungen mit Telefongeräten ausgestattet. In den ersten Tagen ihrer Inhaftierung können Gefangene bei Bedarf nachts mit einem Angehörigen der Gefängnisseelsorge (und nur mit diesem) telefonieren. Alle Gefangenen, die in einem solchen Haftraum untergebracht worden waren, wurden gebeten, einen Fragebogen auszufüllen. 301 Gefangene haben ihn beantwortet. Davon haben 59 (19,6%) Gefangene angegeben, sich in der aktuellen Haft mit dem Gedanken an Suizid beschäftigt zu haben und gaben bis auf einen auch die Anlässe für Suizidgedanken an. Wie in der Gruppe der Suizidenten stand auch hier die „Hilflosigkeit" an erster Stelle, gefolgt von „Ängsten". An dritter Stelle wurden die „Folgen der Straftat" genannt, an vierter Stelle „Beziehungsprobleme", gefolgt von „Schwierigkeiten mit dem Vollzugsgeschehen". „Mangelnde Perspektiven" (Rangplatz 6) und „Gefühle des Versagens und der Schuld" (Rangplatz 9), die von den Suizidenten an zweiter Stelle rangierten, standen hier nicht im Vordergrund.

Gruppe 3 (Neuzugänge)

2010 wurden Untersuchungsgefangene in drei niedersächsischen Justizvollzugsanstalten im Rahmen der Aufnahmephase u. a. nach Suizidgedanken befragt. Von 196 Gefangenen, die an der Befragung teilgenommen hatten, haben 38 Gefangene (19,4%) Suizidgedanken in der aktuellen Haft mitgeteilt und 37 haben Gründe für Suizidgedanken angegeben. In dieser Gruppe rangierte „Angst" an erster Stelle, gefolgt von „Hilflosigkeit" und „mangelnder Perspektive". Die Beschäftigung mit „Beziehungsproblemen" (Rangplatz 4) und mit „Versagens- und Schuldgefühlen" (Rangplatz 9) hatten denselben eher nachrangigen Stellenwert wie für die Gruppe 2. In der Gruppe 3 wurde häufiger „Einsamkeit" beklagt (Platz 4), die in den anderen beiden Gruppen keine entscheidende Rolle spielte (Gruppe 1: Rangplatz 16; Gruppe 2: Rangplatz 8).

Mangelnde Selbstwirksamkeit, Schuldgefühle, (Beziehungs-)Probleme und Ängste beschreiben u. a. die emotionale Gestimmtheit der Suizidenten und suizidalen Gefangenen. Im folgenden Abschnitt wird anhand einiger theoretischer Konstrukte ihr Anteil an einer suizidalen Entwicklung vorgestellt.

1.7   Probleme, Gefühle und Bewältigung

Ein Problem ist eine schwierige Aufgabe, die unter Umgehung oder Überwindung von Hindernissen zu lösen ist. „Probleme sind psychische Einheiten, die sich normalerweise aus vielen Teilproblemen zusammensetzen... Es sind nicht unsere Probleme, die uns beschäftigen, bestimmt werden wir davon, wie sich die Probleme anfühlen." (Martin, 2011, S.125/128). Wenn befürchtete oder tatsächliche Probleme in der Partnerschaft und Gefühle von Hilflosigkeit und Angst, gefolgt von nicht erkennbarer Perspektive, in allen drei Gruppen in der Rangfolge ganz vorn stehen, kann angenommen werden, dass diese „gefühlten" Probleme einen erheblichen Anteil an einer suizidalen Entwicklung haben. „Emotionen prägen die Entscheidungsfindung und umge-kehrt beeinflusst die Entscheidungsfindung auch das Gefühlsleben... der Kampf mit zählebigen Problemen endet nicht selten in Resignation, unvermutet auftretende Lösungsbarrieren erzeugen Ärger, Hilflosigkeit bei der Bewältigung existentieller Probleme weckt Ängste usw" (ebd. S. 131).

Auch Ben-Ze'ev (2013) beschreibt, wie sich Probleme anfühlen: Er definiert Emotionen als einen allgemeinen Modus des mentalen Systems (ebd. S. 116) und stellt verschiedene mentale Modi, u. a. den emotionalen (Fühlen) und den intellektuellen (Denken) Modus als Ebenen des Be-wusstseins vor (ebd. S. 121 ff.). Dem emotionalen Modus, als dem umfassendsten, schreibt er eine starke Dynamik zu, die ihn jedoch zugleich instabil mache. Im Unterschied zum intellektu-ellen Modus seien im emotionalen Modus u. a. Ereignisse, für die man sich verantwortlich fühlt und persönliche Ereignisse beeinträchtigender als unverbindliche und unpersönliche. Insbeson-dere bei Gefühlen wie Schuld und Stolz werde dem eigenen Einfluss auf das Geschehen eine große Bedeutsamkeit beigemessen, mit der Gefahr, dass die Distanz zum Geschehen verloren gehe und man alles auf sich beziehe. Identische Situationen würden jedoch nicht immer diesel-ben emotionalen Reaktionen hervorrufen. Wiederholen sich die Situationen / Ereignisse, verlie-ren sie an Relevanz (s. auch Zamble & Proporino, 1988). So führen die ersten roten Zahlen auf dem Bankkonto noch zu schlaflosen Nächten, aber der anhaltende Minusbestand macht zuneh-mend immun gegen eine emotionale Reaktion.

Nach der Emotionstheorie von Lazarus (1991) hängen Gefühle, die von bestimmten Ereignissen hervorgerufen werden, von primären Bewertungskriterien wie Zielrelevanz, Ich-Beteiligung und Zielkongruenz ab. Im Rahmen der primären Bewertung nimmt die Person eine Beurteilung der Ereignisse in relevant oder irrelevant, positiv oder belastend vor. Ein für die eigenen Ziele oder für das eigene Selbstbild unbedeutendes Ereignis ist für das Gefühlserleben unerheblich. Die sekundäre Bewertung ist die Beurteilung der eigenen Bewältigungsressourcen und Optionen. Primär und sekundär bedingen einander, z. B. kann ein Ereignis, das als nicht belastend einge-schätzt wurde, belastend werden, wenn sich herausstellt, dass die eigenen Ressourcen für die Be-wältigung unzulänglich sind. Trägt das Ereignis allerdings zur Erreichung eigener Ziele bei, folgen positive Gefühle, verhindert es die Erreichung, entwickeln sich negative Gefühle. Die Art der Ge-fühle (Angst, Scham...) werden durch sekundäre Bewertungskriterien bestimmt. Lazarus be-schreibt sie mit Verantwortlichkeit und Folgen eines Geschehens, sowie mit der Fähigkeit, die Folgen zu handhaben (Bewältigungskompetenz). Selbstzugeschriebene Verantwortung kann Schuld hervorrufen, „wenn sich die Verletzung des Selbstbildes aus einer moralischen Verpflich-tung ergibt, Scham, wenn es einem nicht gelingt, sich entsprechend seinem Ich-Ideal zu ver-halten." (Martin, 2011, 139)

Sowohl die Bedeutung des emotionalen Modus' nach Ben-Ze'ev, als auch die von Lazarus be-schriebenen Wirkungen der Bewertungskriterien bieten Erklärungsmuster für möglicherweise entscheidende Unterschiede im Erleben der Suizidenten zu den beiden Gruppen Überlebender. Nur in der Gruppe der Suizidenten (Gruppe 1) haben Mitteilungen über Gefühle von Schuld und Versagen einen vorderen Rangplatz belegt. Denkbar, dass es ihnen − „verstrickt" in Gefühle dieser Art – nicht mehr gelungen ist, in den intellektuellen Modus zu wechseln und eine kritische Analyse des Geschehens vorzunehmen. Von Emotionen ergriffen, konnten sie unter Umständen keine Distanz mehr zu den Ereignissen gewinnen und somit keine Bewältigungsmöglichkeiten entwickeln.

Annahmen, die durch Ergebnisse gefängnisspezifischer Studien gestützt werden: Blaauw et al. (2005) sehen in defizitär ausgeprägten Bewältigungsfähigkeiten eine entscheidende Ursache für Suizidalität. Sie haben das Verhältnis von Anforderungen zu Bewältigungsrealitäten von Gefängnisinsassen untersucht und konstatiert, dass viele Gefangene unter Feindseligkeit, Depression und Ängstlichkeit leiden. Zamble und Proporino (1988) konnten bei Gefangenen gerade zu Beginn der Inhaftierung einen hohen Level an emotionalem Stress feststellen, der sich in Depressionen und Ängstlichkeit niederschlug. Dabei sei der Mangel an Außenkontakten ein hoher Stressfaktor. Sie beschreiben zwei Gruppen: Eine große Gruppe von Insassen, die den ersten Schock bewältigen und sich dem Gefängnisalltag anpassen kann und eine kleine Gruppe, die Schaden nimmt, weil ihr dies nicht gelingt. Der Schaden besteht in überdauernder psychischer Beeinträchtigung und Suizidalität. Das bestätigen auch Rabe und Konrad (2010). Sie führen aus, dass es sich bei Personen mit Risikofaktoren für suizidales Verhalten vermehrt um jüngere Männer handelt, „die durch psychosoziale Probleme belastet und in ihren Bewältigungsmöglichkeiten eingeschränkt sind. [...] Insbesondere da die Aufnahme in die Haft für diese Personen ein kritisches Lebensereignis darstellt, das aufgrund der geringen und eingeschränkten Bewältigungsmechanismen mit einem hohen Maß an psychophysischer Belastung assoziiert ist und zu psychoreaktiven Symptomen führen kann" (ebd. S. 190).

1.8   Bewertung von Ereignissen und von Bewältigungsressourcen

Ausgehend von der o.g. Emotionstheorie (Lazarus, 1991) definiert Lazarus (1995) Stress als Relation zwischen Person und Umwelt. Lazarus unterscheidet darüber hinaus problembezogene von emotionsbezogener Bewältigung. Erstere ist auf Änderung der belastenden Situation gerichtet, während die emotionsbezogene Bewältigung bspw. durch Nichtnachdenken, Problem negieren, umdeuten oder Änderung persönlicher Ziele auf Regulierung beunruhigender Emotionen zielt. Emotionsbezogene Bewältigung wird zwar eher bei vermeintlich unabänderbaren Ereignissen vorgenommen, aber beide Bewältigungsstrategien schließen sich nicht aus. Für problembezogene Bewältigung ist der Handlungsspielraum von Gefangenen in der Regel sehr begrenzt. Wenn sie zur eigenen Stabilisierung Techniken emotionsbezogener Bewältigung nutzen können, ist zwar das Problem nicht gelöst, wird aber nicht mehr als Belastung wahrgenommen.

1.9   Flow-Aktivitäten und Lebenszufriedenheit

Csikszentmihalyi (1993) hat festgestellt, dass die Balance zwischen Anforderungen, die die Person zum Handeln herausfordern und den Fähigkeiten, die Anforderungen zu bewältigen, empfindlich ist. Er hat ein psychologisches Modell zur Erklärung der Wirkung von sogenannten

---

Abb. 3: Modell des flow-Zustandes
aus „Das Flow-Erlebnis", S. 75

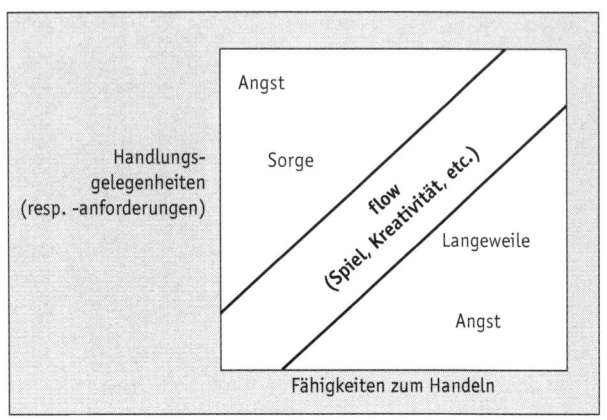

flow-Erlebnissen konstruiert. Aktivitäten, zum Beispiel kreative oder sportliche Betätigung, die flow-Erlebnisse hervorrufen, beruhen auf einem veränderten Bewusstseinszustand und werden von den Betroffenen als „in und durch sich selbst belohnend" erfahren. „Schätzt eine Person die Handlungsanforderungen als so schwierig ein, dass sie ihre Fähigkeiten übersteigen, wird die resultierende Spannung als Angst erlebt; liegt das Fähigkeitsniveau höher, aber immer noch nicht auf der Höhe der Anforderungen, wird die Situation mit Sorge beobachtet. Flow stellt sich dann ein, wenn die Handlungsanforderungen bzw. -möglichkeiten der Situation mit den Fähigkeiten der Person im Gleichgewicht stehen; das Erlebnis ist dann ein autotelisches[10]" (ebd. S. 75).

Nach Csikszentmihalyi kann aber auch eine Person mit beträchtlichen Fähigkeiten, die sie nicht zur Anwendung bringen kann, vom Zustand der Langeweile in den Zustand der Angst geraten. Dabei sei zu beachten, dass es sich bei der Beurteilung der Herausforderungen bzw. des Fähigkeitsniveaus um subjektive Wahrnehmungen handelt, die je nach psychischer Befindlichkeit variieren können. Harmonie mit der Welt sei dann gegeben, wenn die Fähigkeiten mit der Umwelt in Einklang gebracht werden können (Abb. 3).

1.10   Probleme und Bewältigung im Gefängnis

Das Modell ist auch auf die Gefängnissituation übertragbar und zeigt anschaulich die Entwicklung von Ängsten (Abb. 4). Es wird allerdings seltener zu einem Zustand der Angst aus Gründen der Unterforderung kommen, sondern zu Angst aus Gründen der Diskrepanz zwischen hohen Handlungsanforderungen und geringen Bewältigungsmöglichkeiten. Problembezogene Bewältigung ist für einen Gefangenen ein zusätzliches Problem, denn er ist in seinem Handlungsspielraum sehr begrenzt.

So ist nach Lazarus davon auszugehen, dass die Bewältigung anstehender Probleme weniger auf Änderung der belastenden Situation gerichtet ist, sondern die Regulierung beunruhigender Emo-

---

[10] intrinsisch motiviertes

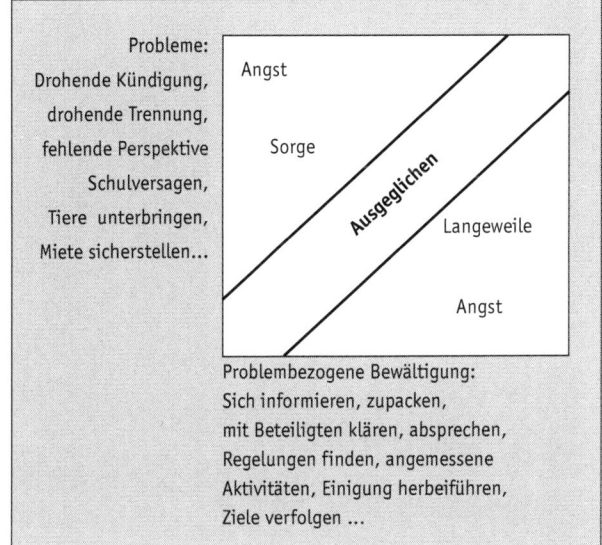

Abb. 4: Folgen der Diskrepanz von Handlungsanforderungen und Bewältigungsmöglichkeiten im Gefängnis

tionen mehr durch emotionsbezogene Bewältigung (Nichtnachdenken, Problem negieren, umdeuten oder Änderung persönlicher Ziele) geschieht.

Die Gefangenen der Gruppen zwei und drei wurden gefragt, was tagsüber ihre Hauptbeschäftigung sei. In beiden Gruppen wurden am häufigsten fernsehen und lesen, sowie sich langweilen, schlafen und essen genannt (Abb. 5). An dritter Stelle der Rangfolge stand schreiben und grübeln, Aktivitäten, die auch ein Hinweis auf emotionsbezogene Bewältigung sein können.

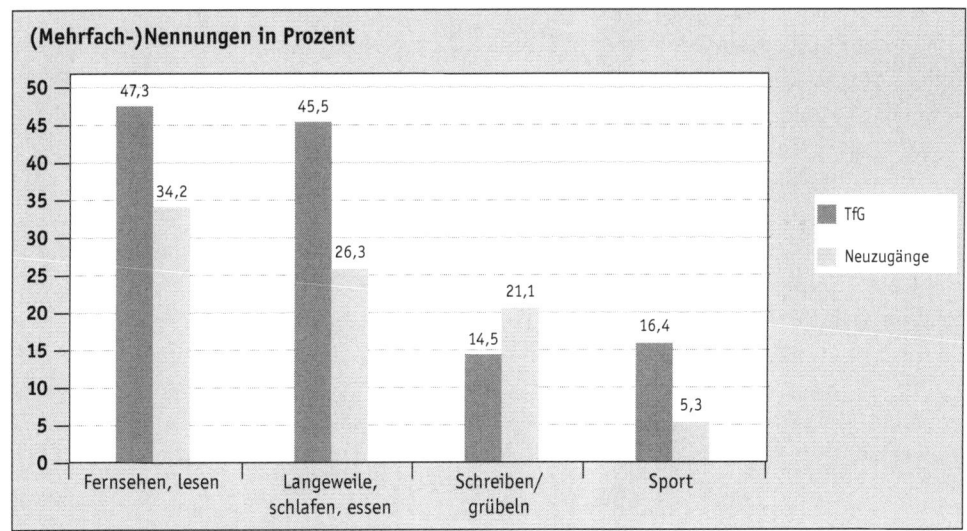

Abb. 5: Aktivitäten (Gruppen 1 und 2)

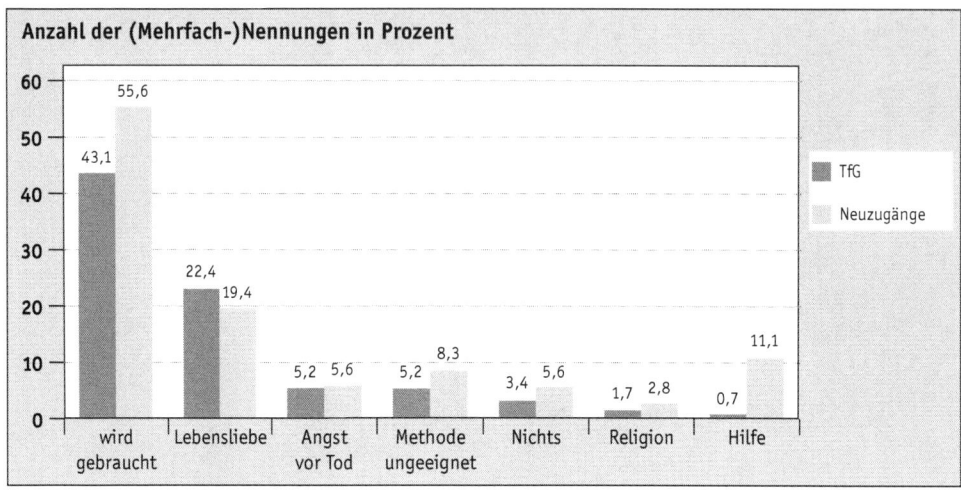

Anzahl der (Mehrfach-)Nennungen in Prozent

Abb. 6   Haltefaktoren (Gruppen 2, 3)

1.11   Was im Leben hält

Wenn ungelöste Probleme zu drohenden Belastungen werden, Ängste auslösen und die Zukunftsperspektive unklar ist, wenn also insgesamt die Lebenszufriedenheit gering ist, was hält dann im Leben? Befragt nach Gründen, die sie vom Suizid abgehalten haben, stand bei Gefangenen der Gruppen zwei und drei mit Abstand an erster Stelle das Gefühl, in diesem Leben noch gebraucht zu werden (Abb. 6).

Die Liebe zum Leben und – weniger ausgeprägt – die Angst vor dem Sterben sind weitere Faktoren, die sie an einem Suizid hinderten. Möglicherweise handelt es sich hier um Haltefaktoren, deren Funktion den Suizidenten abhanden gekommen war. Für die Gewissheit, in diesem Leben noch eine Aufgabe zu haben, ist die Annahme eigener Selbstwirksamkeit Voraussetzung. Hilflosigkeit als Gegenpol zu Selbstwirksamkeit, lässt am eigenen Nutzen, an der Bedeutung, die man für andere haben kann, zweifeln. Zwar mangelte es auch den Gruppen 2 und 3 an Selbstwirksamkeit, an Zuversicht in die eigenen Fähigkeiten (Abb. 2), allerdings nicht in dem Maß wie der Gruppe 1. Es hat den Anschein, dass ausgeprägte Gefühle von Hilflosigkeit gepaart mit Schuld- und Versagensgefühlen eine starke Allianz für Suizid bilden können. Schuld bedeutet für die betroffene Person Furcht, dass andere ihr Verhalten missbilligen und – selbst verursacht – ihre Person nicht wertschätzen. Da ist wenig Raum für ein Gefühl, in diesem Leben noch gebraucht zu werden. Und dank mangelnder Selbstwirksamkeit besteht aus Sicht der Betroffenen wenig Hoffnung, an dieser lebensbeeinträchtigenden Situation etwas ändern zu können. Was bleibt? Soziale Unterstützung und der Versuch, Schwachpunkte zu stärken:

Wie im Leben draußen brauchen auch Gefangene

• das Gefühl für andere Personen wichtig zu sein, in diesem Leben eine Aufgabe zu haben,

- Handlungsspielraum,
- ein Gefühl von Selbstwirksamkeit, von Einfluss auf Ereignisse und ihre Entwicklung,
- Begleitung bei Schuld- und Versagensgefühlen,
- Realistische Perspektiven der Lebensgestaltung,
- Soziale Unterstützung zur Bewältigung von Ängsten.

Für die Vermittlung dieser Lebensnotwendigkeiten gibt es keine Anleitung, keine abzuarbeitenden Checklisten. Die psychische Befindlichkeit der Menschen ist dynamisch und so differenziert, dass kein Behandlungsplan Allgemeingültigkeit für den Gefangenen als solchen beanspruchen kann. Es bedeutet ein „Mehr" an intensiver Beschäftigung mit dem Einzelnen, aber der individuelle Zuschnitt für die Umsetzung der Ziele wird die Wahrscheinlichkeit des Auftretens von Suizidalität zwar nicht verhindern, aber reduzieren können.

1.12 Literatur

- Bandura, A. (1977). Social learning theory. Englewood cliffs, NJ: Prentice hall.
- Ben-Ze`ev, A. (2013) Die Logik der Gefühle. Frankfurt: Edition Unseld Suhrkamp.
- Blaauw, E., Kerkhof, A. J. F. M. & Hayes, L. M. (2005). Identification of Suicide vulnerability in inmates on the basis of demographic and criminal characteristics and indicators of psychiatric problems. Suicide and Life-Threatening Behavior, 35(1), 63-75.
- Csikszentmihalyi, M. (1993). Das Flow-Erlebnis. Stuttgart: Klett-Cotta.
- Fazel, S., Cartwright, J., Norman-Nott, A. & Hawton, D. (2008). Suicide in prisoners: A Systematic Review of Risk Factors. Journal of Clinical Psychiatry, 69(11), 1721-1731.
- Fazel, S. & Danesh, J. (2002). Serious mental disorder in 23 000 prisoners: a systematic review of 62 surveys. The Lancet, 359(9306), 545-50.
- Frottier, P., Frühwald, S., Benda, N., Eher, R. & Ritter, K. (2001). Welche Relevanz hat die dokumentierte Suizidalität in Gefangenensuiziden? Psychiatrische Praxis, 28(7), 326-329.
- Frühwald, S., Frottier, P., Benda, N., Eher, R., König, F. & Matschnig, T. (2002). Psychosoziale Charakteristika von Suizidopfern in Gefängnissen. Wiener Klinische Wochenschrift, 114(15-16), 691-696.
- Hawton, K., Linsell, L.,Adeniji, T., Sariaslan, A. & Fazel, S. (2014). Self-harm in prisons in England and Wales: an epidemiological study of prevalence, risk factors, clustering, and subsequent suicide. The Lancet, 383(9923), 1147-1154.
- Kopp, D., Drenkhahn, K., Dünkel, F., Freyberger, H.J., Spitzer, C., Barnow, S. & Dudeck, M. (2011). Psychische Symptombelastung bei Kurz- und Langzeitgefangenen in Deutschland. Der Nervenarzt, 82(7), 880-885.
- Lazarus, R. S. (1991). Emotion und Adaption. New York: Oxford University Press.
- Lazarus, R. S. (1995). Stress und Stressbewältigung – Ein Paradigma. In S.-H. Filipp (Hrsg.), Kritische Lebensereignisse (S. 198-232). Weinheim: Beltz.
- Liebling, A. (1999). Prison Suicide and Prisoner Coping. In M. Tonry & J. Petersilia (Hrsg.), Crime and Justice, Volume 26: Prisons (S. 283-359). Chicago: University Press.

- Martin, A. (2011). Handlungstheorie. Darmstadt: Wissenschaftliche Buchgesellschaft.
- Rabe, K. & Konrad, N. (2010). Aktuelle Aspekte des Gefängnissuizids. Forensische Psychiatrie, Psychologie, Kriminologie, 4(3), 182-192.
- Schwarzer, R. (1994). Optimistische Kompetenzerwartung: Zur Erfassung einer personellen Bewältigungsressource. Diagnostica, 40(2), 105-123.
- Tartarelli, R. Mancinelli, I. Taggi, F. & Polidori, G. (1999). Suicide in Italian Prisons. International Journal of Offender Therapy and Comparative Criminology, 43(4), 438-447.
- WHO (2007). Suizidprävention – Ein Leitfaden für Mitarbeiter des Justizvollzugsdienstes. Zugriff am 14.05.2014 unter http://www.who.int/mental_health/resources/resource_jails_prisons_german.pdf
- Zamble, E. & Porporino, F. J. (1988). Coping, Behavior, and Adaption in Prison Inmates. New York: Springer-Verlag.

2. Der Neuzugang

Katharina Bennefeld-Kersten

Auf einmal war alles sehr schnell gegangen und sehr einfach. Sie hatten an der Tür geklingelt und er hatte sie geöffnet. Sie waren zu zweit gekommen, standen dort und hielten ihm ihre Ausweise entgegen. Können wir reinkommen? Das war keine Frage, mehr ein wohl gedrohter Ratschlag. Flucht oder Verteidigung schoss es ihm durch den Kopf, darüber hatte er mal gelesen und sich sehr angesprochen gefühlt. Für Flucht war es jedoch zu spät und Verteidigung in seiner Situation totaler Quatsch. Er ließ sie hinein.

Er kannte das Gefängnis, hatte im Vorbeifahren immer einen schnellen Blick darauf geworfen. Bloß nicht zu lange hinschauen, das war unangebracht. Dass er den Bau nun von innen kennenlernen sollte, beängstigte ihn. Das Fahrzeug hielt an der Außenpforte. Sein Handknöchel schmerzte, er hatte sich beim Abbremsen mit den Händen gegen die Vorwärtsbewegung stemmen wollen und vergessen, dass er gefesselt war, mit einer metallenen Handschelle. Bevor der Beifahrer ausgestiegen war, öffnete sich wie durch Zauberhand das schwere Rolltor, man war wohl hier bekannt. Na dann, sagte der Fahrer, das Rolltor hatte sich hinter ihnen wieder geschlossen, da sind wir. Fahrer und Beifahrer stiegen aus, der Beifahrer öffnete die rückwärtige Tür. Er stieg aus und blieb unschlüssig neben dem Fahrzeug stehen. Der Beifahrer suchte in verschiedenen Jackentaschen, bis er ihn gefunden hatte, den Schlüssel zum Öffnen der Handschelle. Der Fahrer verhandelte unterdes mit einem Uniformierten, der hinter einer dicken Glasscheibe zu sehen war, seine Übergabe. Durch einen kleinen Schlitz in der Scheibe hatte er dem Uniformierten ein Schriftstück gereicht, das er nun unterschrieben zurück erhielt. Der Fahrer winkte ihn wortlos zu sich heran, verabschiedete sich von dem Uniformierten, öffnete nach einem anhaltenden Summton eine schwere Metalltür, schob ihn hindurch und ließ die Tür ins Schloss fallen. Gedämpft hörte er noch das Gerassel des sich öffnenden Rolltors, dann war es still. In einem Anflug von Selbstmitleid dachte er, dass sich für ihn vermutlich so schnell keine Tür nach draußen mehr öffnen würde.

Er stand in einem kahlen, spärlich möblierten Raum, durch das schießschartenartige Fenster kam nur wenig Licht. Er wurde an das Schalterfenster gewunken, sollte er noch Guten Tag sagen? Besser er sagte von sich aus gar nichts mehr. Der Uniformierte öffnete die Sprechklappe, Warten Sie hier, Sie werden dann abgeholt.

Es dauerte, aber nachzufragen war vermutlich auch nicht angebracht. Der Uniformierte, der ihn dann abholte, war freundlich, er hatte ihn namentlich begrüßt. Das war wie eine kleine Anerkennung in dieser bedrückenden Situation. Neben ihm schritt er über den Hof, niemand zu sehen, aber auch kaum etwas zu hören. Er fand das gespenstisch, vielleicht waren alle hinter dicken

Türen eingeschlossen. Für die Tür des Gebäudes, das sie betraten, hatte sein Begleiter offenbar keinen Schlüssel. Er musste sich über eine Gegensprechanlage melden, bevor die Tür von irgendwoher geöffnet wurde.

Wieder wartete er, er saß auf einer kleinen Bank neben einer Tür, auf der in großen Lettern Vollzugsgeschäftsstelle geschrieben stand. Ein bemerkenswerter Name in einer Einrichtung, in der man wohl kaum mit dem Vollzug Geschäfte machen konnte. Vom Fenster aus konnte man durch ein schweres Stahlgitter in einen kahlen Innenhof blicken. Sollte dieses eine Flucht in den Innenhof verhindern? Die Ruhe, die ihn auf dem Weg hierher verwundert hatte, war vorbei. Um ihn herum schienen alle damit beschäftigt zu sein, Türen mit schweren Metallschlüsseln zu öffnen, um sie dann ungebremst ins Schloss fallen zu lassen.

Der Mann, der ihn dann aufforderte, den Raum zu betreten, war mausgrau und nicht uniformiert. Er setzte sich hinter einen Bildschirm und bedeutete ihm, sich auf einen davor stehenden Holzstuhl zu setzen. Keine Begrüßung, keine „Anerkennung", aber immerhin wurde er mit seinem Namen angesprochen. Er wurde nach Daten gefragt, die – wie er wusste – schon im Haftbefehl standen, dann wollte man wissen, ob er schon einmal in Haft gewesen sei, unter ansteckenden Krankheiten leide, wer von der Inhaftierung zu benachrichtigen sei und ob er unmündige Kinder oder unversorgte Tiere zurück gelassen habe. Vor einer weißen Wand wurde er fotografiert von vorn, von der Seite, dann konnte er gehen. Wieder saß er auf der kleinen Bank, hörte das Öffnen und Schließen der Türen und wartete. Ein Sanitäter sollte ihn abholen, um ihn zur ärztlichen Untersuchung zu bringen.

Nach der ärztlichen Untersuchung wartete er wieder auf Abholung. Diesmal in einem kleinen Raum, der auch nicht hell, aber in freundlichen Farben gestrichen war. Er spürte, dass er begann, sich daran zu gewöhnen, untätig herumzusitzen oder zu stehen und abzuwarten, was sich weiter ereignen würde. Nur, dass er sich an den Lärm der Türen gewöhnen könnte, das konnte er sich schwer vorstellen.

Er wurde zur Kammer gebracht, das kam ihm bekannt vor, bei der Bundeswehr hatte er die Ausgabe in der Kleiderkammer gemacht. Er wurde nach Kleider- und Schuhgröße gefragt, seine Angaben 102 und 45 1/2 waren jedoch nicht sonderlich ergiebig. Als er die Kammer komplett umgekleidet, beladen mit einem Wäschepaket, wieder verließ, endete die Jogginghose gut 5 cm über dem Knöchel und seine Füße steckten in zu breit geratenen Sportschuhen. Er hätte gern seine Sachen behalten, das wurde ihm aber aus irgendwelchen Gründen nicht erlaubt.

Auch vor der Kammer stand eine kleine Holzbank. Er legte sein Paket ab, wartete. Neben den Türgeräuschen hörte man jetzt auch Räder rollen und Stimmen, die ab und an die Geräuschkulisse übertönten. Ein Uniformierter holte ihn ab, und auf dem Weg in ein Hafthaus sah er eine ganze Kolonne von Männern, die, jeweils begleitet von Uniformierten, vierrädrige Metallwagen vor sich her schoben. In diesem Gebäude schien alles aus Metall zu bestehen.

Zwei Stunden später hatte er das zweite Gespräch an diesem Tag erfolgreich absolviert, wenn man denn die Befragung in der Vollzugsgeschäftsstelle als Gespräch bezeichnen wollte. Nein, derzeit war in seinem privaten Bereich nichts zu regeln, ein Arbeitgeber musste nicht benachrichtigt werden, weil er gar keine Arbeit hatte und seine Verlobte würde er zu gegebener Zeit selbst unterrichten, sie sei auch die Mieterin der Wohnung. Nein, suizidgefährdet sei er auch nicht, es würde sich ja bald alles aufklären und dann würde er wieder entlassen. Und im Übrigen sähe er immer das Positive, er hänge auch viel zu sehr am Leben.

Er betritt einen kargen, kleinen Raum, die Tür wird geschlossen. Er muss nicht mehr warten an diesem Tag, man hatte ihm eine gute Nacht gewünscht. Draußen ist es noch hell. Auf dem kleinen Tisch steht ein Tablett, darauf ein Teller mit einer kalten Suppe und Brotscheiben, einem Plastikbehälter mit Margarine und einem Gefäß mit roter Marmelade. Er legt sein Wäschepaket auf das Bett und schaut sich um. Viel gibt es nicht zu sehen, neben dem Bett ein kleines Regal, ein Spind ohne Schloss, ein Stuhl. Rechts von der Tür steht eine Kloschüssel ohne Brille, daneben ein kleines Waschbecken, er spült sich die Hände ab, das Wasser ist kalt. Der Spiegel über dem Waschbecken ist aus Metall, das nimmt seinem Gesicht die scharfen Konturen, aber auch die Farbe. Mag sein, dass er wirklich so grau und schlaff aussieht. Der ganze Raum wirkt auf ihn grau und heruntergekommen. Nicht weil er verschmutzt wäre, nur intensiv genutzt. Nüchtern registriert er seine Umgebung, nichts was ihn ansprechen, was ihn interessieren könnte. Er fühlt sich gar nicht recht vorhanden in dieser Welt. Niemand in Reichweite, dem er wichtig ist, den es angeht, was er fühlt und was er denkt. Er hat hier keine Identität, er ist ein Paket, das abgestellt worden ist. Er sieht die Männer vom Flur wieder vor sich, laute Stimmen, Tätowierungen, überwiegend von kräftiger Statur, wie soll er sich da behaupten? Er sieht sich noch einmal ankommen, in Handschellen, als Unperson, nicht misshandelt, nur nicht beachtet. Er hört den Lärm der schweren Türen, ob man sich doch daran gewöhnen wird? Und wenn nicht?

3. Das hohe Suizidrisiko von Gefangenen – Wahrheit oder Mythos?

Günter Schmitt

3.1 Zusammenfassung

Nach einleitender Darstellung der im Zusammenhang mit dem Suizidgeschehen verwendeten Begriffe und damit auch andeutungsweiser Klärung der hinter diesen stehenden Intentionen stehen im Mittelpunkt des Artikels Probleme der Datenerhebung nach Suizidversuchen und Suiziden sowohl in der Bevölkerung als auch im Justizvollzug. Es wird herausgearbeitet, dass in allen Bereichen sowohl die relevanten Einflussfaktoren als auch die tatsächlichen Quoten unbekannt oder nur annäherungsweise bekannt sind. Auch das behauptete deutlich höhere Suizidvorkommen im Vollzug scheint nicht zutreffend zu sein. So gilt auch noch heute, was Karl Jaspers schon 1932 (vgl. 1956, 310) über das Suizidgeschehen formulierte: „Immer bleibt zuletzt ein Geheimnis".

3.2 Begrifflichkeiten

Auch wenn Definitionen willkürlich sind, weil sie keine Erkenntnisse darstellen, sondern Festlegungen, manchmal auch nur neue Begriffe für altbekannte Sachverhalte sind, beginnt dieser Artikel mit einigen, da eine offizielle Definition die (Nicht-)Zugehörigkeit einzelner Personen zu einer Gruppe begründen kann.

3.2.1 Sterben

„Sterben ist heute ein allgegenwärtiges Geschehen, das sich in Institutionen und in kleinen Kreisen unmittelbar Betroffener leise und weitgehend unbemerkt für andere ereignet ... die üblichen Sterbeorte sind Institutionen, Krankenhäuser und Heime ... der Tod kann nicht gedacht werden ohne die persönliche Distanzierung in den verfügbaren Formen der Objektivierungen, in der Rede der Sterbetafeln, der Todesursachenstatistiken..."[1].

---

[1] Göckenjan, 2008, 7

Sterblichkeit

„Für die Entwicklung der Sterblichkeit in Deutschland lassen sich langfristig zwei unterschiedliche Teilprozesse erkennen: der erste deutliche Rückgang des Sterblichkeitsniveaus – beginnend am Ende des 19. Jahrhunderts – vollzog sich vor allem im Bereich der Säuglings-, Kinder- und Müttersterblichkeit. Während von den Lebendgeborenen des Jahrgangs 1871 nur 62 % der Jungen und 65 % der Mädchen 10 Jahre alt wurden, erreichen heute ca. 99,5 bzw. 99,6 % dieses Alter. Auch bedingt durch die junge Altersstruktur war daher um 1900 noch etwa jede zweite gestorbene Person ein Kind unter 10 Jahren. Heute gilt dies nur noch für rund jeden 400. Todesfall."[2]

Verlorene Lebensjahre[3] (Potential Years of Life Lost) bezeichnen die Differenz zwischen dem Sterbealter und dem 70. Lebensjahr, sofern der Tod vor dem 70. Lebensjahr eintritt.

Die in der OECD und WHO vertretenen Länder haben sich darauf verständigt, Sterbefälle im Alter zwischen einem und 69 Jahren als ungewöhnlich anzusehen. Diese vorzeitigen Todesfälle werden in der Regel durch die Zahl der verlorenen Lebensjahre je 100.000 Einwohner dargestellt.

Sterbeziffer

Als „rohe (auch: allgemeine) Sterbeziffer wird die Anzahl der Gestorbenen eines Jahres auf die durchschnittliche Bevölkerung des jeweiligen Jahres bezogen. Diese Ziffer wird in der Regel je 1.000 Einwohner ausgewiesen. Die rohe Sterbeziffer hängt eng mit der Altersstruktur der Bevölkerung zusammen, da die Zahl der Gestorbenen nicht nur von der Größe einer Bevölkerung bestimmt wird, sondern auch von deren Verteilung auf die einzelnen Altersgruppen. Bei höheren Anteilen junger Menschen sinkt die rohe Sterbeziffer aufgrund der geringen Sterblichkeit im Kindes- und Jugendalter im Gegensatz zu steigenden Ziffern bei hohen Anteilen älterer Menschen. Berechnet wird die rohe Sterbeziffer durch Division der Zahl der Gestorbenen multipliziert mit 1.000 und dividiert durch die Zahl der Einwohner (Jahresdurchschnitt)."[4] Der letzte Satz zeigt, wie selbst Berechnungen in offiziellen Stellen falsch dargestellt werden können: „durch Division der Zahl" muss korrekt heißen: „durch die Zahl"; danach ergibt sich beispielsweise für das Jahr 2012:

- Einwohnerzahl 2012 in Deutschland: 81.890.000,
- Sterbefälle insgesamt in Deutschland: 869.582.

In die Formel eingesetzt: 869.582 * 1.000 / 81.890.000 = 10,6 = Sterbeziffer 2012.

Im Jahr 2011 erreichte die rohe Sterbeziffer in Deutschland einen Wert von 10,4 Gestorbenen je 1.000 Einwohner. Etwa seit dem Jahr 2000 schwankt sie um den Wert 10.

---

[2] http://www.bib-demografie.de/DE/ZahlenundFakten/08/sterblichkeit_node.html
[3] http://www.gbe-bund.de/gbe10/owards.prc_show_pdf?p_id=9965&p_sprache=d&p_uid=gast&p_aid=90312984&p_lfd_nr=1
[4] http://www.bib-demografie.de/SharedDocs/Glossareintraege/DE/R/rohe_sterbeziffer.html

Standardisierte Sterbeziffer

„Um die bei der Darstellung der rohen Sterbeziffer hervorgehobene Abhängigkeit dieser Ziffer von der Bevölkerungsstruktur – insbesondere der Altersgliederung – zu eliminieren, wird auf die Berechnung standardisierter Sterbeziffern zurückgegriffen. Dabei werden die für die jeweilige Bevölkerung errechneten altersspezifischen Sterbeziffern mit der Altersstruktur einer Standardbevölkerung gewichtet, die als Bezugsgröße dient. Damit gibt die standardisierte Sterbeziffer (als Aufsummierung der gewichteten altersspezifischen Sterbeziffern) an, wie viele Sterbefälle aufgrund der jeweils herrschenden Sterblichkeitsverhältnisse auf 100.000 Lebende entfallen wären, wenn die Struktur der Bevölkerung nach Alter und Geschlecht in der betreffenden Berichtsperiode der Standardbevölkerung entsprochen hätte. Diese Vorgehensweise bietet sich vor allem für Zeitvergleiche an, da sich die Veränderung der Sterblichkeit unabhängig von der Veränderung der jeweiligen Bevölkerung analysieren lässt. Verwendet man die gleiche Standardbevölkerung für verschiedene regionale Einheiten, so lassen sich auch regionale Vergleiche ziehen".[5]

3.2.2   Suizid und verwandte Begriffe

In der Literatur der letzten Jahrzehnte werden unterschiedliche Begriffe zur Kennzeichnung des Suizidgeschehens benutzt, die jeweils eine bestimmte Einstellung deutlich werden lassen. Innerhalb der deutschen Sprache existieren für den Suizid eine Vielzahl unterschiedlicher Ausdrücke, die oft eine genaue Abgrenzung spezifischer Hintergründe für den Suizid zumindest implizit angeben.

So spricht z. B.
* Améry (1976) von Freitod,
* Braun (1985) von Selbstaggression,
* Dubitscher (1971) von Selbsttötung,
* Menninger (1938) von Selbstzerstörung,
* Ringel (zuletzt 1989) von Selbstmord,
* Schmidtchen (1989) von Selbstschädigung und
* Zwingmann (1965) von Selbstvernichtung.

Freitod

Der Begriff des Freitodes stammt von Schopenhauer und betont die dem Menschen zustehende Freiheit, sich das Leben zu nehmen, worin aber eine gewisse Heroisierung der Handlung stecken kann.

Am intensivsten hat sich der Essayist Jean Améry (1976) mit dem Geschehen befasst, das er Freitod nennt. Nach einem eigenen Suizidversuch im Jahr 1974 versuchte er, diesen gescheiterten

---

[5] http://www.bib-demografie.de/SharedDocs/Glossareintraege/DE/S/standardisierte_sterbeziffer.html

Suizid mit der Abhandlung „Hand an sich legen. Diskurs über den Freitod" zu legitimieren. Bei aller Widersprüchlichkeit sei der Weg ins Freie die „Zurücknahme aller Lebenslügen, die wir erlitten und nur kraft eben der Lügen zu erleiden vermögen" (1976, 169). Seiner Meinung nach beruht der Suizid eines Menschen auf seiner freien Willensentscheidung und hat nichts mit Verzweiflung und Hoffnungslosigkeit zu tun. Der Mensch steht „vor dem Absprung gleichsam noch mit einem Bein in der Logik des Lebens, mit dem anderen aber in der widerlogischen Logik des Todes. Die Logik ist aber die Logik des Lebens, während der Suizid die Fesseln reiner wie praktischer Vernunft sprengt" (1976, 30).

Parasuizid

Im Gesundheitsbericht für Deutschland (1998) wurde ausgeführt: „Als Suizidversuch (Selbstbeschädigungsversuch) bezeichnet man ein Verhalten, das in selbstmörderischer Absicht mit nichttödlichem Ausgang erfolgt. Dazu zählen auch Handlungen, die unterbrochen wurden, bevor eine tatsächliche Schädigung eintrat.

Suizid-Gesten sind Handlungen, die keine ernsthafte Lebensgefahr nach sich ziehen. Suiziddrohungen umfassen alle verbalen Äußerungen oder Handlungen, die selbstschädigendes Verhalten ankündigen.

Suizid-Ideen (Absichten) sind Gedanken an suizidale Handlungen".[6]

Ganz anders als „selbstmörderische Absicht" ist der Suizidversuch nach Kreitman (1980) wie folgt zu bewerten: „Der Parasuizid ist ein Suizidversuch, der nicht in primär selbsttötender Absicht, sondern in der Hoffnung auf Rettung erfolgt. Hierbei werden meist (scheinbar) kalkulierbare Selbsttötungsmethoden wie z. B. Medikamentenüberdosierungen gewählt. Kreitman (1980) definiert daher den Suizidversuch als ein "selbstinitiiertes, gewolltes Verhalten eines Patienten, der sich verletzt oder eine Substanz in einer Menge nimmt, die die therapeutische Dosis oder ein gewöhnliches Konsumniveau übersteigt und von welcher er glaubt, sie sei pharmakologisch wirksam". In gleiche Richtung weisen die Befunde von Ungur (2007), der die im Raum Heidelberg stattgefundenen Parasuizide durch Intoxikation in einem Dreijahreszeitraum (2002 bis 2004, n=691) retrospektiv untersuchte. „Im Gegensatz zu Suiziden steht bei Parasuiziden definitionsgemäß nicht eine echte Todesabsicht, sondern die appellative Komponente der Handlung im Vordergrund ... Das ermittelte Geschlechterverhältnis von Männern zu Frauen für parasuizidale Arzneimittel-Intoxikationen lag bei 1:1,65. Hauptrisikogruppe waren Frauen im Alter von 20-40 Jahren" (Ungur, 2007)[7].

Die in der Literatur kontrovers behandelte Frage, ob es einen Unterschied zwischen Suizid und Suizidversuch gibt, beantwortet Stengel (1969) dadurch, dass er einen qualitativen Unterschied

---

[6] http://www.gbe-bund.de/gbe10/ergebnisse.prc_tab?fid=923&suchstring=Selbstbesch%C3%BFdigung& query_id=&sprache=D&fund_typ=TXT&methode=2&vt=1&verwandte=1&page_ret=0&seite=&p_lfd_nr=28&p_news=&p _sprachkz=D&p_uid=gastg&p_aid=62630396&hlp_nr=3&p_janein=J#SEARCH=%2522Selbstbesch%C3%83%C2%BFdigung%2522

[7] http://archiv.ub.uni-heidelberg.de/volltextserver/8369/1/Ungur.pdf

benennt, der sich im Suizid durch eine entschlossene Abkehr vom Leben und dem festen Willen, aus der Gemeinschaft auszuscheiden, ausdrückt, während der Suizidversuch (Parasuizid) vor allem einen Appell an die Umwelt und damit eher eine Zuwendung zur Gemeinschaft darstellt als eine Abwendung von ihr. Nach Stengel (1969, 109 ff.) bestehen deutliche Unterschiede im Grad der Selbsttötungsabsicht, weshalb Suizid und Suizidversuch als unterschiedliche Handlungen angesehen werden müssen. Zu Parasuiziden siehe auch 3.3.2.

Suizidversuch s. Parasuizid

Selbstmord

Der Begriff "Selbstmord" suggeriert die Vorstellung des "Sich-Mordens" und damit eine ethisch zu verurteilende Handlung. Dieser Begriff stellt einen Widerspruch in sich dar und zudem einen "psycho-semantischen Irrtum", denn es handelt sich weder um einen Mord aus verwerflichen Gründen, noch darum, das eigene Selbst tatsächlich umzubringen.

Selbsttötung

Die Begriffe der Selbsttötung, Selbstzerstörung, Selbstvernichtung, Selbstaggression oder Selbstschädigung vermeiden die Unterstellungen beim „Selbstmord" und bringen damit die psychologische Motivation deutlicher zum Ausdruck.

Suizid

Ein Suizid lässt sich nur schwer definieren, was zur Folge hat, dass es noch immer viele unterschiedliche Definitionen gibt. Obwohl oft für das Resultat oder Symptom von psychischen Störungen gehalten, sind suizidale Tendenzen auch bei psychisch unauffälligen Menschen zu beobachten.[8] Sehr bekannt ist folgende Definition: „Suizid ist ein vorsätzlicher, selbst herbeigeführter Tod aufgrund eines absichtlichen, direkten und bewussten Versuchs, das eigene Leben zu beenden" (Shneidman, 1999, 288).

Die Weltgesundheitsorganisation definiert den „Suizid" als eine Handlung, die eine Person in voller Kenntnis und in Erwartung des tödlichen Ausgangs selbst plant und ausführt.[9] Unschärfer ist die von deutschen offiziellen Stellen verwendete Terminologie. So wird im Gesundheitsbericht für Deutschland (1998) ausgeführt: „Unter Suizid (Selbstmord und -beschädigung) versteht man nach neueren Definitionen eine Handlung mit Todesfolge, die mit bewusster Absicht durchgeführt

---

[8] http://www.experimentalpsychologie.de/page26.html

[9] http://www.oecd-ilibrary.org/docserver/download/3011045ec106.pdf?expires=1389351910&id=id&accname=
    guest&checksum=A6DD490EEF676A5EB2416A0773004F2E

wird. Da sich die Erfahrung der Unausweichlichkeit und Endgültigkeit des Todes erst in der Prä-pubertät einstellt, ist fraglich, ab welchem Alter man tatsächlich von Suizid sprechen kann".[10]

An anderer Stelle definiert die Gesundheitsberichterstattung des Bundes:

> „[Suizid, Freitod, Selbstmord, Selbsttötung] Selbstmord ist die absichtliche, auf unter-schiedliche Weise (Erhängen, Erschießen, Vergiften, Aufschneiden der Pulsadern) her-beigeführte Selbsttötung eines Menschen, meist infolge einer problematischen Lebenssituation oder bei psychischen Erkrankungen, z. B. Depressionen oder Schizo-phrenie. Bei bestimmten Personengruppen besteht erhöhte Suizidgefahr; Männer bege-hen etwa doppelt so häufig Suizid wie Frauen; Drogen- und Alkoholabhängige, unheilbar Kranke und sozial isolierte Menschen sind ebenfalls mit einem erhöhten Suizidrisiko be-haftet".[11]

In der offiziellen deutschen Statistik werden nach ICD-10-WHO Version 2013, Kapitel XX, Sui-zide wie folgt zusammengefasst.

- X60 – X69: die verschiedenen Formen der „vorsätzlichen Selbstvergiftung",
- X70 – X84 die verschiedenen Formen der „vorsätzlichen Selbstbeschädigung".

In der Gesundheitsberichterstattung des Bundes wird Selbstbeschädigung[12] hingegen definiert als „Verletzung bis Verstümmelung (Mutilation) des eigenen Körpers ohne selbstmörderische Ab-sicht".

Unterschiedliche Definitionen und auch Berufszugehörigkeiten (mit jeweils eigener Betrach-tungsweise) führen zur Beachtung unterschiedlich bedeutsamer Variablen (-gruppen) und somit auch zu unterschiedlichen Vorgehensweisen in der Datenerhebung. Es ist daher naheliegend, dass die offiziellen Angaben nur von zweifelhaftem Wert sein können. Auch international er-folgt die Definition eines Suizids nach sehr unterschiedlichen Kriterien, sodass man fast vermu-ten kann, dass die von den Ländern mitgeteilten unterschiedlichen Suizidziffern eher landes- und kulturspezifische Unterschiede im Umgang mit der Suizidproblematik reflektieren als epidemio-logisch verwertbare Zahlen.

Suizidalität umfasst alle Gefühle, Gedanken, Impulse und Handlungen, die selbstzerstörerischen Charakter haben und das eigene Versterben aktiv oder durch Unterlassung anstreben bzw. direkt oder indirekt in Kauf nehmen.

---

[10] http://www.gbe-bund.de/gbe10/ergebnisse.prc_tab?fid=923&suchstring=Selbstbesch%C3%BFdigung& query_id=& sprache=D&fund_typ=TXT&methode=2&vt=1&verwandte=1&page_ret=0&seite=&p_lfd_nr=28&p_news=&p_sprachkz= D&p_uid=gastg&p_aid=62630396&hlp_nr=3&p_janein=J#SEARCH=%2522Selbstbesch%C3%83%C2%BFdigung%2522

[11] http://www.gbe-bund.de/gbe10/abrechnung.prc_abr_test_logon?p_uid=gastg&p_aid=&p_knoten=FTD&p_sprache= D&p_suchstring=8400015::Selbsthesch%E4digung

[12] http://www.gbe-bund.de/gbe10/pkg_stichwort.prc_stichwort?suchstring=Selbstbesch%C3%BFdigung& p_meth-ode=2&p_synonyme=1&p_soundex=0&pi_level=1&pi_bt=0&pi_nt=0&pi_und_thes=0&pi_isgbe_score=&anz_ber=28&a nz_tab=17&anz_gra=0&anz_def=2&anz_link=0&anz_son=0&p_volltext=1&seite=&query_id=&button=1&p_uid=gastg &p_aid=62630396&x=&p_sprache=D&cb_wk=dummy&next_tr=1&erg_art=DEF#DEF

3.2.3   Berechnungen

Suizidzahl Anzahl der Suizide in einer definierten Zeit, z. B. 5 Suizide innerhalb von 3 Jahren.

Suizidrate „Unter Suizidrate ist die Zahl der Suizide pro Jahr hochgerechnet auf jeweils 100.000 Personen zu verstehen"[13] , z. B. Bevölkerung Österreich (2010): 15,1.

Suizidziffer (SZ) Anzahl der Suizide im Beobachtungszeitraum bezogen auf 100.000 Personen der Bevölkerung.

Gender Ratio Es gibt zwei Verwendungsarten des Begriffs:

- Anzahl der Suizide von Männern bezogen auf jene von Frauen.

  Sie lag z.B. nach Watzka (2008, 108) in Österreich von 2001 bis 2004 bei 2,9.[14]

- Lebenserwartung im Vergleich von Männern und Frauen (Ausschnitt aus der Originaldatei; deutschsprachige Länder).[15]

Country	Male		Fem.		Dif.	
Rank	Rnk.[16]	Life	Rnk.	Life	Rnk.	Years
Germany	26	78.3	26	83.0	83	4.7
Austria	25	78.4	16	83.7	71	5.3
Switzerland	4	80.3	7	84.7	87	4.4

Zur Datenherkunft dieser Tabelle wird folgendes ausgeführt: "OUR DATA: We use the most recent data from these primary sources: WHO, World Bank, UNESCO, CIA and individual country databases for global health and causes of death. We use the CDC, NIH and individual state and county databases for verification and supplementation for USA data".[17]

---

[13] http://www.bmi.gv.at/cms/BMI_Service/SB_2011/SB_2011_Druckversion.pdf, S. 112
[14] Watzka, 2008, S. 108
[15] http://www.worldlifeexpectancy.com/gender-ratio-by-country
[16] Rangplatz weltweit
[17] http://www.worldlifeexpectancy.com/gender-ratio-by-country

3.3   Probleme der Datenerhebung

3.3.1   In der Bevölkerung

3.3.1.1   Erhebungen

Seit dem 01.01.1998 werden in Deutschland Todesursachen nach der „Internationalen statistischen Klassifikation der Krankheiten" (ICD10) der Weltgesundheitsorganisation (WHO) kodiert; diese ist die Grundlage der amtlichen Todesursachenstatistik.

Jedoch werden Suizidstatistiken schon seit 1825 geführt. Als Grundlage dienen in fast allen Ländern amtliche Zertifikate. Die Eintragungen erfolgen durch Coroner[18], die in den verschiedenen Ländern i.d.R. medizinische Laien sind. Trotz der gleichlautenden Bezeichnung „Coroner" (für diesen Begriff gibt es im Deutschen m. E. keine treffsicher Entsprechung, obwohl das Wort „Leichenbeschauer" in der Literatur gelegentlich verwendet wird).

Hier ein Ausschnitt aus dem WHO-Bericht von Brooke (1974, 18):[19]

Category ansd country	Whether doctor alone can certify death as suicide		Other person(s) concerned in decision on
	Yes	No	
Medical			
Canada	x		Coroner
Colombia		x	Medicolegista (coroner): rural doctors are appointed ad hoc coroners.
Czechoslovak		x	Police officer specially appointed for the Investigation, as representative of state attorney.
Denmark		x	District health officer (Kredslæge).
France	x		Police officer, judge or forensic specialist.
Japan		x	Police inspector or assistant inspector
Mexico		x	Legist doctor, police corps.
Netherlands		x	Police agents, coroner; sometimes pathologist,public prosecutor
USA		x	Medical examiner, who is a physician, deputy coroner, mortician.
Germany, Federal Republic of	x		No one, unless death by criminal causes is suspected, in which case the crime police would be notified.
Switzerland	x		No one.

Table 2.: Doctors and other persons responsible for decision that death is due to suicide.

---

[18] Coroner ist ein Verwaltungsbeamter, Kriminalist oder Jurist, i.d.R. aber kein Arzt („medical examiner"); die rechtlichen Hintergründe und Kompetenzen sind weltweit sehr unterschiedlich.
[19] http://libdoc.who.int/php/WHO_PHP_58.pdf

Bei so unterschiedlichem beruflichen Hintergrund und somit auch Vorgehen ist nicht verwunderlich, dass schon in den 1970-er Jahren ein Projekt durchgeführt wurde "to measure the extend to which international comparisons of suicide rates may be reliable" (Brooke, 1974, 44). Die Autorin teilt hierzu mit, dass bei einer nachträglichen Beurteilung von 40 unklaren Todesfällen fünf dänische und vier englische offizielle Coroner nur in 33 % zum gleichen Ergebnis kamen: Durchweg bescheinigten die Dänen häufiger einen Suizid als die Engländer.

Kolmos (1987) kam aufgrund ihrer Untersuchungen zum Ergebnis, dass 90% der als „unbestimmte Todesursache" deklarierten Fälle und 74% der als „schlecht definierte Todesursache" mit Wahrscheinlichkeit Suizide waren. Die Suizidrate ließe sich durch die Aufklärung derartiger Todesfälle um maximal mehr als das Doppelte steigern.

Die Unzuverlässigkeit der Suizidstatistiken kann auch an einem Bericht der US-Army aufgezeigt werden. Datel & Johnson (1979) stellen dar, dass bei drei parallel laufenden Registrierverfahren von 302 Suiziden der Jahre 1975 und 1976 jeweils 38% jeweils nur auf einer Liste registriert wurden und nur 23% auf allen drei Listen.

Im „Bericht des Eisenbahn-Bundesamts gemäß Artikel 18 der Richtlinie über Eisenbahnsicherheit in der Gemeinschaft (Richtlinie 2004/49/EG, „Sicherheitsrichtlinie") über die Tätigkeiten als Sicherheitsbehörde"[20] wird der Suizid wie folgt definiert: „Eine Handlung vorsätzlicher Selbstverletzung mit Todesfolge, wie von der zuständigen nationalen Behörde registriert und klassifiziert" (S. 45). Der Hinweis auf die „zuständigen nationalen Behörden" weist darauf hin, daß es unterschiedliche nationale Regelungen zur Feststellung eines Suizids im Bahnverkehr gibt.

In dem Bericht (S. 42) wird die Zahl der Suizide (im Jahr 2012) im deutschen Bahnverkehr

- bezogen auf Mio. gefahrene Zugkilometer,
- nicht auf die Zahl der Reisenden (2,57 Mrd. Reisende im Jahr 2012), da ja die Suizidenten keine Reisende sind, sondern sich als Nicht-Reisende „vorsätzlich" von einem Zug überfahren lassen und
- auch nicht auf die üblichen 100.000 Personen der Bevölkerung bezogen:
  Suizide 2012 im deutschen Bahnverkehr

Gesamtzahl	872
Durchschnittliche Zahl pro 1.000.000 Km	0,840 (Bericht, S. 42)
Suizidziffer (pro 100.000 der Bevölkerung)	8,06 (872/81.890.000*100.000).

Also: genaues weiß man nicht. Selbst die Weltgesundheitsorganisation (WHO) ist auf Schätzungen angewiesen. Sie meint, dass sich pro Jahr auf der Welt ca. 1 Million Menschen das Leben nehmen[21]. Dies ist aber nur eine Schätzung, da für das World Health Statistics Annual[22] nur 105 von 166 Mitgliedsstaaten ihre Suizidzahlen melden, in vielen Ländern der Suizid infolge des unterentwickelten Gesundheitswesens einfach nicht erfassbar ist (in einigen Ländern Afrikas und Mit-

---

[20] http://www.eba.bund.de/SharedDocs/Publikationen/DE/Allgemeines/Sicherheitsberichte/sicherheitsbericht_2012. pdf?__blob=publicationFile&v=3

[21] die Zahl der Suizidversuche soll um ein Vielfaches höher sein.

[22] http://www.who.int/mental_health/prevention/suicide_rates/en/index.html (abgerufen am 10. 1. 14)

---

telamerikas) oder die Kenntnis hierüber vom Staat unterdrückt oder offensichtlich manipuliert[23] wird. Deshalb liefert die Statistik nur einen partiellen Einblick in die Suizidproblematik.

Weis (1976) berichtet von WHO-Schätzungen, demzufolge nur ein Viertel bis die Hälfte aller Suizide offiziell registriert werden. Von 100 Suiziden werden nach dieser Schätzung also nur zwischen 25 und 50 bekannt. Begründet wird dies u. a. (vgl. Wedler, 1984, 6) mit

- religiösen Tabus (z. B. kirchliche Begräbnisverbote nach Suizid),
- der Rücksichtnahme auf Angehörige,
- Ansprüchen gegenüber Lebensversicherern,
- der Schwierigkeit, Suizidverhalten gut genug zu objektivieren,
- Abgrenzungsschwierigkeiten zwischen Suizidversuch und Suizid,
- der auch in Deutschland spürbaren gesellschaftlichen Tabuisierung suizidalen Verhaltens, die die „Aufklärungsquote" senkt und die Dunkelziffer steigert,
- der Stigmatisierung suizidalen Verhaltens, die die Betroffenen, die Angehörigen und die Ärzte häufig zur „Tarnung" zwingt. Da der Suizid auch noch heute als peinlich gilt, erliegen viele Angehörige der Versuchung, eine andere Todesursache anzugeben. Sind sie dabei erfolgreich, entsteht die sogenannte „Dunkelziffer". Diese steigt auch noch aus einem anderen Grund:
- „Aber noch eine andere Fehlerquelle bereitet uns große Sorge: das ist der besorgniserregende Rückgang der Obduktionsfrequenz. So wurden im Regierungsbezirk Dresden im Zeitraum von 2001-2003 nur noch 23,6 % aller Suizide obduziert. Das bringt die Diagnose „Suizid" in eine große Unsicherheit, die besonders bei den Suizidarten auftritt, die äußerlich wenig spezifische Merkmale für ihre Erkennung bieten. Es bedarf schon „übermenschlicher Fähigkeiten" von Ärzten und Kriminalisten, wenn man durch äußere Umstände eine Schlafmittel- oder Drogenvergiftung diagnostiziert, wenn nicht gerade eine leere Tabletten-Packung oder ein Spritzenbesteck neben der Leiche auf einen Suizid hinweisen (Müller, 2007, 1).

Van Wissen (1994) benennt folgende Ursachen für die vermutlich erheblichen Dunkelziffern bei jugendlichen Suizidenten:

- Suizide bei Verkehrsunfällen bleiben unerkannt.
- Selbsttötungen werden durch die betroffenen Familien tabuisiert und vertuscht.
- Eine erhebliche Anzahl der Drogentoten sind Selbsttötungsfälle.

Das Therapiezentrum für Suizidgefährdete des Universitätsklinikums Hamburg-Eppendorf[24] weist ferner darauf hin, dass die Vergleichbarkeit der Daten u. a. eingeschränkt ist durch:

- unterschiedliche Definitionen des Suizids,
- unterschiedliche Dokumentationen,

---

[23] So meldeten die Länder Antigua & Barbados, Haiti, Honduras, St. Kitts und Nevis keine Suizide; z.B. teilte Ägypten für das Jahr 2009 eine Suizidrate von 0,1 für Männer und 0,0 für Frauen mit; eine Suizidquote von Null bis 1% teilen 13 Länder mit, für Frauen sind dies 21 Länder (http://www.who.int/mental_health/prevention/suicide_rates/en/index.html)

[24] http://www.uke.de/extern/tzs/daten/hinweise_d.html

- unterschiedliche Erhebungsquellen,
- unterschiedliche Erhebungsmethoden,
- unterschiedliche Vollständigkeit,
- unterschiedliche Berechnungsmodi (Rohdaten, adjustiert nach Alter oder Geschlecht),
- unterschiedliche Zeiträume.

Es gibt keine Länder, die eine anhaltend hohe, und andere, die eine konstant niedrige Suizidziffer *haben*, sondern nur Länder, die eine anhaltend hohe und andere, die eine konstant niedrige Suizidziffer *mitteilen*. Auch deshalb unterliegt die Suizidrate geschlechts-, kultur- und regionalspezifisch erheblichen Unterschieden.

Ab 1974 hörte die Regierung des „ersten sozialistischen Staates auf deutschem Boden" auf, die Zahl der Suizidtoten zu publizieren, da zuvor die DDR hinter Finnland die höchste Selbsttötungsrate der Welt mitgeteilt hatte: es nahmen sich jährlich 5000 bis 6000 DDR-Bürger selbst das Leben (bei zu dieser Zeit knapp 17 Millionen Einwohnern). Hinzu kam, dass ab 1969 die Ziffern der in einem Jahr Gestorbenen die Ziffern der im gleichen Jahr Lebendgeborenen überstieg. Laut DDR-Staatsideologie durfte es das nicht geben, galt Selbsttötung doch als typisches Phänomen der kapitalistischen Gesellschaft. Die Konsequenz war eine jahrzehntelange Verschleierung der Statistiken und eine gesellschaftliche Tabuisierung des Themas, wenn auch begleitet von intensiven Präventionsbemühungen (vgl. hierzu Grashoff, 2006).

Als nach dem Zusammenbruch der DDR die offiziellen Zahlen für 1988 bekannt wurden, zeigte sich, dass in der DDR ca. 5.000 und in der BRD offiziell 10.815 Personen durch Suizid gestorben waren, obwohl die DDR zu der Zeit nur knapp ein Drittel so viel Einwohner hatte wie die Bundesrepublik (Degen, 1991, 14). Die damals gängige Interpretation war an den Ausführungen des Soziologen Durkheim (erstmals 1897) angelehnt, wonach die Suizidquote als Maß für soziale Pathologie stünde, also die Gesellschaft für die Höhe der Suizidquote verantwortlich sei.

Im internationalen Vergleich fallen heute eine ganze Reihe von Ländern auf, die extrem niedrige Suizidrate angeben. Fügt man den in der internationalen Statistik aufgeführten Ländern mit der höchsten Suizidrate (z. B. Griechenland, Frankreich, Ungarn) und den Ländern mit der niedrigsten Suizidrate (z. B. Spanien, Ägypten) jeweils die Zahl der als „Symptome und mangelhaft bezeichnete Todesursachen" deklarierten Todesfälle hinzu, so zeigen gerade Länder mit offiziell niedrigen Suizidraten einen sehr hohen Anteil an unklar gebliebenen Todesfällen. Deshalb kann vermutet werden, dass sich dahinter auch eine beträchtliche Dunkelziffer für Suizide verbirgt (vgl. Wedler, 1984, 10).

Das Nationale Suizid Präventions Programm macht folgende Vorbemerkungen zu den bekanntgewordenen Suiziden in Deutschland 2012:

„Die folgenden Angaben beziehen sich auf die Todesursachenstatistik des Statistischen Bundesamtes, welche jährlich aktualisiert wird.

Die Angaben beruhen auf der Auswertung der Todesbescheinigungen. Die Todesursachen werden in den Bundesländern für die dort gemeldeten Einwohner dokumentiert und einmal im Jahr an das Statistische Bundesamt gemeldet.

Die Anzahl der Suizide und die jeweilige Suizidziffer sind immer das Ergebnis sehr unterschiedlicher und gegenläufiger oder sich aufhebender Gegebenheiten.

Einfluss auf die Suizidhäufigkeit haben u. a.:
- der Zustand und die Entwicklung der medizinischen Versorgung,
- die demographische Entwicklung,
- sozioökonomische Entwicklungen,
- regionale Besonderheiten,
- die Berichterstattung in den Medien,
- die Verfügbarkeit und die Bekanntheit von Suizidmethoden,
- die Form und Zuverlässlichkeit der Ausstellung der Todesbescheinigungen,
- suizidpräventive Initiativen,
- ... .

Vor diesem Hintergrund verbietet sich eine Interpretation der vorliegenden Daten. Diese ist erst nach einer genaueren wissenschaftlichen Analyse möglich." [25]

Die Definition des Suizides beinhaltet das Problem der Erkennung der selbstbestimmten Handlung des Verstorbenen und damit den Ausschluss möglicher akzidentieller Ursachen. „Eine weitere Schwierigkeit der Definition ist, dass in der amtlichen Statistik, sofern nicht eindeutige Indizien wie Abschiedsbriefe und Suizidankündigungen vorlagen, drei Kategorien von Selbsttötungen nicht erfasst werden können:
- Suizid/Tod durch Herbeiführung eines tödlichen Unfalles,
- Suizid/Tod durch Absetzen lebensnotwendiger Medikamente,
- Suizid/Tod durch Nahrungsverweigerung.

Infolge dessen stellen auch die offiziellen Suizidstatistiken nur eine Annäherung an die wirkliche Zahl dar" (Welz, 1992, 224).

Die Vollständigkeit der Suizidstatistiken und die Richtigkeit der in ihnen erhaltenen Daten sind von der Tabuisierung des Phänomens „Selbstmord" in der Gesellschaft und den damit beispielsweise verbundenen Versuchungen beeinträchtigt, Selbsttötungen nicht als solche zu benennen. Dies trifft auf die Fälle zu, bei denen unklar ist, ob es sich um einen Unfalltod oder Suizid handelt, z. B. risikoreiches Verhalten im Straßenverkehr, Crashfahrten mit Autos oder auch das Laufen über vielbefahrene Straßen. Schwierigkeiten ergeben sich auch bei der Abgrenzung von Suizidenten und Personen, die billigend ein Risiko für ihr eigenes Leben eingehen. Hier lassen sich zum Beispiel Extremsportler oder Substanzabhängige als Personengruppen benennen.

Es ist zu bezweifeln, dass auf der Grundlage solcher vagen Daten (die sich u. a. aus Schätzungen, unzuverlässigen und unvollständigen Erhebungen und fehlerhaften Diagnosen) zusam-

---

[25] http://www.suizidpraevention-deutschland.de/informationen/suizide-2012.html

mensetzen, je eine „wissenschaftliche Analyse" möglich sein wird. Hinzu kommt, dass diese un-bestimmten Daten für Berechnungen verwendet werden; so werden aus vagen vorgeblich „harte Fakten" produziert, mit denen sich dann trefflich – auch politische – Entscheidungen begründen lassen. Die Macht der Statistik wird durch solche Vorgehensweisen missbraucht.

Festzustellen ist: die Größe, d. h. das Ausmaß des Suizidgeschehens in der Bevölkerung bleibt nicht nur im dunklen, spekulativen Bereich, sondern ist auch als Vergleichs- oder Referenzbezug für das Suizidgeschehen in bestimmten Gruppen (z. B. Inhaftierte) ungeeignet.

Obwohl das Nationale Suizid Präventions Programm die oben zitierten Ausführungen macht, wird im gleichen Dokument dann so formuliert, als ob doch eindeutige Erkenntnisse vorlägen:

„Dimension der Suizidproblematik
- 9.890 Menschen starben in Deutschland im Jahr 2012 durch Suizid.
- Weit über 100.000 Menschen begingen im Jahr 2012 einen Suizidversuch ...
- In den letzten 10 Jahren starben mehr als 110.000 Menschen durch Suizid.
- In den letzten 10 Jahren gab es in Deutschland weit über 1 Million Suizidversuche ...".[26]

Gleichzeitig erklärt der Vorsitzende des Nationalen Suizidpräventionsprogramms:

„In 80 bis 90 Prozent aller Fälle seien Suizidopfer psychisch krank gewesen, ... Den Suiziden-ten sei dabei gemein, dass sie keine Hoffnung mehr hätten, die Situation, in der sie sich befin-den, ändern zu können. Die meisten Suizidversuche würden von jungen Frauen vorgenommen. Die häufigsten Todesfälle durch Suizide gebe es jedoch bei alten Menschen. So werde bei Frauen jeder zweite Suizid durch eine über 60-Jährige verübt".[27]

In den Jahren 1998 bis 2002 sank die offizielle Rate der Suizide in Nordrhein-Westfalen von 9,41 auf 8,44 pro 100 000 und die Rate der unklaren Todesfälle stieg von 22,6 auf 27,1. Vennemann u. a. (2006) berichten, dass sie alle ca. 45 000 Totenscheine in den Gesundheitsämtern von fünf Gemeinden in NRW für die Jahre 2002 bis 2004 gesichtet und anhand aller auf dem Totenschein genannten Hinweise hinsichtlich einer möglichen Selbsttötung beurteilt haben. Die Ergebnisse zeigen eine systematische Unterschätzung der offiziellen Suizidraten in den untersuchten Ge-meinden im Mittel um 11 Prozent. Die Autoren zeigen zugleich auf, wie schwierig und fehleran-fällig die Todesfeststellung und deren Überführung in die amtlichen Statistiken sind.

Im aktuellen internationalen Klassifikationssystem Version 10 (ICD-10) wird der Suizid als Tod durch vorsätzliche Selbstbeschädigung definiert (ICD-10: X60-X84). Darüber hinaus werden im ICD-10-System die Kategorien „sonstiger Tod unbekannter Ursache" (ICD10: R96), „Tod ohne An-wesenheit anderer Personen" (ICD10: R98) und „sonstige ungenau oder nicht näher bezeichnete Todesursachen" (ICD10: R99) klassifiziert, die sich als „Tod unklarer Ursache" zusammenfassen lassen.

---

[26] http://www.suizidpraevention-deutschland.de/informationen/suizide-2012.html
[27] Ärzteblatt, Ausgabe Oktober 2012, Seite 437 http://www.aerzteblatt.de/archiv/131647/Suizidpraevention-Zahl-der-Selbsttoetungen-wieder-angestiegen

Auch in die Untersuchung von van Wissen (1994) gingen nur „sichere Suizide" ein:

- Drogentote wurden ausgeschlossen, weil nicht mit Sicherheit hätte entschieden werden können, ob ein Unfall oder eine Überdosis mit Selbsttötungsabsicht vorlag.
- Ebenso wurden alle verdächtigen Autounfälle und
- Tote ausgeschlossen, die in Gewässern gefunden wurden, da ebenfalls nicht mit Sicherheit auf Unfall oder Suizid hätte geschlossen werden können.

Die Suizidziffer (d.h. die Anzahl der Suizide pro 100.000 Einwohner) lag z. B. für die Bundesrepublik Deutschland im Jahr 1986 bei 17 (also 17 Personen von 100.000). In diesem Jahr verstarben 703.122 Personen der insgesamt 61.141.000 Einwohner (= 1,15 %). Von den Verstorbenen 703.122 Personen waren 11.599 Personen Suizidenten (= 1,65%). Bezieht man die 11.599 Suizidenten auf die Gesamteinwohnerzahl, ergibt sich 0,018 %. Da nun 1986 (wie in den Jahren zuvor) jeweils 2/3 der Suizidenten Männer waren, ergibt der Vergleich auf jeweils 100.000 Personen bzw. die Gesamtbevölkerung (in der der Anteil der Männer ca. 48% beträgt) an sich schon eine falsche Bezugsgröße. Die Quote der Selbsttötungen und Selbstbeschädigungen auf je 100.000 Einwohner betrug im Jahr 1988 25,0 bei Männern und 10,8 bei Frauen.

Allerdings ist die Suizidziffer von 12,4 (2011) auf 12,1 (2012) leicht gefallen (Männer: 18,1, Frauen: 6,3).

Eine weitere Verzerrung erfolgt dadurch, dass in der Bezugsgröße (100.000 Personen bzw. die Gesamtbevölkerung) auch alle Kinder und Jugendliche unter 14 Jahre enthalten sind, deren Suizidquote extrem niedrig ist (im Jahr 2010 im Alter unter 5 Jahren 1 Junge; im Alter von 5 bis 15 Jahren 21 Jungen und 6 Mädchen – die Zahl bis unter 14 Jahren ist nicht bekannt).

Problematisch ist ferner, dass in der amtlichen Statistik oft Suizid und Selbstbeschädigung zusammengefasst werden, d. h. die Quote des reinen Suizids so nicht erkennbar ist (vgl. z. B. Daten des Gesundheitswesens, Ausgabe 1989, 184).

Bei Weber (2008, 16) ist der Ablauf der Todesursachenstatistik in Deutschland nachzusehen. Der dargestellte Verlauf scheint unproblematisch zu sein und zu validen Ergebnissen zu führen. Auch dies ist jedoch zu hinterfragen. Zum einen werden die Todesursachenbescheinigungen von Ärzten immer wieder so individuell ausgefüllt, dass sie von den datenverarbeitenden Stellen nicht korrekt in die Statistik übertragen werden können. Belege hierfür sind z.B. zu finden in Weber & Schelhase (2008) und Vennemann u. a. (2006); diese Autoren zeigen an einem Beispiel, dass das Landesamt für Statistik zwar den vertraulichen Teil des Totenscheins erhält, aber da die Epikrise darin geschwärzt ist, können bestimmte Informationen daraus, die Aufschluss über die tatsächliche Todesursache geben könnten, nicht kodiert werden.

Weber & Schelhase (2008. 10 f.) weisen ferner darauf hin, dass

- die Lesbarkeit der handschriftlichen Eintragungen auf den Todesursachenbescheinigungen eines der größten Probleme in der Weiterverarbeitung der Daten ist,
- die Epikrise, die auf manchen deutschen Todesursachenbescheinigungen zu finden ist, keiner internationalen Vorgabe folgt (und dementsprechend auch nicht verschlüsselt werden kann).

3.3.1.2   Die Suche nach Hintergründen

In der Erforschung des Suizids hat man sich selbstverständlich nicht nur mit der bloßen zahlenmäßigen Erfassung der Suizidfälle begnügt, sondern sich bemüht, auch andere Gesichtspunkte herauszuarbeiten; so z. B. die Beziehungen zwischen Suizid und Depression, Alter, Geschlecht, Familienstand, Beruf, Bevölkerungsdichte, Lebensstandard, Jahreszeit, Klima, gewähltem Mittel, politischer Situation, sowie Religion; Hintergrund ist, dass die Ursachen von suizidalen Handlungen in der Regel sehr komplex sind, sie betreffen die gesamte dynamische Entwicklung einer Persönlichkeit (vgl. Ringel, 1953, 12) und umfassen sowohl innere und äußere Gegebenheiten als auch bewusste Stellungnahmen, Bewertungen und Motive. Dennoch werden je nach Berufszugehörigkeit des jeweiligen Forschers unterschiedliche Variablen als prognostisch bedeutsam erachtet und als Risikofaktoren bezeichnet.

„Patienten mit psychiatrischen Erkrankungen sind besonders gefährdet, mehrere Suizidversuche zu unternehmen (Asnis et al., 1993; Petronis et al., 1990). Auch in der WHO-Studie findet sich der höchste Prozentsatz an mehrfachen Suizidversuchen in der Gruppe der Patienten mit schizophrenen Psychosen. Aber auch bei Patienten mit affektiven Psychosen, mit einer Suchtdiagnose und bei Neurosen und Persönlichkeitsstörungen findet sich ein erhöhtes Risiko für wiederholte Suizidversuche" (Weinacker, Schmidtke, Löhr, 2003, 2).[28]

„Drei Viertel aller Selbstmorde werden von Männern begangen. Gefürchtete Folge einer Depression ist der Selbstmord. So versterben 15 Prozent der Patienten mit schweren depressiven Erkrankungen durch Suizid".[29] Das bedeutet doch

- 85 Prozent der Patienten mit schweren depressiven Erkrankungen sterben nicht durch Suizid, sie leben weiter mit und trotz der Krankheit.
- Es wird durch den letzten Satz des Zitats offensichtlich eine Ursache (Depression) und eine Wirkung (Suizid) behauptet. Das bedeutet nicht nur, dass es eine Richtung gibt, sondern auch, dass keine Scheinkorrelation vorliegt. Eine Scheinkorrelation ist ein statistisch gemessener Zusammenhang zwischen zwei Variablen, welcher nur deshalb auftritt, weil beide Variablen systematisch von einer dritten Variablen beeinflusst werden. Beispiel: „Es lässt sich ein hoher Zusammenhang zwischen Männern mit schütterem Haar und hohem Einkommen nachweisen. Tatsächlich besteht aber eher ein Zusammenhang zwischen dem Alter der Männer und ihrem Einkommen und mit zunehmendem Alter nimmt auch die Zahl der Haare ab."[30]

Auch wenn das Vorliegen von äußeren traumatischen Belastungssituationen oder psychischen Krankheiten bei vielen Suizidenten kaum bestritten werden kann, erlaubt dies nach Fenner[31] noch lange nicht den Schluss, diese seien alleinige und unmittelbare Ursachen des Suizidaktes. Denn "the obvious fact that just because someone who has a mental disorder suicides does not

---

[28] http://www.suizidprophylaxe.de/Ohne%20Java/Schmidtke%20epidemiologie%20f%FCr%20homepage. doc
[29] Gesundheitsberichterstattung des Bundes. Berlin, 2006, 30
[30] http://www.univie.ac.at/ksa/elearning/cp/quantitative/quantitative-106.html
[31] http://www.jp.philo.at/texte/FennerD1.pdf

mean that the mental illness was related to the cause of death – the old correlation does not prove causation argument" (Werth, 1996, 29).

Selbst „bei einem schwer depressiven Patienten braucht es einen Entschluss zur Ausführung der Handlung" (Michel, 2002, 730). Immer ist es der Mensch, der den Akt des Suizids vollzieht, nicht aber die Depression selbst, und die Betroffenen vermögen nach einem gescheiterten Suizidversuch ihr Handeln fast durchgängig im Kontext einer kohärenten Lebensgeschichte zu erklären: „Hinter jeder Suizidhandlung steht eine Geschichte", lautet Michels einschlägige Formel. Wenn der Suizidversuch aber von den Betroffenen in Form einer Geschichte expliziert wird, muss konsequenterweise der Suizidversuch bzw. der vollendete Suizid als eine Handlung, d. h. als ein zielorientiertes System betrachtet werden: „Depression ist eine Krankheit, Suizid eine Handlung" (Michel, 2004, 4).

„Fest steht, dass die Suizidforschung noch die Bewältigung einer Reihe methodischer und theoretischer Probleme vor sich hat, was sich nicht dadurch lösen lässt, dass weiterhin Erklärungsmodelle und Begriffe gewählt werden, die in der Durkheimnachfolge implizit oder explizit unterstellen, dass suizidale Akte eine soziale, oder auch psychische, Desintegration bzw. die Veränderung von Normen und Werten und die Reduktion von Sozialkontakten voraussetzen" (Rachor, 1995, 29).

3.3.1.3 Fazit

Die genauen Suizidraten in der Bevölkerung (z. B. unter Berücksichtigung von Alter und Geschlecht) sind wegen der vielen nicht steuerbaren Einflussfaktoren unbekannt. Was vorliegt, sind fehlerhafte Zahlen, die vorgeben, präzise Suizidraten zu sein. Sie sind daher nicht als Referenz- oder Vergleichsmaßstab für besondere Gruppen (z. B. Inhaftierte) geeignet.

3.3.2 Bei Parasuiziden

Über Suizidversuche (auch als Parasuizide bezeichnet) existieren nirgends offizielle Registrierungen, Suizidversuche werden aus datenschutzrechtlichen Gründen nicht mehr erfasst. Man ist daher auf Schätzungen angewiesen. Die Schätzungen des Verhältnisses von Suizid zu Parasuizid beliefen sich lange Zeit auf 1: 2 bis 1: 10 (Welz, 1979). Gelegentlich wurden auch noch höhere Relationen genannt (bis 1: 100). Whitehead u. a. (1973) fanden in ihrer Analyse in einer mittelgroßen kanadischen Stadt eine Relation von 1: 40 bis 1: 126. Die Ergebnisse von Whitehead u. a. (1972) hatten noch ein weiteres überraschendes Resultat: Die üblicherweise angegebene und in fast allen Statistiken der Welt feststellbare Relation bei Parasuiziden zwischen Männern und Frauen von 1: 23 glich sich bei einer intensiven Analyse auf nahezu 1: 1 aus. Offenbar bleiben besonders die von Männern durchgeführten nicht tödlich ausgehenden Suizidhandlungen im Dunkelfeld.

Verlässt man sich auf die Schätzungen, dass auf einen bekannt gewordenen Suizid 10 Parasuizide kommen, so sind in Deutschland jährlich 130.000 Parasuizide zu erwarten. Überträgt man hingegen die Ergebnisse von Whitehead u. a. (1972) auf Deutschland, so kommt man auf die Zahl von 448.000 bis 879.000 Parasuizide pro Jahr, darunter 220.000 bis 256.000 Krankenhausbehandlungen.

Eine andere Rechnung (Wedler, 1984, 10) führt zu ähnlichen Zahlen: 38% der 9,8 Millionen Patienten, die 1978 in Akutkrankenhäusern der Bundesrepublik stationär behandelt wurden, entfielen auf die innere Medizin. Nimmt man einen durchschnittlichen Anteil von 5% Parasuizide am Klientel medizinischer Kliniken an, so sind jährlich 187.000 Suizidpatienten in der Behandlung medizinischer Kliniken in der Bundesrepublik zu erwarten. Zählt man die ambulant behandelten und die in nicht internistischen Kliniken behandelten Patienten hinzu, so kommt man gleichfalls auf eine viertel Million jährlich in deutschen Kliniken behandelte Parasuizide.

Die Altersverteilung der Personen mit bekanntgewordenen Suizidversuchen ist der der Suizide entgegengesetzt. Die höchsten Raten sind bei den jüngeren Altersgruppen, besonders bei den weiblichen Jugendlichen und jungen Frauen zwischen 15 und 30 Jahren, bekannt. Dazu kommen noch indirekte selbst zerstörerische Handlungen: z. B. in der Jugend (Auto-) Unfälle und im Alter das Nichtbefolgung ärztlicher Weisungen.

Fazit: Die Unwissenheit ist hier noch größer als bei den Suizidraten der Bevölkerung.

3.3.3   Im Justizvollzug

3.3.3.1   Erhebungen

In der Bevölkerung ist die Dunkelziffer bei Suizidversuchen und Suiziden relativ hoch. Dies scheint neben den in 2.1 aufgeführten Realitätsvertuschungsgründen daher zu kommen, dass nur ca. 5% aller Personen, die sich in einer Krise befinden, professionelle Hilfe aufsuchen und viele aus Selbsttötungsabsicht begangenen Verkehrsunfälle (z. B. „menschliches Versagen") und Haushaltsunfälle nicht als Suizidgeschehen verstanden und damit in den Statistiken falsch zugeordnet werden. Auch das nicht sofortige Versterben nach einem Suizidversuch, sondern erst mehrere Tage danach, wird nicht als Suizid bewertet und gezählt.

Anders im Vollzug: wegen der hohen Kontrolldichte werden die meisten Suizide und viele Suizidversuche bekannt, so dass schon aus diesen Gründen ein Vergleich (mit der vagen Datenlage in der Bevölkerung) zu Ungunsten der Inhaftierten ausfallen muss.

Aber auch im Vollzug gibt es Dunkelziffern und Unklarheiten. So wird z. B. aus den USA berichtet: "For example, the Corrections Yearbook for 1990 reported 145 prison suicides for 1989, while Corrections Compendium (June 1991) reported 120 suicides and BJS reported 113 prison suicides for that year. When it found inconsistencies, NCIA contacted the jurisdictions in dispute and was thus able to verify 146 prison suicides for 1989."[32]

Zu den vorliegenden Suizid-Untersuchungen im Justizbereich ist methodenkritisch anzumerken, dass diese durchweg retrospektive Studien sind. Dies gilt im übrigen auch für alle medizinischen Publikationen und Dissertationen der letzten Jahrzehnte zum Thema Suizid, die sich auf Daten aus Krankenakten, auf Anamneseerhebungen mit dem Patienten selbst, die einen Suizidversuch überlebt haben und auf Befragungen von Angehörigen stützen.

Retrospektive Untersuchungen sind aus folgenden Gründen kritisch zu betrachten:
- Sie weisen auf die oft verzerrten und beschönigten Angaben von Suizidanten post facto und ihrer Angehörigen hin.
- In diesen Untersuchungen konnten sich nur die Variablen als prognostisch wertvoll erweisen, die in das Untersuchungsdesign mit eingingen, das sind in der Regel bei einer retrospektiven Untersuchung solche Variablen, die aktenmäßig gut dokumentiert sind, d. h. aber nicht unbedingt die Variablen, die für ein Suizidgeschehen relevant sind. Dadurch erfolgen Verfälschungen der prognostizierten Variablen.
- Die unterschiedlichen Gefangenengruppen in den JVAen (Untersuchungshaft, Strafhaft, Kurz- und Langstrafige, Jugend- und Freiheitsstrafe, männliche und weibliche Gefangene, Sicherungsverwahrte und Lebenslängliche, Anzahl der Monate/Jahre seit Inhaftierung) werden in Untersuchungen unzulässig zusammengefasst.
- Durch die höchst unterschiedliche Gefangenenpopulation einer jeden Anstalt im Vergleich zu anderen Anstalten (aufgrund der Belegungspläne der zuständigen Länder-Justizministerien) sind Anstaltsvergleiche aus statistischer Sicht nicht zulässig.
- Es fehlen Vergleichsgruppen.

Ganz allgemein ist zur gesamten bisherigen Justizvollzugs-Suizidforschung anzumerken (vgl. auch Zienert, 1975, 195):
- Die Ursachen, Motive und Auslöser werden in der Regel im Nachhinein von Außenstehenden (z. B. Berichtsverfasser der JVA) und in erster Linie für die Akten zusammengetragen.
- Sie werden in der Regel für jeden Gefangenen auf nur ein auslösendes Merkmal reduziert.
- Problemkonstellationen werden kaum erfragt und aufgezeichnet, lediglich vermutend erwähnt.
- Der Ambivalenz des autoaggressiven Tuns wird zu wenig Bedeutung beigemessen.
- Viele Autoren bestimmen im Nachhinein und oft nur aus der Kenntnis der Akten, was der betreffende Gefangene wohl bezwecken wollte.
- Die Unterscheidung von "bewussten" und "unbewussten" Motiven geschieht nach dem Suizidgeschehen aufgrund der Angaben der überlebenden Suizidanten:
  - Gründe, die sie nennen, sind "bewusst",
  - Gründe, die die Autoren vermuten, die aber nicht von den Gefangenen genannt werden, werden oft als "unbewusst" klassifiziert.

---

[32] U.S. Department of Justice (Hrsg): Prison Suicide: An Overview and Guide to Prevention. Mansfield, Massachusetts, 1995

Die bessere Lösung – anstelle retrospektiver Untersuchungen – wären Längsschnittuntersuchungen. Dann würden sich sicherlich noch andere Variablen als bedeutsam erweisen, z. B. Inhalt und Qualität der Beobachtung durch Mitgefangene, die erfahrungsgemäß einen großen Stellenwert haben, aber meist informell gehandelt und kaum aktenkundig gemacht werden und sich deshalb auch in einer Studie nicht als Prädiktorvariable bewähren können. Hieraus kann folgendes *Zwischen-Fazit* gezogen werden: Ein Teil der Variablen bei retrospektiven Untersuchungen ist wichtig, ein anderer – jedoch unbekannter – Teil fehlt aber: Der Untersucher und später der Leser kann also nur einen Teil der Wahrheit erfahren, es ist jedoch völlig unklar, welche Aspekte der unbekannte Teil der Wahrheit hat.

Ihr näher zu kommen, hat Swientek (1999) versucht. Sie berichtet „Von der Unmöglichkeit, katamnestische Studien zu erstellen". Sie hatte 1976/77 in einer JVA nebenamtlich 21 „selbstmordgefährdete" Untersuchungs- und Strafgefangene betreut und wollte 1999 über diese früheren Gefangenen eine Abschlussuntersuchung vorlegen. Die Leiter der JVA und der Abteilung „gaben spontan ihre Zustimmung, legten den Datenschutz forschungsfreundlich aus und öffneten mir die Archive" (1999, 277). Aber aus den folgenden Gründen – in einem zum Verständnis wichtigen und daher überlangen Zitat – gelang es nicht, den geplanten Bericht zu erstellen: „Es gab so gut wie keine Informationen mehr. Selbst die Nachforschungen, ob besagte Gefangene noch länger ... später noch einmal ... immer noch ... einsaßen, war unmöglich. Dafür hätte ich wissen müssen, daß und wann sie eingesessen haben, um jahrgangsentsprechend die Karteikarte (!) zu ziehen. Wie weit diese dann die erforderlichen Daten enthalten würde, war fraglich. Selbst für das Jahr meiner Arbeit lagen für die 21 Gefangenen nur noch für 14 von ihnen Karten vor, die Selbstmordgefährdung war nur auf einer von 14 Karten vermerkt, bei einigen wurde auf ihre Verlegung hingewiesen – nicht jedoch, wohin sie verlegt worden waren. Einige Daten, die nicht auf den Karteikarten vermerkt worden waren, waren noch dem Personal bekannt (mit Fortgang desselben würden auch diese Daten nicht mehr verfügbar sein). Meine Vorstellung, einem Computer die mir zur Verfügung stehenden Personaldaten einzugeben, um dann zu erfahren, was mit den Gefangenen weiterhin geschah, ob sie noch lebten oder nicht, wohin sie verlegt worden waren, ob sie entlassen werden konnten ... erwies sich als illusionär. Für den Bereich der Gefangenen-Nachuntersuchungen scheinen wir keinen Datenschutz zu benötigen, sie sind ohnehin nicht aufzufinden.

Unsere gemeinsamen Überlegungen, das Zentralregister einzuschalten und zu befragen, würden letztlich für meine Fragestellung nicht weiterführen. Aus diesem Register könnte ich erfahren, wer von meinen 21 Gefangenen später noch einmal straffällig geworden wäre. Würden bestimmte Namen nach meiner Intervention seinerzeit nicht wieder auftauchen, könnte das alles Mögliche bedeuten: Sie wurden nicht mehr einschlägig bestraft; sie wurden gar nicht mehr rückfällig; sie wurden nicht erwischt; sie bekamen nur eine Geldstrafe; sie sind geflüchtet oder ausgewandert und in einem anderen Land straffällig geworden; sie sind gar nicht mehr am Leben ... sei es durch natürlichen Tod, durch Unfall, Mord oder Selbstmord .... Von weiteren Sozialdaten ganz abgesehen, die im Zusammenhang mit Depressivität, Suizidalität und Sozialverhalten von Interesse wären, die jedoch nirgendwo gespeichert sind ..." (1999, 278).

Nach 22 Jahren eine katamnestische Studie erstellen zu wollen, zeigt jedoch nicht nur die Unkenntnis der Vorschriften (Gefangenen-Personalakten haben eine Aufbewahrungsfrist von 10 Jahren), sondern auch ein Abweichen von der üblichen Vorgehensweise: mit einer Katamnese soll das Ergebnis einer Behandlungsmaßnahme dokumentiert werden. So schlagen z. B. Rüger & Senf (1994, 107) einen Zeitraum von 5 Jahren nach Beendigung der Behandlung vor und fordern zugleich, dass der Beobachtungszeitraum zumindest die Länge der durchgeführten Therapie erreichen müsse. Zu bedenken ist jedoch, dass mit wachsendem Katamneseintervall der Einfluss therapieunabhängiger psycho-sozialer Faktoren zunimmt. Also: je größer der zeitliche Abstand zur Therapie, desto höher ist die Anzahl der intervenierenden Faktoren und umso schwieriger ist es, den eigentlichen Therapieeffekt nachzuweisen.

Für den Vollzug ergibt sich vordringlich die Frage nach dem Vergleichsmaßstab. Oft werden die Suizidfälle auf die „Jahresdurchschnittsbelegung" bzw. Stichtagsbelegung bezogen. Eine Fluktuation zwischen den Stichtagen kann mit diesen Daten nicht erfasst werden.

Diese Zahlen (Jahresdurchschnittsbelegung und Stichtagsbelegung) sind erheblich niedriger als die Zahl der im betreffenden Jahr Inhaftierten, die ca. dreimal so hoch ist; durch diese Bezugsgruppe „Jahresdurchschnittsbelegung" resultiert also eine wesentlich erhöhte Suizidquote. Würde man jedoch alle Aufgenommenen eines Jahres als Bezugsgröße nehmen, ergäben sich weitere Probleme, z. B. wäre dann unklar, wie eine Person, die im gleichen Jahr zweimal für jeweils eine Woche in Untersuchungshaft genommen würde, im Vergleich zu einer Person, die im gleichen Jahr nur einmal, dann jedoch für zwei Wochen in Untersuchungshaft genommen würde, zu zählen ist.

Es ist somit zu klären, ob
- die Zahl der Ereignisse (z. B. Inhaftierung),
- die Aufenthaltsdauer (gerechnet in Tagen, Wochen, Monaten oder Jahren),
- eine Stichtagserhebung,
- die Jahresdurchschnittsbelegung oder
- die Zahl der Aufgenommenen
- als Bezugsgröße zu verwenden sind.

Aber selbst wenn solche methodischen Schwierigkeiten ausgeräumt wären, entsprechen diese Bezugsgrößen dann nicht denjenigen, die in der amtlichen Bevölkerungsstatistik zur Anwendung kommen. Andererseits wird so immer wieder in medizinischen Publikationen vorgegangen (z. B. Keller & Wolfersdorf, 1994) – dort ist Bezugsgröße die Zahl aller Aufgenommenen innerhalb eines Jahres.

Wenn sich Forscher (z. B. Schweitzer & Heisterborg, 1973) in ihrem Vorgehen an dem der amtlichen Statistik orientieren, ist die Wahl der Durchschnittszahlen aus mehreren Gründen zu kritisieren:
- statistisch: Durchschnittszahlen sind Mittelwerte, die gebildet werden, um eine größere Datenmenge in einem Wert zusammenzufassen. Sie werden berechnet, indem alle Einzelwerte addiert und durch die Anzahl der Einzelwerte dividiert werden. Dieser Mittelwert (auch arith-

metisches Mittel genannt) macht also keine Angaben über die Einzelwerte, aus denen er berechnet wurde. Er sagt auch nichts darüber aus, wieweit die Extremwerte – der größte und der kleinste Wert – voneinander entfernt sind. Es können also ganz verschiedene Datenmaterialien zu gleichen Durchschnittswerten führen.

Deshalb werden in jeder sachkundigen Statistik, in der Durchschnittswerte verwendet werden, auch die zu diesen gehörigen Streuungsmaße mitgeteilt, d. h. die durchschnittlichen Abweichungen der Einzelwerte von einem Mittelwert. Dies galt leider jedoch nicht sowohl für die frühere ST 7 (Strafvollzugsstatistik) des Bundesministeriums der Justiz als auch die vollzugsbezogenen Suiziduntersuchungen, die die Durchschnittsbelegung verwenden.

- inhaltlich: Gravierender als das statistische Argument ist m. E. das inhaltliche: In der allgemeinen Suizidforschung ist Bezugsgröße die Summe aller Einzelmenschen, die in einem Beobachtungsjahr gelebt haben; dabei ist es irrelevant, ob sie nur einen oder alle 365 Tage des Jahres gelebt haben. Sowohl die im Januar Verstorbenen als auch die im Dezember Geborenen und diejenigen, das ganze Jahr gelebt haben, konstituieren die Gesamtgruppe (gelegentlich werden jedoch – s. o. – nur die über 14-jährigen als Gesamtgruppe definiert und / oder die Geschlechter getrennt analysiert).

Die Gesamtgruppe im Vollzug kann deswegen nicht die Durchschnittsbelegung sein, sondern die Gruppe aller Personen, die sich – egal wie lang – innerhalb eines Jahres im Vollzug befunden haben. Für England teilt Sattar (2001, 34) mit, dass in die Vollzugseinrichtungen weit mehr Personen aufgenommen wurden, als dies die Durchschnittsbelegung (AAP = average annual population) erwarten lässt. Diese betrug im Jahr 2000 insgesamt 64.604, aufgenommen wurden jedoch 129.733 Gefangene.

Zur gleichen Fragestellung analysierte Schmitt (2011, 128f.) die Daten aus dem Justizvollzug des Landes Rheinland Pfalz. Hier gab es in den Jahren 1983 bis 1987 eine Durchschnittsjahresbelegung von 3.306 Personen.

In diesen Jahren erfolgten insgesamt 24 Suizide. Im statistischen Mittel sind dies 4,8 Personen pro Jahr.

Dies entspricht zwar 0,145% der Durchschnittsbelegung, nicht jedoch der der Inhaftierten in den JVAen des Landes Rheinland Pfalz, denn wenn man als Bezugsgröße die Zahl der zu Beginn eines Jahres Inhaftierten plus der im gleichen Jahr neu Aufgenommenen nimmt (ermittelt mit Hilfe interner Statistiken der Landesjustizverwaltung, nämlich der sog. „Gefangenenbuch-Nummern"), so ist die Zahl dreimal höher als die Durchschnittsjahresbelegung, d. h. es sind ca. 50.000 Gefangene, die in den Jahren 1983 bis 1987 aufgenommen wurden. 24 Personen von 50.000 sind 0,048%.

Bezüglich der üblichen Bezugsgröße von 100.000 Personen sind 48 von 100.000 zu rechnen, was zu 0,048% führt. Dies ist also – entgegen den Angaben in den offiziellen Statistiken – der annähernd „wahrere" Prozentsatz: 0,048 % anstelle von 0,15.

3.3.3.2 Die Suche nach Hintergründen

Das Royal College of Psychiatrists führt im Council Report CR99 (Royal College of Psychiatrists, 2005, S. 5) über Suizide in englischen Gefängnissen u. a. aus:

> "High-risk factors for suicide among prisoners are similar to those among other citizens, i.e. youth, male gender, depression, alcoholism and loss of a relative, friend or partner. There is some evidence that more supportive prison regimes may experience less suicidal behaviour than less supportive regimes. There is growing belief that self-help among prisoners is particularly important".

Der Council Report CR99 (S. 30) befasst sich auch mit psychiatrisch relevanten Erkrankungen von Gefangenen. Die folgende Tabelle zeigt, dass 37% der Gefangenen (1769 – 1117 = 652 Personen = 37%; durch Mehrfachnennungen werden in der Tabelle 794 Personen als belastet ausgewiesen) eine psychiatrische Diagnose aufweisen, d.h. dass es im Vollzug zwei unterschiedliche Gefangenen-Populationen gibt. Es müssten demzufolge zwei Basisraten festgestellt werden:

- für die Personen mit psychiatrischer Diagnose (d.h. für ca. 1/3 der Inhaftierten),
- für alle anderen (2/3 der Inhaftierten).

Diagnosis[1]	n	%
Psychosis		
Schizophrenia	21	1
Affective	7	0,4
Paranoid	6	0,3
Total	**34**	**2**
Neurosis	71	4
Adjustment disorders	34	2
Personality disorders	177	10
Sexual 'deviations'	38	2
Substance misuse		
Alcohol	203	11,5
Other drugs	204	11,5
Total	**407**	**23**
Organic disorders		
Epilepsy	8	0,5
'Mental retardation'	7	0,4
Total	**15**	**1**
Uncertain	18	10
No diagnosis	1117	63

Table 4.: Prevalence of psychiatric disorder in 1769 prisoners (Gunn et al., 1991).

[1] Up to 3 diagnoses (ICD-9) per prisoner were allowed.

Nach einer Meta-Analyse von 62 Untersuchungen aus 12 Ländern über 22.790 Gefangene in Bezug auf psychische Erkrankungen kommen Fazel & Danesh (2002, 548) u. a. zu folgendem Ergebnis:

> "Our results suggest that typically about one in seven prisoners in western countries have psychotic illnesses or major depression (disorders that might be risk factors for suicide), and about one in two male prisoners and about one in five female prisoners have antisocial personality disorders. These findings might have several implications.
>
> First, they indicate that the risks of having serious psychiatric disorders are substantially higher in prisoners than in the general population. Compared with the general American or British population of similar age, prisoners have about two-fold to four-fold excesses of psychotic illnesses and major depression, and about a ten-fold excess of antisocial personality disorder" (Fazel & Danesh, 2002, 548).

3.3.3.3 Fazit

Bezogen auf die übliche Bezugsgröße von 100 000 inhaftierten Personen des gleichen Geschlechts im Alter über 14 Jahren töten sich also 48 Inhaftierte pro Jahr; von den in Freiheit befindlichen Männern töten sich im gleichen Jahr „geschätzt offiziell" ca. 25 Personen[33]. Der Insassensuizid liegt dann, wenn die Schätzungen in Bezug auf die Bevölkerung zutreffen sollten, also "nur" doppelt so hoch wie der Suizid in Freiheit (nach den Schlussfolgerungen von Kolmos aber gleich hoch), obwohl bisherige Veröffentlichungen – aufgrund m. E. falscher Bezugsgrößen (meist die Jahresdurchschnittsbelegung – s. o.) – zu wesentlich höheren Angaben gekommen sind und die öffentliche Meinung dahingehend beeinflusst haben.

3.3.4 Personal[34]

Worüber noch zu wenig gesprochen, geforscht und publiziert wird: das betroffene Personal: "When the rate of suicide appears to increase there is a tendency to assume that this is due to failure in management rather than either random variations in the rate of suicide or changes in the size or composition of the at-risk population" (Cooke & Michie, 1996, 287).

Das Royal College of Psychiatrists führt in dem oben schon zitierten Council Report CR99 (Royal College of Psychiatrists, 2005, 11f.) ferner aus:

> "Prison staff: We also want to make it clear from the outset that we do not believe that the problem of prison suicides is related primarily to poor-quality staff. Prison staff are

---

[33] Vgl. oben Kolmos (1987), die aufgrund ihrer Untersuchungen zum Ergebnis kam, dass 90% der als "unbestimmte Todesursache" deklarierten Fälle und 74% der als "schlecht definierte Todesursache" mit Wahrscheinlichkeit Suizide waren. Die Suizidrate ließe sich durch die Aufklärung derartiger Todesfälle um maximal mehr als das Doppelte steigern.

[34] Siehe auch Cuadra-Braatz, Kap. 17

themselves victims of the prison system and the criminal justice system as a whole. It is worth noting, for example, that 51 prison officers killed themselves between 1990 and 1999. Prison staff have no choice in who is sent to them. They are expected to care for a very vulnerable group of people, many of whom ought to be in hospital rather than prison. Those of us who are familiar with the prison system have been immensely impressed by the selfless dedication of many prison staff, in all disciplines, in looking after society's rejects".

Medizinisches Personal sowie die Mitarbeiter von Hilfs- und Rettungsdiensten werden die Konfrontation mit dem Suizid als zu ihren Aufgaben gehörig ansehen, nicht jedoch das Personal von Justizvollzugsanstalten, der Bundeswehr oder der Bahn.

Wie gehen die vorgesetzten Behörden und die Tarifparteien mit dem betroffenen Personal um? „Lokomotivführer, die infolge traumatischer Erlebnisse wie Selbstmörder vorm Zug ihren Beruf nicht mehr ausüben können, erhalten künftig eine 100-prozentige Entgeltsicherung bis Ende ihres Berufslebens. Sie können aber auch eine Abfindung wählen" (FAZ, 22. 3. 2014, S. 18).

Wie steht es um traumatisierte Vollzugsbedienstete – und: was sagen die zuständigen Behörden und die Gewerkschaften hierzu?

3.4   Literatur

- Améry, J. (1976). Hand an sich legen. Diskurs über den Freitod. Stuttgart: Klett.
- Asnis, G. M., Friedman, T. A., Sanderson, W. C., Kaplan, M. L., van Praag, H. M. & Harkavy-Friedman, J. M. (1993). Suicidal behaviors in adult psychiatric outpatients, I: description and prevalence. American Journal of Psychiatry, 150(1), 108-112.
- Braun, H. J. (1985). Selbstaggression, Selbstzerstörung, Suizid. Zürich: Artemis.
- Brooke, E. M. (1974). Suicide and attempted suicide. Genf: WHO.
- Cooke, D. J. & Michie, C. (1996). Suicide in Scottish prisons: A methodological note. Legal and Criminal Psychology, 1, 287-293.
- Datel, W. E., Johnson, A. W. (1979). Suicide in United States Army Personnel 1975-1976. Military Medicine, 144(4), 239-244.
- Degen, R. (1991). EX-DDR: Hohe Selbstmordrate. Psychologie heute, 2, 14-16.
- Durkheim, E. (1995). Der Selbstmord. Neuwied: Luchterhand.
- Dubitscher, F. (1971). Lebensschwierigkeiten und Selbsttötung. Stuttgart: Georg Thieme Verlag.
- Dyck, R. J. Bland, R. C., Newman, S. C. & Orn, H. (1988). Suicide attempts and psychiatric disorders in Edmonton. Acta Psychiatrica Scandinavica, 77(S 338), 64-71.
- Fazel, S. & Danesh, J. (2002). Serious mental disorder in 23,000 prisoners: A systematic review of 62 surveys. The Lancet, 359(9306), 545-550.

- Feuerhelm, W. Schwind, H.-D. & Bock, M. (1999). Festschrift für Alexander Böhm zum 70. Geburtstag am 14. Juni 1999. Berlin: de Gruyter.
- Giernalczyk, T. (2003). Suizidgefahr – Verständnis und Hilfe. Tübingen: DGVT-Verlag.
- Göckenjan, G. (2008). Sterben in unserer Gesellschaft – Ideale und Wirklichkeiten. Aus Politik und Zeitgeschichte (APuZ), 4, 7-14.
- Grashoff, U. (2006). „In einem Anfall von Depression..." Selbsttötungen in der DDR. Berlin: Ch. Links Verlag.
- Hayes, L. M. (1995). Prison Suicide: An Overview and Guide to Prevention. The Prison Journal 75(4), 431-456.
- Jaspers, K. (1965). Philosophie. II Existenzerhellung. Berlin, Heidelberg: Springer.
- Keller, F. & Wolfersdorf, M. (1994). Verlauf der Suizidzahlen und -raten im PLK Weissenau 1970 bis 1993. Suizidprophylaxe, 21, 63-65.
- Kolmos, L. (1987). Suicide in Scandinavia: An Epidemiological Analysis. Acta Psychiatrica Scandinavia, 76, 11-16.
- Kreitman, N. (1980). Die Epidemiologie von Suizid und Parasuizid. Der Nervenarzt, 51, 131-138.
- Menninger, K. (1974). Selbstzerstörung. Frankfurt: Suhrkamp.
- Michel, K. (2002). Der Arzt und der suizidale Patient – Teil 2: Praktische Aspekte. Schweizerisches Medizinisches Forum, 31, 730-734.
- Michel, K. (2004). Depression ist eine Krankheit, Suizid eine Handlung. Existenzanalyse, 21(2), 58-62.
- Müller, E. (2007). Statistische Daten zum Suizidgeschehen. Die Kriminalpolizei, 25, 31-33.
- Petronis, K. R., Samuels, J. F., Moscicki, E. K. & Anthony, J. C. (1990). An epidemiologic investigation of potential risk factors for suicide attempts. Social Psychiatry and Psychiatric Epidemiology, 25, 193-199.
- Rachor, C. (1995). Selbstmordversuche von Frauen. Ursachen und soziale Bedeutung. Frankfurt: Campus Verlag.
- Royal College of Psychiatrists (2005). Council Report CR99 – Suicide in Prisons. London: Royal College of Psychiatrists.
- Ringel, E. (1953). Der Selbstmord. Wien: Maudrich.
- Ringel, E. (1969). Selbstmordverhütung. Stuttgart: Huber.
- Rosner, A. (1986). Suicid im Strafvollzug der Bundesrepublik Deutschland – wirklich ein Problem? Kriminalpädagogische Praxis, 21/22, 42-49.
- Rüger, U. & Senf, W. (1994). Evaluative Psychotherapieforschung: Klinische Bedeutung von Psychotherapie-Katamnesen. Zeitschrift für Psychosomatische Medizin und Psychoanalyse, 40, 103-116.
- Schmidtchen, G. (1989). Schritte ins Nichts. Selbstschädigungstendenzen unter Jugendlichen. Opladen: Leske und Budrich.
- Schmidke, A. (1988). Verhaltenstheoretisches Erklärungsmodell suizidalen Verhaltens. Regensburg: Roderer.
- Schmidtke, A. (1989). Entwicklung der Suizid- und Suizidversuchshäufigkeit in der Bundesrepublik Deutschland 1970-1988. Suizidprophylaxe, 16, 271-280.

- Schmitt, G. (2006). Verhütung von Suizid und Suizidversuchen im Justizvollzug. Bewährungshilfe, 53(4), 291-307.
- Schmitt, G. (2011). Suizid in Strafvollzug und Bevölkerung – eine Diskussion der amtlichen Daten. Bewährungshilfe, 58(2), 117-132.
- Schweitzer, H. & Heisterborg, B. (1973). Der Selbstmord im Strafvollzug des Landes Nordrhein-Westfalen in den Jahren 1947 bis 1967. In H. Schäfer (Hrsg.), Grundlagen der Kriminalistik, Band X (S. 87-193). Hamburg: Steintor Verlag.
- Shneidman, E. (1988). Es gibt besseres als den Tod. Psychologie heute, 15, 28-31.
- Shneidmann, E. (1999). The Psychological Pain Assessment Scale. Suicide & Life-Threatening Behavior, 29, 287-294.
- Stengel, E. (1969). Selbstmord und Selbstmordversuch. Frankfurt: Fischer.
- Stengel, E. (1969). Grundsätzliches zum Selbstmordproblem. In E. Ringel (Hrsg.), Selbstmordverhütung (S. 9-50). Bern: Huber.
- Swientek, C. (1982). Autoaggressivität bei Gefangenen aus pädagogischer Sicht – Ergebnisse sozialpädagogischer Arbeit mit suicidgefährdeten Gefangenen und Vorschläge zur Prophylaxe und Krisenintervention. Göttingen: Schwartz.
- Swientek, C. (1984). Der Gefangenenselbstmord zwischen Zahlenspielereien und der Suche nach einem Schuldigen. Suizidprophylaxe, 11(3), 212-218.
- Swientek, C. (1999). Von der Unmöglichkeit, katamnestische Studien zu erstellen. In W. Feuerhelm, H.-D. Schwind & M. Bock (Hrsg.), Festschrift für Alexander Böhm zum 70. Geburtstag am 14. Juni 1999 (S. 275-283). Berlin: de Gruyter.
- Ungur, A. L. (2007). Arzneimittel-Intoxikation als Parasuizid – eine retrospektive Studie mit 691 Patienten aus dem Raum Heidelberg. Unveröffentlichte Dissertation, Universität Heidelberg.
- Van Wissen, P. (1994). Suizidalität bei Kindern und Jugendlichen. Soziale Arbeit 43(7), 228-236.
- Vennemann, M., Berger, K., Richter, D. & Baune, B. (2006). Unterschätzte Suizidraten durch unterschiedliche Erfassung in Gesundheitsämtern. Deutsches Ärzteblatt, 103(18), 1222–1226.
- Watzka, C. (2008). Sozialstruktur und Suizid in Österreich. Wiesbaden: VS Verlag für Sozialwissenschaften.
- Weber, S. & Schelhase, T. (2008). Todesursachenverschlüsselung auf dem Totenschein. Fortbildung des Statistischen Bundesamtes Deutschland für den öffentlichen Gesundheitsdienst am 02.04.2008 in Berlin. Zugriff am 18.05.2014 unter http://www.bfr.bund.de/cm/232/todesursachenverschluesselung _auf_dem_totenschein_weber.pdf
- Wedler, H. (1984). Der Suizidpatient im Allgemeinkrankenhaus. Stuttgart: Enke.
- Weinacker, B., Schmidtke, A. & Löhr, C. (2002). Epidemiologie von Suizid und Suizidversuch. Zugriff am 18.05.2014 unter http://www.suizidprophylaxe.de/epidemiologie.htm
- Welz, R. (1992). Definition, Suizidmethoden, Epidemiologie und Formen der Suizidalität. In H. Wedler, M. Wolfersdorf & R. Welz (Hrsg.), Therapie bei Suizidalität (S. 11-22). Regensburg: Roderer.
- Welz, R. (1979). Selbstmordversuche in städtischen Lebenswelten. Weinheim: Beltz.

- Werth, J. L. (1996). Rational Suicide? Implications for Mental Health Professionals. Washington: Taylor & Francis.
- Whitehead, P. C. (1972). Notes on the association between alcoholism and suicide. International Journal of Addictions, 7(3), 525-532.
- Whitehead, P. C., Johnson, F. G. & Ferrence, R. G. (1973). Measuring the incidence of self-injury: Some methodological and design considerations. American Journal of Orthopsychiatry, 43, 142-148.
- Zienert, H. J. (1975). Selbstbeschädigung. Eine Untersuchung des Problems der Selbstbeschädigung bei U- und Strafgefangenen. Unveröffentlichte Dissertation, Universität Kiel.
- Zwingmann, Ch. (1965). Selbstvernichtung. Frankfurt/M.: Akademischer Verlag.

4. Seht, was für Menschen!
Haftsuizide
aus theologischer Sicht

Susanne Breit-Keßler

4.1 Zusammenfassung

Wer nicht den Suizid, sondern das Leben will, muss Menschen und ihrer Geschichte aufmerksam zuhören. Sie sollen lernen, sich selbst zu achten mit ihrem Können und mit ihrer Schuld. Es braucht empathisches Verhalten um zu merken: Ich bin ein Mensch.

4.2 Da baut einer Mist ...

Da baut einer Mist, merkt zu spät, was er getan hat, kommt damit nicht klar und hängt sich auf. Der, von dem hier die Rede ist, ist der berühmteste Suizident der Bibel, Judas Iskarioth. Der Jünger Jesu, der ihm für 30 Silberlinge verraten hat. Es sieht so einfach aus. Der Fall Judas kann in einem kurzen Prozess abgehandelt werden, wenn es überhaupt der Hauptverhandlung bedarf. „Iskarioth", der Name birgt einen Anklang an Sichelmänner, Beutelschneider, Schurken. Der Judaslohn, ein Synonym für ruchlose Geldgier. Der Judaskuss, die Spitze der Scheinheiligkeit, der Dolch im Gewande. Die Beweise sind erdrückend, Ausflüchte können als Geständnis gewertet werden.

Niemand wundert sich, wenn der Delinquent den feigen, aber folgerichtigen Weg geht und selber Schluss macht. Weg mit ihm. Es gibt eben doch noch höhere Gerechtigkeit, die manchmal den Sieg davonträgt und für finale Sühne sorgt. Sünder gerichtet, Akten zu, Fernsehen an, alle zufrieden. Von wegen: Dieser Mensch verlangt wie jeder, der nicht mehr zurechtkommt mit seinem Leben, größte Aufmerksamkeit. Gemeint ist nicht verständnistrunkene Verklärung: schwere Kindheit, benachteiligt, Randgruppe, schiefe Bahn, schlimme Sache. Nein, mit einem wehmütig-dolorosen Blick auf „diese armen Menschen" kommt man bei dem Suizidenten Judas nicht weiter.

So kommt keiner einem Täter, einem Schuldgeplagten wirklich nahe. Erklärungen der genannten Art mögen ihr beschreibendes Recht haben. Doch das recht kühne Wagnis christlicher Theologie und Seelsorge hat einen anderen Weg einzuschlagen. Wenn es um Lebensgewissheit geht, die in Krisen geraten ist, bedroht durch Krankheit, Versagen oder eben Schuld, so kann dieses Ziel neuer Selbstsicherheit doch kaum jemand auf sich gestellt, allein, aus eigener Kraft erreichen. Es braucht mindestens das hörende, zugewandte Gegenüber. Wenn Judas sich selbst und seinem Schicksal überlassen bleibt, lässt sich die Spirale des Abstiegs, der Selbstverlorenheit nicht aufhalten. Im schlimmsten Fall erlebt einer Mensch- und Gottverlassenheit.

4.3 Ich kann nicht mehr …

Immer wieder tragen sich Menschen mit suizidalen Gedanken – innerhalb einer JVA, außerhalb ihrer Mauern und genauso in der Bibel. Der Erzvater Jakob will sich nicht trösten lassen als er erfährt, dass sein Lieblingssohn angeblich tot ist: „Ich werde mit Leid hinunter fahren zu den Toten, zu meinem Sohn." (1. Mose 37,35). Hiob meint: „Was soll ich mein Fleisch mit meinen Zähnen festhalten?" (Hiob 13,14) Oder: „… dass ich mir wünschte, erwürgt zu sein, und den Tod lieber hätte als meine Schmerzen" (Hiob 7,15). Der Prophet Jeremia sagt: „Verflucht… weil er mich nicht getötet hat im Mutterleibe, so daß meine Mutter mein Grab geworden und ihr Leib ewig schwanger geblieben wäre!" (Jeremia 20,17).

Der Prophet Jona, der eine depressive Grundstruktur hat, bietet sogar Mitreisenden seinen Suizid an. Er will damit eine Rettung des Schiffes aus Seenot bewirken. Die zögern nicht allzu lange und werfen ihn ins Meer. Jona wird aber gerettet – Gott wünscht solche Verfahrensweisen nicht (Jona 1,12). Und noch einmal die Apokryphen: Die junge Frau Sara weist eine Magd wegen eines Fehlers zurecht. Die, nicht auf den Mund gefallen, wird frech und bezichtigt Sara zu Unrecht des siebenfachen Gattenmordes. Sara ist ob dieser Unterstellung so traurig, dass sie essen und trinken einstellt, die Nahrung komplett verweigert. Aber schließlich fängt sie sich wieder und fasst neuen Lebensmut (Tobias 3,10).

Wenn wir das Leben wollen, Einspruch erheben und Nein schreien wollen, dürfen wir nicht bei der Negation stehen bleiben. Wir brauchen ein Ja, das wir entgegensetzen können. Das dem destruktiven Strudel Einhalt gebietet und behutsam ins Konstruktive zu gelangen versucht, auf Hoffnung zu. Das ist durchaus mutig, keine Frage. Aber es ist ein recht gut begründeter Übermut, eine Rolle vorwärts des Glaubens. Kein Fallschirmsprung in die heile Welt. Der würde wohl eher ablaufen wie Bungee-Jumping. Ein wildes Auf und Ab erst, schließlich eine Hängepartie. Gefragt ist vielmehr vorsichtiges Tasten und Prüfen. Eine Suche nach Boden unter den Füßen, einem Grund, dem sich trauen lässt.

4.4 Lass dir zuhören!

Könnten wir Judas zurufen: „Lass Dir zuhören! Komm zurück aus Deiner Sackgasse. Erzähl erst mal…" – Vielleicht würden wir erfahren, wie viel Missverständnis in seinem Fall im Spiel war. Beim Apostel Paulus ist kein Wort über einen Verräter, einen Straftäter zu hören. Die Welt der zwölf Jünger ist auch nachösterlich noch voll in Ordnung. Auch Markus, der älteste Evangelist, bleibt eher zurückhaltend. Dann kommt Schwung in die Sache. Wie in einem Boulevardskandal nimmt alles Fahrt auf, Johannes bietet den vorläufigen biblischen Höhepunkt im „Fall Judas". Schuldig, in allen Punkten. Eine tragische Gestalt. Vom Judas zum grausam verhöhnten Judenbengel – dieser Weg war nicht allzu weit. Auch nicht zur Ächtung von Suizidenten.

Die Selbstvernichtung des Judas wurde als verdientes, schändliches Ende ausgelegt. Sein Suizid ist mindestens so arg wie der Verrat. Der Evangelist Matthäus erzählt vom Ende des enttäuschten und verbitterten Jüngers (Matthäus 27,5). In der Apostelgeschichte stirbt er anders. Er kauft sich ein Grundstück, stürzt und reißt sich den gesamten Körper auf. Ein grausliches Ende (Apostelgeschichte 1,18). Auffällig ist, dass die Bibelstellen den armen Judas nicht verurteilen. Sie berichten vom unglückseligen Ende eines Menschen, von seinem dramatischen Scheitern. Vielleicht wollte er auch nichts Böses, sondern etwas Gutes, nämlich den schnellen Anbruch des Gottesreiches. Nicht so lange fackeln!

Judas drängt Jesus zur Entscheidung, ein Kuss unter Freunden – das Unheil nimmt seinen Lauf. Judas kann nicht mehr helfen, wird urplötzlich zum Sündenbock, weil die Menschheit Schurken braucht. Aber Theologie und Seelsorge haben vor allem eins zu vermitteln: Das erste Wort Gottes an einen Menschen ist ein Du und ein Ja zugleich. „Ja, Du!", Verräter Judas, Wichtigtuer und Verleugner Petrus, Mörder Kain. Du bist in Wahrheit nicht verderbt, sondern ein Gnadenkind – und du sollst leben. In Einzelgesprächen, in Gruppen, in Bibelarbeit lässt sich in der JVA der furchtbaren Negation, der Tat und der Schuld ein Name geben. Man muss die Wahrheit sagen, konfrontieren – und zugleich Evangelium leben.

4.5   Ein Abglanz des Himmels

Eine solche Zusage erst einmal zu spüren, das kann Kraft zum Leben geben. Das schafft das Selbstvertrauen, Seelsorgerin für andere zu sein, die als Gefangene oder Mitarbeitende bang oder frech, trotzig oder zitternd, höhnisch oder neugierig auf ein Du warten, einen kleinen Abglanz göttlicher Zuwendung. Aus solcher Begegnung erwächst der Glaube, dass Gottes Ja zu mir nicht allein sein erstes Wort ist. Im Feuer der Liebe und des Friedens, der höher ist als menschlicher Rechtsfriede je sein wird, wird Gottes Ja auch sein richtendes, sein aufrichtendes Schlusswort sein. Wenn ein Mensch wie Judas sich das Leben nimmt, ist es nie einfach. Deshalb muss seine Geschichte ja auch erzählt werden.

Seine und die der anderen Suizidenten im Alten Testament. Es sind archetypische Geschichten, die sich im Leben innerhalb und außerhalb der Gefängnismauern wiederholen. Gewertet werden soll gerade nicht – denn es ist Aufgabe von Theologie und Seelsorge, nicht Gottes Urteil vorweg zu nehmen, sondern hinzuschauen, hinzuhören, achtsam zu reden, damit Leben möglich wird. Der Suizid, die Tötung seiner selbst, ist ein Begriff aus dem Anfang des 17. Jahrhunderts. Der englische Autor John Donne hat ihn zum ersten Mal in seinem Buch „Biothanatos" verwendet, um auf der Basis biblischer Geschichten den Suizid besser zu verstehen. Er spricht von den Schlüsseln des eigenen Gefängnisses, die man selbst in Händen hält.

„Selbstmord" ist verletzend, kränkend auch für die Hinterbliebenen. Mord, so sagt es das Strafgesetzbuch, setzt niedrige Beweggründe voraus, ist heimtückisch, grausam, gemeingefährlich und ermöglicht oder verdeckt eine andere Straftat. Dies alles hat mit einem Suizid nichts zu tun und bringt ihn in die Nähe juristischer und moralischer Abwertung. Der Begriff „Freitod" dagegen klingt verharmlosend, nach souveräner Selbstbestimmung und einer völlig unbeteiligten, nicht mitverantwortlichen Umgebung. Er mag davor bewahren, Menschen, die sich das Leben nehmen, zu missachten – aber er hilft nicht weiter, wenn es darum geht, Leben zu erhalten, darauf zu achten, dass es sich keiner nehmen muss oder in großer Not nehmen will.

4.6   Schande über Schande

Wer vom Suizid in einer JVA spricht, mag sich die biblischen Geschichten anschauen, um paradigmatisch Biographien von Gefangenen zu erkennen. Da ist der zigfache Brudermörder und König Abimelech (Richter 9,50-56), der in einer von ihm belagerten und eingenommenen Stadt die Burg stürmen will. Eine Frau wirft ihm am Burgtor einen Mühlstein auf den Kopf. Mit zerschmettertem Schädel gibt Abimelech seinem Waffenträger den letzten Befehl. Er soll ihn mit seinem Schwert vollends töten, damit niemand sagen kann, eine Frau habe ihn umgebracht. Daraufhin durchbohrt der Untergebene ihn. Kein „echter" Suizid, aber ein Todesfall, der einen Mordanschlag mit Todeswunsch und Befehlsgehorsam des Untergebenen kombiniert.

Abimelech will, wenn schon, ehrenvoll sterben, nicht schändlich zu Fall gebracht. Die Scham treibt ihn, der sein Leben sowieso aushauchen wird, um Hilfe und Beschleunigung zu bitten. Biblisch gesehen nützt ihm das nichts – fürderhin wird doch von ihm erzählt, dass er, der seine 70 Brüder auf „ein und demselben Stein" (Richter 9,5.18) umbrachte, selbst durch einen Stein getötet wurde. Die Tötung auf Verlangen wird im Alten Testament nicht weiter kommentiert. Der virile (Frauen-)Held gerät in Gefangenschaft (Richter 16,28-31), nachdem er seine göttlichen Kräfte auf Grund eines nicht ganz freiwilligen Haarschnitts durch die Hände seiner Geliebten verloren hat. Er wird geblendet und ins Gefängnis geworfen.

Als seine Feinde den Blinden öffentlich zur Schau stellen und ihn vor aller Augen blamieren wollen, kann Simson mit neuer Kraft die tragenden Mittelsäulen des Hauses zum Einsturz bringen, die mit ihm 3000 Frauen und Männern unter sich begraben. Dieser erweiterte Suizid – oder das Selbstmordattentat? – entsteht ebenfalls aus Scham und aus Angst vor neuen Demütigungen. Zugleich kann Simson sich rächen und die Gegner erfolgreich mit in den Tod reißen. Simson wird nicht, wie später in der Kirche eine grausame Zeitlang üblich, außerhalb der Friedhofsmauern bestattet. Er bekommt ein ehrenvolles Begräbnis im Familiengrab. Man achtet ihn – vor allem wohl, weil er die Feinde seines Volkes in seinen Untergang hineingezogen hat.

4.7   Ein lohnenswertes Opfer?

Ein Doppelsuizid wird von König Saul und seinem Waffenträger berichtet (1. Samuel 31,4-13). Der König hat bereits drei Söhne im Krieg verloren, er selbst wird auf der Flucht schwer verwundet. Er gibt seinem Waffenträger Order, ihn zu töten. Dieser verweigert anders als der Waffenträger

Abimelechs furchtsam die Ausführung des Befehls. Saul stürzt sich daraufhin selbst ins Schwert. Der Waffenträger, dessen Leben nun scheinbar keinen Sinn mehr hat, tötet sich ebenfalls. Im Alten Testament wird der Suizid des Königs als Zeichen der Schwäche und der Angst vor künftig fehlender Reputation interpretiert (2. Samuel 1,9-10). Zudem wird sein Tod als gottgewollte Folge eines wenig frommen Lebenswandels verstanden (1. Chronik 10,13f.).

Maßgebend für das biblische Verständnis des Suizids ist also immer auch die Folge für die, die zurückbleiben: Hat die Gesellschaft etwas davon, dass derjenige ein „Opfer" gebracht hat? Oder kann sie mit Hilfe seines gescheiterten Lebens sich wenigstens erklären, warum alles ganz klar so kommen „musste"? In einem Tatort aus dem Jahr 2014 („Freigang", 9. Juni, ARD, 20.15 Uhr) bringt sich der JVA-Bedienstete Carsten Scheffler (eindrücklich gespielt von Matthias Ziesing) im Keller des Gefängnisses wegen seiner Verstrickung in unsaubere Machenschaften um – und wird von anderen Beamten zum Zwecke der Vertuschung im Wald aufgehängt. Scham und Angst bei dem einen, Sorge vor Berufsverlust und Strafe bei den anderen.

Eine besondere Geschichte, die von suizidaler Gefährdung spricht, ist die des Propheten Elia (1. Könige 19f.). Er führte den Kampf um den „wahren" Gott buchstäblich bis aufs Messer. Bei einem sogenannten Gottesurteil, das Elia einberuft, werden 450 Baalspriester ermordet, Elia ist maßgeblich an diesem Massaker beteiligt. Er gerät ins Visier der damaligen Machthaber. Panisch geworden, will er nur noch sterben. Zuvor war Elia ein Macher, einer, der knallhart seine Überzeugung durchsetzt. Er hat nicht auf das Lebensbedrohliche geachtet, das sich längst angebahnt hatte. Angst macht sich breit, nicht mehr ein noch aus zu wissen. Die Angst, loslassen zu müssen und sich nicht mehr festhalten zu können am eigenen Selbstbild, an der Partnerschaft.

4.8 Du bist nicht allein!

Elia will sterben, weil er begreift, dass er kompromisslos gehandelt hat. In der Wüste – in seinem Gefängnis – ist Elia mit sich allein. Vergangener Erfolg gilt hier nichts. Wüste ist wie das Gefängnis ein Ort der Prüfung, der Ort, an dem ein Mensch auf sich zurückgeworfen ist. Kaum etwas lenkt ab, Zerstreuung tröstet kaum über die Wahrheit hinweg. Elia ist es recht, ohne Essen und Trinken ins Sterben hinüberzudämmern. Aber nichts da – er wird geweckt. Ein Engel holt Elia aus dem tödlichen Schlaf, gibt ihm Wasser und Brot. Keine guten Ratschläge für den Suizidenten, sondern einer ist da, der Hunger und Durst stillt und die Einsamkeit auszuhalten hilft. Ein „Listener". Der Schutzengel ist Symbol der Fürsorge.

Du bist nicht allein, du musst keine Erklärungen abgeben und dich nicht rechtfertigen, iss und trink, ich bleibe da. So sprechen vom Himmel gesandte irdische Engel. Wenn es an der Zeit ist, erinnern sie daran, dass wir nicht auf uns selbst sitzen, nicht einfach hocken bleiben dürfen. Ein wertvoller Hinweis: Die Krise ist nicht damit beendet, dass einer möglichst schnell wieder funktionstüchtig gemacht wird. Es lohnt sich, den Weg durch die Wüste – die heilsam-schmerzliche Suche nach den Ursachen – nicht lange aufzuschieben, sondern bald anzutreten. Elia muss nach einer langen Zeit, in der er in sich gekehrt und mit sich selbst beschäftigt war, zur Sprache finden, er muss den eigenen Standort und die eigene Identität definieren.

Ein ganzer Wortschwall bricht aus Elia heraus, er ist in der Lage, seine Sicht der Krise und seine Angst zu benennen. Sehr präzise schildert er den Zusammenhang seiner gegenwärtigen Situation. Dieses Eingeständnis eigener Verantwortung, so weiß die biblische Geschichte, ist entscheidend, um offen für neue Einsichten zu werden. Elia wird aufgefordert, aufmerksam dafür zu sein, wie ihm Gott begegnet. Lehrsätze und Richtlinien zählen nicht mehr – der Kern der Lebenskrise Elias ist die Krise seines Welt- und Gottesbildes. Im sanften Windhauch kommt Gott Elia nahe, in der leisen Vieldeutigkeit täglicher Erfahrungen – nicht in lärmenden Kraftakten. Die Allmachtsvorstellungen, die Elia verinnerlicht hatte, zerbrechen.

4.9   Reden und Schweigen

Sie werden ersetzt durch behutsame Wahrnehmung, durch genaues Hinhören auf das, was im Schweigen vernehmbar wird, und eine realistische Selbsteinschätzung. Durch seine Krise hat Elia zu neuem Selbstbewusstsein gefunden. Er, der sterben wollte und von einem Engel ins Leben zurückgeholt wurde, der nach einem langen Marsch durch die Wüste sich neu verstehen konnte. Glücklich, wer diesen Weg gehen, andere dabei – vielleicht als „Listener" – begleiten kann und selbst auch gestützt wird. Sich der Krise zu stellen, gehört zur Würde des Menschen und zur Stärkung einer Gemeinschaft. Krisen sind wichtige Chancen für Abschied und Neuanfang. Die Sorge, dass alte Lebenskonzepte neuen weichen müssen, kann dabei zur Hoffnung werden – auch in der JVA.

Im Neuen Testament, in dem, wie gesagt, nur der Suizid des Judas erzählt wird, gibt es noch einen Versuch, sich selbst zu töten. Zwei Apostel werden gefoltert, ins Gefängnis geworfen und von einem Bediensteten in Fußfesseln gelegt. Er wird extra ermahnt, sie gut zu bewachen. Ein offenbar göttlich inszeniertes Erdbeben allerdings öffnet die Kerkertüren. Der Kerkermeister fährt aus dem Schlaf hoch, vermeint die Gefangenen entflohen und will sich aus Angst vor Repressionen selber töten. Die beiden Apostel haben sich aber mitnichten verdrückt, sondern hindern ihn energisch am Suizid. Der Bedienstete lässt sich daraufhin sofort diesen merkwürdigen christlichen Glauben erklären und sich taufen (Apostelgeschichte 16,27).

Eine wunderschöne Erzählung. Mitten hinein in Gewalt, Folter und bevorstehende Hinrichtung bricht die Möglichkeit einer Gefangenenbefreiung. Eine, die man nur begrüßen könnte, denn die Apostel haben sich nichts zuschulden kommen lassen – außer dass sie einen üblen finanziellen Betrug aufgedeckt und ihren Glauben verkündigt haben. Aber sie denken nicht bloß an sich und ihre neu gewonnenen Freiheit – sie überlegen, vermutlich ungewöhnlich für Gefangene, was mit dem Wärter wird. Und prompt will der sich in heller Aufregung umbringen, weil das, was ihm dräut, schlimmer ist als Suizid. Aber Christenmenschen können nicht wollen, dass einer draufgeht: Sie beruhigen ihn, stehen zu ihrer Verantwortung und er kann leben.

4.10 Mitschuld und Denunziation

Zurück ins Alte Testament. Ahitofel, der königliche Berater, beteiligt sich am Aufstand eines Königssohnes gegen den omnipotenten Vater (2. Samuel 17,1-23). Als der eigensinnige Sprössling einen zurückhaltenden politischen Rat Ahitofels zurückweist und stattdessen einem Aufruf zum Massenmord folgt, kehrt Ahitofel nach Hause zurück. Er „bestellt" sorgfältig – wie viele Suizidenten – „sein Haus" und erhängt sich. Auch er wird wie Samson im Grab des Vaters beigesetzt. Einen Kommentar liefert das Alte Testament nicht: Die anständige Beerdigung mag Respekt genug sein. Ahitofel hat erkannt, welche Mitschuld er an den verbrecherischen Taten des Jungspundes hat und dass er ihn, einmal in kriminellen Gang gesetzt, leider nicht mehr aufhalten kann.

Von einer Reihe weiterer Suizidenten erzählt das Alte Testament: Von Simri, dem Militär, der durch einen gewalttätigen Umsturz selber zum König wird und sich umbringt, als er seinerseits von einer Revolte bedroht wird. Simri steckt dazu den Palast in Brand – auf diese Weise kommt auch seine gesamte Entourage ums Leben. Sein erweiterter Suizid wird sehr deutlich als höchst verdiente Folge für seine verabscheuungswürdigen Taten, für Verschwörung und Mord gesehen (1. Könige 16,16-20). In den apokryphen Schriften nimmt der Statthalter Ptolemäus Gift, weil er fürchtet, zu Unrecht als Verräter denunziert zu werden und seiner herausragenden Stellung verlustig zu gehen (2. Makkabäer 10,12-13).

Hier weicht ein Mensch angstvoll der bösartigen, verleumderisch herandrängenden Menge – er kann sich nicht anders zu Wehr zu setzen. Keinen Ausweg sieht auch Rasi, eine Art jüdischer Senator. Er wird denunziert, weiß sich keinen Rat und stürzt sich in das Schwert. Die Verletzung ist nicht tödlich, deshalb wirft er sich von einer Mauer. Noch immer ist er nicht tot – nun reißt er sich das Gedärm aus dem Leib mit der Bitte an Gott, ihm „dies alles wiederzugeben". Die Schrift findet anerkennende Worte für diesen Suizid. Zu lesen ist „lieber ehrenhaft sterben", „entschlossen", „mutig" und „glühender Opfermut". Ein Mann weigert sich, die Verlogenheit seiner Gesellschaft zu akzeptieren und macht ihr das auch deutlich (2. Makkabäer 14,41-46).

4.11 Leben mit Gewalt

Es ist schon auffällig, dass die Suizidgeschichten der Bibel allesamt im Umfeld von Kriminalität, mindestens aber (kriegerischer) Gewalt spielen. Sie ereignen sich dort, wo Leben gefährdet ist. Da wird einer hingehängt und daraufhin verhaftet, die Belohnung bringt kein Glück. Ein Brudermörder kann es nicht ertragen, dass eine Frau ihm überlegen ist und ihn tödlich verletzt. Ein militanter Womanizer will nicht weiterleben, weil er zum Gespött aller gemacht werden soll. Eine Führungskraft erträgt den herben Verlust der Kinder und die vollkommene militärische Niederlage nicht; die andere beteiligt sich eilfertig an einem Umsturz, der in einem Massenblutbad endet und will das Elend nicht länger ansehen.

Menschen nehmen sich das Leben, weil sie zu Recht oder auch zu Unrecht damit rechnen müssen, ihre Position zu verlieren. Sie verspüren den Wunsch, sich selbst und andere gleich mit zu bestrafen. In einer JVA scheint mir das nicht viel anders zu sein. Ein Mensch ist verstrickt in unselige Zusammenhänge, wie auch immer sie entstanden sind. Er weiß oder fühlt sich schuldig, hat Angst vor der Reaktion der Umwelt oder leidet schon unter ihr. Die Zukunftsperspektiven sind miserabel – was soll noch aus ihm werden? Kann überhaupt noch etwas Gutes in diesem Leben kommen? Wohl eher nicht – das, was war, ist vorüber und kommt so bestimmt nicht mehr. Man müsste neu anfangen.

Ein gewalttätiges Umfeld spielt genauso eine Rolle wie Beziehungen. Frauen können für Männer der Auslöser des Suizids sein – wenn sie gar nicht vorhanden sind, um einen zu stärken und zu halten, wenn sie scheinbar spötteln oder tatsächlich demütigen, wenn sie von der Geliebten oder Ehefrau zu einer Person mutieren, die sich nicht mehr für einen interessiert, die einem gar alles wegnimmt, was einen zum Mann macht: Liebe, Sexualität, die Familie, Kinder, das Zuhause. Gefährdete, zerstörte Beziehungen lösen das Gefühl in einem aus, von Gott und der Welt verlassen zu sein, besonders aber von dem Wesen, der Frau, die einem das Liebste ist – und die Personifizierung eines möglichen „normalen" Lebens.

4.12   Achten und ehren

Die Ehre spielt in der Bibel wie im wirklichen Leben eine entscheidende Rolle. Sie zu verlieren, bedeutet größte Verzweiflung. Der Suizid scheint die einzig mögliche Reaktion auf solch tödliche, existentielle Bedrohung. Was werden die anderen sagen, dass ich im Gefängnis bin, dass ich versagt, aufs falsche Pferd gesetzt habe oder mich habe auch nur erwischen lassen? Ich habe andere Menschen verletzt, zerstört – wie damit leben? Was wird sein, wenn ich herauskomme? Ist da jemand für mich, bekomme ich Arbeit, eine Wohnung, Anerkennung – oder laufe ich bis an mein Lebensende mit dem Kainsmal auf der Stirn durch die Welt, vogelfrei?

Wer die Bibel ernst nimmt, achtet auf den Menschen. Nimmt wahr, was Gefangene und Bedienstete umtreibt im Blick auf ihre Beziehungen, auf das, was sie tun oder unterlassen, auf die Reaktion der Öffentlichkeit und auf die Zukunft. Theologisch gesehen wird suizidales Handeln im Alten und Neuen Testament kaum bewertet oder verurteilt – eher als Tragik angesehen, die einem von Gott geschenkten Leben vorzeitig, zur Unzeit ein Ende bereitet. Das entbindet Christenmenschen in keiner Weise, auf die Bewahrung des Lebens Acht zu haben. Im Gegenteil: Es ist eine immerwährende Aufgabe, Menschen so beizustehen, dass sie ihr Leben meistern und in den Griff bekommen können, weil es unendlich kostbar ist.

Im Übrigen anerkennt und achtet auch das Christentum im umfassenden Sinn den Suizid, der andere rettet oder ihnen beisteht – man denke den jüdischen Arzt und Schriftsteller Janusz Korczak, der die ihm anvertrauten Kinder in das Vernichtungslager begleitete, obwohl das seinen Tod bedeutete. An Pater Maximilian Kolbe, der sich für einen anderen Gefangenen in Auschwitz ermorden ließ oder an Dietrich Bonhoeffer, der die Gelegenheit, sich ins Ausland abzusetzen nicht nutzte, sondern in Nazideutschland blieb, Widerstand leistete und bewusst sein Leben um der Wahrheit willen riskierte. Gott als Schöpfer des Menschen bleibt dennoch Herr über Leben und Tod.

4.13   Kostbare Einmaligkeit

Suizid soll nicht sein, weil das Leben jedes einzelnen Menschen einmalig und unverwechselbar, weil es kostbar ist – natürlich auch das eines Gefangenen. Die Weisung Gottes, das Leben zu achten, verlangt also den ganzen Einsatz für dieses Leben und nicht die Hinnahme seiner Destruktion. Zugleich wissen Christenmenschen, der Realität verpflichtet, um Ausnahmesituationen, in denen individuell der Suizid gewählt wird. Es kann nur darum gehen, einen solchen Suizid, wenn er denn geschehen ist, zu achten und zu respektieren als einen Ausweg in Situationen, in denen ein Mensch bedauerlicherweise keine Alternative gesehen hat. Zu verhindern gilt es ihn allemal. Und über das Thema zu sprechen.

Denn Suizid ist nichts, worüber Menschen gerne reden – vor allem nicht die Angehörigen. Wenn sich jemand das Leben genommen hat, dann sind Familie und Freunde fassungslos und entsetzt. Warum hat er oder sie das getan? Und ganz schnell stellen sich Schuldgefühle ein: Habe ich nicht genau hingeschaut und hingehört? Haben wir uns zu wenig gekümmert? Hätte ich den Suizid verhindern können? Scham stellt sich ein, es ist einem peinlich, dass „so etwas" in der eigenen Familie passiert. Bei Gesprächen mit Trauernden habe ich es schon manches Mal erlebt, dass die Familie zunächst darum bat, die Selbsttötung der Tochter oder des Ehemannes im Gottesdienst bloß nicht zu thematisieren.

Nur intensive Begegnungen konnten sie überzeugen, dass Schweigen nichts besser macht – im Gegenteil. Die Art und Weise, wie ein Mensch aus dem Leben geschieden ist, zumal, wenn er es „freiwillig" getan hat, ist wichtig für das Abschiednehmen, für die Trauerarbeit, die geleistet werden muss. Wer sie mit Schweigen oder einer Lüge beginnt, dem wird sie schwerer fallen, als wenn er sich der Wahrheit stellt. Besonders wichtig für diese Trauerarbeit ist ihr eigentlicher Beginn, die Beerdigung – wenn bei ihr gelogen wird, bleibt meist lange eine Zentnerlast zurück. „Die Wahrheit wird euch frei machen" ist ein zentraler theologischer Satz Jesu – und wenn es zuvor nicht gelungen ist, dann wenigstens im Tod.

4.14   Mensch sein dürfen

Ein Suizid ist nicht das richtige Thema für voyeuristische Neugier. Aber diejenigen, die ehrlich trauern, sollten wissen, was passiert ist. Dann kann man sich Entsetzen und Elend offen und ehrlich von der Seele reden oder schreien, kann zornig werden, wütend, kann sich gegenseitig in seiner Wahrnehmung bestätigen und hinterfragen, Szenen mit dem oder der Verstorbenen erinnern und wiederholen. Das alles hilft, um den Suizid irgendwann, oft erst nach Jahren, in das eigene Leben einigermaßen zu integrieren – auch wenn nie letztlich ganz klar sein wird, warum ein Mensch auf sein Leben verzichtet hat und keinen anderen Ausweg gesehen hat, als sich selbst zu töten.

Wem vertrauensvoll Anteil gegeben wird an einer solchen Lebensgeschichte, der sollte vor allem zuhören können – und keinesfalls den Suizid bewerten. Schon gar nicht abschätzig, unbedacht sich äußern: „Das hätte sie doch wirklich nicht tun müssen – da hätte es sicher Wege gegeben!" Oder: „Er hat es eigentlich ganz gut gehabt..." Nachträgliche Werturteile oder viel zu spät aufgemachte Alternativen helfen niemandem – denn der Mensch ist gegangen, er hat eben keine andere Möglichkeit für sich gesehen, so unendlich traurig und schmerzlich das auch ist. Viel sinnvoller als eine überflüssige Einschätzung abzugeben, ist es, für die Hinterbliebenen da zu sein, ihre Verzweiflung und Fragen zu teilen, mit ihnen nach möglichen Antworten zu suchen, wenn es sie denn gibt.

Im Alten Testament heißt es von denen, die gegangen sind: „Aber ich will sie aus dem Totenreich erlösen und vom Tode erretten". Das ist Gottes Sache. Die Aufgabe von uns Überlebenden ist es, mit seiner Hilfe die ersten Schritte in ein Leben ohne Verstorbene zu gehen – und andere dabei liebevoll zu begleiten. In einer JVA ist es die Aufgabe, Menschen die Gewissheit zu vermitteln, dass sie nicht einsam sind, sondern man ihnen und ihrer Geschichte aufmerksam zuhört, sie ernst nimmt, dass sie lernen dürfen, sich selbst zu achten mit dem, was sie können und mit ihrer Schuld, dass sie sich in neuem, empathischen Verhalten einüben können und dass sie merken: Ich bin ein Mensch.

4.15   Literatur

- Die Bibel. Nach der Übersetzung Martin Luthers mit Apokryphen. Stuttgart: Deutsche Bibelgesellschaft, 1985.
- Lauer, J. (2012). Suizid. Zugriff am 26.06.2014 unter http://www.bibelwissenschaft.de/stichwort/28321.

5. Der Güter höchstes ist das Leben
Freitod, Menschenwürde und Selbstachtung

Franz Josef Wetz

5.1 Zusammenfassung

Die Frage nach der Zulässigkeit des Freitods wird in der abendländischen Kulturgeschichte kontrovers diskutiert. Biologisch auf Selbsterhaltung programmiert, hängt der Einzelne normalerweise am Leben. Im Selbsterhaltungsstreben ist der Keim menschlicher Selbstachtung verwurzelt. Deren Aufblühen ist aber an private, gesellschaftliche und institutionelle Voraussetzungen gebunden. – Das Gefängnis ist eine widersprüchliche Institution, die einerseits den Insassen unvermeidlich Demütigungen zufügt, andererseits ihre ethisch qualifizierte Selbstachtung stärken soll. Ethisch qualifiziert ist die Selbstachtung dann, wenn die Voraussetzungen ethisch qualifiziert sind, unter denen Selbstachtung möglich wird. Auf die Frage, warum Bedingungen geschaffen werden sollen, in denen der Gefangene sich selbst achten und sein Lebensinteresse bewahren können soll, gibt es unterschiedliche Argumente. Jedoch sind auch Situationen vorstellbar, in denen Menschen im Zustand ungetrübter Urteilsfähigkeit gerade aus Gründen der Selbstachtung ihre Nichtexistenz der Existenz vorziehen. Allerdings gilt das Vorsichtsprinzip: Im Zweifelsfall für das Leben.

„Das Leben ist der Güter höchstes nicht", heißt es am Schluss von Schillers Braut von Messina (1975a, S. 626), ohne dass verraten wird, was denn das höchste Gute wäre. Nur so viel steht fest: Es gibt Herausforderungen, die den Einsatz und Verlust des eigenen Lebens zu rechtfertigen scheinen: traditionellerweise die Ehre und das Vaterland - sonst und schwerer wiegen: die Rettung eines Familienangehörigen oder eines Freundes. Alles in allem jedoch galt der Freitod bis in jüngster Vergangenheit als verwerflich und problematisch: Religiös wurde die Selbsttötung aus Verzweiflung als Sünde codiert, moralisch als Laster, juristisch als Verbrechen, politisch als Vertragsbruch und medizinisch als Krankheit.

5.2 Gott – Natur – Gesellschaft

Jahrhundertelang wurde der Selbstmord aufs Schärfste verurteilt. Kein Umstand könne eine solche Handlung legitimieren. Wie ein guter Steuermann oder Soldat habe der Einzelne an seinem Posten auszuharren. Zur Rechtfertigung berief man sich auf drei Instanzen (Wetz, 2009; Minois, 1996).

Erstens galt der Selbstmord als Beleidigung Gottes, der den Menschen das Leben geschenkt habe. Dem entsprechend sei jeder Selbstmord ein unentschuldbares Verbrechen gegen Gott. Der Mensch sei zwar Treuhänder seines Lebens, worauf er ein Nutzungsrecht besitze, nicht aber dessen Eigentümer. Wer frei über sein Leben verfüge, greife in die Rechte Gottes ein. Er sündige gegen Gott wie ein Knecht gegen seinen Herrn, wenn er sich des Lebens beraube. Der Selbstmord galt sogar als Werk des Teufels, dem der Selbstmörder, von bösen Dämonen besessen, zum Opfer gefallen sei. Nicht zuletzt darum sei es für einen Christenmenschen höchste Pflicht, sich vom Satan fernzuhalten. Ob der Kirchenvater Aurelius Augustinus, der Hochscholastiker Thomas von Aquin oder der Reformator Martin Luther – zahlreiche Theologen waren dieser Ansicht.

Zweitens galt der Selbstmord als ein Verbrechen gegen die Gesellschaft, an deren Aufrechterhaltung jeder Einzelne mitzuwirken habe. Im Gegenzug sorge der Staat für sozialen Frieden und Ordnung. Wenn man sich das Leben nehme, verstoße man gegen das Recht der Gesellschaft, insofern man nichts mehr zum Gemeinwohl beitrage. Der Einzelne sei aber dem Staat verpflichtet, der die Flucht seiner Bürger aus dem Leben keinesfalls dulden könne. Der Freitod sei ein Frevel gegen die Gesellschaft, in der jeder seine Rolle zu spielen habe. Von Platon und Aristoteles bis zu Thomas Hobbes und darüber hinaus war diese Meinung geläufig.

Drittens halten Philosophen wie Thomas Hobbes, John Locke und Jean-Jacques Rousseau den Selbstmord auch für eine widernatürliche Verletzung der auf Selbsterhaltung angelegten menschlichen Natur. Der Freitod widerspreche genauso der natürlichen Neigung zu leben wie der Pflicht, sich selbst und das Leben zu lieben. Wer freiwillig aus dem Leben trete, beleidige die Natur, die uns die Liebe zum Leben eingegeben habe. Hier wird das Streben nach Selbsterhaltung nicht nur als deskriptiver, sondern auch als normativer Begriff gebraucht. Deshalb habe der Einzelne das natürliche Gesetz zu achten, koste es, was es wolle. Immanuel Kant, Johann Gottlieb Fichte und Georg Wilhelm Friedrich Hegel zählen die Selbsterhaltung zu den höchsten Pflichten des Menschen sich selbst gegenüber.

Entsprechend hart wurden Selbstmörder in früheren Jahrhunderten bestraft. Von der Verweigerung einer kirchlichen Beisetzung in geweihter Erde und der Drohung ewiger Verdammnis abgesehen, wurden das Vermögen und die Güter der Toten oftmals von der Obrigkeit eingezogen und die Hinterbliebenen so um ihr Erbteil gebracht. Statt die konfiszierten Güter den Angehörigen zu überlassen, fielen sie dem Grundherren, Baron oder der Kirche zu. Besonders abscheulich, barbarisch und absurd klingt für heutige Ohren, dass die Leichname der freiwillig aus dem Leben Geschiedenen nicht selten mit dem Kopf nach unten von einem Pferd geschleift, mit einem Pfahl durchbohrt, an den Füßen aufgehängt, post mortem also noch gefoltert und hingerichtet wurden. Solche Rituale der Leichenbestrafung waren in Europa weit verbreitet.

Natürlich werden seit jeher, insbesondere in der Neuzeit auch massive Einsprüche gegen die angedeuteten Verurteilungen des Freitods erhoben. So geben etwa John Donne, David Hume und Baron d´Holbach kritisch zu bedenken, dass, wenn es Gott gäbe, es sicherlich eine Gotteslästerung wäre zu glauben, irgendein Wesen könne durch sein Fehlverhalten die Weltordnung der Vorsehung stören. Davon abgesehen schade ein Selbstmord der Gesellschaft keineswegs. Der Bürger sei nur durch das Band des Wohlergehens mit dem Staat verknüpft. Werde dieses Band aber durch ein großes Übel zerschnitten, habe die Gesellschaft kaum noch einen Nutzen von seinem Bürger zu erwarten, dem es dann freistehe, über sein Leben zu verfügen. Schließlich sei selbst der Einwand unhaltbar, ein Suizid widerspreche der Natur. Wenn diese dem Verzweifelten die Liebe zum Leben nehme, das sich für ihn nur noch beschwerlich, leidvoll, ja unerträglich anfühle, dann sei es die Natur selbst, die den Lebensmüden nicht mehr existieren lassen wolle.

Mit solchen und ähnlichen Argumenten versuchten die Kritiker die Freitodgegner zu widerlegen. Heute sind die religiösen und gesellschaftlichen Verurteilungen des Suizids weitgehend in den Hintergrund getreten; sie haben ihre Bindungskraft verloren.

5.3   Wunsch oder Interesse

Im Grunde genommen ist der Freitod weniger eine theologische, politische oder moralische Angelegenheit als vielmehr ein existenzielles Problem. Darum lässt er sich in den allermeisten Fällen nicht durch akademische Argumente, sondern allenfalls durch Beseitigung der Ursachen und Beweggründe verhindern, die zu ihm hin treiben. Natürlich besitzt jeder ein Recht auf Freitod, wobei solches Recht zu vertreten nicht bedeutet, den Suizid zu befürworten. Allen kritischen Einwänden zum Trotz gibt es seit jeher Stimmen, die im Freitod weder eine Sünde noch ein Verbrechen oder eine Pflichtverletzung sehen, die Strafe verdienten. Im Gegenteil sei der Freitod der höchste Beweis menschlicher Freiheit.

Wenn man nur noch Unglück vor Augen habe, dann sei es durchaus statthaft, sich aus seinem notvollen Dasein zu verabschieden. Damit verkürze man nicht die Freuden, sondern lediglich die Marter seines Lebens. Solche Entscheidung solle jeder für sich allein treffen können. Niemand dürfe gezwungen werden, alle Schändlichkeiten und Demütigungen des Lebens zu ertragen. In hoffnungslosen Situationen müsse es erlaubt sein, auch Nein zum Leben zu sagen.

Die Motive zum Selbstmord sind vielfältig. Die einen töten sich aus unglücklicher Liebe, die anderen aus übergroßem Kummer und Lebensüberdruss, wieder andere aus tiefer Angst vor Schmerz und Leid, aus errötender Scham oder Verzweiflung angesichts des Verlustes eines nahestehenden Menschen. Manche töten sich, weil sie Niederlagen nicht ertragen oder keinen anderen Ausweg mehr aus ihrem Elend sehen. Eine abgeschlossene Liste der Motive zum Freitod ist unmöglich.

Die Zahl der Philosophen ist groß, die sich weigern, über Selbstmörder zu Gericht zu sitzen. In dieser Reihe stehen Michel de Montaigne, John Donne, Erasmus von Rotterdam, David Hume, Arthur Schopenhauer, Ludwig Feuerbach und Friedrich Nietzsche, um nur ein paar Namen zu nennen (Wetz, 2009, S. 224f.). Die Möglichkeit, seinem Dasein mit einem Schlag ein Ende zu setzen, wenn es nur noch als Last empfunden wird, gilt als Teil der menschlichen Freiheit, ja der Gedanke hieran als ein starkes Trostmittel, mit dem man gut über böse Nächte hinwegkomme. Im 20. Jahrhundert waren es vor allem Jean Amery (1981) und Wilhelm Kamlah (1976), die im Freitod ein Privileg des Menschen sahen, das ihn berechtige, es nach dem Verlust für ihn unverzichtbarer Lebensbedingungen zu nutzen. Schon Stoiker wie Seneca, Plutarch oder Marc Aurel oder Epikureer wie Lukrez hielten Selbsttötung für sittlich erlaubt, wenn das Leben unerträglich geworden sei, die Menschen bittere Schmerzen erleiden müssten, unheilbar krank oder verstümmelt seien. Gleiches findet – eher beiläufig – sogar Platon, der sonst den Freitod ablehnte.

Nachdem der Freitod nicht mehr als Sünde oder Verbrechen gesehen wurde, wird er bis heute aber oftmals als Krankheit codiert. Früher galt Selbstmord wie Verzweiflung oder Lebensüberdruss als Zeichen geistiger Zerrüttung, die dem Wahnsinn zugerechnet werden müsse. Finstere Dämonen hätten den Menschen verhext. An die Stelle solcher religiösen Deutungen traten im Laufe der Neuzeit medizinische, psychiatrische Erklärungen. Teufelsaustreiber wurden von Ärzten abgelöst, die den Freitod mit einer wie auch immer gearteten Geistesstörung gleichsetzen. Ein heutiger Selbstmörder wird nicht mehr als Opfer Satans, sondern eher als ein Kranker eingestuft. Statt ihn moralisch zu belehren und religiös zu verurteilen, wird nach den Beweggründen und Umständen gefragt, die zum Freitod führten. Diese werden in der körperlichen und seelischen Verfassung genauso wie in der frühen Kindheit, der bisherigen Lebensgeschichte und sozialen Umgebung gesucht. Der Selbstmord wird also nicht nur als Körper- oder Geisteskrankheit, sondern ebenso als gesellschaftliches Gebrechen diagnostiziert. An die Stelle der Schuld ist die Frage nach den Motiven und Ursachen getreten.

Die Soziopathologisierung und Psychiatrisierung des Freitods lässt aber nur wenig Raum für den bewusst vollzogenen Bilanzsuizid, der angesichts eines übermäßig mühseligen Lebens nach ruhiger und reiflicher Überlegung ausgeführt wird. Hier muss streng unterschieden werden zwischen einem Freitod, der auf mangelnde reifliche Überlegung und Unzurechnungsfähigkeit zurückgeht, und dem Bilanzsuizid, der nach nüchternen Erwägungen im Zustand ungetrübter Urteilsfähigkeit erfolgt. Im ersten Falle handelt der Einzelne oftmals nicht im eigenen Interesse. Womöglich ist er so benebelt wie ein Betrunkener, der noch Auto fahren möchte. Bei klarem Urteilsvermögen hätte er solchen Wunsch nicht. Deshalb handeln dessen Freunde in seinem Interesse, wenn sie ihm den Autoschlüssel wegnehmen. Am nächsten Tag wird er sich vermutlich bei ihnen bedanken und zugeben, dass seine Fahrabsichten sie durchaus etwas angingen. Genauso hätten zahllose Selbstmörder bei klarem Kopf voraussichtlich nicht den Freitod als Endstation ihrer momentan hoffnungslosen Lebensreise gewählt. Deshalb ist solchen Selbsttötungsversuchen geduldig entgegenzuwirken. Dagegen lässt sich ein Freitod verantworten, der auf wohlüberlegten Wunsch hin geschieht und somit tatsächlich dem eigenen Interesse entspricht. Ein solcher Sterbewille ist niemandes anderen Sache. Er ist eine Privatangelegenheit. Eine unheilbare schwere Krankheit, die zu grausamem Siechtum verurteilt, ist das bekannteste Beispiel eines solch gerechtfertigten Extremfalls. In fast allen übrigen Fällen sind schon deshalb Gegenmaßnahmen angezeigt, weil sich für gewöhnlich nicht klar unterscheiden lässt, ob ein Selbsttötungsversuch einem bloßem Wunsch oder einem wirklichen Interesse des Betroffenen entspringt. Hier gilt das Vorsichtsprinzip: In dubio pro vita!

5.4   Selbsterhaltung und Daseinslast

Normalerweise haben wir Menschen weder den Wunsch noch das Interesse, aus dem Leben zu scheiden. Selbst wenn wir unser Dasein nicht übermäßig lieben sollten, empfinden wir doch für gewöhnlich ein starkes Grauen vor Sterben und Tod. Diese haben nichts von ihrem Schrecken durch die Erkenntnis verloren, dass sie biologisch Teil des natürlichen Kreislaufs und theologisch das Sprungbrett in eine jenseitige Welt bedeuten. Denn wer am Leben auf Erden hängt, den kann auch eine rosige Aussicht auf den Himmel nicht ohne weiteres über den Tod hinwegtrösten. Darum mutet Albert Camus' berühmte Feststellung merkwürdig an: „Es gibt nur ein wirklich ernstes philosophisches Problem: den Selbstmord. Die Entscheidung, ob das Leben sich lohne oder nicht, beantwortet die Grundfrage der Philosophie" (1975). Ähnliches schrieb Friedrich Schlegel an seinen Bruder 1792: „Warum soll ich leben? – Du kannst mir das nicht beantworten und kannst mir nicht aus Gründen raten zu leben? ... Seit Jahren denke ich täglich an Selbstmord" (Minois 1996, S. 396). Die bekanntestes Version dieser Grundfrage stammt von Shakespeares Hamlet (Dritter Akt, 1. Szene): „Sein oder Nichtsein, das ist hier die Frage: ob´s edler im Gemüt, die Pfeil und Schleudern des wütenden Geschicks erdulden, oder sich waffnend gegen eine See von Plagen durch Widerstand sie enden. Sterben – schlafen – nichts weiter! Und zu wissen, dass ein Schlaf das Herzweh und die tausend Stöße endet, die unseres Fleisches Erbteil – 's ist ein Ziel, aufs innigste zu wünschen" (2012). Dennoch zögert Hamlet aus Angst vor dem Unbekannten. Wohlgemerkt zaudert Hamlet nicht aus Angst vor dem Tod, sondern aus Angst vor dem, was danach kommen könnte: die ewige Verdammnis.

Camus, Schlegel und Shakespeare werfen ein Problem auf, das ein Durchschnittsbürger nicht hat. Alle drei Klassiker kratzen die Menschen an einer Stelle, wo es sie gewöhnlich nicht juckt. Die angebliche Urfrage muss für die meisten gar nicht beantwortet werden, weil sie sich ihnen überhaupt nicht stellt. Sie müssen keine Entscheidung treffen, ob sie ihr Leben weiterführen oder ihm ein Ende setzen möchten. Dabei ist es keineswegs so, dass sie von dieser Frage nur deshalb entlastet wären, weil sie genug Gründe gefunden hätten, am Leben zu bleiben. Für gewöhnlich wird der Einzelne durch sein Selbsterhaltungsstreben von dieser Frage verschont. Denn üblicherweise hängt der Mensch von Natur aus am Leben und richtet geradezu automatisch seine Kräfte auf die eigene Erhaltung. Niemand hakt sein Leben einfach ab, sondern zieht in der Regel sein Dasein dem Nichtsein vor. Evolutionsbiologisch formuliert sind wir auf Lebenwollen programmiert. Darum halten wir im gewohnten Alltagsleben unser Dasein auch mit fragloser Selbstverständlichkeit für die Mühen wert, die es uns und anderen bereitet. Hierbei bejaht jeder Einzelne implizit sein Dasein für sich bereits als wertvoll. Bei bewusstem Leben drückt schon der bloße Überlebenswille eine Wertschätzung aus, verankert im biologischen Imperativ der Selbsterhaltung. Diese im Selbsterhaltungsstreben verwurzelte Wertschätzung ist der Keim unserer Selbstachtung, die dem Einzelnen das Gefühl gibt: Du zählst. Natürlich sind wir uns dieser Selbstachtung nicht immer bewusst. Dass wir uns dennoch stets irgendwie achten, wird nirgendwo eindrücklicher erfahrbar als in der Grenzsituation der Verletzung dieser Tatsache. Obwohl die eigene Selbstwertschätzung noch nie zuvor gespürt und niemals bisher über Selbstachtung nachgedacht wurde, fühlt man sich durch herablassende Gesten, hämischen Spott oder üble Beschimpfungen auf einmal in seiner Selbstachtung verletzt.

Hiernach ist die mit dem Selbsterhaltungsstreben gleichursprüngliche Selbstachtung zugleich brüchig, ja stets gefährdet. Wie wir nahezu automatisch unser Dasein im Selbsterhaltungsstreben bejahen und ihm hierdurch einen Wert zuerkennen, genauso leben wir in einer Welt, in der die Selbstachtung immer wieder in Frage gestellt wird. Angewidert vom Schauspiel des Lebens, zweifelt jeder mal an seinem Wert. Die existenziellen Brüche und beschämenden Unzulänglichkeiten machen es uns bisweilen schwer, sich selbst noch wertzuschätzen. Manchmal scheint das Leben es gar nicht wert zu sein, dass man so sehr daran hängt. Mit Karl Kraus gesprochen: „Das Leben ist eine Anstrengung, die einer besseren Sache würdig wäre" (1912).

So sehr also die Selbstachtung mit dem Selbsterhaltungsstreben ursprünglich gegeben ist, dennoch ist sie nicht einfach nur da, sondern es muss zusätzlich eine Menge dafür getan werden, damit sie auch da sein kann. Erst wo die Voraussetzungen zur Selbstachtung gegeben sind, ist es sinnvoll, von Menschenwürde zu sprechen. „Würde des Menschen – Nichts mehr davon. Ich bitt' euch. Zu essen gebt ihm, zu wohnen. Habt ihr die Blöße bedeckt, gibt sich die Würde von selbst", schreibt Friedrich Schiller (1975b, S. 438). Das biologisch verankerte Potenzial zur Selbstachtung entfaltet sich am ehesten dort, wo dem Bürger liberale, politische und soziale Rechte zuerkannt werden. Zudem stärken öffentliche Anerkennung wie auch private Wertschätzung etwa durch Liebe, Freundschaft und Lob das Bewusstsein vom eigenen Wert. Institutionelle, gesellschaftliche und private Wertschätzungen erleichtern es dem Einzelnen, sich trotz seiner Unzulänglichkeiten achten zu können. Sie sind Voraussetzungen, unter denen sich im konkreten Alltag manchmal überhaupt erst ein Selbstwertgefühl entwickeln kann. Wo jene fehlen, sind die Selbstachtung und damit zugleich die Menschenwürde gefährdet. Diese wird ganz wesentlich durch Demütigungen auf eine harte Probe gestellt.

5.5   Strukturelle Demütigung

Das Gefängnis ist die organisierte Demütigung von Menschen durch Menschen. Demütigungen attackieren die Selbstachtung direkt. Sie können die Menschenwürde zutiefst treffen. Wie human der Strafvollzug und wie stolz ein Inhaftierter sein mag, hinter den „Mauern der Schande" gibt es für einen Gefangenen bis heute gute Gründe, sich gedemütigt zu fühlen. Diese Einschätzung gilt unabhängig von der Frage, wieviel Strafe gerechtfertigt ist und was ein Straftäter verbrochen hat. Im Gefängnis muss er zahlreiche Erniedrigungen durchlaufen, die normalerweise dem menschlichen Selbstwertgefühl abträglich sind (Goffman, 1973; Bennefeld-Kersten, 2009).

Gesellschaftlich hat das Gefängnis als solches ein schlechtes Image. Unter den verschiedenen Institutionen nimmt es eine total niedrige Stellung ein. Auf der Rangskala ist sein Ansehen ganz unten angesiedelt. Das Gefängnis steht nicht nur für persönliches Scheitern, sondern auch für inakzeptable Sozialunverträglichkeit. Diese Bewertung spiegeln die Mauern wider. Darum können bereits sie eine demütigende Wirkung auf die Insassen ausüben.

Besonders Neulinge sind demütigenden Erfahrungen ausgesetzt, wenn sie bestimmte Aufnahmerituale über sich ergehen lassen müssen. Entkleidung mit Leibesvisitation, Einlagerung persönlicher Habseligkeiten, Ausgabe von Anstaltskleidung, Zuweisung einer Zelle. Solch einschneidende Ereignisse, welche die Schranken zwischen den Insassen und der Außenwelt auf schmerzhafte Weise herablassen, sind Prozeduren, die ihre demütigende Wirkung wohl kaum verfehlen. Hiernach ist eine Inhaftierung als solche bereits ein erniedrigendes Ereignis. Man lebt unter Bedingungen, die dem Selbstwertgefühl leicht abträglich werden können. Der Gefangene bekommt sein Missgeschick durch die neuen Lebensumstände ständig vor Augen geführt.

Hinzu kommt der Verlust des gewohnten sozialen Umfeldes und liebgewonnener Menschen, so es sie gab. Unter normalen Umständen tragen solche ganz erheblich zum Selbstwertgefühl bei. Die Stabilität eines Menschen hängt unter anderem von der vertrauten Umgebung ab, in der er sein Leben verbringt.

Ganz besonders nachteilig wirkt sich der Verlust der individuellen Autonomie auf die Selbstachtung aus. Draußen hatte man ganz andere Wahl-, Bewegungs- und Handlungsfreiheiten. Gerade die Möglichkeit, sein Leben nach eigenen Vorstellungen zu führen, ist wesentlich für die Selbstachtung. Das Leben der Insassen kennt diese Freiheiten nicht mehr. Welche akzeptablen Ziele die Inhaftierung von Straftätern auch immer verfolgt, Strafvollzug bleibt Freiheitsentzug. Die Freiheitsrechte von Gefangenen werden massiv eingeschränkt. Sie halten sich unfreiwillig in einer speziellen Gemeinschaft und Institution auf, in der vielerlei Verbote und Vorschriften gelten. Der Tagesablauf, die Bewegungsmöglichkeiten und Sozialkontakte werden stark reglementiert und kontrolliert. Vieles davon trifft sicherlich auch auf das Leben außerhalb der Mauern zu. Hier sind ebenfalls soziale Kontrollen und Reglementierungen wirksam, aber für gewöhnlich in nicht so restriktivem Maße und mit anderer symbolischer Wertigkeit.

Zu diesen Einschränkungen gehört überdies, dass der Inhaftierte so gut wie keinen Einfluss auf die Art der Unterbringung hat. Er lebt unter räumlich beengten Verhältnissen womöglich mit Fremden zusammen, mit denen er ein paar Quadratmeter teilen muss. Dies alles ist normalerweise der Selbstwertschätzung eines Menschen eher abträglich. Allerdings ist ständiger Einschluss in einen engen Haftraum nicht die Regel. Viele Gefangene gehen im Gefängnis einer Arbeit nach. Außerdem gibt es Sport- und Bildungsangebote, und eine Möglichkeit zur Ablenkung durch Fernsehschauen im Haftraum besteht mittlerweile fast überall.

Gleichwohl kommt es nicht selten zu Gefühlen der Langeweile und Leere, dem Gefühl, vom eigentlichen Leben abgeschnitten zu sein, Versagens- und Schuldvorwürfen, Existenz- und Zukunftsängsten, eben zu dunklen Stimmungen, in denen die Anforderungen des Lebens als Überforderungen erlebt werden. In solchen Momenten schwinden die Widerstandskraft und die Fähigkeit, mit der Ausnahmesituation fertig zu werden. Der Wert der ganzen Person steht in Frage.

Aus dem Dargelegten erhellt, wie sehr das Gefängnis als solches bereits ein demütigender Ort ist, welcher die Selbstachtung erschweren und den Freitod begünstigen kann. Selbst wenn der Gefangene solche Demütigungen nicht verspürt, so hätte er dennoch gute Gründe, sich in seiner

Selbstachtung getroffen zu fühlen. Hieraus folgt ein spezielles Problem, gehört es doch zum Gestaltungsauftrag eines humanen Strafvollzugs, Voraussetzungen zu schaffen, unter denen Menschenwürde und damit Selbstachtung möglich bleiben. Das Gefängnissystem als solches produziert aber einen Widerspruch: Der strukturellen Eigenart des Gefängnisses, Demütigungen zuzufügen, welche die Selbstachtung und den Lebenswillen schwächen können, steht die Aufgabe entgegen, die Insassen so aufzurichten, dass ihr Selbstwertgefühl erhalten bleibt. Im Gefängnis soll etwas geleistet werden, das durch es selbst unterminiert wird. Die Form arbeitet gleichsam gegen den Inhalt.

Nun ist zwar die Zahl der Freitode im Gefängnis höher als draußen, aber doch verschwindend gering. Offenbar verfügen Gefangene über genug Bewältigungsstrategien und Widerstandskraft, um mit den demütigenden Situationen des Haftalltags fertig zu werden (Bennefeld-Kersten, 2009). Obwohl es aus ethischer Sicht genug Anlässe gibt, sich in seiner Selbstachtung getroffen zu fühlen, lässt sich eine solche Beeinträchtigung des Selbstwertgefühls oftmals gar nicht feststellen. Hierbei spielt die soziale Akzeptanz der Gefangenen untereinander sicherlich auch eine nicht zu unterschätzende Rolle. Nachweislich gibt es Höher- und Tiefergestellte unter den Inhaftierten, eine Hierarchie, die der jeweiligen Selbstwertschätzung entweder förderlich oder abträglich ist. Es gibt Insassen mit hohem Ansehen und vorgetäuscht oder tatsächlich starkem Selbstwertgefühl gegenüber schwächeren Gefangenen mit eher niedrigerem Ansehen und Selbstwertgefühl. Außerdem steigern manche Verbrechen die Achtung bei den Gefangenen, während andere, vorrangig Sexualdelikte, nur Verachtung und Abscheu bei ihnen hervorrufen. Impulsive, leicht reizbare Inhaftierte fühlen sich schon durch kleinste Ereignisse provoziert und reagieren dann mit übersteigerter Aggressivität aus Angst, nicht respektiert oder ernst genommen zu werden. Andere dagegen bleiben ohne jede erkennbare Gefühlsregung souverän und reagieren unberührt auf Demütigungen. Hier wie dort erfolgt eine Selbstbehauptung der Selbstachtung, die den Schmerz der Erniedrigung durch fehlende Anerkennung abzuwehren sucht. Nicht zuletzt darum bemühen sich viele nach außen stark, unbeeindruckbar und durchsetzungsfähig zu erscheinen. Heimweh, Scham und Verzweiflung werden im Stillen durchlitten, bis der Druck möglicherweise doch so stark wird, dass kein anderer Ausweg mehr als der Tod gesehen wird. Hiervon sind hauptsächlich Untersuchungsgefangene im Inhaftierungsschock betroffen und Frischverurteilte, nachdem die Zugbrücke zur Außenwelt hochgezogen wurde (Bennefeld-Kersten, 2009).

5.6   Ethisch qualifizierte Selbstachtung

Was auch immer Menschenwürde bedeuten und wie sie sich begründen lassen mag, praktisch gesehen ist sie ein Gestaltungsauftrag, den zu erfüllen so viel besagt wie Voraussetzungen zu schaffen, unter denen es dem Einzelnen möglich ist, sich selbst zu achten (Wetz 2005, 2011, 2014). Dem entsprechend bekommt ein Notleidender hierzulande zwar vorrangig deshalb zu essen, weil er Hunger hat, und darf seine Freiheit genießen, um sich nach eigenen Vorstellungen entfalten zu können. Doch gelten Freiheit und Wohlergehen ebenso als wesentliche Voraussetzungen, um sich besser achten zu können. Sie sind Gewährleistungen eines menschenwürdigen Daseins.

Nun ist aber nicht alles, was der Selbstachtung dient, deshalb schon ethisch gerechtfertigt. Selbstachtung ist zwar ein existenzieller Höchstwert, ein ethischer Höchstwert ist sie nicht. Sie ist nicht das Eichmaß von Gut und Böse, kein letzter Maßstab, mit dessen Hilfe sich das ethisch Gebotene vom ethisch Unzulässigen abgrenzen ließe. So gewinnt ein Verbrecher möglicherweise seine Selbstachtung durch Unterdrückung von Mithäftlingen oder durch Straftaten, die den meisten Durchschnittsbürgern jede Selbstachtung nehmen würden, wären sie an seiner Stelle. Womöglich prahlt ein Inhaftierter sogar mit seinen Vergehen, statt Scham und Reue zu empfinden. Reue ist ein tiefes Bedauern eigenen Fehlverhaltens mit der ehrlichen Bereitschaft zu Wiedergutmachung und Besserung.

Das Gefühl der Selbstachtung ist nur dann ethisch legitim, wenn es auch die Bedingungen sind, unter denen es entsteht. Wie es ethisch ungerechtfertigte Gefühle der Demütigung gibt, genauso gibt es ethisch ungerechtfertigte Selbstachtung. Wenn wir gute Gründe haben anzunehmen, dass die Voraussetzungen der Selbstachtung und Demütigung in den Augen eines unparteiischen, aufgeklärten, urteilsfähigen Schiedsrichters mit gutem Willen als billigens- und lobenswert erscheinen, erst dann ist die Selbstachtung ethisch vertretbar. Natürlich können grausame Verbrechen und brutale Gewalt gegen Mithäftlinge aus solcher Perspektive nicht als Beweggründe zur Selbstachtung ethisch gerechtfertigt werden. Aus dieser Sicht wären eher Scham und Reue angebracht. Das Gleiche gilt für Demütigungen: Man kann wie die „Prinzessin auf der Erbse" sich wegen fast nichts erniedrigt fühlen, obgleich man aus ethischer Perspektive keinerlei Anlass hierzu hat. Umgekehrt hätte man wie ein Strafgefangener mit massiv beschnittenen Freiheitsrechten vielleicht gute Gründe, sich gedemütigt zu fühlen, aber man tut es nicht. Hiermit verhält es sich wie sonst im Leben: Obgleich es einem objektiv schlecht geht, weil man weder Arbeit noch Einkommen oder Familie hat, fühlt man sich vielleicht trotzdem subjektiv gut. Den anderen Fall gibt es natürlich auch, dass man sich nämlich subjektiv schlecht fühlt, obwohl es einem an nichts mangelt.

5.7   Die Achtung vor dem Verbrecher

Die Frage nach der Selbstachtung von Kriminellen, die abscheuliche Verbrechen begingen, ist eine ethische Herausforderung. Selbst in modernen Zivilisationen, in denen die Todesstrafe schon seit Jahrzehnten abgeschafft ist, wird immer wieder der Ruf hiernach laut, vor allem kurz nachdem grausame Straftaten an die Öffentlichkeit drangen. Das Verständnis für den Freitod von Gefängnisinsassen ist dann gewöhnlich besonders hoch. Doch es ist ein Zivilisationsmaßstab, ob eine Gesellschaft selbst Kriminellen die ethisch gerechtfertigten Voraussetzungen zur Selbstachtung gewährleistet, indem sie diese human behandelt und dadurch Vorkehrungen gegen einen möglicherweise beabsichtigten Freitod trifft. Aber warum soll es überhaupt Selbstachtung geben?

Wieso soll der Einzelne, selbst der Verbrecher, sein Dasein als wertvoll für sich bejahen können und somit am Leben bleiben wollen?

Die lakonische Antwort hierauf lautet: Man „soll" ja nicht, nur „möchte" man in der Regel; doch ob man auch „kann", hängt letztlich von uns allen ab. Unter normalen Bedingungen wollen Menschen ihr Dasein als wertvoll bejahen und somit zur Selbstachtung fähig bleiben. Sie halten ihr Leben für der Mühe wert, die es für sie selbst und andere darstellt. Es ist natürlich, ein Interesse an dem Leben zu haben, das man ist, obwohl es einem nicht nur geschenkt, sondern ebenso auferlegt und zugemutet wurde, und die Kultur dieses Interesses ist die Selbstachtung. Nichts und niemand außer uns selbst können entscheiden, ob auch Strafgefangenen die Voraussetzungen zur ethisch gerechtfertigten Selbstachtung und damit zur Lebensbejahung zur Verfügung gestellt werden sollen. Hierfür sprechen mindestens fünf Argumente.

Erstens bedarf es hierzu der tief eindringenden Erkenntnis, dass Fehlhandlungen eines Täters auf ungünstige Genkonstellationen, gravierende Entwicklungsfehler, unglückliche Umstände, problematische Prägungen und Ähnliches zurückzuführen sind. Man muss sich vor Augen führen, dass ein Täter unter den gegebenen Bedingungen nur so handeln konnte, wie er es tat. Obwohl wir der Lebensgeschichte, Veranlagung, Erziehung und Umgebung bereits eine prägende Kraft zumessen, fällt es uns doch schwer zu glauben, dass unser Dasein dem freien Willen gänzlich entzogen ist. Dabei bilden Willensfreiheit und Determination gar keinen Widerspruch. Beide Perspektiven verschränken sich auf eigentümliche Weise. Sie sind zwei Seiten einer Medaille. Ein Wille wird frei genannt, der einerseits frei von inneren Zwängen, Phobien, Verhaltens- und Gehirndefekten, also zurechnungsfähig ist, und der andererseits über die Fähigkeit verfügt, nüchtern erwägen, überlegt vorgehen, sein Denken und Handeln nach plausiblen Gründen steuern zu können. Weit davon entfernt, ohnmächtig angetrieben zu werden, sind wir normalerweise imstande, prüfende Erwägungen anzustellen, bewusst Vorsätze zu fassen, begründete Entscheidungen zu treffen. Aber so merkwürdig es klingt, die Kehrseite dieser Freiheit ist die Unverfügbarkeit. Denn wir sind zwar frei, das zu denken, zu erwägen und zu tun, was wir wollen; wir sind aber nicht frei zu wollen, was wir wollen. In letzter Beziehung wird man hintergründig von etwas her verfügt, das man jedoch nur wieder selbst ist. Darum könnte niemand jemals unter vollständig identischen Bedingungen anders entscheiden, als man entschieden hat. Ein Verbrechen ist die Folge eines komplexen Ursachengeflechts, das mehr oder weniger unmerklich durch alles Wollen, Denken und Handeln hindurch wirkt. Allerdings entlastet dieses Ursachengeflecht niemanden von der Aufgabe, sein Dasein eigenverantwortlich zu führen, und es entlässt den Einzelnen auch nicht aus der Pflicht, sein Leben sozialverträglich zu gestalten. Denn wir können unsere Gene, Neuronen und sonstigen Prägungen nicht um Rat im konkreten Leben fragen. Da sind wir ganz auf uns gestellt und uns letztlich doch unverfügbar. Offenbar kann ein und dieselbe Handlung aus gegensätzlichen Blickwinkeln und unter entgegengesetzten Gesichtspunkten ins Auge gefasst werden. Hat man diese schwierigen Zusammenhänge einmal durchschaut, so wird man milder und nachsichtiger gegenüber Straftätern und damit offener für deren Selbstachtung oder Würde.

Ein Rollentausch, bei dem man sich in die Lage eines Verbrechers versetzt, hilft die skizzierte Erkenntnis zu konkretisieren. Hierzu ist es lediglich erforderlich, sich die natürlichen Anlagen eines Gefangenen und seine Lebensgeschichte, die vor einem Hintergrund zahlreicher nicht gewählter Faktoren stattfindet, deutlich zu machen. Unter identischen Bedingungen wäre es auch für uns unmöglich gewesen, anders zu entscheiden. Darum sollte man niemals abschließend über einen anderen Menschen urteilen, solange man nicht dieser selbst geworden ist. Erst durch experimentelle Identifikation kann man zu einem halbwegs angemessenen Verständnis eines Verbrechers gelangen. Das Leben ist ein Hindernislauf, bei dem man leicht ins Stolpern gerät. Trotzdem hat ein zurechnungsfähiger Verbrecher seine Tat aus freien Stücken begangen. Somit bleibt er freiwilliger Urheber seiner Vergehen und wird deshalb mit Recht zur Verantwortung gezogen, aber zu Unrecht schuldig gesprochen. Diese Ambiguität kann den Sinn dafür schärfen, dass Straftätern zur ethisch qualifizierten Selbstachtung verholfen werden sollte.

Hinzu kommt die wichtige Selbsterkenntnis, dass man sein halbwegs gelungenes Dasein teilweise natürlichen Begabungen, glücklichen Umständen und womöglich einer privilegierten Startposition ins Leben verdankt. Dies alles sind Geschenke, die niemand im Ernst verdient hat und die erst recht kein eigenes Verdienst darstellen. Wer die unverfügbaren Zufälle aus seinem Dasein herausrechnet und die freundlichen Widerfahrnisse von seinen Leistungen abzieht, muss Abstriche an seinen Verdiensten machen. Man hat einfach Glück gehabt. Auch so wird es möglich, milder über den Anspruch straffälliger Mitbürger auf Selbstachtung zu urteilen.

Natürlich gibt auch ein starkes Wohlwollen der Meinung einen wichtigen Rückhalt, das selbst straffällig gewordene Menschen eine Chance bekommen sollten, ihr Leben noch für der Mühe wert zu halten und ihre Selbstachtung auf ethisch verantwortbare Stützpfeiler stellen zu können. Ein solches Wohlwollen gibt einen Inhaftierten nicht auf, weil es an der Möglichkeit festhält, dass dieser jederzeit sein bisheriges Leben in Frage stellen und ihm einen neue Wendung geben könnte. Man sollte Geduld und Nachsicht mit den Menschen haben, weil sie alle auf irgendeine Weise schlimm dran sind und weil man selbst ein Mensch ist.

Hierzu kann eine Expedition durch die eigenen dunklen Abgründe überaus hilfreich sein. In jedem Menschen steckt ein Keim, der für die Gesellschaft gefährlich werden kann. Das Laster wohnt allen Individuen inne, und im Kern des Lasters schlummern Versuchung, Ungehorsam und Aufsässigkeit: ein Verbrechensrisiko, das uns alle zu potenziellen Kriminellen macht. Wir alle sind mit gemeinen und niedrigen Mängeln behaftet. Jeder von uns ist wurmstichig!

Ab einem bestimmten Schweregrad der Straftaten gelingt es nur noch den wenigsten, solche Standpunkte einzunehmen. Die Opfer verlangen Vergeltung. Es interessiert sie nicht, ob der Täter zugleich frei und unfrei handelte. Es genügt ihnen bereits die verwerfliche Tat, um Rachegefühl zu entwickeln. Jedenfalls empfinden es Opfer als Zumutung, Verständnis für die Täter aufbringen zu sollen, die ihnen übel mitspielten. Jeder von uns kann dies nachvollziehen. Deshalb wurden für solche Situationen durchsetzungsfähige Rechtsinstitutionen geschaffen, die gleichsam den ethischen Standpunkt des unparteiischen Beobachters vertreten und Vorsorge gegen blinde Rache, Willkür und Machtmissbrauch treffen. Aus dieser Perspektive ist das Lebensinteresse des Einzelnen dadurch zu schützen, dass man dessen ethisch verantwortbare Selbstachtung stärkt.

Doch wenn man dauernd erfahren muss, dass ein Erfolg aller Anstrengungen wenig wahrscheinlich ist, dann fällt es irgendwann schwer, sich angesichts seiner schwierigen Lage weiter für das Leben zu interessieren und zu engagieren. Das Gefühl trostloser Vergeblichkeit kann so stark werden, dass gerade die Selbstachtung den Betroffenen dazu bewegt, freiwillig aus dem Leben zu scheiden. Nun wird das Dasein verworfen, weil in Anbetracht des Elends keine Kraft mehr gefunden wird, es noch zu bejahen, und das heißt: sich zu achten. In diesem Sinne können sich Menschen sogar aus Gründen der Selbstachtung – genauer wegen der Unmöglichkeit künftiger Selbstachtung – das Leben nehmen. Eine solche Selbsttötung, in der noch einmal über das eigene Dasein verfügt wird, wäre dann eine letzte Äußerung menschlicher Selbstachtung. Eine Verringerung der Zahl solcher Fälle ist nur in einer Umgebung oder Atmosphäre möglich, die Lebensvertrauen fördert und Lebensperspektiven öffnet.

5.8   Literatur

- Améry, J. (1976). Hand an sich legen. Diskurs über den Freitod. Stuttgart: Klett.
- Bennefeld-Kersten, K. (2009). Ausgeschieden durch Suizid – Selbsttötungen im Gefängnis. Zahlen, Fakten, Interpretationen. Lengerich: Pabst Science Publishers.
- Camus, A. (1975). Der Mythos von Sisyphos. Hamburg: Rowohlt.
- Goffman, E. (1973). Asyle. Über die soziale Situation psychiatrischer Patienten und anderer Insassen. Frankfurt am Main: Suhrkamp.
- Kamlah, W. (1976). Meditatio mortis: kann man d. Tod „verstehen" und gibt es ein „Recht auf d. eigenen Tod"? Stuttgart: Klett.
- Kraus, K. (1912). Pro domo et mundo. München: A. Langen.
- Minois, G. (1996). Geschichte des Selbstmords. Düsseldorf; Zürich: Artemis und Winkler.
- Schiller, F. (1975a). Die Braut von Messina, in: Schillers Werke, Bd. 2. Stuttgart: Reclam.
- Schiller, F. (1975b). Die Würde des Menschen, in: Schillers Werke, Bd. 3. Stuttgart: Reclam.
- Shakespeare, W. (2012). Hamlet. München: Deutscher Taschenbuch-Verlag.
- Wetz, F. J (2005). Illusion Menschenwürde: Aufstieg und Fall eines Grundwerts. Stuttgart: Klett-Cotta.
- Wetz, F. J (2009). Baustelle Körper. Stuttgart: Klett-Cotta.
- Wetz, F. J (2011). Texte zur Menschenwürde. Stuttgart: Reclam.
- Wetz, F. J (2014). Rebellion der Selbstachtung. Aschaffenburg.

6. Macht und Menschenbilder – das Mit- und Gegeneinander in einem Gefängnis

Katharina Bennefeld-Kersten

Ahlers schreckte hoch – dieses entsetzliche Geräusch: hart, metallisch, nachklingend – wie mit einem Hammer in seinen Kopf getrieben, ein großer Schlüssel, der auf eine metallene Tür geschlagen wird. Sie nennen das „Anklopfen".

Er zog die Decke über den Kopf, nichts hören, nichts sehen, nichts fühlen. Musste man tot sein, um diesen Zustand der Glückseligkeit zu erreichen? Diese Woche war der Sprücheklopfer im Frühdienst und er wusste schon, was kommen würde. „Wachet auf", er konnte dieser Stimme nicht entgehen, sie drang durch seine Bettdecke und erreichte sein Ohr. Warum ließ ihn dieser Typ nicht in Ruhe, warum musste der ihm immer so nah auf die Pelle rücken, dieser Wärter, dieser weckende Wärter. Er spürte ein Ziehen an seiner Decke und krallte sie fest. „Lebendkontrolle", jeden Morgen, den dieser Typ Dienst hatte, zog er an seiner Decke und sagte „Lebendkontrolle". Und manchmal fügte er hinzu „Lieber kontrolliert lebendig als grenzenlos tot". Das war der ‚Ich versteh Dich doch'-Scherz, aber Ahlers hatte weder Sinn für den Scherz, noch das Gefühl, verstanden zu werden. Er fühlte sich mehr behandelt wie ein Schwein, das so gedeihlich umsorgt wird, damit es bis zu seiner Schlachtung am Leben bleibt. Heute blieb ihm diese Äußerung erspart, das könnte einen nicht so schlechten Tag verheißen.

Schritte entfernten sich mit einem harten Klacken. Wahrscheinlich hatte der auch noch Eisen unter den Absätzen, spart ja den Schuster, dann fiel die Tür ins Schloss. Die morgendlichen Geräusche waren in dieser Einrichtung wirklich sehr eisenhaltig.

Er drehte sich zur Wand, noch einen Moment das Alleinsein genießen, an Früher denken, früher, wenn er nur über die Bettkante greifen musste und seine Kleine im Arm hatte. Ach seine Kleine, wie sie wohl ohne ihn zurechtkam? Hätte dieser als Held gepuderte Geschäftsführer nicht so einen Affentanz veranstaltet damals, wäre der noch am Leben, und er selbst wäre mit seiner Kleinen in Kanada. Alle, alle könnten sie ein saugutes Leben haben, keiner hätte Schaden nehmen müssen, die ihm überlassene Knete hätte die Versicherung erstattet, die hätte doch gar nicht bemerkt, ob sie eine Million mehr oder weniger im Sack hat. Aber dieser moralgeschüttelte Idiot stimmte ein Geschrei an und machte damit alles kaputt. Alles. Unwiderruflich.

Ahlers legte sich auf den Rücken und zuppelte mit Daumen und Zeigefinger eine Hautfalte an der Nasenwurzel, das sollte entspannen, so hatte er mal irgendwo gelesen. War aber nichts mit Entspannung. Stattdessen lief dieser Film ab, wie jeden Tag, immer dieselben Bilder, dieselben Texte, ein Endlos-Video, nicht aufzuhalten: Die Tiefgarage im Halbdunkel, die Neonröhre, die flackernd um ihr Überleben kämpft, die abgestellten Fahrzeuge – wie für ein Kulissenbild zurechtgeschoben – und dann der Mann. Mit einem offenbar ziemlich prall gefüllten Stoffbeutel in der Hand geht er um sich blickend auf ein Fahrzeug zu, das kurze Aufblinken der Scheinwerfer und das schnarrende Klacken der Zentralentriegelung, das Zusammenzucken, als er – Ahlers – aus dem Schatten des Pfeilers hervortritt und den Mann an der Schulter berührt. Und dann dieser Schrei, dieser nicht enden wollende Schrei. Als es wieder ruhig ist, sieht er ihn vor sich liegen wie ein Bündel abgelegter Kleider, ihn, der eben noch Geschäftsführer gewesen war. Dieses Bild hatte die Eigenart, zu einem Standbild zu werden, wenn er nichts dagegen unternahm. Ahlers rollte sich seitwärts aus dem Bett, schlüpfte barfuß in die Schuhe und schlurfte, da er das Herunter-treten der Hacken vermeiden wollte, auf Zehenspitzen zu dem kleinen Waschbecken. In der Zelle war nur ein kleiner Teppich erlaubt, da holte man sich auf dem schwarz gestrichenen Betonfuß-boden schnell kalte Füße. Niemals hätte er sich träumen lassen, dass ihm eines Tages bestimmt würde, wie groß das Stück Teppich sein durfte, auf das er seine Füße stellte. Und dass man ihm vorschrieb, wann er Wäsche und Handtücher zu wechseln hatte, wann er in die Freistunde – al-lein mit diesem Wort verbot sich eigentlich die Teilnahme – also wann er auf den Hof gehen und wann er mit wem telefonieren konnte. Alles war fremd bestimmt und hing von der Lust und Laune seiner Bewacher ab. Nur für diese stumpfsinnigen Arbeiten, dafür war man gut genug, da musste man nicht erst höflich anfragen, ob man sie verrichten durfte. Man durfte nicht nur, man musste, schließlich wollten so Typen wie dieser Wächter ein gutes Einkommen haben, ihr Leben lang.

Elsner ließ die Tür hinter sich ins Schloss fallen und wandte sich der nächsten zu. Obwohl er diesen Job schon jahrelang machte, beschlich ihn immer eine kleine Schwäche, wenn er den morgendlichen Aufschluss machte. Dabei war es bestimmt schon zehn Jahre her, dass da mor-gens mal einer am Fensterkreuz gehangen hatte. Und er selbst hatte ihn noch nicht einmal ge-funden, er war von einem Kollegen hinzugerufen worden. Aber es machte ihn heute noch unruhig, wenn jemand wie tot in seinem Bett lag und kein Lebenszeichen von sich gab. So wie Ahlers eben, typisch für ihn, muckt sich nicht, wenn er ihn weckt und sogar noch freundlich begrüßt. Der weiß genau, dass er sich von seinem Lebe-Zustand überzeugen muss und zwingt ihn jeden Morgen, den Haftraum zu betreten und Streicheleinheiten zu verteilen. Elsner sah auf die Uhr, allmählich wurde es wirklich Zeit, dass sie aufstehen, diese Kameraden, und nicht bis in die Pup-pen in den Kojen liegen bleiben. Das hatte sie ja letzten Endes hierher gebracht, diese Rum-hängerei. Er – Elsner – musste schließlich auch aufstehen, um seine Brötchen zu verdienen und so wie jetzt, wenn er Frühdienst hatte, war für ihn um 4.00 Uhr die Nacht zu Ende. Nicht um halb sieben, wie für diese Herrschaften hier. Und im Gegensatz zu ihnen wurde er natürlich nicht geweckt, früher nicht, als er noch mit seiner Frau zusammengelebt hatte und heute, nach der Trennung, schon gar nicht. Wer sollte ihn wohl wecken? Wen kümmerte es denn überhaupt, ob er noch am Leben war? Wenn er nicht für sich selbst sorgte, wäre er dieser Welt schon abhanden gekommen. Gemerkt hätte man es erst, wenn er nicht zum Frühdienst erschienen wäre, weil er dann diese Herrschaften nicht mehr hätte wecken, keine Lebendkontrolle mehr hätte machen können.

Warum man den Spitzbuben nicht beibringen konnte, dass sie für sich selbst sorgen müssen, hatte er noch nie verstanden. Diese Burschen legen es doch drauf an, unsereinen springen zu las-sen, bedient zu werden. Wenn diese merkwürdige Art von Liberalität im Strafvollzug noch mehr um sich greift, dann werden sich aber einige noch umgucken. Dann werden wir nicht nur „einen guten Morgen" flöten, nachdem wir artig an die Tür geklopft haben, wie es ja jetzt schon läuft, nein, dann werden wir den Frühstückskaffee auf dem Tablett servieren, aber erst wenn uns der Gauner das Betreten des Haftraumes mit einem „Herein" gestattet hat. Und wenn nicht, dann eben nicht, dann bleiben wir eben draußen. Die können wir doch sowieso gar nicht mehr richtig kontrollieren, was die alles in ihren Haträumen haben dürfen. Früher gab es nur eine Uhr, den Ehering, wenn die überhaupt mal verheiratet waren, und was man so dringend brauchte: Zahnbürste und so. Und heute laufen sie herum, behängt wie Christbäume, die Hütten voll mit Kaffeemaschinen, Fernsehern, Musikanlagen und keiner sagt was. Das alles ging Elsner durch den Kopf, er ärgerte sich. Statt ordentlich zu arbeiten, wie er es ja auch tun musste, hatten die sich auf Kosten ihrer Mitmenschen bereichert, diese Straftäter, und zum Dank wurden sie mit seinen Steuergroschen fürstlich ausgehalten. Jeden Morgen ärgerte er sich darüber, vor allem, weil er nichts daran ändern konnte.

Musikanlagen – der Ahlers, der hatte sich neulich eine kommen lassen, mit eingebautem Weißichnich, so eine hätte er auch einmal gern gehabt. Aber er hatte nur noch ein Kofferradio, die Stereoanlage hatte ja seine Frau. Angeblich stand sie ihr zu, weil sie vom Ersparten ihrer Eltern gekauft worden sein sollte, so ein Quatsch. Und selbst wenn, sie hatten ja keine Gütertrennung vereinbart. Die Beiden, seine Frau und ihr neuer Schatten, die werden schön über ihn gelacht haben, weil er so doof gutmütig war, hatte er sie doch mit all den Dingen, die sie haben wollte, ziehen lassen. Dabei waren auch richtige Werte darunter. Gut, dass seine Kollegen ihn nicht gesehen hatten, wie er da gestanden hatte, als sie das Fahrzeug belud. Wie ein Depp hatte er sich benommen, er hatte ihr sogar noch tragen helfen, damit sie die schönen Sachen auch bloß alle heil mitbekam – die Aussteuer für die neue Beziehung – die Stereoanlage hatte er noch sorgfältig in Kartons verpackt... Der Ahlers, wo steckte eigentlich der Ahlers? Der musste doch noch zum Betrieb rüber.

Ahlers saß auf einem Stuhl in seinem Haftraum, eingeklemmt zwischen dem doppelstöckigen Bett und dem kleinen Tisch. Mehr Platz gab die Breite des Raumes nicht her. Er hätte sich ja auch längs zum Bett setzen können, mit dem Gesicht zum Fenster oder zur Tür. Das behagte ihm aber nicht. An der klinkenlosen Tür störte ihn der Spion, das Monsterauge, das sich niemals mit einem Lidschlag – und sei er nur ganz kurz – zurückzog. Der Blick auf das Fenster, auf die ganzen Hindernisse, die ihm den Weg in die Freiheit versperrten, deprimierte ihn, also blickte er auf die Wand und trank den Rest des Kaffees aus seinem Becher. Er war etwas spät dran, die anderen mussten schon auf dem Übergang, auf dem Weg in die Betriebe sein. Die konnten ihn ja nachbringen, die Wärter, so hatten die auch ein wenig Bewegung und er sah gar nicht ein, warum er sich für deren Rente abhetzen sollte. Er war noch nie ein Frühaufsteher gewesen, aber draußen war ihm immer etwas für den Tag eingefallen, das ihm half, sich mit den frühen Morgenstunden anzufreunden. Hier fiel ihm nichts ein, was einen Tag zu einem Erlebnis machen könnte. Zu seiner Kleinen hatte er den Kontakt abgebrochen, dabei hoffte er eigentlich, dass er nur unterbrochen war, wenn er auch nicht so recht daran glaubte, dass sie ihn eines fernen Tages dort draußen empfangen würde. Nur seine Schwester kam ab und an zu Besuch, seine Freude darüber hielt sich jedoch in Grenzen. Es war eine Abwechslung und lieb gemeint, aber diese immer leicht rot geränderten Augen, die sie mit der „aber ich hab doch gar nichts gesagt" Sprechblase auf ihm ruhen ließ, machten ihn aggressiv und zugleich gehemmt. Sie hatte doch seine schlechte Laune nicht verdient, nur, was wollte sie eigentlich von ihm? Egal, eigentlich interessierte es ihn auch gar nicht, zumindest an diesem frühen Morgen nicht. Er stand auf, ging zu dem kleinen Waschbecken und ließ etwas Wasser in seinen Becher laufen. So richtig sauber wurde der sowieso nicht mehr, in seiner Zelle gab es eben nur kaltes Wasser, aber so musste er sich nicht über den unappetitlich angetrockneten braunen Rand ärgern, wenn er aus dem Betrieb zurück kam. Er stellte den Becher in das Regal und griff nach seiner Jacke. Elsner stand plötzlich in der Tür, er hatte ihn gar nicht kommen hören, merkwürdig, der hatte heute Morgen doch noch mit seinen Eisenhacken geknallt. „Na, darf ich den Herrn wieder mal zum Betrieb begleiten? Hat er denn auch sein Brotbeutelchen dabei? Nochmal auf die Hütte zurück ist heute nicht mehr drin, das sage ich Ihnen gleich." Warum musste dieser Typ immer provozieren, immer deutlich machen, dass er die Ansage hat. Dabei hat er im Grunde genommen gar nichts zu sagen, ist doch auch nur so ein Befehlsempfänger, so ein Knecht. Vielleicht war das der Grund dafür, dass er sich immer an ihnen abarbeiten, immer ein wenig sticheln und herausfordern musste, obwohl er doch auch oft genug den Kürzeren gezogen hatte. Und wie der Elsner jetzt in der Tür stand und ihn musterte, breitbeinig mit verschränkten Armen, wie ein gerahmtes Bild zum Thema Gewaltbereitschaft, nur der Gummiknüppel in der Hand fehlte noch.

Ahlers äußerte sich nicht, zog die Jacke über, hielt inne und griff – deutlich verlangsamt – nach seinem Stoffbeutel. Seit seinem Missgeschick hatte er zwar für Stoffbeutel nicht mehr so viel übrig, aber Plastiktüten waren zeitweise Mangelware und richtige Taschen durften nicht benutzt werden – zu viel Versteckmöglichkeiten – als ob man dadurch den Drogenhandel verhindern könnte! Er wandte sich zur Tür, aber Elsner rückte keinen Zentimeter zur Seite. Ahlers blickte ihm über die Schulter und fixierte einen Punkt auf dem Flur. Elsner rührte sich nicht, Ahlers hielt einen Moment inne, dann ganz langsam, als müsse er seinen Blick mühsam von einer Begebenheit auf dem Flur losreißen, wandte er ihm das Gesicht zu und blickte ihn an. Mit einem fast unmerklichen Schnauben ließ Elsner die Arme fallen, drehte sich zur Seite und gab den Weg frei. Ohne ihn weiter zu beachten, ging Ahlers an ihm vorüber, den Flur entlang und überließ es dem anderen, ihn einzuholen und zum Betrieb zu begleiten.

Elsner ließ sich schnaufend auf den Schreibtischsessel fallen und streckte die Beine aus. Er war halt auch nicht mehr der Jüngste und hatte nach dem Auszug seiner Frau das Rauchen wieder angefangen. War doch sowieso egal, woran man starb. Auf dem Rückweg vom Betrieb war Alarm aus der Schlosserei gemeldet worden. Er hatte sich zwar schon gedacht, dass es ein Fehlalarm war, aber rennen musste er trotzdem. Also rannte er, genau den Weg wieder zurück, den er gerade gekommen war. Er hatte das Tor zur Schlosserei noch nicht ganz erreicht, als „Fehlalarm" gemeldet wurde. Na also, war doch klar, immer wenn der Alarm aus der Schlosserei kam, hatte wieder einer an der Maschine gestanden und den Voralarm nicht gehört. Die lernen doch auch nichts mehr dazu.

Elsner beugte sich nach vorn um in einem Karteikasten die Handakten durchzublättern. Schließlich musste er noch eintragen, dass Ahlers sich heute wieder verspätet hatte. Er hatte die Akte noch in der Hand als er den Abteilungsleiter kommen sah, der schien geradewegs auf das Büro zuzusteuern. Weinrich hieß er – Weinrich ist kleinlich – wenn er den sah, fielen ihm ohne Nachdenken Wortspiele ein, – peinlicher weinerlicher Weinrich – der öffnete nun die Tür, „Warum läuft in der Zelle von xy noch der Fernseher? Ich denke, der hat Ausgang? Und vielleicht können Sie mir dann auch sagen, warum der Tisch halb abgesägte Beine hat? Die ganze Hütte sieht ja aus wie ein Saustall."

Elsner schluckte, war er das Kindermädchen von xy, oder vielleicht seine Putzfrau? Der war doch nun wirklich alt genug, selbst für seine Angelegenheiten zu sorgen! Ob Weinrich wohl immer sein Bett machen und den Mülleimer leeren würde, bevor er das Haus verließ? Ach, der hatte das ja gar nicht nötig, der hatte ja seine Frau, da konnte man hier gut rumstänkern und andere kritisieren. Die kloppten doch sowieso immer nur auf den Kleinsten herum. Elsner räusperte sich, Weinrich wollte offenbar nicht nur meckern, er wartete auf eine Reaktion, aber was sollte er auf Fragen, deren Antworten Weinrich genau kannte, sagen? Dass der Fernseher noch läuft, weil xy ihn angelassen hatte, und dass es richtig war, dass xy im Ausgang war und dass wohl irgendjemand – vielleicht xy, er jedenfalls nicht – die Tischbeine gekürzt haben musste? Nein, Fragen zu beantworten, die gar keine waren, gäbe nur Ärger. Weinrich wollte sich doch nur aufspielen und ihn – Elsner – als Podest benutzen, aber so leicht wollte er es ihm auch nicht machen. Er richtete sich auf „Ja, also heute Morgen war hier wieder der Teufel los, ich musste Ahlers zum Betrieb nachbringen und da hatte schon die Pforte angerufen, wo xy bleibt, sie müssten ihn vor dem Ausgang doch noch umkleiden, und dann war Alarm in..." Weiter kam er nicht, weil Weinrich ihm ungehalten ins Wort fiel: „Und das soll der Grund sein, dass der Mann rausgeht und hier alles so stehen und liegen lassen kann, wie es ihm gefällt. Dass er Staatseigentum zerstören und hier einen Dreckstall hinterlassen kann und keiner kümmert sich darum? Und wir halten ihm noch die Pforte auf und sagen ‚Einen schönen Tag und beehren Sie uns bald wieder'. Sagen Sie mal Elsner, wofür werden Sie eigentlich bezahlt?" Schon wieder eine Frage, die keine war, Elsner entschied sich für das ‚Über sich ergehen lassen' und wandte sich ab. Wo war denn eigentlich die Handakte von dem Ahlers geblieben, vorhin hatte er sie doch noch in der Hand gehabt. Er suchte auf dem Schreibtisch, hob alle dort liegenden Unterlagen an, kramte in den Ablagekörben, aber sie war wie vom Erdboden verschluckt. Merkwürdig, Elsner setzte sich wieder „...so nicht mehr weiter und ich bin nicht mehr bereit, für Euch den Buckel hinzuhalten...", die alte Litanei, Elsner kannte sie und beobachtete träge, wie Weinrich aufgebracht an der Längsseite des Schreibtisches vor und zurücklief und sich heftig gestikulierend in Stimmung brachte. Weinrich war jetzt stehen geblieben und schlug zu den Worten „...Schluss, damit ist jetzt ein für allemal Schluss" klatschend auf den Schreibtisch. Elsner wurde wieder aufmerksam, er hatte sie entdeckt, die Handakte, zusammengerollt in der Hand von Weinrich. Der sollte später mal kommen und fragen, wieso er keinen Eintrag zu Ahlers gemacht hatte. Weinrich war stehen geblieben, er musterte Elsner, wartete auf eine Äußerung von ihm, die ihn versöhnlich stimmen könnte. Elsner war unschlüssig, manchmal, wenn er einen harmonischen Tag brauchte, ging er darauf ein, gestand Weinrich zu, dass sie, also seine Kollegen und er, ohne ihn, ohne Weinrich, doch ziemlich aufgeschmissen, um nicht zu sagen arbeitsunfähig, weil in ständiger Gefahr, wären. Und dass nur Weinrich wirklich in der Lage sei, durch ein klares Wort an die Gefangenen für Ordnung zu sorgen. Das endete dann meist damit, dass Weinrich ihm die Kommunikationsregeln für den Umgang mit Gefangenen erklärte. Also er, Weinrich, mache immer eine klare Ansage, in einfachen Worten, deutlich gesprochen und so, dass sie ihn auch verstünden. Dann wüssten die Gefangenen auch, woran sie seien. „Elsner", sagte er dann „man muss die Gefangenen dort abholen, wo sie stehen, wo sie gripsmäßig zu erreichen sind, das ist das ganze Geheimnis." Der Rest eines solchen Tages verlief dann in der Regel recht angenehm. Elsner musste sich nicht mehr entscheiden, ob er in Harmonie machen wollte, oder nicht, es gab Alarm, wieder in der Schlosserei. Elsner rannte trotzdem los.

Ahlers überließ sich dem Kreischen der Bandsäge, die sich durch Metall fraß. Das war das Angenehme an dieser Arbeit, man musste nicht zuhören, nicht antworten und konnte seine Gedanken sortieren. Ahlers wunderte sich immer, wie schwer es ihm hier fiel, sich auf einen Sachverhalt zu konzentrieren. Vielleicht kam man auch aus der Übung, es passierte ja wenig, was das Nachdenken lohnte. Die Situation mit Elsner in der Tür fiel ihm wieder ein. Was wäre wohl passiert, wenn er, Ahlers, ihn bei dem Versuch, durch die Tür zu gehen, angerempelt hätte? Hätte Elsner sich auf ihn gestürzt, Alarm gezogen, ihn des körperlichen Angriffs bezichtigt, ja, was hätte er getan? Ahlers fielen Begegnungen aus früherer Zeit zwischen seinem Max im Rüpelalter mit anderen Halbwüchsigen ein, wie sie steifbeinig nebeneinander standen, jeder blickte über die Schulter des anderen, und es bedurfte nur eines kleinen Anstoßes, dass sie mit lautem Getöse übereinander herfielen. Wenn man sich nicht einmischte, ging es meist ohne große Verletzungen ab. Der Stärkere wurde von dem Unterlegenen als solcher akzeptiert und man konnte wieder seines Weges gehen. Das waren jedoch Hunde, die noch die Rangordnung festlegen mussten, aber ging es bei den Menschen nicht ganz ähnlich zu? Obwohl, die Rangordnung war doch klar, die war doch vorgegeben: Weinrich dachte sich die Befehle aus, Elsner gab sie bekannt und er, Ahlers, war Schütze Arsch. So war es eigentlich gedacht und so lief es auch ab. Nur manchmal kam Weinrich auf die Idee, ihm oder den anderen Gefangenen etwas erklären zu wollen. Dies tat er dann, ungeachtet der Reaktion seines Gegenübers, mit umständlicher Sorgfalt. Ahlers fühlte sich immer an die Beschreibung der „Eirollbewegungen der Graugans"[1] erinnert, ein Bewegungsablauf, der, einmal in Gang gesetzt, ungeachtet der Notwendigkeit oder Sinnhaftigkeit, von Anfang bis Ende vollzogen werden musste. Weinrich sprach dann langsam, akzentuiert und den einfach gewählten Worten nachsinnend. So sprach man mit Ausländern, schwerhörigen Kindern oder Minderbemittelten. Da war Elsner ganz anders, der redete ganz normal, wenn er auch mit seinen Sprüchen nerven konnte. Die Sprüche hatten sicher irgendeine Funktion, welche wusste Ahlers auch nicht. Und er hatte auch gar keine Lust, darüber nachzudenken, was ging es ihn an? Ahlers erhob sich und legte den Lärmschutz ab, er musste noch Metallplatten zurechtschneiden, die in einem großen Stapel standen.

Als Ahlers wieder zu sich kam, blickte er in Gesichter, die wie runde Laternen an einem Faden über ihm schwankten. Durch die Bewegung konnte er sie nicht gleich identifizieren und er spürte einen höllischen Schmerz im rechten Bein. Was war geschehen, war er in die Bandsäge geraten,

---

[1] Aus der Ethologie: Durch Konrad Lorenz bekannt gewordene Instinkthandlungen

mit dem Bein? Dann sah er das Gesicht von Elsner näherkommen, nein, bitte nicht, bitte nicht noch irgendeinen Spruch. Er musste hier weg, er musste ganz schnell hier weg. Mein Gott, es tat so weh. Er versuchte sich zur Seite zu drehen, weg von Elsner, aber er kam nicht weg, irgendetwas lag auf ihm – ein Tonnengewicht – und machte ihn platt. Angst, er spürte die Angst aufsteigen, er fühlte sich so ausgeliefert. Er wollte schreien, er wollte in die Gesichter schlagen, diesem Spuk ein Ende machen, aber er lag nur da, auf dem Betonfussboden der Schlosserei, bis zur Hüfte zugedeckt mit einer großen Eisenplatte und brachte keinen Ton heraus. Dann spürte er die Hand von Elsner an seiner Schulter, eine ganz sachte Berührung, „Bleiben Sie ganz ruhig liegen, Herr Ahlers, sie sind unter eine Metallplatte geraten. Ich werde Sie jetzt stützen und die Kollegen werden versuchen, die Platte anzuheben. Sie müssen nur ganz ruhig liegen bleiben, der Krankenwagen kommt gleich, sie sind schon in der Anstalt."

Bevor er wieder das Bewusstsein verlor, spürte er Elsner, wie der seine Arme von hinten unter seine Schultern schob und ihn festhielt. Elsner hatte ihn umarmt.

7. Die rechtswissenschaftliche Sicht
Strafrecht, Disziplinarrecht, Haftungsrecht

Jens Schulz & Oliver Weßels

7.1   Einleitung

Der Suizid und damit auch indirekt die Euthanasie sind juristisch aber auch gesellschaftlich sehr kontrovers diskutierte Themen. Die rechtswissenschaftliche Sicht ergibt sich aus den sozial-kulturellen Werten und maßgeblich dem Grundgesetz (GG), welches als Verfassung allen anderen gesetzlichen Regelungen vorgeht. Der Strafvollzug weist zwar viele strukturelle und rechtliche Besonderheiten auf, unterliegt jedoch im Bereich des Suizids in weiten Teilen den allgemein gültigen Normen.

Das (Straf-)Recht befindet sich im Spannungsfeld zwischen der Eigenverantwortung des mündigen Bürgers und dem staatlichen Schutz- und Regelungsauftrag. Es schützt Rechtsgüter und dient der Verwirklichung des Gemeinwohls und der Wahrung des Rechtsfriedens (Wessels & Beulke, 2011, § 1 Rn. 8). Das Leben und die körperliche Unversehrtheit sind hierdurch geschützte Individualrechtsgüter.

Der Umfang ihres Schutzes ist nicht starr, sondern unterliegt beständigen Wandlungen, die auch den sich verändernden gesellschaftlichen Werten Rechnung tragen. Die ursprüngliche, zum Teil totale Ablehnung des Suizids im Christentum sowie in bedeutenden Teilen der wertebildenden Philosophie, zum Beispiel bei Hegel und Kant (weiterführend hierzu von Lewinski, 2012), ist hinter die Sicht der Psychiatrie der Suizidalität als behandlungsbedürftigem Zustand zurückgetreten.

Der absolute Schutz des Lebens und der körperlichen Unversehrtheit durch Artikel 2 Absatz 1 GG, aber auch der Würde des Menschen durch Artikel 1 Absatz 1 GG sind zentraler Teil eines aus geschichtlicher Verantwortung heraus gewachsenen Rechtsverständnisses in Deutschland.

Von großer Bedeutung für den Vollzug ist eine Entscheidung des Bundesverfassungsgerichtes aus dem Jahr 1972 (BVerfGE 33, S. 1 ff.), mit der das Sonderstatusverhältnis oder das sogenannte „besondere Gewaltverhältnis" als im Strafvollzug nicht (mehr) anwendbar abgelehnt wurde. Das besondere Gewaltverhältnis wurde durch das enge Verhältnis des Gefangenen zum Staat begründet und damit ein besonders enges Rechtsverhältnis zwischen diesen zum Ausdruck gebracht. Ohne weitere Rechtsgrundlagen wurde so einfach ein verminderter Grundrechtsschutz angenommen. Dadurch wurden die Grundrechte der Strafgefangenen in einer unerträglichen Unbestimmtheit relativiert. Heute müssen die Einschränkungen sich aus dem jeweilig geltenden Gesetz ergeben (Enumerationsprinzip, z. B. in § 4 Absatz 2 Satz 1 Strafvollzugsgesetz). Für den

Strafgefangenen bestehen im Vergleich zur übrigen Bevölkerung damit auch bei der Suizidprävention bzw. beim Suizid in rechtlicher Hinsicht keine relevanten Besonderheiten mehr.

Die rechtliche Beurteilung des Suizids ist allerdings von Kontroversen geprägt. Anteil hieran hat auch die uneinheitliche Rechtsprechung des Bundesgerichtshofes. In seinen Urteilen wird die Selbsttötung mitunter als „sittlich zu missbilligen" (BGHSt 6, S. 147 ff.) oder als „rechtswidrig" (BGHSt 46, S. 279 ff.) bezeichnet. Der Rechtsprechung steht heute bei der Bewertung der Strafbarkeit oftmals die Meinung der herrschenden Lehre entgegen (weiterführend Wessels & Hettinger, 2008). Diese ist jedoch in ihrer praktischen Bedeutung weitaus geringer als die höchstrichterliche Rechtsprechung. Sie setzt durch ihre Entscheidungen, der sog. Kasuistik, den das Gesetz ausgestaltenden Rahmen und gibt mit den Urteilen auch Leitsätze für die Praxis vor.

Der Staat schafft mit den Justizvollzugsanstalten einen eigenen Lebensbereich, in dem er, zumindest theoretisch, absolute Kontrolle ausüben könnte. Fiskalische Grenzen dürfen grundsätzlich nicht den Grundrechtsschutz gefährden. Durch die Möglichkeiten der Einflussnahme wächst aber auch die Verantwortung des Staates gegenüber dem Gefangenen. Für den einzelnen Bediensteten entsteht hieraus wiederum in seinem Tätigkeitsbereich eine große Verantwortung. Rechtlich ist diese auf drei Ebenen zu untergliedern. Die strafrechtliche und die disziplinarrechtliche haben einen sanktionierenden bzw. abschreckenden Charakter. Die zivilrechtliche dient der Wiederherstellung bzw. Wiedergutmachung im Sinne der juristisch vorrangigen Naturalrestitution (Wiederherstellung des Ursprungzustandes). Hierbei können die öffentliche Hand und ausnahmsweise auch die einzelnen Bediensteten mittelbar, aber ausnahmsweise auch direkt in Anspruch genommen werden.

7.2   Strafrecht

Der Mensch hat durch das Grundgesetz (Artikel 2 Absatz 1, 1 Absatz 1 GG) das Recht, sich freiverantwortlich zu gefährden. Der Staat hat hier gerade nicht die Aufgabe, ihn davor zu schützen. Die versuchte und die erfolgreiche Selbsttötung sind in Deutschland straffrei. Im Strafrecht gibt es neben dem Täter (§ 25 Strafgesetzbuch – StGB) auch noch weitere Formen der Tatbeteiligung, hierzu zählen die Anstiftung (§ 26 StGB) und die Beihilfe (§ 27 StGB). Erst durch die zugrunde liegende vorsätzliche und rechtswidrige Haupttat wird die Strafbarkeit begründet. An einer rechtswidrigen Tat fehlt es jedoch gerade beim Suizid und dessen Versuch. So ist zum Beispiel das Reichen des Stricks, aber auch die Aufforderung zum Erhängen straffrei.

Zu unterscheiden ist im Strafrecht zwischen den sogenannten Vorsatz- und den Fahrlässigkeitsdelikten. Der Vorsatz wird als das Wissen und Wollen der Tatbestandsverwirklichung beschrieben (vgl. Joecks, 2012, § 15 Rn. 6). Die Fahrlässigkeit wird wiederum definiert als die ungewollte Verwirklichung des gesetzlichen Tatbestandes durch eine pflichtwidrige Vernachlässigung der im Verkehr, d. h. im alltäglichen Umgang, erforderlichen Sorgfalt (vgl. Tröndle & Fischer, 2011, § 15 Rb. 12a).

Beispiele: Wer jemanden schlägt, um diesen zu verletzen, begeht vorsätzlich eine Körper-verletzung (§ 223 Absatz 1 StGB). Wer aus Versehen auf einem Zebrastreifen einen Passan-ten anfährt und diesen verletzt, begeht eine fahrlässige Körperverletzung (§ 229 Absatz 1 StGB).

Fahrlässiges Handeln ist zunächst nur strafbar, wenn das Gesetz dies ausdrücklich mit Strafe be-droht (§ 15 StGB). Es würde jedoch zu einem Wertungswiderspruch führen, wenn durch das ei-gene fahrlässige Verhalten der selbstverantwortliche Suizid eines anderen zu einer Strafbarkeit führen würde, obwohl dies bei Vorsatz nicht der Fall wäre (Wessels & Hettinger, 2008, Rn. 65). Sonst wäre zwar das versehentliche und sorgfaltswidrige Liegenlassen des Seils strafbar, das be-wusste Reichen desselben jedoch nicht.

Hierdurch scheiden die potentiell relevanten Fahrlässigkeitsdelikte wie fahrlässige Tötung (§ 222 StGB) und fahrlässige Körperverletzung (§ 229 StGB) beim Suizid insoweit aus, wie der Suizident eigenverantwortlich und frei handelt.

In der Praxis kommt es de facto nicht vor, dass ein Bediensteter einen Gefangenen auf dessen Wunsch hin tötet (Strafbarkeit wegen *Tötung auf Verlangen* § 216 StGB). Da hier das Strafmaß durch das Einverständnis des Getöteten geringer ist, handelt es sich um eine sogenannte Privi-legierung. Kern dieser Norm ist die strafbewehrte Ablehnung der aktiven Euthanasie. Diese hat jedoch im Strafvollzug zahlenmäßig keine Bedeutung.

Von Bedeutung für die Strafbarkeit von Vollzugsbediensteten beim Suizid(-versuch) eines Ge-fangenen sind damit überwiegend Unterlassungsdelikte und in geringerem Maße Fahrlässig-keitsdelikte. Das Strafrecht knüpft im Tatbestand[1] an die Position und das Verhalten der eventuell strafbaren Person an.

Mit ein und derselben Handlung kann man mehrere Straftaten begehen. So beinhaltet der Mord (§ 211 StGB) auch zwangsläufig eine Körperverletzung (§ 223 Absatz 1 StGB). Welche Norm Grundlage der Verurteilung ist, entscheidet sich erst später (sogenannte Konkurrenzen).

7.2.1   Strafbarkeit

Im Strafrecht gibt es neben dem von einem Handlungswillen getragenen aktiven Tun auch das seltener sanktionierte bewusste *Unterlassen*. Es wird zwischen den sogenannten echten und un-echten Unterlassungsdelikten unterschieden.

---

[1]   Erklärung: Im Strafrecht hat jedes Delikt einen Tatbestand. Dieses ist der Lebenssachverhalt, aus dem sich die Straf-barkeit grundlegend ergibt. Er wird unterteilt in den objektiven, den äußeren Tatbestand, und in den subjektiven, den inneren Tatbestand. Bei einer Körperverletzung (§ 223 StGB), bedarf es vereinfacht dargestellt, einer Verletzungs-handlung (objektiv), z. B. eines Faustschlages, der die Nase bricht, wie auch eines Willens, der die Handlung trägt (sub-jektiv).

Strafbarkeit durch unterlassene Hilfeleistung

Der Tatbestand eines echten Unterlassungsdelikts kann nur durch eine unterlassene, niemals durch eine vorgenommene Handlung erfüllt werden. Bei einem unechten ist hingegen beides möglich.

Das Nichtvornehmen der Handlung muss vorwerfbar sein (BGHSt 6, S. 59), damit es sanktioniert werden kann. Die Norm bei einem echten Unterlassungsdelikt beinhaltet demnach im Umkehrschluss ein Handlungsgebot. Relevant ist beim Suizid lediglich die unterlassene Hilfeleistung (§ 323c StGB). Voraussetzung dieser Straftat ist eine zur Hilfe verpflichtende *Notsituation* beim Opfer. Bei dieser wird zwischen der *Gemeinen Gefahr*, also der Gefährdung einer größeren Anzahl von Menschenleben oder erheblicher Sachwerte (Schönke & Schröder, 2006, Vorbemerkung § 306 StGB Rn. 19) und dem hier relevanten *Unglücksfall* unterschieden.

Unter einem Unglücksfall versteht man in diesem Zusammenhang ein plötzlich eintretendes Ereignis, das eine erhebliche Gefahr für Personen oder Sachen bringt oder zu bringen droht (BGH-GrS 6, S. 147). Die Wertung eines Suizid(-versuchs) als Unglücksfall ist umstritten. Hier stehen sich der eher pragmatische Ansatz der Rechtsprechung des Bundesgerichtshofs und der eher theoretische der herrschenden Lehre gegenüber. Letztere lehnt bei einem bewussten und freien Selbstmord einen Unglücksfall ab (weiter hierzu Wessels & Hettinger, 2008, Rn. 48 ff.). Der Bundesgerichtshof, als höchste Instanz in Strafverfahren, hat jedoch in der praktischen Rechtswissenschaft eine überragende Bedeutung, so dass der Meinungsstreit, wenn auch nachvollziehbare Argumente eingebracht werden, von akademischer Natur ist. Zugegeben führt die Rechtsprechung in letzter Konsequenz aber zu widersprüchlichen Wertungen. Wie dargestellt ist das Reichen des Stricks straffrei. Aber ab Eintritt der Bewusstlosigkeit und damit der Hilfsbedürftigkeit müsste wieder geholfen werden. Der pflichtauslösende Unglücksfall tritt nämlich mit der Bewusstlosigkeit des Suizidenten ein. Auch der vorher frei geäußerte bzw. gezeigte Wille zum Suizid steht der Annahme eines Unglücksfalles nicht entgegen. Nach Ansicht der Rechtsprechung habe die Forschung viel mehr festgestellt, dass nach dem Versuch oftmals der Suizidwille entfiele oder diesem ein Appellcharakter innewohne. Mit der Wertung des Suizid(-versuchs) als Unglücksfall besteht damit für jeden Anwesenden die Pflicht zur Hilfeleistung. Wenn man vor Eintritt der Bewusstlosigkeit geht, besteht allerdings keine Pflicht zur Rückkehr. Begrenzt wird die Hilfepflicht nur durch die Zumutbarkeit. Es ist nicht zumutbar, dass ein zufälliger Helfer die Rettungshandlung gegen den weiter gezeigten und geäußerten Willen des Suizidenten fortsetzt (vgl. BGHSt 13, S. 162 ff.). Ebenso muss der Helfer sich nicht selbst gefährden.

Beispiel: Bei einem Suizid durch Feuer muss der zufällige Passant nicht in das zum Teil brennende Haus gehen, um den Suizidenten zu retten. Er muss aber zumindest die Feuerwehr rufen.

Strafbarkeit von Vollzugsbediensteten aufgrund ihrer besonderen Verantwortung

Die unechten Unterlassungsdelikte werden so genannt, da sie eine Ausprägung von Delikten sind, die eine Handlung des Täters voraussetzen (Begehungsdelikte). So kann man einen Menschen zum Beispiel durch einen Schuss töten, aber auch indem man ihm trotz einer Lebensgefahr bewusst nicht hilft. Daher sind sie sozusagen das passive Spiegelbild der Begehungsdelikte. Bestraft werden kann man aber nur, wenn eine Pflicht zur Handlung bestanden hätte. Diese Pflicht ist zentraler Aspekt der zur Strafbarkeit notwendigen Garantenstellung.

Die Garantenstellung resultiert aus der sozialen bzw. rechtlichen Verantwortung und der mitmenschlichen Solidarität. Sie geht zum Teil deutlich über die Pflichten eines jeden bei der *unterlassenen Hilfeleistung* (§ 323c StGB) hinaus. Die Stellung als Garant ergibt sich jedoch nicht allein aufgrund von besonderen Fähigkeiten, einer Ausbildung oder Ähnlichem. Nur weil jemand durch seine Ausbildung in besonderem Maß in der Lage ist einen Schaden abzuwenden, folgt hieraus keine Garantenstellung. Es wird zum Beispiel oftmals fälschlich angenommen, dass ein Arzt schon aufgrund seiner beruflichen Qualifikation Garant sei. Erst durch sein Verhältnis zum Betroffenen entsteht diese Position (Tröndle & Fischer, 2011, § 13 Rn. 7 ff.).

Beispiel: Den gerufenen Feuerwehrleuten aus dem vorherigen Beispiel ist ein deutlich höheres Risiko zuzumuten, so dass diese mitunter auch in das brennende Haus gehen müssen (weiteres Beispiel BGHSt 14, S. 213ff.).

Diese beruflich begründete Garantenstellung betrifft aufgrund der besonderen Verantwortung für die ihnen anvertrauten Gefangenen sämtliche Vollzugsbedienstete. Der Umfang der Garantenstellung wiederum entspricht der vollzuglichen Funktion bzw. der Entscheidungsverantwortung der einzelnen Bediensteten.

Doch gerade die Merkmale des Einzelfalls führen mitunter auch zu einer Aufweichung der Rechtsprechung.

Beispiel: Eine Witwe (77) will sich aufgrund einer schweren Erkrankung und Depressionen selbst töten. Sie nimmt hierzu eine Überdosis Morphium ein und hinterlässt einen Zettel: „An meinen Arzt – bitte kein Krankenhaus – Erlösung". Der eingetroffene Arzt unternimmt, auch weil er von schweren Dauerschäden ausgeht, nichts (Fall Wittig, BGHSt 32, S. 369ff.).

In einem solchen Fall nimmt der Bundesgerichtshof eine Garantenstellung des Arztes an und geht grundlegend von einer Strafbarkeit wegen Tötung auf Verlangen (§§ 216 Absatz, 13 Absatz 1 StGB) aus. Ab Eintritt der Bewusstlosigkeit findet der die Rettungspflicht auslösende Tatherrschaftswechsel statt. Im vorliegenden Fall wurde der Arzt nur aufgrund der besonderen Grenzsituation in Hinblick auf die zu befürchtenden schweren Schädigungen der Patientin freigesprochen.

Doch das Nichthandeln bzw. Nichthelfen reicht zur Strafbarkeit allein nicht aus. Im vorhergehenden Beispiel hat sich der Arzt bewusst gegen lebensrettende Maßnahmen entschieden. Hierbei handelt es sich um den zur Strafbarkeit erforderlichen Vorsatz. Vorsatz liegt vor, wenn der

Täter die Tatbestandsverwirklichung für möglich hält und sich damit (zumindest) abfindet, also (zumindest) billigend in Kauf nimmt (vgl. Schönke & Schröder, 2006, § 15 Rn. 9). Auf den Suizid bezogen bedeutet dies, dass der Tod des Suizidenten also billigend in Kauf genommen wird.

Beispiel: Eine Vollzugspsychologin stellt nach einem Gespräch mit einem Gefangenen bei diesem Suizidalität fest. Sie unterlässt es aber absichtlich, weitere Maßnahmen wie zum Beispiel Doppelunterbringung oder Unterbringung in einem kameraüberwachten Haftraum zu ergreifen.

Der Psychologin, die hier aufgrund ihrer Position / Funktion eine Garantenstellung inne hat, kann eine Tötungsabsicht (Vorsatz) unterstellt werden. Sie hat sich damit des Totschlags durch Unterlassen (§§ 212 Absatz 1, 13 StGB) strafbar gemacht. Dieser ist mit mindestens 5 Jahren Freiheitsstrafe bewehrt. Soweit der Suizid nicht gelingt, kommt immer noch eine Strafe wegen versuchten Totschlags (§§ 212 Absatz 1, 13, 22 StGB) und z. B. wegen Körperverletzung im Amt (§ 340 Absatz 1 StGB) in Betracht. Hierbei handelt es sich um eine Variante der Körperverletzung (§ 223 StGB), die durch die besondere Position des Täters als Amtsträger mit einer höheren Strafe belegt ist (juristisch: Qualifikation).

Um sich vor einem solchen Vorwurf zu schützen, ist es von herausragender Bedeutung, die eigenen Handlungen und die zugrunde liegenden Entscheidungen zu dokumentieren. Selbst recht fernliegende dokumentierte Erwägungen, die aber trotzdem zeigen, dass der eventuelle Tod nicht hingenommen oder gar gewünscht wurde, schließen einen Vorsatz aus. Denn Rückschlüsse auf den Vorsatz werden durch das Gericht auch nur aufgrund von Rahmenbedingungen oder vorherigen Äußerungen (Indizien und Beweisen) gezogen.

Es bleibt also festzuhalten, dass sich die Strafbarkeit bei den unechten Unterlassungsdelikten aus der bewussten Nichtvornahme einer Handlung ergibt, die einen Schaden beim Opfer abgewendet hätte und zu der man verpflichtet gewesen wäre. Etwaige Überlegungen wie „Reisende kann man nicht aufhalten" verbieten sich von selbst und können schnell im Vorsatz und damit der Strafbarkeit enden.

Abschließend ist bei der Strafbarkeit auf die Fahrlässigkeitsdelikte einzugehen. Wie eingangs dargestellt, ist die Fahrlässigkeit bei einem freiverantwortlichen Suizid nicht strafbar. Das Gesetz nimmt hier den freien Entschluss des Bürgers jedoch nur hin. Denn es ist auch Aufgabe des Staates, den einzelnen Bürger von einem Suizid abzuhalten. Daher wird jemand, der suizidal ist, zwangseingewiesen, um ihn vor sich selbst zu schützen (z. B. gem. § 18 Absatz 1 Nds. PsychKG).

Sämtliche bisherigen Angaben beziehen sich insoweit auf einen sogenannten freiverantwortlichen Suizid. Von einem solchen wird ausgegangen, wenn die ihm zu Grunde liegende Entscheidung frei ist von Zwang, Täuschung und anderen wesentlichen Willensmängeln, und wenn der Lebensmüde nach seiner geistigen Reife imstande war, die Tragweite seines Entschlusses sachgerecht zu erfassen und nach dieser Einsicht zu handeln (Krey, 2012). Eine Depression schließt demnach beispielsweise nicht den freiverantwortlichen Suizid aus. Hier kommt es auf den Einzelfall und damit auf das individuelle Krankheitsbild bzw. die Rahmenbedingungen an. Selbst bei der Diagnose einer schweren depressiven Episode mit psychotischen Symptomen wurde unter

Anwendung von „im Zweifel für den Angeklagten" (in dubio pro reo) und der Aussage des Patienten „er wolle leben, habe aber Angst sich was anzutun" noch von einem selbstverantwortlichen Selbstmord ausgegangen (LG Gießen, Beschluss vom 28. Juni 2012, Az. 7 Qs 63/12). Vereinfacht dargestellt wächst aber mit dem Maß der Einschränkung der Willensbildung die Verantwortung der Garanten. Im gleichen Maße, wie der freie Wille und die eigene Macht des Menschen abnehmen, nehmen die Verantwortung des Staates, aber auch die anderer, insbesondere die der für ihn tätigen Garanten zu. Dies ist ein Grundgedanke rechtsstaatlichen Handelns.

7.2.2   Berufsgruppen im Vollzug

Für die Strafbarkeit wegen unterlassener Hilfeleistung ist keine Garantenstellung erforderlich, dies betrifft lediglich die sogenannten unechten Unterlassungsdelikte. Der Umfang der Garantenpflichten ist im Vollzug von den Funktionen und der zugrunde liegenden Ausbildung abhängig.

Psychologen, Ärzte und Psychiater

Psychologen und Ärzte haben aufgrund ihrer Ausbildung und ihrer Funktion im Strafvollzug beim Themenkomplex der *Suizidprävention* die umfassendste *Garantenstellung*. Hierbei muss jedoch berücksichtigt werden, dass die Ausbildung der Psychologen die Suizidprävention in einem stärkeren Maße umfasst, als dies bei den meisten Ärzten der Fall ist. Die anderen Dienstgruppen haben nur die Aufgabe, einen etwaig suizidalen Gefangenen dem psychologischen Dienst oder hilfsweise dem medizinischen Dienst zur Diagnostik zuzuführen bzw. bei einem erfolgten Suizidversuch erste Hilfe zu leisten und weitere Rettungsmaßnahmen einzuleiten.

Mit Ausnahme von Bayern (Artikel 182 BayStVollzG) gibt es in keinem Bundesland eine gesetzliche Klarstellung der Aufgaben der Psychologen im Strafvollzug. Es wird immer wieder versucht, diese klar zu umreißen (Höffler & Schöch, 2006; Wagner, 1972), jedoch ist dies bislang nicht umfassend gelungen. Es kann zwischen der klinisch-psychologischen Behandlung und der organisatorisch-psychologischen Position differenziert werden. Aus diesem breiten Spektrum an Funktionen sind die der Suizidprävention, Psychodiagnostik und Prognose, die therapeutische Tätigkeit sowie die der Krisenintervention von großer Bedeutung. Diese Aufgabenstellungen korrespondieren mit dem Umfang der strafrechtlich bedeutsamen Garantenstellung der Vollzugspsychologen.

Verlangt wird von ihnen keine omnipotente Suizidverhinderung, sondern eine Behandlung, die dem aktuellen Stand der Wissenschaft entspricht. Maßstab hierfür ist der situative Vergleich mit einem durchschnittlichen Psychologen oder Arzt und dessen hypothetischen Maßnahmen in der gleichen Situation. Auch wenn die strafrechtliche Beurteilung im Nachhinein erfolgt, so ist der Maßstab jedoch allein die Situation selbst und der damalige Kenntnisstand und nicht das umfassende Wissen und die Erkenntnisse, die sich danach einstellten.

Allgemeiner Vollzugsdienst

Neben der praktischen Umsetzung etwaiger Anweisungen zur Suizidprävention kommen den Beamten des allgemeinen Vollzugsdienstes auch grundlegende Aufgaben zu. So sind sie zum Beispiel durch den täglichen Kontakt mit den Gefangenen in der Lage, eventuelle Veränderungen und Auffälligkeiten beim Gefangenen zu bemerken. Ferner werden ihnen gegenüber oftmals auch Äußerungen getätigt, die auf die Suizidalität hinweisen. Dies ist umso mehr von Bedeutung, als dass schließlich nicht jeder Gefangener regelmäßigen Kontakt zum Vollzugspsychologen hat. Aufgabe hier ist also das grundlegende Erkennen der Suizidalität, wobei im Zweifel stets der entsprechende Fachdienst umgehend zu informieren ist.

Dem allgemeinen Vollzugsdienst kommt aber oftmals auch die Funktion der Ersthelfer zu. Zum einen ist hier auf die stattfindenden und verpflichtenden Schulungen hinzuweisen und darauf, dass es allein auf einen zügigen und sinnvollen Hilfeversuch und das Einleiten weiterer Rettungsmaßnahmen ankommt. Auch hier ist der Maßstab für die strafrechtliche Beurteilung die Situation selbst und nicht die, wie sie sich später darstellt.

Weitere Fachdienste und Verwaltung

Ähnlich dem allgemeinen Vollzugsdienst ist beispielsweise beim Sozialdienst eine rechtzeitige Weiterleitung z. B. an den Vollzugspsychologen Kern der Garantenstellung. Insbesondere bei der Kenntnis von einschneidenden Ereignissen (z. B. Verlust von Angehörigen oder Verlust des Sorgerechts etc.) sollte versucht werden, niedrigschwelligen Kontakt zum psychologischen Dienst herzustellen. Die Verwaltung und hier insbesondere die leitenden Funktionen müssen die vollumfängliche Umsetzung der als notwendig erachteten Maßnahmen sicherstellen und präventiv tätig sein. Erkannte Risikofaktoren sollten auch zu Maßnahmen führen.

7.2.3   Strategien zur Strafvermeidung

Neben dem selbstverständlichen sorgfältigen Arbeiten gibt es weitere sinnvolle Möglichkeiten:
* Dokumentieren, Dokumentieren, Dokumentieren – warum wurde was aufgrund welcher Feststellungen mit welcher Zielsetzung veranlasst; Beispiel: Die Gefangene erklärt, dass sie sich wieder besser fühlen würde und verneint nachvollziehbar einen akuten Suizidwunsch. Daraufhin wird die unmittelbare und ständige Beaufsichtigung aufgehoben, damit die Gefangene wieder am gemeinschaftlichen Leben teilnehmen kann, was nicht zuletzt Ziel aller vollzuglichen Maßnahmen ist. Kommt es gleichwohl zum Suizid, ist die Entscheidung, die Beaufsichtigung der Gefangenen zu lockern, weder fahrlässig noch vorsätzlich im Sinne des Strafrechtes vorwerfbar.
* Kennen und Beachten der eigenen fachlichen Grenzen und Kompetenzen und rechtzeitige Weiterleitung an den psychologischen bzw. medizinischen Dienst (relevant für sämtliche weitere Fachdienste und den allgemeinen Vollzugsdienst).

- Aufmerksames Umgehen mit den Gefangenen, um so Hinweise auf Suizidalität erkennen und adäquat deuten zu können (insbesondere wichtig für den allgemeinen Vollzugsdienst).
- Auch im Zweifel Ergreifen von Präventionsmaßnahmen bzw. Meldung des Verdachts.

7.3   Disziplinarrecht

Das Disziplinarrecht regelt, wann ein Beamter ein Dienstvergehen begeht, wie dieses aufgeklärt wird, und wie auf ein solches zu reagieren ist. Es ist abzugrenzen vom Strafrecht, bei dem der Vergeltungsgedanke von großer Bedeutung ist. Beim Disziplinarrecht geht es um die Sicherstellung der Funktionalität und Integrität der Verwaltung. Das Disziplinarrecht ist daher unabhängig vom Strafrecht.

In der Konsequenz bedeutet dies aber auch, dass Beamte neben der strafrechtlichen Sanktion auch eine disziplinarrechtliche zu befürchten haben. Da beide Sanktionen unterschiedliche Zielsetzungen haben, liegt hier kein Verstoß gegen das Verbot der Mehrfachbestrafung für ein Vergehen vor (Artikel 103 Absatz 3 GG). Beim Suizid sind die Hürden für eine strafrechtliche Sanktion aufgrund seiner sozialethischen Wertung relativ hoch. Diese Wertung schlägt sich jedoch nicht auf das Disziplinarrecht nieder. Hier sind die Maßstäbe losgelöst von der freiverantwortlichen Entscheidung des Suizidenten. Diesen zugrunde liegen allein die Pflichten des Beamten. Es wird hier aber auch in Hinsicht auf die Strenge der Maßnahme zwischen Vorsatz und Fahrlässigkeit differenziert. Man kann davon ausgehen, dass eine Straftat während der Ausübung des Dienstes auch stets eine disziplinarrechtliche Konsequenz hat.

Das strafrechtlich nicht sanktionierte „Reichen des Stricks" kann also disziplinarrechtlich, z. B. mit der Entfernung aus dem Dienst, geahndet werden. Ebenso kann die Fahrlässigkeit, die zum Suizid führt, mit einer Maßnahme belegt werden. Dies ist kein Wertungswiderspruch zum Strafrecht, sondern unterstreicht vielmehr die Wichtigkeit der Eigenständigkeit des Disziplinarrechts, da so im Vollzug die Sorgfalt und Pflichterfüllung des einzelnen Beamten bei seiner verantwortungsvollen Aufgabe sichergestellt wird. Darüber hinaus gleicht es die fehlenden Kündigungsmöglichkeiten seitens des Arbeitgebers mit einem differenzierten Sanktionssystem aus.

Anknüpfungspunkte sind die Aufgaben bzw. die Funktion des jeweiligen Beamten und die sich hieraus ergebenen Pflichten äquivalent zur strafrechtlichen Garantenstellung. Sanktioniert werden Fahrlässigkeit und Vorsatz sowie Tun und Unterlassen, die in ihrer Definition weitgehend mit denen im Strafrecht übereinstimmen.

Beamte im Strafvollzug sind Landesbeamte. Hierdurch greift dementsprechend das jeweilige Landesrecht. Durch den gemeinsamen Regelungszweck und das Gleichheitsgebot (Artikel 3 GG) gibt es aber weitgehende Übereinstimmungen zwischen den jeweiligen Landesgesetzen zum Disziplinarrecht, die sich wiederum am Bundesdisziplinargesetz (BDG) orientieren. Bei den Maßnahmen gegenüber Inhaftierten handelt es sich zwar oftmals auch um Disziplinarmaßnahmen, diese beruhen aber auf einer anderen Rechtsgrundlage (z. B. § 102 StVollzG) und einem anderen Rechtsgedanken. Sie sind daher nicht mit denen gegenüber den Beamten im Vollzug vergleichbar, weder vom Verfahren noch von den Maßnahmen her.

Es gibt zwei Verfahrensarten im Disziplinarrecht. Das behördliche Verfahren mit der Zuständigkeit beim Anstaltsleiter als dem Dienstvorgesetzten und das gerichtliche mit der Zuständigkeit bei den Verwaltungsgerichten. Letzteres dient der evtl. Überprüfung des behördlichen Verfahrens und dem Verhängen der strengeren Maßnahmen wie zum Beispiel der Entfernung aus dem Dienst. Das gerichtliche Verfahren findet an den (Ober-)Verwaltungsgerichten statt, zu diesem Zweck sind dort eigene Kammern bzw. Senate eingerichtet.

Soweit ein Strafverfahren eingeleitet wurde, wird das Disziplinarverfahren bis zu dessen Ende (z. B. Urteil oder Einstellung) ausgesetzt. An die dort festgestellten Erkenntnisse ist das Disziplinarverfahren gebunden, es können aber ergänzende Ermittlungen durchgeführt werden. Am Ende steht dann die Abschlussentscheidung und, soweit ein disziplinarwürdiges Verhalten festgestellt wurde, eine Disziplinarmaßnahme. Diese reicht von einem Verweis, eingetragen in die Personalakte, über eine Kürzung der Bezüge bis zu der Entfernung aus dem Dienst. Maßstab hierfür sind die Schwere des Dienstvergehens, die Persönlichkeit des Beamten und die Beeinträchtigung des Vertrauens in den Beamten.

Hierbei sind die dem Beamten anvertrauten Aufgaben von großer Bedeutung. Sobald das Vertrauen in die zuverlässige Erfüllung der essentiellen Aufgaben endgültig zerstört wurde, muss die Entfernung aus dem Dienst folgen. Im Strafvollzug ist von besonderer Bedeutung, ob sich der Beamte z. B. durch Erpressbarkeit zum Sicherheitsrisiko macht. Insbesondere ist positiv zu berücksichtigen, wenn sich der Beamte durch eine Meldung der Erpressbarkeit entzieht (vgl. Leitsatzurteil OVG Rheinland-Pfalz, 3 A 11391/09 OVG).

Beispiel: Eine Strafvollzugsbeamtin, die mit einem drogenabhängigen Strafgefangenen eine Liebesbeziehung eingeht und andere Dienstvergehen begeht, ist aus dem Dienst zu entfernen. Der Strafgefangene war lediglich zur Durchführung einer Drogenentziehungstherapie auf Widerruf aus der Strafhaft entlassen. Sie nahm ihn in ihre Wohnung auf. Von der Beziehung machte sie ihren Vorgesetzten keine Meldung (OVG Rheinland-Pfalz, 3 A 11186/09 OVG).

Auch Vergehen in der Freizeit können zu Disziplinarmaßnahmen führen. Diese müssen jedoch den Dienst berühren. Dies ist zum Beispiel bei sämtlichen Straftaten gegen den Staat der Fall (von Hochverrat (§ 81 StGB) bis zur Steuerhinterziehung (§ 370 Abgabenordnung)). Aber auch Straftaten, die charakterliche Mängel aufzeigen, sind relevant.

Beispiel: Ein Strafvollzugsbeamter wird in seiner Freizeit unmittelbar nach dem Konsum von Amphetaminen erwischt. Ferner leistet er bei der Durchsuchung Widerstand. Durch Tests wird ein wiederholter Konsum nachgewiesen. Hierfür wurde er um eine Gehaltsstufe zurückgestuft (VG Hannover, 01.11.2013 · Az. 18 A 6977/12).

Es ist aufgrund der Vielzahl an Faktoren kaum möglich, einen abschließenden Maßstab für die Relation zwischen Verfehlung und Maßnahme zu geben. Bei einer vorsätzlichen Körperverletzung ohne mildernde Faktoren ist mit der Entfernung aus dem Dienst zu rechnen (vgl. VGH- BW–Urteil, DL 16 S 22/06 vom 10.11.2006). Diese Kasuistik kann auf „vorsätzliches Hinnehmen" eines Suizid(-versuchs) übertragen werden. Ein Beamter wird darüber hinaus bei einer Verurteilung zu mindestens einem Jahr Freiheitsstrafe aufgrund einer vorsätzlichen Straftat durch ein deutsches Gericht kraft Gesetzes aus dem Dienst entfernt (vgl. VG Münster, Urteil vom 27.02.09 – 20 K 1556/07.0).

Abschließend ist festzuhalten, dass dem Vollzug und damit dem einzelnen Beamten in seinem Aufgabenbereich ein hohes Maß an Verantwortung obliegt. Hierbei wird kein Perfektionismus, sondern ein durchschnittliches Handeln erwartet (vgl. Bundesdisziplinarhof III DV 1/66, BDHE 7, 97). Selbst ein isoliertes fahrlässiges oder mangelhaftes Verhalten kann hiernach nicht immer ein Vergehen begründen. Es kommt auf die Relation zum geschützten Rechtsgut an. Da bei der Suizidprävention mit dem Leben jedoch eins der höchsten Rechtsgüter betroffen ist, sind die Maßstäbe hier geringer anzusetzen. Sobald grobe Fahrlässigkeit, also das bewusste außer Acht lassen der im Verkehr erforderlichen Sorgfalt, oder Vorsatz vorliegen, werden empfindliche Disziplinarmaßnahmen verhängt. Diesem sollte mit der rechtzeitigen und konstruktiven Zusammenarbeit mit den anderen Diensten und dem zeitnahen Dokumentieren der Gründe, die der eigenen Entscheidung zugrunde liegen, begegnet werden.

7.4   Haftungsrecht

Das Haftungsrecht ist, ebenso wie das Disziplinarrecht, unabhängig vom Strafrecht, jedoch weitreichender in seinem Umfang. Es kann im Allgemeinen auch von einer haftungsrechtlichen Komponente bei einer Straftat ausgegangen werden. Andererseits bedeutet die Haftung, zum Beispiel bei einem Verkehrsunfall, nicht auch zwangsläufig eine strafrechtliche Sanktion.

Das verwaltungsrechtliche Haftungsrecht setzt sich aus Normen des Zivil- und des Verwaltungsrechts zusammen. Die Art und Weise der Haftung richtet sich nach dem Zivilrecht. Das Zivilrecht (mit dem Bürgerlichen Gesetzbuch (BGB) als Hauptquelle) regelt die Stellung und Beziehung von rechtlich gleichgestellten Personen zueinander (zu den Grundlagen weiterführend Brox & Walker, 2008). In Deutschland gibt es bei einer Haftung den Vorrang der Naturalrestitution. Nach dem Wortlaut von § 249 Absatz 1 BGB ist der Grundsatz: *Wer zum Schadensersatz verpflichtet ist, hat den Zustand (wieder)herzustellen, der bestehen würde, wenn der zum Ersatz verpflichtende Umstand nicht eingetreten wäre* (weiterführend Medicus & Lorenz, 2008).

Abweichend vom angelsächsischen Rechtssystem hat die Haftung in Deutschland keinen sanktionierenden (Verbraucher-) Schutzaspekt, aus diesem Grund beschränkt sich der Ersatzanspruch in Deutschland auf den reinen Schadensersatz. Nur ausnahmsweise, wenn eine Wiederherstellung von Natur aus nicht möglich ist, kommt es zum Schadensersatz in Geld (z. B. Schmerzensgeld).

Beim staatlichen Handeln wird differenziert zwischen dem Außenverhältnis in der Rechtsbeziehung Bürger und Staat und dem Innenverhältnis zwischen dem Beamten und dem Staat. Da sich der Staat seiner Beamten bedient, um seine Aufgaben zu erfüllen, haftet grundsätzlich der Staat gegenüber dem Geschädigten (Artikel 39 Satz 1 GG in Verbindung mit § 839 BGB). Dies ist notwendig, da beim staatlichen Handeln, wie zum Beispiel im Strafvollzug, oftmals hochrangige Schutzgüter und Verantwortung zusammentreffen. So werden die Ansprüche des Geschädigten gesichert und der Beamte nicht einem unbilligen Haftungsrisiko ausgesetzt. Erst bei grober Fahrlässigkeit oder Vorsatz ist ein Rückgriff des Staates auf den Beamten im Innenverhältnis möglich (Artikel 39 Satz 2 GG).

Voraussetzung für eine Haftung ist die Pflichtverletzung eines Beamten bei seiner hoheitlichen Tätigkeit in seiner Garantenstellung (s.o.) und ein sich hieraus ergebener rechtswidriger Schaden.

> *Beispiel: Ein Beamter des Allgemeinen Vollzugsdienstes verlegt aus Bequemlichkeit entgegen einer Weisung einen suizidalen Gefangenen nicht in einen kameraüberwachten Haftraum. Hierdurch kann der Gefangene einen Selbstmordversuch durch Strangulation unternehmen, durch den er vom Brustkorb abwärts gelähmt ist.*

Haftungsrechtliche Folge des grob fahrlässigen Verhaltens des Beamten wäre zunächst die Haftung des Landes im Außenverhältnis, hierdurch sind die Ansprüche des Inhaftierten gesichert. Bei einem solchen Fall laufen enorme Summen auf, neben Heil- und Behandlungskosten ein evtl. Umbau der Wohnung des Gefangenen nach der Haft, Kompensation der Erwerbsminderung, Schmerzensgeld etc., alles in allem wohl eine Summe von deutlich über 500.000 €. In letzter Konsequenz wird das Land wiederum den Beamten im Innenverhältnis in Haftung nehmen. Es mag unangemessen erscheinen, welchem Haftungsrisiko der einzelne Beamte ausgesetzt ist, jedoch darf hierbei nicht vergessen werden, dass grobe Fahrlässigkeit auch das bewusste außer Acht lassen der im Verkehr erforderlichen Sorgfalt beinhaltet. Damit kommt hier wie beim Vorsatz, wenn auch in abgeschwächter Form, eine Entscheidung des Beamten zum pflichtwidrigen Verhalten zum Tragen (Weiter zur Haftung im Strafvollzug Sprau in Palandt, 2013, § 839 Rn. 142).

Zum Schutz vor Haftung besteht für Beamte die Möglichkeit, zum Beispiel eine Diensthaftpflichtversicherung abzuschließen. Darüber hinaus ist die Dokumentation wie beim Straf- und Disziplinarrecht die beste Möglichkeit, die Annahme von grober Fahrlässigkeit weitestgehend und die von Vorsatz fast vollständig auszuschließen. Ferner ist die rechtzeitige und konstruktive Zusammenarbeit mit den anderen Diensten im Vollzug auch im Haftungsrecht von grundlegender Bedeutung. Die Inanspruchnahme des Beamten durch seinen Dienstherren ist die Ausnahme und nicht die Regel.

7.5   Literatur

- Höffler, K. & Schöch, H. (2006). Die rechtliche Stellung des Psychologen im Strafvollzug nach dem Psychotherapeutengesetz, Heilpraktikergesetz und Strafvollzugsgesetz. Recht und Psychiatrie, 24(1), 3-13.
- Joecks, W. (2012). Strafgesetzbuch – Studienkommentar. München: Verlag C. H. Beck.
- Krey, V. & Esser, R (2012). Deutsches Strafrecht – Allgemeiner Teil. Stuttgart: Kohlhammer.
- Schönke, A. & Schröder, H. (2006). Strafgesetzbuch – Kommentar. München: Verlag C. H. Beck.
- Tröndle, H. & Fischer, T. (2011). Strafgesetzbuch – Kommentar. München: Verlag C. H. Beck.
- Von Lewinski, M. (2012). Freiheit zum Tode? Berlin: Logos Verlag.
- Wagner, G. (1972). Psychologie im Strafvollzug. München: Verlag Goldmann.
- Wessels, J. & Beulke, W. (2011). Strafrecht – Allgemeiner Teil. Heidelberg: C. F. Müller Verlag.
- Wessels, J. & Hettinger, M. (2008). Strafrecht – Besonderer Teil 1. Heidelberg: C. F. Müller Verlag.
- Brox, H. & Walker, W.-D. (2008). Besonderes Schuldrecht. München: Verlag C. H. Beck.
- Medicus, D. & Lorenz, S. (2008). Schuldrecht I Allgemeiner Teil. München: Verlag C. H. Beck.
- Palandt, O. (2013). Bürgerliches Gesetzbuch – Kommentar. München: Verlag C. H. Beck.

TEIL II

Einblick –
Praktische Aspekte der
Suizidprävention

II 8. Suizidversuche und selbstschädigendes Verhalten von Gefangenen

Johannes Lohner

8.1 Zusammenfassung

Im folgenden Kapitel wird auf Schwierigkeiten eingegangen, vor denen Praktiker stehen, die selbstbeschädigende Handlung eines Gefangenen den Kategorien „Suizidversuche" oder „selbstverletzendes Verhalten" gewissenhaft zuordnen wollen. Dabei wird insbesondere auf die verwendeten Begrifflichkeiten und ihre Konnotationen eingegangen und der Versuch einer Neuinterpretation von Selbstschädigungen als dysfunktionalem Kommunikationsversuch des Gefangenen unternommen. Darüber hinaus werden entsprechende Handlungen beschrieben und nach Erklärungen und Motiven gesucht. Zusammenfassend werden Empfehlungen für den Umgang entwickelt und unter den Aspekten verschiedener Berufsgruppen und Situationen erörtert.

8.2 Suizidversuche und selbstschädigendes Verhalten als Problem des Justizvollzugs

Die Unterscheidung von Suizidversuchen und selbstschädigendem Verhalten ist im Vollzugsalltag schwierig und kann weitreichende Folgen haben (Bennefeld-Kersten, 2009). Dies zeigt auch eine Untersuchung aus dem Jahr 2001 von 30 vollendeten Suiziden in der JVA Moabit (Lohner, 2002). Es war dort vorgeschriebene Praxis, dass der ärztliche Dienst die Suizidversuche den dichotomen Kategorien ernsthaft *oder* demonstrativ zuordnen musste. Von den 30 untersuchten Suizidenten hatten 14 (46,7%) während der Haftzeit einen Suizidversuch unternommen (keiner aus der Vergleichsstichprobe noch lebender Gefangener) wovon bei elf dieser Gefangenen der Versuch als demonstrativ eingeschätzt worden war – in Anbetracht der später vollendeten Suizide stellt sich diese Praxis des Umgangs mit Suizidversuchen als fragwürdig dar.

8.2.1 Selbstschädigungen – ein gravierendes und alltägliches Problem

Selbstschädigendes Verhalten und Suizidversuche von Gefangenen sind im Justizvollzug relativ häufig zu beobachten und sind damit ein gravierendes Problem. Aus den USA werden Prävalenzraten von 1380 Fällen pro 100.000 (= 1.4%; Sloane, 1973) Average Daily Population (ADP, durchschnittliche Belegungszahl), über 2200 / 100.000 ADP (= 2.2%; Goss et al., 2002) bis hin zu 3760 / 100.000 ADP (= 13.8%; Toch, 1975) berichtet. Dabei scheinen weibliche Gefangene besonders gefährdet (Völlm & Mairead, 2009), wobei diese das selbstschädigende Verhalten bereits vielfach vor der Haft zeigten (Power et al., 2013). Sloane (1973) geht von einem Verhältnis von 3.2% für die Population einer Untersuchungshaft im Vergleich zu 1.4% für die Population einer Strafhaft aus. Die Varianz der Werte erklärt sich unter anderem aus unterschiedlichen Definitionen von selbstschädigendem Verhalten und Suizidversuchen (Lohner & Konrad, 2007), unterschiedlichen Studienpopulationen und Mängeln bei der Registrierung der Vorfälle. Obwohl sich Vergleiche mit der Allgemeinbevölkerung aus verschiedenen Gründen nur schwierig anstellen lassen, scheinen diese Verhaltensweisen deutlich häufiger unter Gefangenen vorzukommen, wenn man davon ausgeht, dass etwa ein Drittel aller Gefangenen sich schon einmal absichtlich selbst verletzt hat (Dixon-Gordon et al., 2012).

8.3   „Echter Suizidversuch" oder „manipulative Selbstschädigung"

8.3.1   Begriffe, Zuschreibungen, Erklärungen, Deutungen

Die Vorstellung einer Unterscheidung von ernsthaften und nicht ernsthaften bzw. demonstrativen oder gar manipulativen Suizidversuchen als distinkte, voneinander klar abgrenzbare und unterscheidbare Phänomene, besteht in den Köpfen vieler Bediensteter, egal ob aVD oder Fachdienst. Sie ist Ausdruck des Wunsches nach eindeutigen Wahrheiten und der richtigen Reaktion auf ein archaisches Geschehen, das keinen Beteiligten unberührt lässt. Die genannten Begrifflichkeiten werden vielfach von Vollzugspraktikern verwendet, wobei teilweise implizit, teilweise explizit, dem sich selbst schädigenden Gefangenen Motive unterstellt werden, häufig nur durch äußere Charakteristika begründet (bspw. Tiefe, Verlauf und Lokalisation der Schnittführung, Art und Menge der eingenommenen Medikamente). Die Gefangenen selbst werden meist als nicht glaubwürdig erachtet, weshalb man oftmals von vornherein darauf verzichtet, sich ihren Interpretationen und Zuschreibungen des eigenen selbstschädigenden Verhaltens genauer anzunehmen. Die Skepsis gegenüber der Glaubhaftigkeit ihrer Aussagen ist dabei durchaus nachvollziehbar und begründet: eine „machtlose" Person, gefangen in einer totalen Institution (vgl. Goffman, 1973) legt ein Verhalten an den Tag, das den Vollzug in Zugzwang bringt. Tatsächlich wird die bewusste und aktive Selbstschädigung mitunter zur Erreichung der eigenen Ziele eingesetzt und der eigene Körper quasi als letzte verfügbare Geisel genommen. In diesem Zusammenhang ist auch an andere, weniger eindeutige Beispiele zu denken, wie etwa die Vernachlässigung der Selbstfürsorge, bspw. bei der Weigerung eines Diabetikers sein Insulin zu nehmen oder ein gewisse Diät zu halten. Darüber hinaus sind die Gefangenen nicht selten selbst damit überfordert, ihren Handlungen eindeutige Motive, Gedanken und Gefühlszustände zuzuschreiben, weshalb auch sie oft die Deutungen Außenstehender übernehmen (Stålenheim, 2001).

8.3.2   Motive für Selbstbeschädigungen – Einstellungen der Vollzugsbediensteten

Beobachtet man die Realität im Vollzug, so scheint vielen die Unterscheidung eines echten Suizidversuchs von einer sog. Manipulation vermeintlich leicht zu fallen. Manchem erfahrenen Bediensteten scheint dies gar in Sekundenschnelle zu gelingen, ohne sich mit Person oder Hintergründen auseinander setzen zu müssen. Beschäftigt man sich jedoch mit dem jeweiligen Fall etwas genauer, so ist es tatsächlich nicht leicht selbstverletzendes Verhalten von Suizidversuchen zu unterscheiden, auch wenn nach der Absicht des Gefangenen gefragt wird (Daigle & Côté, 2006). Es gibt Hinweise dafür, dass viele Vorfälle mit einer starken Suizidabsicht einhergehen und dabei gleichzeitig ein so genanntes manipulatives Motiv vorliegt (Dear et al., 2000), wie z. B. der Wunsch, Aufmerksamkeit auf die emotionale Belastung zu lenken oder eine bestimmte Maßnahme zu vermeiden (bspw. unerwünschte Verlegung, Gerichtstermin).

Wenn das Vollzugspersonal glaubt, dass ein Gefangener versucht, seine Umwelt durch selbstschädigendes Verhalten zu kontrollieren oder manipulieren, gibt es Tendenzen die suizidale Geste nicht ernst zu nehmen, um nicht Opfer eines Manipulationsversuchs zu werden. Das gilt insbesondere dann, wenn ein Gefangener schon früher wegen Regel- oder Disziplinverstößen auffällig wurde (Holley & Arboleda-Flórez, 1988), wobei die Bediensteten erwartungsgemäß eine positivere Einstellung gegenüber „braven" Gefangenen mit Selbstverletzungen im Vergleich zu „störenden" Gefangenen aufweisen (Ireland & Quinn, 2006, S. 70). Häufig werden selbstverletzend Handelnden erpresserische Absichten unterstellt. In der Tat haben Gefangene oft nur über den Klageweg die Möglichkeit, eigene Interessen durchzusetzen (Bennefeld-Kersten, 2009).

Nichtsdestotrotz können Selbstbeschädigungen, welcher Motivation auch immer, zum Tod führen, auch wenn das nicht die ursprüngliche oder einzige Absicht war. Wegen der eingeschränkten Anzahl der verfügbaren Methoden greifen die Insassen mitunter zu sehr gefährlichen Methoden (z. B. Erhängen), auch wenn es keinen echten Wunsch gibt zu sterben, weil sie glauben, die Gefahr noch unter Kontrolle zu haben oder weil sie nicht wissen, wie gefährlich diese Methode ist (bspw. bei Überdosierung von Medikamenten; Brown et al., 2004).

Pannell et al. (2003) befassten sich mit Einstellungen von Bediensteten gegenüber Gefangenen mit Selbstverletzungen und stellten fest, dass die Bediensteten die Ursache für selbstverletzendes Verhalten eher in persönlicher Disposition, im engeren Sinn Depression und begrenzten Bewältigungsressourcen sahen, als dass sie den Gefangenen einen Versuch der Selbsttötung unterstellten. Ließen sich keine Anhaltspunkte für eine psychische Erkrankung oder Suchtmittelabhängigkeit feststellen, wurden innerhalb der Einrichtungen Suizide häufig als „Bilanzselbstmorde" bezeichnet. Dagegen werden Suizidhandlungen, die nicht zum Tode führen, auch als eine Art der Kommunikation, als Mittel eingeschätzt, um Aufmerksamkeit zu erhalten. Weibliche Bedienstete zeigten höhere Empathie dieser Gefangenengruppe gegenüber (aber nicht allen Gefangenen) und mehr Verständnis für ihr Handeln, als ihre männlichen Kollegen.

8.3.3   So genannte manipulative Versuche

Im Zusammenhang mit selbstschädigendem Verhalten, das nicht primär auf einen Todeswunsch zurückgeführt werden kann, werden oftmals Zuschreibungen wie manipulativ und demonstrativ im Umfeld ausgesprochen. Selbst wenn der Gefangene *auch* die Absicht hat, sein Umfeld auf seine Problemlage aufmerksam zu machen und zu mobilisieren, sind diese Etikettierungen insofern gefährlich, als sie eben diesen Kommunikationsversuch ins Leere laufen lassen und den Gefangenen weiter isolieren. Außerdem muss jedem Suizidversuch schon allein deshalb große Aufmerksamkeit geschenkt werden, da vorangegangene Suizidversuche der stärkste Prädiktor für einen später vollendeten Suizid sind (Bennefeld-Kersten, 2009; Dahle et al., 2005). Darüber hinaus stellt die Abwertung dieser Gefangenen oftmals den Versuch des meist hilflosen und überforderten Umfeldes dar, unangenehme Gefühle abzuwehren und eine unerklärliche Handlung zu rationalisieren. Suizidale Gesten oder Suizidversuche werden dann als manipulativ eingeschätzt. Dabei wird davon ausgegangen, dass die Insassen ihr suizidales Verhalten nur dazu einsetzen, um Kontrolle über ihre Umwelt zu gewinnen, wie z. B. in ein Krankenhaus oder in eine weniger restriktive Umgebung verlegt zu werden (Fulwiler et al, 1997). Tatsächlich muss ja bspw. auch an die Möglichkeit eines inszenierten Suizidversuchs gedacht werden, der dazu dient einen Fluchtversuch einzuleiten.

Inhaftierte Männer mit antisozialen Persönlichkeitsstörungen neigen unter Umständen eher dazu, sog. manipulative Versuche zu unternehmen, da sie Schwierigkeiten haben, sich an das hoch kontrollierte, streng geregelte Regime des Gefängnislebens anzupassen (Lohner & Konrad, 2006). Darüber hinaus stellt selbstverletzendes Verhalten für einige Gefangene eine Möglichkeit dar, Anspannung zu reduzieren und dient somit der Emotionsregulation (Snow, 2002). Gerade bei inhaftierten Frauen ist wiederholtes selbstverletzendes Verhalten (wie z. B. Schneiden oder Sich-Brennen) eine Antwort auf die Belastung durch die Inhaftierung und die Gefängniskultur.

Es sind aber nicht nur die scheinbar manipulativen Motive der Gefangenen, die in diesem Zusammenhang eine Rolle spielen: auch Mythen über Suizide und Suizidversuche der Bediensteten sind von Bedeutung. So gehen viele davon aus, dass Menschen, die sich wirklich suizidieren wollten, dies niemandem mitteilen würden und alles gegen eine Entdeckung des Versuches unternähmen. Insofern wären also alle nicht erfolgreichen Versuche, die u. U. auch noch ein kommunikatives Element enthalten, mithin auch nicht ernsthaft. Richtig in diesem Zusammenhang ist, dass die Anstrengungen des Suizidalen den Suizidversuch gegenüber Störung und Entdeckung zu schützen, mit der Eindeutigkeit und Schwere des Wunsches korrelieren (Lohner, 2008). Jedoch verträgt sich eine lineare und allzu eindeutige Interpretation dieser Rahmenbedingungen nicht mit der Alltagsbeobachtung, dass den allermeisten menschlichen Handlungen nicht *ein einziges* und *eindeutiges* Motiv unterstellt werden kann[1] (lesen Sie diesen Artikel nur aus einem einzigen und eindeutigen Motiv?). Auch das Modell des Phasenverlaufs suizidaler Entwicklungen von Pöldinger (1968) wäre nicht ausreichend berücksichtigt, das von drei Phasen der Suizidalität ausgeht und eine mitunter lange Phase schwerwiegender Suizidalität beinhaltet, in

---

[1]   Vgl. hierzu Felthous (2011)

der mehr oder weniger Ambivalenz besteht. Mit anderen Worten: Die Sehnsucht nach eindeutigen Wahrheiten, wenn es um Suizidversuche und selbstschädigendes Verhalten geht, ist nachvollziehbar aber in der Realität nicht so leicht zu befriedigen.

8.3.4 Selbstbeschädigungen als Kommunikationsversuch

Doty et al. (2012) fanden in ihrer Untersuchung neben einer kleinen Untergruppe an Gefangenen, die ihre Selbstschädigungen als einen Akt der Rebellion unternahmen, eine größere Gruppe, die auf Stressoren innerhalb und außerhalb der Haft reagierten. Außerdem waren die Selbstschädiger vielfach schwer psychisch erkrankt, worauf die Bediensteten erst durch die Selbstbeschädigungen aufmerksam wurden. Im Lichte dieser Ergebnisse erscheint es angebracht, selbstschädigendes Verhalten von Gefangenen auch als Versuch der Kommunikation mit der Umwelt zu sehen. Diese Versuche sind selbstverständlich dysfunktional, weil sie eben als solche nicht ohne weiteres verstanden werden. Außerdem führen sie zu keiner Verbesserung der Situation, da vielfach mit Absonderung und anderen Maßnahmen reagiert wird, die die Gefangenen als Bestrafung erleben (Doty et al., 2012). Bei der Aufarbeitung der Selbstschädigungen gilt es implizite oder explizite Verurteilungen zu vermeiden, um den Weg zu einer zukünftig besseren Art der Mitteilung nicht zu erschweren.

Versuche mit geringer Suizidabsicht sollten eher wertneutral gesehen und dabei als Kommunikationsversuch denn als zweckgerichtetes Verhalten interpretiert werden. Wird das Verhalten als dysfunktionaler Versuch betrachtet ein Problem auszudrücken, so ist es die richtige Antwort, nach den Problemen des Gefangenen zu fragen und nicht ihn/sie zu bestrafen. Ein Ignorieren von selbstverletzendem Verhalten oder Bestrafungen durch Isolation können das Problem noch verschlimmern, da sich der Gefangene gezwungen sieht größere Risiken auf sich zu nehmen. Deshalb sind für ausagierende, sich selbst verletzende Gefangene Maßnahmen angezeigt, die eine enge Begleitung, sozialen Rückhalt und Zugang zu psychosozialen Ressourcen beinhalten. Ziel therapeutischer Intervention wäre die Schaffung einer neuen und weniger dysfunktionalen Möglichkeit für den Gefangenen, seine Emotion zu regulieren und seine Beschwerden zu kommunizieren.

8.4 Empfehlungen für die Behandlung von Gefangenen nach selbstschädigendem Verhalten und Suizidversuchen

Die folgenden Empfehlungen orientieren sich u. a. am Leitfaden für Mitarbeiter des Justizvollzugsdienstes, der durch die Weltgesundheitsorganisation (WHO) herausgegeben wird (WHO, 2007) und den Empfehlungen der Bundesarbeitsgruppe „Suizidprävention im Justizvollzug" (Suizidprävention – Empfehlungen für den Justizvollzug, Heft II). Jede Anstalt sollte in Anbetracht sehr unterschiedlicher Ressourcen und Problemlagen eigene Abläufe entwickeln, wobei ein integratives Konzept zu erstellen ist, das alle Instanzen und Beteiligte einer Anstalt mit einbezieht (vgl. Humber et al., 2011).

8.4.1 Unmittelbare Maßnahmen

Obwohl es selbstverständlich sein sollte, muss hier explizit erwähnt werden, dass Gefangene nach einer erfolgten Selbstbeschädigung in jedem Fall medizinisch versorgt werden müssen. Es reicht dabei nicht aus, die Dringlichkeit und den Umfang der Behandlungsmaßnahmen am sofort offensichtlichen Schwergrad etwaiger Verletzungen auszurichten. Auch bei auf den ersten Blick scheinbar harmlosen Verletzungen (z. B. oberflächliche Kratzer am Unterarm), kann es sich bspw. um sog. Probierschnitte handeln, wobei der Versuch einer Öffnung der Pulsadern abgebrochen und stattdessen später Medikamente eingenommen wurden. Das Vollzugspersonal muss in erster Hilfe geschult sein und die entsprechenden Handlungsabläufe im Notfall (bspw. Alarmkette, effektive Kommunikation) beherrschen.

Der Bereich in dem ein Suizidversuch geschehen ist, muss abgeschirmt werden, um eine Behinderung der notwenigen Arbeiten zu vermeiden und etwaige Traumatisierung von Schaulustigen (auch Kollegen) zu verhindern.

Im Rahmen der Krisenintervention sind Aufbau und Aufrechterhaltung einer tragfähigen Beziehung von zentraler Bedeutung. Ziel ist die kurz- und mittelfristige Stabilisierung des Gefangenen. Nach einer ersten Akutintervention wird der Ablauf der weiteren Betreuung und Behandlung festgelegt: die Methoden der weiterführenden Intervention durch die Fachdienste, der Interventionszeitraum, die Gesprächsfrequenz und die Beteiligung anderer Berufsgruppen müssen festgelegt und dokumentiert werden (vgl. Empfehlungen der BAG Suizidprävention im Justizvollzug).

Durch genaue Dokumentation sind die Überlegungen, Schlussfolgerungen und Maßnahmen für andere beteiligte Berufsgruppen nachvollziehbar. Der Erfolg einer Weitergabe der entsprechenden Informationen an andere zuständige Stellen muss durch das sog. Hand-zu-Hand-Prinzip sichergestellt werden. Die Informationen sind unter Berücksichtigung der Schweigepflicht (vgl. §203 StGB) und des Datenschutzes so konkret wie möglich abzufassen.

8.4.2 Fachliche Einschätzung der Selbstbeschädigung

Eine umfassende psychologische Einschätzung des Gefangenen und seiner selbstverletzenden Handlung ist, soweit aus medizinischer Sicht verantwortbar, so bald wie möglich vorzunehmen. Ein solches Gespräch muss in einem abgeschirmten Umfeld erfolgen, in dem eine Untersuchung ohne Zeitdruck und Störungen von außen möglich ist. Das Gespräch sollte die Umstände der Selbstschädigung, das Ausmaß der Suizidabsicht, die zugrunde liegenden Probleme des Gefangenen (sowohl die überdauernden als auch die akuten) klären und feststellen, ob der Gefangene an einer psychischen Störung leidet. Darüber hinaus ist eine gut begründete Einschätzung hilfreich, die angibt, wie hoch die Wahrscheinlichkeit für weitere Selbstverletzungen in der nächsten Zeit ist (z. B. starke Suizidgedanken, denen der Gefangenen nur schwer widerstehen kann), welche Hilfsmaßnahmen indiziert sind, und welche Hilfe der Gefangene akzeptiert (Shaw et al., 2004).

Grundlage jeder späteren Intervention ist eine fachgerechte und möglichst genaue Diagnostik des suizidalen Gefangenen. Im Rahmen dieser Diagnostik wird der psychopathologische Befund (evtl. unter Angabe einer Verdachtsdiagnose nach ICD-10 oder DSM-V) erhoben. Explizit und besonders ausführlich wird auf die Suizidalität des Gefangenen eingegangen. Dabei werden neben dem aktuellen Vorliegen von Suizidalität auch Suizidgedanken und -handlungen aus der Vergangenheit erfragt, ebenso der aktuelle Handlungsdruck sowie ein etwaiger Planungsgrad suizidaler Handlungen. Daneben werden Ressourcen des Gefangenen bzw. protektive Faktoren gegen Suizidalität bei der Erhebung berücksichtigt.

Eine Untersuchung von selbstschädigenden Gefangenen aus Berliner JVAen (Lohner, 2008), in der Suizidversuche mit starker Suizidabsicht und sehr gefährlichen Methoden, selbstschädigendem Verhalten gegenübergestellt wurde, zeigte, dass Suizidversuche mit stärkerer Depressivität, Hoffnungslosigkeit und einem höheren Alter einhergingen. Selbstschädiger ohne deutliche Suizidabsicht zeichneten sich dagegen durch vergleichsweise mehr Disziplinarverfahren und Persönlichkeitsstörungen aus. Entsprechend ist davon auszugehen, dass Gefangene mit schwerwiegenderen Versuchen zunächst weniger auffällig erscheinen als Gefangene mit Selbstschädigungen. Während sich die erste Gruppe auch aufgrund ihrer depressiven Symptomatik u. U. eher zurückzieht, haben die Bediensteten mit der zweiten Gruppen häufig „viel Ärger" (vgl. auch Smith & Kaminski, 2010). Diese Ergebnisse mögen einen Eindruck von der entsprechenden Klientel bieten, sind jedoch für die Einzelfallentscheidung nur bedingt brauchbar – hier ist immer noch die Einschätzung nach gründlicher Untersuchung durch klinisch erfahrene Fachdienste erforderlich. Darüber hinaus ist davor zu warnen, selbst die statistisch sehr signifikanten Ergebnisse dieser Studie auf den Einzelfall übertragen und bspw. lineare Zusammenhänge zwischen Schwere der Verletzung und Suizidabsicht annehmen zu wollen. So konnten auch immer wieder Einzelfälle gezeigt werden, bei denen sich trotz nur oberflächlicher Verletzungen oder geringer Mengen eingenommenen Giftes, eine starke Suizidabsicht explorieren lies. Diese Beobachtungen mögen eine weitere Warnung vor allzu schnellen und letztlich oberflächlichen Einschätzungen sein.

Grundsätzlich muss jeder Fall individuell eingeschätzt werden, wobei die Hintergründe, Motive und Begleitumstände jedes Vorfalls auszuarbeiten sind. Für den ärztlichen Dienst bietet sich zur Quantifizierung der Letalität eines Suizidversuches bzw. einer selbstschädigenden Handlung (medizinische Ernsthaftigkeit) bspw. die deutsche Übersetzung der „Lethality of Suicide Attempt Rating Scale" an (LSARS-II; Berman et al., 2003; deutsche Übersetzung Lohner et al., 2008). Durch das einfach und schnell anwendbare Instrument werden differenzierte und gut nachvollziehbare Einschätzungen möglich. Für die psychologischen Fachdienste ist bspw. die „Suicidal Intent Scale" (SIS; Beck, Schuyler & Herman, 1974a; deutsche Übersetzung in Lohner, 2008) zur

Messung der Suizidabsicht zu empfehlen. Die semistrukturierte Ratingskala, erfasst über 15 Items die objektiven Umstände und eine Selbstauskunft des Probanden.

8.4.3   Organisation der Hilfeleistung

Im Sinne eines Fallmanagements sind die Interventionen und Hilfen aller Berufsgruppen zu initiieren und zu koordinieren. Dabei trägt eine Person die Hauptverantwortung für „den Fall" und bezieht die jeweils zuständigen Berufsgruppen mit ein. Angelehnt an das Modell einer klinischen Fallsupervision ist es hilfreich und ggfs. nötig, von Kollegen anderer Berufsgruppen Informationen einzuholen und ihnen ein (psychologisches) Verständnis des vorliegenden Falles zu vermitteln. Dadurch können die Bereitschaft zur konstruktiven Mitarbeit am Fall gestärkt, Ängste und Vorurteile abgebaut und die Auswahl angemessener Maßnahmen durch andere Berufsgruppen erleichtert werden.

8.4.4   Bei psychiatrischer Erkrankung

Vielerorts sind Selbstschädigungen der häufigste Grund für psychiatrische Behandlung (Dixon-Gordon et al., 2012). Insbesondere hier stellt sich die Frage nach dem richtigen Umgang mit Gefangen und einer diagnostisch richtigen Unterscheidung zwischen selbstschädigendem Verhalten ohne (eindeutige und hauptsächliche) Suizidabsicht von Suizidversuchen (s.o.).

Der Gefangene ist einem Psychiater vorzustellen wenn der Verdacht einer psychiatrischen Erkrankung vorliegt und eine Psychopharmakotherapie indiziert sein könnte. Treten im Verlauf dieser Therapie evtl. Nebenwirkungen auf oder setzt der Gefangene das Medikament ohne Rücksprache mit dem Arzt ab, so muss es dem medizinischen Dienst rückgemeldet werden. Ggfs. sollte sich der medizinische Dienst von seiner Schweigepflicht gegenüber weiteren wichtigen Berufsgruppen entbinden lassen und in Kooperation mit dem Gefangenen wichtige Schritte der Behandlung diesen Beteiligten mitteilen.

Die Compliance (Zusammenarbeit zwischen Behandler und Patient) im Rahmen einer medikamentösen Therapie kann durch psychoedukative Maßnahmen (Schulung des Patienten) gefördert werden.

Bei akuter Suizidalität wird durch den ärztlichen Dienst die Frage geklärt, ob die Überstellung in ein Landeskrankenhaus oder in die psychiatrische Abteilung eines Vollzugskrankenhauses angezeigt ist. Die Unterbringung in einem besonders gesicherten Haftraum sollte nur als Ultima Ratio erfolgen und nicht als Automatismus. Sie kann in Fällen großer und akuter Gefahr und, in fachlich gut begründeten Einzelfällen, auch zur Reizabschirmung (bspw. bei psychotischen Schüben) sinnvoll und geboten sein. Die Dauer dieser Unterbringung ist eng zu begrenzen, ihre Notwendigkeit wiederholt zu überprüfen und durch eine Sitzwache zu begleiten.

Im Anschluss an eine Akutintervention wird die mittel- und langfristige Nachsorge zur Stabilisierung gestaltet. Je nach Bedarf, kann sie von niederfrequenter Nachbetreuung bis hin zu einer Psychotherapie reichen. Ggfs. werden auch die Angehörigen mit einbezogen.

8.4.5 Therapeutische Behandlung von selbstschädigenden Gefangenen

Wenn in Betracht gezogen wird, dass das selbstschädigende Verhalten oftmals der Emotionsregulation dient (Dixon-Gordon et al., 2012) und die o.g. schwierigen biographischen Erfahrungen der Gefangenen berücksichtigt werden, dann sollten für die Behandlung Elemente entsprechender einschlägiger Therapieverfahren Anwendung finden, wie bspw. der Dialektisch-Behavioralen Therapie nach Marsha Linehan. Die Problematik sog. manipulativer Elemente bei Selbstschädigungen ist aus der Behandlung von Patienten mit Borderline-Störungen lange bekannt – sie nimmt aber in einer therapieunfreundlichen und totalen Institution wie einem Gefängnis eine ganz eigene unheilvolle und vielfach eskalierende Dynamik, in der nicht selten Bestrafung über Behandlung geht (Doty et al., 2012). Von zentraler Bedeutung ist neben der Erarbeitung besserer Möglichkeiten der Emotionsregulation auch die Schaffung von funktionalen Möglichkeiten der Mitteilung (s.o.). Dies setzt einen Beziehungsaufbau zwischen BehandlerInnen und Gefangenen voraus, der unter den gegebenen Rahmenbedingungen (Rolle der Bediensteten, Umfeld der Anstalt) und aufgrund der häufig schwer psychisch gestörten Gefangenen sich sehr herausfordernd gestalten kann.

8.4.6 Vorhersage von Suizidversuchen und selbstschädigendem Verhalten

Die Vorhersage von selbstschädigendem Verhalten bzw. Suizidversuchen ist naturgemäß sehr schwierig (siehe Kapitel „Screening"). Die Erkennung potentiell gefährdeter Gefangener mittels sog. Screeningfragebögen (Sammlung von Risikofaktoren) stellt eine Methode dar, wie frühzeitig ein großer Teil von potentiell gefährdeten Gefangenen erkannt und entsprechender vollzuglicher und psychologischer Behandlung zugeführt werden kann. Wie bereits erwähnt, zeigte die o.g. Berliner Untersuchung unter den aktuellen Selbstschädigern deutlich mehr vorangegangene Selbstschädigungen und auch andere Auffälligkeiten im Haftverlauf gegenüber der sich nicht schädigenden Haftpopulation. Dies und andere Ergebnisse der Studie deuten darauf hin, dass es sich um eine relativ auffällige und psychisch belastete Gruppe von Gefangenen handelt, die frühzeitig erkannt werden könnte. Gallagher und Dobrin (2005) konnten zeigen, dass in Jugendstrafanstalten mit entsprechender Screeningprozedur bei Aufnahme die Rate an Suizidversuchen signifikant niedriger lag, als bei Anstalten ohne diese Verfahren. Leider muss auch hier einschränkend festgehalten werden, dass die Treffgenauigkeit solcher statistischer Prognosen zu wünschen übrig lässt (vgl. Naud & Daigle, 2010) und nicht ohne eine ergänzende klinische Einzelfalldiagnostik durch entsprechendes Fachpersonal auskommen kann, da die Spezifität der o.g. Risikofaktoren teilweise eher gering ist (vgl. hierzu Perry & Gilbody, 2009). Außerdem muss kritisch hinterfragt werden, ob eine Abfrage von Kindheitstraumata bei Neuinhaftierten, wie etwa von Godet-Mardirossian et al. (2011) gefordert, in der Praxis reliabel durchführbar ist. Nichtsdestotrotz nützt dieses Wissen um die lebensgeschichtlichen Hintergründe bei der Behandlung der entsprechenden Gefangenen.

Für die Vorhersage von schweren Suizidversuchen bieten sich die statistisch gewonnenen Risikofaktoren an, wie sie auch bei Vorhersage von Suiziden eingesetzt werden (siehe Bennefeld-Kersten, Kap. 1). Aufgrund der o.g. Tatsache, dass Gefangene mit Suizidversuch vielfach depressiv und hoffnungslos sind, werden sie im Vollzugsalltag sehr viel weniger auffallen. Sie neigen stärker dazu, sich zurückzuziehen und sich mit sich selbst zu beschäftigen. Insofern sind diese Gefangenen im Vergleich zu den „schwierigen" Selbstschädigern die angenehmeren und ruhigeren Gefangenen, die aber auch viel leichter übersehen werden können. Es bedarf großer Sensibilität und Aufmerksamkeit für das Thema Suizidprävention und das Wissen um diese Tatsache (vgl. Meischner-Al-Mousawi, Kap. 21), um zu vermeiden, dass diese Gefangenen aus den Augen verloren werden.

8.5   Einwände und Perspektiven

Kritiker dieses Kapitels könnten einwenden, man könne nicht mehr über einen Sachverhalt sprechen, wenn die Begrifflichkeiten „ernsthaft", „nicht ernsthaft", „manipulativ" und „demonstrativ" vermieden werden müssten. Ihnen ist zu entgegnen, dass es bei den o.g. Worten weniger um die Begriffe selbst geht, als um das dahinter liegende Konzept einer einfachen und strikten Trennung in „harmlos und manipulativ" und „ernst gemeint". Es geht darum von solchen vorschnellen Festlegungen Abstand zu nehmen, weil die so einmal gemachten Zuschreibungen fatale Folgen haben können. Es gibt meist viele Motive für ein bestimmtes Verhalten – wir sollten offen sein und bleiben, um diese zu ergründen.

Ebenso kann gefragt werden, wo denn ein Selbstschädiger unterzubringen sei, wenn er nicht mehr in einen besonders gesicherten Haftraum (bgH) verlegt werden darf. Schließlich bliebe der zuständige Mitarbeiter des aVD mit der ganzen Verantwortung allein. Für Kollegen die ihren Dienst bei ungünstigem Personalstand verrichten (bspw. in der Nacht) ist die Unterbringung eines gefährdeten Gefangenen im bgH oftmals die einzige Möglichkeit den Gefangenen sicher unterzubringen und deshalb auch richtig. Der bgH sollte aber niemals als Disziplinierungs- oder Bestrafungsmaßnahme eingesetzt werden, weil es sonst noch unwahrscheinlicher wird, dass sich der Gefangene gegenüber den Bediensteten adäquat mitteilt. Er wird sich zweimal überlegen, ob er sich das nächste Mal mit seinen Problemen dem Bediensteten anvertraut, wenn er befürchten muss, wieder „weggesperrt" zu werden. Wie oben erwähnt muss das Ziel ein möglichst vertrauensvoller Beziehungsaufbau sein, der in Anbetracht der vielfach dissozialen Gefangenen eine ganz eigene Herausforderung darstellt (Rauchfleisch, 1999).

Es stellt sich außerdem die Frage, wie es um die Behandlung von Selbstschädigern im Vollzug steht. Das Problem von psychisch auffälligen oder kranken Gefangenen wird seit Jahren in vielen Justizvollzugsanstalten diskutiert. Entsprechende Behandlungseinheiten für psychisch belastete Gefangene bieten sich hier an. Der Justizvollzug muss diesbez. von einer rein juristischen Sichtweise auf den Gefangenen (Behandlung nach Delikt) zugunsten einer auch psychowissenschaftlichen Sichtweise (Behandlung nach Bedarf) abrücken. Die aktuelle Gesetzeslage würde dies bereits jetzt ermöglichen, wobei solche Stationen mit Mehrkosten verbunden sind. Die Erfahrungen mit bereits bestehenden Abteilungen sind vielversprechend und entlasten den Vollzug insgesamt deutlich.

In diesem Zusammenhang ist auch der Blick über die Thematik hinaus zu weiten und zu fragen, ob Selbstschädigungen und Suizidversuche nicht nur *ein* Problem von vielen der Gefangenen sind. Beim Thema der Suizid- und Selbstschädigungsprävention im Justizvollzug geht es momentan noch immer um die Verhinderung der tatsächlichen Handlung. Unterbleibt diese, war die Suizidprävention erfolgreich. Es ist an der Zeit hier umzudenken. Tatsächlich müssen diese Akte als tragische Zuspitzungen individueller Krisen gesehen werden, die behandelt werden müssen, egal welche Folgen sie haben. Eine umfassende und integrative Straftäterbehandlung, wie sie bspw. im Rahmen einer Sozialtherapie erfolgen soll, zielt auf die erfolgreiche Bewältigung von individuellen Krisen und stärkt den Betroffenen letztlich. Dabei ist die Art des abgewendeten Übels (eine erneute Straffälligkeit, ein Drogenrückfall, ein Suizidversuch) letztlich zweitrangig. Es geht vielmehr darum die Problemlösekompetenzen und die soziale Einbindung der Gefangenen zu verbessern und somit in Zukunft krisenhafte Verläufe zu vermeiden. Das erfordert aber erheblichen Mehraufwand und passgenaue Konzepte für den jeweiligen Einzelfall.

8.6 Literatur

- Bennefeld-Kersten, K. (2009). *Ausgeschieden durch Suizid – Selbsttötungen im Gefängnis. Zahlen, Fakten, Interpretationen.* Lengerich: Pabst Science Publishers.
- Berman, A. L., Sheperd, G. & Silverman, M. M. (2003). The LSARS II: Lethality of Suicide Attempt Rating Scale-Updated. *Suicide and Life-Threatening Behavior, 33*(3), 261-274.
- Brown, G. K., Henriques, G. R., Sosdjan, D. & Beck, A. T. (2004). Suicide intent and accurate expectations of lethality: Predictors of medical lethality of suicide attempts. *Journal of Consulting and Clinical Psychology, 72*, 1170-1174.
- Dahle, K.-P., Lohner, J. & Konrad, N. (2005). Suicide prevention in penal institutions: Validation and optimization of a screening tool for early identification of high-risk inmates in pre-trial detention. *International Journal of Forensic Mental Health, 4*(1), 53-62.
- Daigle, M. S. & Côté, G. (2006). Non-fatal suicide-related behavior among inmates: testing for gender and type differences. *Suicide and Life-Threatening Behavior, 36*(6), 670-681.
- Dear, G., Thomson, D. & Hills, A. (2000). Self-harm in prison: Manipulators can also be suicide attempters. *Criminal Justice and Behavior, 27*, 160-175.

- Dixon-Gordon, K., Harrison, N. & Roesch, R. (2012). Non-suicidal self-injury within offender populations: A systematic review. *The International Journal of Forensic Mental Health, 11*(1), 33-50.
- Doty, S., Smith, H. P. & Rojek, J. (2012). Self-injurious behaviors in corrections: Informal social control and institutional responses in a state prison system. *Victims & Offenders, 7* (1), 30-52.
- Felthous, A. R. (2011). Suicide Behind Bars: Trends, Inconsistencies, and Practical Implications. *Journal of Forensic Sciences, 56*(6), 1541-1555.
- Fulwiler, C., Forbes, C., Santagelo, S. L. & Folstein, M. (1997). Self-mutilation and suicide attempt: distinguishing features in prisoners. *Journal of the American Academy of Psychiatry and the Law, 25*(1), 69-77.
- Gallagher, C. A. & Dobrin, A. (2005). The association between suicide screening practices and attempts requiring emergency care in juvenile justice facilities. *The Journal of the American Academy of Child and Adolescent Psychiatry, 44*(5), 485-493.
- Godet-Mardirossian, H., Jehel L. & Falissard, B. (2011). Suicidality in male prisoners: influence of childhood adversity mediated by dimensions of personality. *Journal of Forensic Sciences, 56*(4),942-949.
- Goffman, E. (1973). *Asyle. Über die soziale Situation psychiatrischer Patienten und anderer Insassen.* Frankfurt am Main: Suhrkamp.
- Goss, J. R., Peterson, K., Smith, L. W., Kalb, K. & Brodey, B. B. (2002). Characteristics of suicide attempts in a large urban jail system with an established suicide prevention program. *Psychiatric Services, 53*(5), 574-579.
- Holley, H. L. & Arboleda-Flórez, J. (1988). Hypernomia and self-destructiveness in penal settings. *International Journal of Law and Psychiatry, 11*(2), 167-178.
- Humber, N., Hayes, A., Senior, J., Fahy, T. & Shaw, J. (2011). Identifying, monitoring and managing prisoners at risk of self-harm/suicide in England and Wales. *Journal of Forensic Psychiatry and Psychology, 22*(1), 22-51.
- Ireland, J. L. & Quinn, K. (2007). Officer attitudes towards adult male prisoners who self-harm: development of an attitudinal measure and investigation of sex differences. *Aggressive Behavior, 33*(1), 63-72.
- Lohner, J. (2002). Entwicklung eines Screeninginstruments zur frühzeitigen Erkennung potentiell suizidaler Gefangener in einem Untersuchungsgefängnis – Eine vergleichende Untersuchung in der JVA Moabit (Berlin). Unveröffentlichte Diplomarbeit, Freie Universität Berlin.
- Lohner, J. (2008). *Suizidversuche und selbstschädigendes Verhalten im Justizvollzug.* Hamburg: Verlag Dr. Kovac.
- Lohner, J. & Konrad, N. (2006). Deliberate self-harm and suicide attempt in custody: Distinguishing features in male inmates' self-injurious behavior. *International Journal of Law and Psychiatry, 29*(5), 370-385.
- Lohner, J. & Konrad, N. (2007). Risk factors for self-injurious behaviour in custody: Problems of definition and prediction. *International Journal of Prisoner Health, 3*(2), 135-161.

- Lohner, J., Pragst, F. & Konrad, N. (2008). Deutsche Adaption der Lethality of Suicide Attempt Rating Scale-II. *Rechtsmedizin 18*(2), 85-105.
- Naud, H., & Daigle, M. S. (2010). Predictive Validity of the Suicide Probability Scale in a Male Inmate Population. *Journal of Psychopathology and Behavioral Assessment, 32*(3), 333-342.
- Pannell, J., Howells, K. & Day, A. (2003). Prison Officer's Beliefs Regarding Self-Harm in Prisoners: An Empirical Investigation. *International Journal of Forensic Psychology, 1*(1), 103-110.
- Perry, A. E. & Gilbody, S. (2009). Detecting and predicting self-harm behaviour in prisoners: a prospective psychometric analysis of three instruments. *Social psychiatry and psychiatric epidemiology, 44*, 853-861.
- Pöldinger, W. (1968). *Die Abschätzung der Suizidalität: Eine medizinisch-psychologische und medizinisch-soziologische Studie.* Bern, Stuttgart: Huber.
- Power, J., Brown, S. L. & Usher, A. M. (2013). Prevalence and incidence of nonsuicidal self-injury among federally sentenced women in Canada. *Criminal Justice and Behavior, 40*(3), 302-320.
- Rauchfleisch, U. (1999). Außenseiter der Gesellschaft. Göttingen: Vandenhoeck und Ruprecht.
- Shaw, J., Baker, D., Hunt, I. M., Moloney, A. & Appleby L. (2004). Suicide by prisoners: national clinical survey. *British Journal of Psychiatry, 184*, 263-267.
- Sloane, B. (1973). Suicide attempts in the District of Columbia prison system. *Omega: Journal of Death & Dying, 4*(1).
- Smith, H. P. & Kaminski, R. J. (2010). Inmate self-injurious behaviors: Distinguishing characteristics within a retrospective study. *Criminal Justice and Behavior, 37*(1), 81-96.
- Snow, L. (2002). Prisoners' motives for self-injury and attempted suicide. *The British Journal of Forensic Practice, 4*(4), 18-29.
- Stålenheim, E. G. (2001). Relationships between attempted suicide, temperamental vulnerability, and violent criminality in a Swedish forensic psychiatric population. *European psychiatry, 16*(7), 386-394.
- Toch, H. (1975). *Men in crisis: Human breakdowns in prisons.* Chicago: Aldine Publishing Company.
- Völlm, B. A. & Mairead, C. D. (2009). Self-harm among UK female prisoners: A cross-sectional study. *Journal of Forensic Psychiatry & Psychology, 20*(5), 741-751.
- WHO (2007). *Suizidprävention – Ein Leitfaden für Mitarbeiter des Justizvollzugsdienstes.* Zugriff am 14.05.2014 unter http://www.who.int/mental_health/resources/resource_jails_prisons_german.pdf

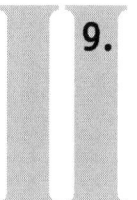

9. Der Umgang mit suizidalen Gefangenen aus der Sicht eines Gefängnisarztes

Georg Göttinger

9.1 Zusammenfassung

Die Aufgaben und Möglichkeiten des ärztlichen Dienstes im Umgang mit suizidalen Gefangenen werden vorgestellt und anhand von zwei Fallbeispielen konkretisiert.

Die Entscheidung eines Menschen, sein Leben durch Selbsttötung zu beenden, kann unterschiedlichste Gründe haben. Suizidalität kann dabei auch Ausdruck einer psychiatrischen Erkrankung sein oder ein Hinweis darauf. Deshalb werden Anstaltsärztinnen und -ärzte im Verdachtsfall grundsätzlich gebeten, den Gefangenen oder die Gefangene zu untersuchen und ggf. angemessene Maßnahmen zu ergreifen (oder zu empfehlen, sofern die Ärztin oder der Arzt diese Maßnahmen nicht selbst umsetzen können).

Den ärztlichen Umgang mit Gefangenen regelt in Niedersachsen das Niedersächsische Justizvollzugsgesetz (NJVollzG). Darüber hinaus sind Ärztinnen und Ärzte natürlich immer auch im Rahmen des Sozialgesetzbuches 5 und im Rahmen der ärztlichen Berufsordnung tätig.

9.2 Rechtlicher Rahmen

Mehrere Paragraphen im NJVollzG haben direkten oder indirekten Bezug zur Suizidprophylaxe im Justizvollzug. Und selbstverständlich betreffen diese Paragraphen nicht nur den ärztlichen Dienst, sondern alle Bedienstete, die mit den Gefangenen persönlich befasst sind. Sowohl die Suizidprophylaxe, als auch jede Krisenintervention ist Aufgabe aller Mitarbeiter, nicht nur der Fachdienste. Sofern nicht schwere psychiatrische Krankheitsbilder im Vordergrund stehen, sind es die sozialen Interaktionen, die primär suizidprophylaktisch wirken. Anteilnahme, Verständnis und Echtheit sind keine Eigenschaften, die an eine Fachdienst-Qualifikation gebunden sind. Gelingt es in einer vertrauensvollen Atmosphäre einen Gesprächskontakt herzustellen, so ist schon Wesentliches zur Suizidprophylaxe getan. Da es aber gelegentlich recht schwierig sein kann, tiefergreifende psychische Störungen zu erkennen und – wie zu Beginn schon bemerkt – psychiatrische Krankheitsbilder ursächlich für die Suizidalität sein können, sollte jeder suizidverdächtige Gefangene einer Ärztin oder einem Arzt vorgestellt werden. Auch hier spielt das vertrauensvolle Gespräch die wesentliche Rolle, unterstützt durch den besonderen Status des Arztes. Der Arzt hat zudem die Möglichkeit der medikamentösen Behandlung oder kann die stationäre Unterbringung veranlassen. An dieser Stelle wird deutlich, welch umfassende insbesondere psychiatrische Qualifikation für Anstaltsärzte wünschenswert ist.

Aber schauen wir uns zunächst die Paragraphen im NJVollzG an, die mittelbar oder unmittelbar zur Suizidprophylaxe Bezug haben *(nachfolgend werden nur die für eine Suizidprophylaxe relevanten Sätze in den entsprechenden Paragraphen wiedergegeben)*:

§ 8 NJVollzG

Aufnahme in die Anstalt

(1) ...

(2) ... 2. Mit der oder dem Gefangenen wird unverzüglich ein Zugangsgespräch geführt. 3. Sie oder er wird alsbald ärztlich untersucht.

(3) 1. Während des Aufnahmeverfahrens dürfen andere Gefangene nicht anwesend sein. 2. Erfordert die Verständigung mit der oder dem aufzunehmenden Gefangenen die Zuziehung einer Dolmetscherin oder eines Dolmetschers, so ist diese unverzüglich zu veranlassen. 3. Ist die sofortige Verständigung mit der oder dem aufzunehmenden Gefangenen in ihrem oder seinem Interesse oder zur Gewährleistung der Sicherheit der Anstalt erforderlich, so können andere Gefangene zur Übersetzung herangezogen werden, wenn die Zuziehung einer Dolmetscherin oder eines Dolmetschers nach Satz 2 nicht rechtzeitig möglich ist.

§ 56 NJVollzG

Allgemeine Bestimmungen

(1) Die Vollzugsbehörde sorgt für die Gesundheit der oder des Gefangenen.

§ 63 NJVollzG

Überstellung, Verlegung

(1) Eine kranke Gefangene oder ein kranker Gefangener kann in ein Anstaltskrankenhaus oder in eine für die Behandlung der Krankheit besser geeignete Anstalt überstellt oder verlegt werden.

(2) Kann eine Krankheit in einer Anstalt oder einem Anstaltskrankenhaus nicht erkannt oder behandelt werden oder ist es nicht möglich, die Gefangene oder den Gefangenen rechtzeitig in ein Anstaltskrankenhaus zu überstellen oder zu verlegen, so ist sie oder er in ein Krankenhaus außerhalb des Vollzuges zu bringen.

§ 81 NJVollzG

Besondere Sicherungsmaßnahmen

(1) Gegen eine Gefangene oder einen Gefangenen können besondere Sicherungsmaßnahmen angeordnet werden, wenn nach ihrem oder seinem Verhalten oder aufgrund ihres oder seines seelischen Zustandes in erhöhtem Maß Fluchtgefahr oder die Gefahr von Gewalttätigkeiten gegen Personen oder Sachen oder die Gefahr der Selbsttötung oder der Selbstverletzung besteht.

(2) Als besondere Sicherungsmaßnahmen sind zulässig:
    1. der Entzug oder die Vorenthaltung von Gegenständen,
    2. die Beobachtung bei Nacht,
    3. die Absonderung von anderen Gefangenen,
    4. der Entzug oder die Beschränkung des Aufenthalts im Freien,
    5. die Unterbringung in einem besonders gesicherten Haftraum ohne gefährdende Gegenstände und
    6. die Fesselung.

§ 84 NJVollzG

Anordnung besonderer Sicherungsmaßnahmen

(1) ...

(2) 1. Wird eine Gefangene oder ein Gefangener ärztlich behandelt oder beobachtet oder bildet ihr oder sein seelischer Zustand den Anlass der Maßnahme, so ist vorher die Ärztin oder der Arzt zu hören. 2. Ist dies wegen Gefahr im Verzuge nicht möglich, so wird die ärztliche Stellungnahme unverzüglich eingeholt.

In der Theorie sind die Dinge also gut geregelt. Im Rahmen des Zugangsgesprächs, das so zu gestalten ist, dass tatsächlich eine vertrauensvolle Atmosphäre gewährleistet werden kann, können der oder dem Gefangenen ein Teil der Sorgen und Ängste genommen werden. Wird dieses Gespräch gut geführt, wird am ehesten erkennbar, ob die Sorgen und Ängste so groß sind, dass sie zur Suizidalität führen könnten. Ein gut gestaltetes Gespräch liefert somit Erkenntnisse zum angemessenen Umgang mit der oder dem Gefangenen. Sind die Abläufe in der Anstalt optimal, dann werden die Gefangenen auch noch am gleichen Tag dem ärztlichen Dienst vorgestellt. Im Notfall geschieht dies ohnehin sofort.

Durch das Äquivalenzprinzip entspricht die medizinische Versorgung im Justizvollzug der medizinischen Versorgung außerhalb des Gefängnisses. § 56 NJVollzG verpflichtet den anstaltsärztlichen Dienst zu einer umfassenden medizinischen Versorgung, um die Gesundheit der oder des Gefangenen zu gewährleisten. Dazu steht den Anstaltsärztinnen und -ärzten eine breite Palette an möglichen Maßnahmen zur Verfügung, bis hin zur Einweisung in eine Psychiatrische Klinik außerhalb des Justizvollzuges (siehe § 63 NJVollzG). Besteht die Gefahr selbstverletzender Handlungen, ist aber die Indikation zur stationären psychiatrischen Einweisung nicht gegeben, so sind alternativ Sicherungsmaßnahmen möglich (siehe § 83 NJVollzG). Der Justizvollzug verfügt somit sowohl über ein umfangreiches Instrumentarium, um suizidgefährdete Gefangene angemessen behandeln zu können, als auch über alternative Möglichkeiten, Selbstverletzungen zu verhindern. Und doch werden sich Suizide nicht verhüten lassen. Schauen wir uns dazu den nachfolgenden Fall an:

9.3   Fallbeispiele

Fallbeispiel 1:

> Gegen 23.40 Uhr wurde der Nachtdienst von einem Gefangenen mittels der Notrufanlage alarmiert. Beim Öffnen der Kostklappe teilte dieser Gefangene mit, dass sich sein Zellennachbar das Leben genommen habe. Nachdem daraufhin der Haftraum unverzüglich geöffnet worden war, fand man den Gefangenen weinend über seinen am Boden liegenden Mitgefangenen gebeugt. Dieser hatte sich zuvor mit einem roten Band in sitzender Position am Heizungskörper stranguliert. Zum Zeitpunkt der Öffnung des Doppelhaftraumes hatte der Gefangene den Mitgefangenen bereits mit einem Brotmesser aus der Strangulation befreit und versucht, diesem zu helfen. Der Streifenbedienstete begann unverzüglich mit der „Herz-Lungen-Wiederbelebung". Der gegen 23.50 Uhr eintreffende Notarzt konnte nur noch den Tod des Gefangenen feststellen.

Bei dem verstorbenen Strafgefangenen handelte es sich um einen 30-jährigen Mann, der sich vier Tage zuvor in Begleitung seiner hochschwangeren Freundin zum Strafantritt gestellt hatte. Der Gefangene war erstmals in Haft und wäre höchstwahrscheinlich nach neun Monaten (Zweidritteltermin) wieder entlassen worden. Er hinterließ ein sieben Jahre altes Kind und eine hochschwangere Freundin.

Bei dem Mitgefangenen handelte es sich um einen 34-jährigen Mann, der wegen mehrerer Kleindelikte (keine Gewaltdelikte) inhaftiert worden war. Dieser Gefangene war verlobt und Vater von drei Kindern.

Einen Abschiedsbrief hatte der Verstorbene nicht hinterlassen. Er galt auch aufgrund des Eindrucks aus dem Zugangsgespräch nicht als suizidgefährdet.

Beide Gefangene befanden sich im Aufnahmeverfahren und waren in einem Doppelhaftraum gemeinschaftlich untergebracht. Der Verstorbene hatte ausdrücklich darum gebeten. Obwohl er nicht als suizidgefährdet eingestuft worden war, hatte man seinem Wunsch entsprochen. Bei dem Mitgefangenen hatte der psychologische Dienst eine latente Suizidgefahr vermutet und deshalb für ihn die Gemeinschaftsunterbringung empfohlen.

Nach Angaben des Mitgefangenen sei der Verstorbene am Abend „gut drauf" gewesen. Man habe nach dem Einschluss noch „Mau-Mau" gespielt. Kurz nach 21 Uhr sei er zu Bett gegangen und erst gegen Mitternacht wegen Harndrangs aufgewacht. In der Dunkelheit habe er zunächst nicht erkannt, dass sein Zellennachbar vor dem Heizungskörper saß. Das habe er erst auf dem Weg zur Toilette erkannt.

Wie bei Todesfällen üblich, wurde sofort gemäß einer Checkliste alles Erforderliche veranlasst und schriftlich festgehalten.

„Getroffene Maßnahmen:
- *Nach der Alarmierung wurden sofortige Rettungsmaßnahmen versucht, die aber erfolglos blieben.*
- *Die Polizei wurde unverzüglich verständigt. Im Rahmen des Todesermittlungsverfahrens ist eine Leichenschau erfolgt. Eine Obduktion ist vorgesehen. Bislang liegen keine Anhaltspunkte für ein Fremdverschulden vor.*
- *Der Mitgefangene wird psychologisch betreut.*
- *Die der Anstalt noch unbekannten Hinterbliebenen des Verstorbenen werden von der Polizei informiert.*
- *Mit den drei Bediensteten, die mit der Versorgung der Gefangenen befasst waren, hat der Anstaltsleiter in der Nacht noch längere Zeit gesprochen. Ihnen wird die Betreuung durch das Kriseninterventionsteam angeboten.*
- *Nach Eingang des Anstaltsberichts wird das Vorkommnis von den Fachreferaten analysiert. Der Fortgang des Todesermittlungsverfahrens wird eng begleitet. Eine Unterrichtung der Landtags-Verwaltung ist erfolgt."*

Betrachtet man die Checkliste, so hat der Justizvollzug eigentlich hervorragend gehandelt. Und trotzdem bleibt eine Betroffenheit und es bleibt das Gefühl, vielleicht doch nicht optimal gehandelt zu haben. Dieses Gefühl begleitet in der Regel alle Mitarbeiter und alle Gefangene, die mit einem Suizid konfrontiert werden. Das erwähnte Gespräch mit dem Anstaltsleiter und das Angebot einer Betreuung durch das Kriseninterventions-Team sind deshalb ganz wesentliche Maßnahmen, die umgehend einzuleiten sind. Häufig aber wird übersehen, dass auch die Mitgefangenen betreut werden müssen. Sie haben den Suizid in der Regel am intensivsten miterlebt. Und sie machen sich nicht selten große Vorwürfe, nicht aufmerksam genug gewesen zu sein. Es ist mit Aufgabe des anstaltsärztlichen Dienstes, darauf zu achten, dass sowohl den Mitarbeitern, als auch den beteiligten Gefangenen, angemessene Hilfen angeboten werden.

Unser Fallbeispiel schließt mit einer Checkliste, die die Maßnahmen auflistet, die nach einer suizidalen Handlung erfolgen sollten. Ähnliche Checklisten gibt es selbstverständlich auch für Maßnahmen, die unmittelbar der Suizidprophylaxe dienen sollen. Typischerweise gehört in solch eine Checkliste die direkte Frage nach Suizidgedanken. Auch muss gefragt werden, ob in der Vergangenheit Suizidversuche stattfanden und ob die derzeitige soziale Situation besonders belastend erlebt wird, wobei die Inhaftierung für sich genommen eine belastende, wenn nicht sogar krisenhafte Situation darstellt. Es sollte abgeklärt werden, ob der Gefangene zu einer Risikogruppe gehört, d.h. ob eine psychiatrische Erkrankung bekannt ist oder eine Suchtmittelabhängigkeit und ob die Inhaftierung wegen eines Gewaltdelikts erfolgte, möglicherweise sogar wegen einer Beziehungstat. All dies sollte im Zugangsgespräch und natürlich auch im Rahmen der medizinischen Aufnahmeuntersuchung abgeklärt werden. Dieses Gespräch wird aber nur dann hilfreich sein, wenn es in einer vertrauensvollen Atmosphäre stattfindet. Ergibt sich der Eindruck eines Checklisten-artigen Abhakens, dann dient dies eher der Beruhigung des Bediensteten und des Arztes, als der Suizidprophylaxe.

Für die Lektüre des nächsten Falles möchte ich Sie bitten, jeweils darüber nachzudenken, wie Sie in dieser Situation verfahren wären.

Fallbeispiel 2:

> Es handelt sich um einen älteren Mann, mit mehreren chronischen Erkrankungen, der seine Ehefrau erschlagen hatte. Er wurde mit Schnittverletzungen an Hals und beiden Handgelenken von der Polizei in seiner Wohnung aufgegriffen und direkt in ein öffentliches Krankenhaus verbracht. Nach Primärversorgung erfolgte am Folgetag die Weiterverlegung in das Justizvollzugskrankenhaus. Im Entlassungsbrief des öffentlichen Krankenhauses wurde eine regelmäßige Wund- und Befundkontrolle empfohlen. Die Wundfäden sollten am 12. Tag entfernt werden.
>
> In den folgenden vier Monaten verblieb der Gefangene im Justizvollzugskrankenhaus. Dort wurden zunächst die therapeutischen Empfehlungen des öffentlichen Krankenhauses aufgegriffen und umgesetzt. Wegen einer bekannten chronischen Erkrankung wurde zudem dem Gefangenen erneut eine Therapie angeboten, die dieser aber – wie schon in den Jahren zuvor – erneut ablehnte. Wegen einer chronischen Polyneuropathie (periphere Nervenschädigung) mit Gehschwäche und Nervenschmerzen, erfolgte eine neurologische Kontrolluntersuchung und ein Behandlungsversuch mit Lyrika (Pregabalin)[1].
>
> Da sich aus dem Tatgeschehen deutliche Anhaltspunkte für einen sog. erweiterten Suizid ergaben, erfolgte zudem eine konsiliarärztliche psychiatrische Untersuchung. Leider sperrte sich der Gefangene gegen eine eingehende Exploration, sodass der Verdacht eines erweiterten Suizids nicht eindeutig abgeklärt werden konnte. Eine spezifische psychiatrische Behandlungsnotwendigkeit wurde nicht gesehen.
>
> Nach vier Monaten erfolgte die Verlegung in die zuständige Justizvollzugsanstalt. Bereits am Folgetag seines Eintreffens in der Anstalt wurde die Zugangsuntersuchung durchgeführt. Dabei wurde dem Gefangenen wegen seiner Gehstörung eine Aufnahme auf der Krankenabteilung angeboten. Er bat darum, im Regelvollzug zu verbleiben und in Anbetracht seines Alters möglichst auf einer Einzelzelle. Da ein altersentsprechender körperlicher und psychischer Untersuchungsbefund erhoben wurde und keine stationäre Behandlungsbedürftigkeit mehr gegeben war, wurde diesem Wunsch entsprochen. Da der Gefangene zudem angab, dass das zusätzlich verordnete Medikament Lyrika keine Wirkung

---

[1] Es handelt sich um ein Antiepileptikum, das zur Behandlung von Nervenschmerzen zugelassen ist.

gezeigt habe, erhielt er alternativ ein stark wirkendes Schmerzmittel (Tramadol). In den Folgetagen meldete sich der Gefangene nicht mehr zur ärztlichen Sprechstunde.

Eine Woche später wurde er dann morgens bei der Lebendkontrolle tot in seinem Haftraum aufgefunden.

Soweit zu diesem Fall. Was hätten Sie an Stelle der Anstaltsärztin getan? Hätten Sie diesem älteren Mann seinen Wunsch verwehrt und gegen seinen Willen eine Unterbringung in einer Gemeinschaftszelle mit jungen Inhaftierten angeordnet? Hätten Sie ihn gegen seinen Willen auf die Krankenstation übernommen? Hätten Sie das auch getan, wenn es sich um Ihren Vater gehandelt hätte?

Nach der Checkliste hätte man diesen Gefangenen in Gemeinschaft belassen müssen. Er war Alkoholiker mit einer Alkoholtoxischen Polyneuropathie. Er hatte keine besonders gute Compliance, was die Behandlung seiner chronischen Erkrankungen betraf. Er hatte sich sogar gegen eine psychiatrische Exploration gesperrt. Zudem hatte er seine Ehefrau getötet und hatte sich höchstwahrscheinlich auch selbst töten wollen. Alles Dinge, die als Risikofaktoren einzustufen sind. Und doch waren vier Monate im Justizvollzugskrankenhaus problemlos verstrichen. Und wie wir aus dem ersten Fallbeispiel wissen, hätte er sich auch bei einer Gemeinschaftsunterbringung suizidieren können. Was aber hatte sich in der neuen Anstalt verändert oder hatte er nur auf einen günstigen Augenblick gewartet, sich zu suizidieren?

Was letztendlich für den Suizid ausschlaggebend war, wird spekulativ bleiben. Wie im ersten Fallbeispiel dargelegt, wurden auch in diesem Fall die getroffenen Maßnahmen überprüft und auch diesmal waren diese ordnungsgemäß erfolgt. Was aber in den Checklisten nicht erfasst wird, und was auch schwer zu erfassen ist, ist die Frage nach Bezugspersonen. Zum Psychiater im Justizvollzugskrankenhaus hatte der Gefangene offensichtlich wenig Vertrauen gehabt. Vielleicht gab es aber Personen im Krankenhaus, zu denen er ein entsprechendes Vertrauen aufgebaut hatte. Dafür spricht auch das Bemühen der Ärzte um eine angemessene Behandlung und die lange Verweildauer im Krankenhaus. Wie die Situation in der neuen Anstalt war, wissen wir nicht. Wir wissen auch nicht, ob es Mitarbeiter gab, denen sich der Gefangene hätte anvertrauen können und auch anvertrauen wollen.

Was wir aber wissen ist, dass keine Checkliste und keine Zwangsmaßnahmen die wesentlichen Kriterien zur Suizidprophylaxe ersetzen können: Offenheit, Empathie und Zeit für ein Gespräch.

10. Prävention des Krankenhaussuizids im Maßregelvollzug

Frank Goldbeck

10.1 Zusammenfassung

Die Inzidenz von Suizidalität ist bei Menschen mit psychiatrischen oder Suchterkrankungen ebenso erhöht wie bei Menschen, die sich in Haft befinden. Patienten, die diesen Risikogruppen angehören, befinden sich in der Regel im Maßregelvollzug gemäß §§ 63, 64 StGB. Leider findet sich keine wissenschaftliche Untersuchung dieses Sachverhaltes in der Literatur. Eine Serie von vollendeten Suiziden war für die Klinik Nette-Gut für Forensische Psychiatrie Auslöser sich mit diesem schwierigen Thema in Form mit einer Projektgruppe auseinanderzusetzen und *Hilfestellung zur Einschätzung, Beurteilung und Umgang mit suizidalen Patienten im forensisch stationären Bereich* zu erarbeiten. Die Ergebnisse dieser Projektgruppe sollen nun dargestellt werden.

10.2 Einführung

Zwischen 2005 und 2009 haben sich in der Klinik Nette-Gut für Forensische Psychiatrie insgesamt sechs Patienten das Leben genommen. Insbesondere die Häufung von Suiziden in einem relativ kurzen Zeitraum führte dazu, dass man sich intensiv mit dieser Problematik auseinandergesetzt hat.

Im Rahmen von extern supervidierten Fallbesprechungen wurde überprüft, ob suizidale Tendenzen bei den Patienten im Vorfeld hätten gesehen werden können. Im Rahmen dieser intensiven Auseinandersetzung und retrospektiver Beurteilung der Psychopathologie der Suizidenten konnten klassische suizidale Symptome bei diesen nicht nachgewiesen werden, Zeichen eines drohenden Suizids waren also nicht so offensichtlich, dass sie hätten erkannt werden können.

Bei den Suizidenten handelte es sich um männliche Patienten mit einem Durchschnittsalter von 31 Jahren. Vier dieser Patienten waren länger als fünf Jahre in der Klinik untergebracht, ein Patient erst seit 2 Monaten. Mit Ausnahme dieses Patienten, der nach § 126a StPO – entspricht etwa der Untersuchungshaft – vorläufig in der Klinik untergebracht war, waren alle anderen Patienten in ein psychiatrisches Krankenhaus nach § 63 StGB eingewiesen worden.

Diagnostisch lag bei fünf dieser Patienten eine Erkrankung aus dem schizophrenen Formenkreis vor, bei drei dieser fünf Patienten bestand zusätzlich eine Komorbidität in Form eines zusätzlichen Substanzmissbrauchs, ein Patient litt an einer Borderline-Persönlichkeitsstörung. Bezüglich der Unterbringungsdelikte ist festzustellen, dass es sich bei dem Hauptdelikt in drei Fällen um Körperverletzungsdelikte handelte, jeweils einmal lag eine schwere räuberische Erpressung, eine Brandstiftung sowie eine Beamtenbeleidigung in Verbindung mit Widerstand gegen Polizeibeamte und Leistungserschleichung vor.

Man kann sich leicht vorstellen, dass eine derartige Häufung von vollendeten Suiziden zu einer entsprechenden Unruhe, sowohl innerhalb der Klinik bei Mitarbeitern und Patients, als auch im Umfeld der Einrichtung geführt hat. Diese Unruhe führte unter anderem dazu, dass die Projektgruppe *„Hilfestellung zur Einschätzung, Beurteilung und Umgang mit suizidalen Patienten im forensisch stationären Bereich"* ins Leben gerufen wurde (Goldbeck & Kerwer, 2010).

Diese Projektgruppe musste sich zu Beginn ihrer Arbeit mit mehreren Problemen auseinandersetzen. Zum einen fiel bei der Durchsicht der Literatur auf, dass keine Veröffentlichungen über Suizidalität oder Suizidprävention in Maßregelvollzugskliniken existierten, zumindest konnten bei einer Internet-Recherche keine gefunden werden. Wenn über Suizidalität im forensischen Setting berichtet wurde, dann handelte es sich bei diesen Settings um Justizvollzugsanstalten oder um psychiatrische Krankenhäuser, allerdings ohne Bezug zu den Maßregelvollzugskliniken (Fries & Vettiger, 2012), oder aber es wurde über Patienten im Zusammenhang mit einem erweiterten Suizid und deren forensische Würdigung berichtet (Saß, 2009).

Fast scheint es, dass sich niemand mit diesem Thema beschäftigen möchte. Therapie im Maßregelvollzug ist eine Therapie der Sicherung und Besserung. Es geht primär um Kriminaltherapie, also um die Abwendung von Fremdgefährdung, nicht um die Reduzierung von Eigengefährdung, obwohl Suizidalität in Maßregelvollzugskliniken ein durchaus anzutreffendes Phänomen ist.

Es konnten also keine Zahlen oder veröffentliche Erfahrungen aus anderen, der Klinik Nette-Gut vergleichbaren Einrichtungen des Maßregelvollzugs, zur Entwicklung eines Konzeptes zur Suizidprävention herangezogen werden. Allerdings lagen umfangreiche Arbeiten bezüglich suizidalem Verhalten im Zusammenhang mit psychischen Störungen, in psychiatrischen Krankenhäusern (z. B. Arbeitsgemeinschaft „Suizidalität und Psychiatrisches Krankenhaus", 2011; Finzen et al., 1997; Homburger et al., 2003; Lehle, 2007; Neuner et al., 2010; Powell et al., 2000; Spießl et al., 2008; Wolfersdorf et al., 2010) und auch in Justizvollzugsanstalten (z. B. Bennefeld-Kersten, 2009a; 2009b; Felthous & Saß, 2010; Missoni & Konrad, 2008; Rabe & Konrad, 2010) vor.

Man musste sich innerhalb der Projektgruppe zunächst einmal damit auseinandersetzen, sich selbst als Einrichtung in diesem Zusammenhang zu definieren und eine Zuordnung der Patienten zu einer Risikogruppe durchführen. Anschließend wurden Maßnahmen ergriffen, die helfen sollen, suizidgefährdete Patienten besser zu identifizieren und professionell auf eine mögliche akute Suizidgefahr zu reagieren.

Im psychiatrischen Maßregelvollzug werden psychisch kranke oder suchtkranke Straftäter untergebracht. Nach § 63 StGB werden Menschen in psychiatrische Krankenhäuser eingewiesen, die im Zustand oder der verminderten oder aufgehobenen Schuldfähigkeit ein Delikt begangen haben (§§ 20, 21 StGB). Wenn die Gesamtwürdigung des Täters und seiner Tat ergibt, dass dieser aufgrund der Störung weitere Straftaten begehen wird (negative Legalprognose), so erfolgt die Unterbringung in der einen Maßregelvollzugsklinik. Diese Unterbringung erfolgt zeitlich unbegrenzt, was bedeutet, dass diese unter Berücksichtigung der Verhältnismäßigkeit auch lebenslang erfolgen kann.

Gemäß § 64 StGB erfolgt die Unterbringung von suchtkranken Straftätern in einer Entziehungsanstalt. Besteht bei einem Täter der Hang psychotrope Substanzen, seien es nun Drogen oder Alkohol, zu konsumieren und hat dieser eine Straftat im Rausch dieser Droge oder aufgrund der bestehenden Suchterkrankung begangen, so soll vom Gericht die Unterbringung in einer Entziehungsanstalt angeordnet werden, wenn infolge des Hanges die Gefahr weiterer erheblicher rechtswidriger Taten besteht. Eine weitere, aus psychiatrischer Sicht wichtige Voraussetzung für die Unterbringung in einer Entziehungsanstalt in die positive Behandlungsprognose. Es muss eine hinreichend konkrete Aussicht bestehen, dass die Person von ihrer Suchterkrankung geheilt oder zumindest eine längere Zeitdauer abstinent wird und so von weiteren Straftaten abgehalten wird. Die Unterbringung erfolgt unabhängig von der Feststellung einer verminderten oder gar aufgehobenen Schuldfähigkeit. Bei der Dauer der Unterbringung hat man sich an einer Frist von zwei Jahre zu orientieren, wobei aber auch längere Behandlungszeiten nicht ausgeschlossen sind (Schalast, 2013).

Die Belegung im Maßregelvollzug der letzten Jahre zeigt eine stetige Zunahme an Patienten, sowohl in den psychiatrischen Krankenhäusern als auch in den Entziehungsanstalten (siehe Abbildung 1, Quelle: Statistisches Bundesamt, 2013a). Immer mehr Patienten mit Erkrankungen aus dem schizophrenen Formenkreis werden gemäß § 63 StGB untergebracht (Kutscher et al., 2009; Habermeyer et al., 2010). Zusätzlich stieg die Anzahl der Patienten mit einer Unterbringungsdauer von über 10 Jahren (Müller-Isberner et al., 2007).

Eine ähnliche Entwicklung bezüglich der Belegung in den Entziehungsanstalten und einer Zunahme der Einweisungen und der Unterbringungsdauer zeigt sich auch im Bereich der Entzie-

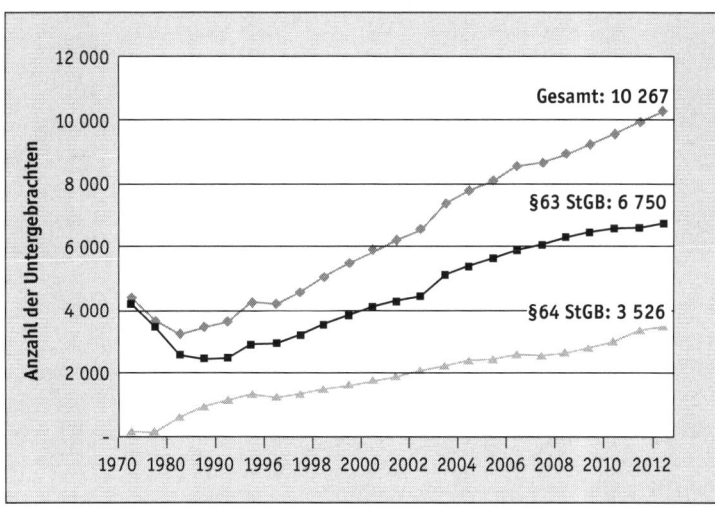

Abb. 1: Belegungsentwicklung im Maßregelvollzug nach §§ 63,64 StGB

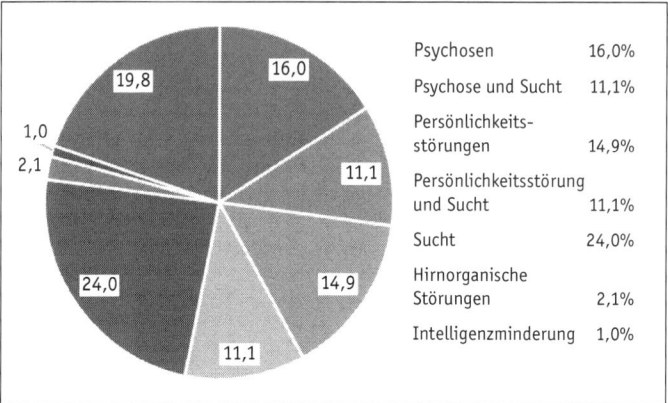

Abb. 2: Diagnoseverteilung in der Klinik Nette-Gut in %, Stand 31.12.2012 (n=385)

Psychosen	16,0%
Psychose und Sucht	11,1%
Persönlichkeits-störungen	14,9%
Persönlichkeitsstörung und Sucht	11,1%
Sucht	24,0%
Hirnorganische Störungen	2,1%
Intelligenzminderung	1,0%

hungsanstalten. Wobei ein weiterer, erheblicher Anstieg in Zukunft noch zu erwarten ist (Schalast, 2012; 2013).

Bei der Klinik Nette-Gut für Forensische Psychiatrie handelt es sich um die größte Maßregelvollzugsvollklinik in Rheinland-Pfalz mit 390 Behandlungsplätzen. Die Klinik ist in drei Abteilungen gegliedert, wobei in der psychomedizinischen Abteilung hauptsächlich schizophrene Patienten behandelt werden. Auf einer Station sind Frauen nach § 63 StGB diagnoseübergreifend untergebracht. In der psychotherapeutischen Abteilung befinden sich hauptsächlich persönlichkeitsgestörte und/oder Sexualstraftäter. Auf einer heilpädagogischen orientierten Station werden intelligenzgeminderte Patienten behandelt. Bei der dritten Abteilung handelt es sich um die suchtmedizinische Abteilung, in der Patienten gemäß § 64 StGB behandelt werden, bei denen eine Abhängigkeit bzw. ein Missbrauch von illegalen psychotropen Substanzen vorliegt.

Die Diagnoseverteilung zum Stichtag 31.12.2012 der Klinik zeigt die Abbildung 2. Bei fast der Hälfte der Untergebrachten findet sich als Hauptdiagnose eine Suchterkrankung oder spielt als Komorbidität eine Rolle. Bei über einem Viertel der Patienten findet sich eine Psychose aus dem schizophrenen Formenkreis.

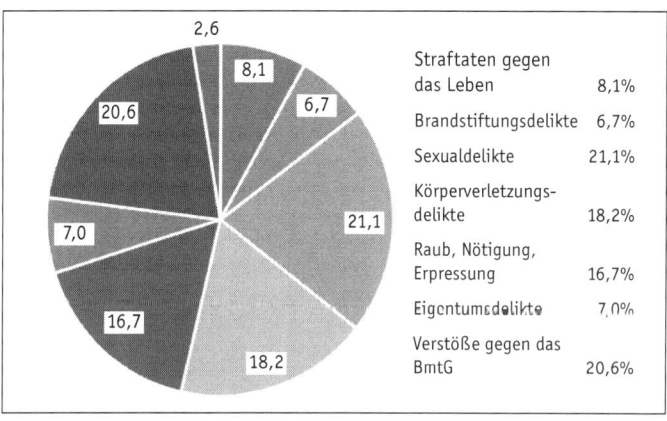

Abb. 3: Deliktverteilung in der Klinik Nette-Gut in %, Stand 31.12.2012 (n=385)

Straftaten gegen das Leben	8,1%
Brandstiftungsdelikte	6,7%
Sexualdelikte	21,1%
Körperverletzungs-delikte	18,2%
Raub, Nötigung, Erpressung	16,7%
Eigentumsdelikte	7,0%
Verstöße gegen das BmtG	20,6%

Bezüglich der Deliktverteilung ist festzustellen, dass es sich bei den Patienten, die sich in der Klinik Nette-Gut befinden, ein Großteil mit Sexualdelikten bzw. Körperverletzungsdelikte begangen haben, insbesondere in der suchtmedizinischen Abteilung findet sich naturgemäß ein großer Anteil von Patienten, die wegen Verstößen gegen das Betäubungsmittelgesetz verurteilt wurden (s. auch Abbildung 3).

10.3 Allgemeine Suizidalität

Wolfersdorf (2008) definiert Suizid als selbst verursachte bzw. veranlasste selbstschädigende Handlung, mit dem Ziel, tot zu sein (hohen Todeswunsch) und in dem Wissen, mit der Erwartung oder in dem Glauben, mit der angewandten Methode das Ziel zu erreichen. Der Ausgang der Handlung ist also der Tod des Handelnden. Im Vergleich hierzu steht der Suizidversuch, bei dem der Handelnde den Versuch der Selbsttötung überlebt.

Im Jahr 2012 suizidierten sich in der Bundesrepublik Deutschland 9.890 Menschen. Die Suizidquote pro 100.000 Einwohner betrug damit 12,1. Am häufigsten erfolgte die Selbsttötung durch Erhängen (4.446), gefolgt von Vergiftungen (1.747) und Sturz in die Tiefe (996) (Quelle: Statistisches Bundesamt, 2013b)

Durch epidemiologische Untersuchungen konnten Risikogruppen identifiziert werden, bei denen ein erhöhtes Suizidrisiko besteht. Hierbei handelt es sich um:
- Menschen mit affektiven Erkrankungen,
- Alte und Vereinsamte,
- Chronisch Kranke mit Schmerzen und wenig Aussicht auf Heilung,
- Alkoholabhängige,
- Drogenabhängige,
- Menschen mit Anorexien,
- Suizidandrohungen,
- Personen nach einem Suizidversuch (10% Wiederholungen in den ersten 12 Monaten),
- Schizophrene Menschen,
- Persönlichkeitsgestörte Menschen,
- Menschen in Haft (Schmidtke et al., 2005).

Bezieht man diese Angaben nun auf den Maßregelvollzug, so finden sich große Übereinstimmungen mit den dort Untergebrachten. Es handelt sich bei diesen Untergebrachten um Menschen, bei denen eine psychische Störung in Form von Suchtproblematik, Schizophrenie und Persönlichkeitsstörungen vorliegt. Patienten, die sich im Maßregelvollzug befinden, sind dort aufgrund einer richterlichen Anordnung nach einer Straftat untergebracht, also schon irgendwie auch in Haft. Aufgrund dieser Zuordnung der Patienten im Maßregelvollzug zu mehr als einer Risikogruppe, ging die Projektgruppe der Klinik Nette-Gut davon aus, dass bei allen diesen Patienten eine *Basissuizidaliät* vorliegt. Es ist also nicht mehr die Frage, ob bei jemanden eine

Suizidalität vorliegt, sondern es geht darum abzuschätzen, wie ausgeprägt diese Suizidalität ist, also ob beispielsweise eine erhöhte oder akute Suizidalität vorliegt. Daraus folgt, dass bei allen Patienten Suizidalität direkt thematisiert, präzise und direkt erfragt und unter Berücksichtigung der vorhandenen Ressourcen und lebensbejahenden Einstellungen beurteilt wird (DGPPN et al., 2009). Bei der Einschätzung der Suizidgefahr ist also nicht nur wichtig zu wissen, ob es sich bei dem gegenüber um jemanden handelt, bei dem gewisse Risikofaktoren vorliegen, Suizidalität ist in einem direkten, einfühlsamen und offenen Gespräch zu klären (Wolfersdorf et al., 2002). Dieses Gespräch ist in Krisensituationen oft auch der erste Schritt in Richtung Bewältigung und Therapie (Etzersdorfer, 2008).

10.4   Suizidalität bei psychischen Störungen

Bertolote et al. (2004) untersuchten eine Gesamtgruppe von über 15000 psychisch kranken Menschen, die nach einem Suizid verstarben. Die Arbeitsgruppe fand heraus, dass bei über 30% der Suizidenten eine affektive Störung vorlag, aber auch der Anteil von Menschen mit substanzbezogenen Störungen (17.6%), Schizophrenie (14,1%) und Persönlichkeitsstörung (13,0%) durchaus erheblich war. Die Ergebnisse dieser Untersuchung führte zu der Forderung, antisuizidale Strategien, die ausschließlich die Identifikation und Behandlung von Depressionen verfolgten, zu überdenken und auch andere psychische Störungen, insbesondere alkoholbedingte und schizophrene Störungen in den Fokus der Suizidprävention zu stellen.

Neben diesen Risikofaktoren der psychiatrischen Diagnose ist ein besonderes Augenmerk auf typisch psychopathologische Symptome zu legen. Bei Hoffnungslosigkeit, Resignation, ängstigenden und bedrohlich erlebten Wahninhalten sowie bei dem Vorliegen von schweren Schuld- und Versagensgefühlen ist in der Regel von einer akuten Suizidalität auszugehen (Homburger et al., 2003).

Auch ein psychiatrisches Krankenhaus ist kein suizidfreier Raum. Hier werden ja auch Menschen in suizidalen Krisen stationär-psychiatrisch behandelt. Tatsächlich ist die Kliniksuizidrate ca. 10-mal höher als in der Bevölkerung (Spießl et al., 2008). Nach Wolfersdorf et al. (2010) liegt die mittlere Patientensuizidrate (Suizide auf 100.000 Aufnahmen pro Tag) in psychiatrischen Krankenhäusern zwischen 51 und 253. Im Trend konnte aber in den letzten Jahrzehnten abnehmender Verlauf der Kliniksuizidraten festgestellt werden. Als klinische Risikogruppe wurden insbesondere junge schizophrene Männer ausgemacht, daneben aber auch primär depressive Kranke, insbesondere mit depressiver Wahnsymptomatik und Patienten mit Hoffnungslosigkeit, hohem Leidensdruck und altruistischen Ideen.

Im Zusammenhang mit Suizidprävention durch psychiatrisch-psychotherapeutische Kliniken wird als signifikanter Prädiktor eines Kliniksuizids eine auffällige Verhaltensänderung, Probleme in der Pharmakologie, insbesondere Nebenwirkung und Therapieresistenz, ausgeprägte Angst in der Woche vor einem Suizid benannt.

Powell et al. (2000) berichteten im Zusammenhang mit Suizidalität im psychiatrischen Krankenhaus über wesentliche Prädiktoren wie bspw. ein zurückliegender Verlust, Vorhandensein von Wahnsymptomen, Suizidideen, chronische psychiatrische Erkrankung und Suizide in der Familienanamnese. Sie verwiesen weiter darauf, dass Patienten, bei denen sich drei oder mehr dieser fünf Faktoren nachweisen lassen, ein Suizidrisiko von über 5% haben. Sie merkten aber auch an, dass nur 2% dieser suizidalen Patienten mit diesen Prädiktoren korrekt zu identifizieren waren. Der klinische Nutzen der Ergebnisse sei allerdings begrenzt, da eine Kombination dieser Risikofaktoren extrem selten sei. Bei der Mehrzahl der Suizidenten habe sich darüber hinaus keiner dieser prädiktiven Faktoren finden lassen. Es bleibt also das Problem bestehen, dass trotz einem zunehmenden Wissen über auslösende Faktoren und Bedingungen eine zuverlässige Einschätzung suizidalen Verhaltens bisher nur bedingt möglich ist, was nicht bedeuten soll, dass man es nicht versuchen muss.

Da sich insbesondere schizophrene Patienten in der Klinik Nette-Gut suizidiert haben (Goldbeck & Kerwer, 2011) und sich auch deren Anteil an den Einweisungen in den Maßregelvollzug in den letzten Jahren ständig vergrößert (Kutscher et al., 2009; Habermeyer et al., 2010), müssen besonders für diesen Personenkreis Spezifitäten der Suizidgefährdung herausgearbeitet werden. Auch berichtete beispielsweise Lehle (2007) über einen Anteil von über 50% Schizophrener an den Suizidenten eines psychiatrischen Krankenhauses.

Als Risikofaktoren für die Begehung eines Suizids durch schizophrene Menschen arbeiteten Hawton et al. (2005) im Rahmen einer Metaanalyse heraus, dass dieses Faktoren weniger mit einer psychotischen Kernsymptomatik korrelieren, sondern mehr mit affektiven Symptomen, Agitation, motorische Bewegungsunruhe und die Angst davor, dass eine psychische Erkrankung die mentalen Funktionen beeinträchtigen könnte, also die Angst davor *verrückt zu werden*. Suizidales Verhalten in der Vorgeschichte, Drogenmissbrauch und Verlusterlebnisse erhöhen das Risiko ebenso wie Complianceprobleme in der Behandlung. Halluzinationen waren überraschenderweise mit einem geringeren Risiko assoziiert.

Suizidprävention bei schizophrenen Patienten bedeutet demnach, dass eine effektive Behandlung affektiver Symptome, sowie Maßnahmen, die die Behandlungstreue fördern. Besondere Beachtung sollten Patienten erhalten, die eines dieser spezifischen Risikofaktoren aufweisen, insbesondere nach einem Verlusterlebnis (Hawton et al., 2005).

Krupinski et al. (2000) stellten bezüglich der Risikofaktoren eines Kliniksuizids bei schizophrenen Patienten das Vorliegen eines depressiv-suizidalen Syndroms fest, wobei in absteigender Reihenfolge die Variablen *Gefühl der Gefühllosigkeit, beobachtete Depression, frei flottierende Angst, Suizidalität* und *Suizidversuch in der Vorgeschichte* die größte prädiktive Aussage bezüglich eines späteren Suizids entfalteten. Diese Faktoren waren oft schon bereits in der Aufnahmesituation nachweisbar. Sie gaben darüber hinaus auch schizophrene Kernsymptome wie *Gedankeneingebung* und *Wahn* an, wobei sich letzter weniger als *Beeinträchtigungs- bzw. Verfolgungserleben*, sondern eher als *wahnhaftes Schulderleben* darstellt.

Es sind also sowohl schizophrenietypische Krankheitssymptome, wie wahnhaftes Erleben oder Halluzinationen und affektive Störungen, insbesondere depressive Symptome, als auch Probleme in der Krankheitsbewältigung einschließlich Nebenwirkungen der Psychopharmakotherapie, die bei schizophrenen Patienten suizidale Krisen auslösen können.

10.5   Suizidalität in Justizvollzugsanstalten

Hier soll nur kurz auf diesen Sachverhalt eingegangen werden, da die Mitautoren dieses Buches sicherlich kompetenter in der Darstellung dieser Problematik sind.

Bennefeld-Kersten (2009a, ausführlicher 2009b) zeigte, dass Suizidalität in Haftanstalten kein zu vernachlässigendes Problem ist. Hier waren männliche Gefangene häufiger betroffen als weibliche Gefangene. Der Großteil der Suizide geschah jedoch noch während der Untersuchungshaft. Suizidenten waren häufiger wegen eines Sexual- oder Tötungsdeliktes inhaftiert und hatten dementsprechend häufigere lebenslange Freiheitsstrafen zu verbüßen oder waren öfter mit Sicherungsverwahrung belegt oder davon bedroht. Fast die Hälfte aller Suizide geschah in den ersten drei Monaten der Inhaftierung.

Im Vergleich zu den eigenen Suizidenten, auch wenn man bei einer Stichprobe von sechs Patienten sicherlich nicht von einer aussagekräftigen Erhebung reden kann, fällt doch auf, dass die Patienten im Maßregelvollzug erheblich länger untergebracht waren als in Haftanstalten und dass es sich bei den Delikten, die zur Unterbringung führten, nicht um schwere oder schwerste Gewalt- bzw. Sexualstrafen handelte.

Tatsächlich muss man auch von einer gewissen Perspektivlosigkeit der Patienten im Maßregelvollzug ausgehen, da Patienten, obwohl sie nur vergleichsweise geringfügige Delikte begangen haben, trotzdem lange Zeit in einem psychiatrischen Krankenhaus untergebracht werden können. Diese gefühlte Perspektivlosigkeit zeigte sich auch in einer in der Klinik Nette-Gut durchgeführten Patientenbefragung (Nitsche, 2012).

10.6   Suizidprävention in einer Maßregelvollzugsklinik

Die Projektgruppe der Klinik Nette-Gut ging von der Grundannahme aus, dass jeder Patient in der Einrichtung bezüglich seines Suizidrisikos mindestens einer Risikogruppe angehört. Es erfolgte damit auch eine Änderung der Einstellung zur Eigengefährdung von Maßregelvollzugspatienten. Allen Patienten wird nunmehr eine *Basissuizidalität* unterstellt, da bei ihnen regelhaft mehrere Faktoren zu finden sind, die auch vermehrt bei suizidalen Menschen auftreten, wie z. B. Störung der Impulskontrolle, psychische Erkrankung, Inhaftierung und auch männliches Geschlecht. Das Ziel der Projektgruppe war es weiter durch strukturelle Maßnahmen sicherzustellen, dass eine Einschätzung der individuellen Suizidalität der untergebrachten Patienten möglichst früh in der Behandlung erfolgt und kontinuierlich evaluiert wird. Präventive Maßnahmen sollten individuell entwickelt und mit dem Patienten besprochen werden.

Dabei ging die Projektgruppe von folgenden Grundannahmen aus:

- Es gibt selbst unter optimalen Bedingungen keine absolut sichere Suizidprävention.
- Die Einschätzung der Suizidalität und der individuell geplante Umgang mit suizidalen Patienten ist notwendig um zu verhindern, dass Patienten Suizidideen in Suizidabsichten und Suizidhandlungen umsetzen.
- Strukturell fest implementierte Maßnahmen sind wichtig, um die Mitarbeiter zu unterstützen und zu entlasten.

Zunächst wurde ein Standard entsprechend den Vorgaben des Qualitätsmanagements entwickelt, der Aussagen zur Struktur-, Prozess- und Ergebnisqualität enthält. Als erstes sollte bei allen Patienten eine Einschätzung der Suizidalität erhoben werden und entsprechend dokumentiert werden. Dazu war es notwendig, dass zunächst alle Mitarbeiter der Klinik mit Patientenkontakt ein ausreichendes Wissen zu diesem Themenkomplex erwerben konnten. Alle Mitarbeiter der Pflege- und des therapeutischen Dienstes, immerhin mehr als 400 Personen, wurden zu diesem Thema in Gruppen mit maximal 15-20 Teilnehmern geschult als zwingende Voraussetzung zur Einführung und Umsetzung des Standards *Suizidprävention*.

Es wurde im Rahmen dieser Fortbildung Suizidalität definiert und im Zusammenhang mit der spezifischen Dynamik und Besonderheiten psychiatrischer Krankheitsbilder benannt. Risikofaktoren wurden herausgearbeitet und Warnsignale beschrieben. Schließlich wurden suizidpräventive Maßnahmen erarbeitet und deren Umsetzung anhand des Standards der Klinik besprochen.

Zusätzliche erfolgte eine Schulung in der Gesprächsführung für therapeutische Mitarbeiter und Leiter der Pflegegruppen bzw. Stationen. Ziel der zweitägigen Veranstaltung war es, die komplexe Begegnungs- und Beratungssituation mit suizidalen Patienten erfolgreich und professionell gestalten zu können. Hierzu bedarf es einer empathischen, haltgebenden und hoffnungsvollen Beratungskompetenz in existenziellen Krisen. In diesem Baustein wurde theoretisches, methodisches und praktisches Spezialwissen und der dazu gehörende Praxistransfer vermittelt. Ziel war es, die Handlungskompetenz der Mitarbeiter für den Umgang mit Menschen in der suizidalen Krise zu erweitern (Althaus & Hegerl, 2004; Bronisch, 2007; Ebner & Lehle, 2005).

Des Weiteren wurden Verantwortlichkeiten für die Dokumentation erhöhter und akuter Suizidalität festgelegt und wie diese wichtige Information an alle an der Behandlung beteiligten Mitarbeiter weitergegeben wird. Wichtig war es der Projektgruppe festzuhalten, dass die Einschätzung von Suizidalität und die Durchführung präventiver Maßnahmen eine Aufgabe des Gesamtbehandlungsteams ist, auch wenn eine fachärztliche Letztverantwortlichkeit besteht.

Anhand eines neu entwickelten Formulars *Gefährdungseinschätzung,* welches im computergestützten Krankenhausinformationssystem hinterlegt ist, wird anhand eines semistrukturierten Interviews mit Vorgabe offener Fragen Angaben zu Risikofaktoren, wie familiäre Belastung oder Suizidversuche in der Vorgeschichte, erhoben. Diese Einschätzung erfolgt bereits zu einem Zeitpunkt, in dem der Patient nicht suizidal ist, um mögliche Hilfsmöglichkeiten in möglichen Krisensituationen mit ihm zu besprechen. Dieser Bogen wird nun bei einem Patienten der Klinik Nette-Gut bei der Aufnahme, bei jeder Behandlungsplanung, also alle sechs Monate, bei jeder

Krise bzw. auffälligen Verhaltensänderung z. B. im Zusammenhang mit Gerichtsverhandlung, beim Wechsel von Bezugspersonen oder Stationen und im Zusammenhang mit Umstellung von Psychopharmaka erfolgen.

Dies sollte eben nicht nur im Sinne einer Erhebung von Risikofaktoren oder kritischen Lebensereignissen oder spezifischer Psychopathologie erfolgen, wie es in den meisten Suizidpräventionsbögen vorgesehen ist, sondern auch im Hinblick darauf, dass mit den Patienten über Ressourcen in Form von Lebensperspektiven und haltgebenden Bedingungen gesprochen wird. Bei jedem Patienten soll darüber hinaus eingeschätzt werden, ob des Weiteren eine erhöhte oder akute Suizidalität des Patienten vorliegt. Bei Patienten mit einem erhöhten oder akuten Suizidrisiko werden individuell geplante Maßnahmen durchgeführt, die zum Ziel haben, dass der Patient Suizidideen nicht in Suizidabsichten und Suizidhandlungen umsetzt und das aktuelle Leiden, die Hoffnungslosigkeit sowie der Handlungsdruck gemindert werden.

Entsprechend auch den Vorgaben der Arbeitsgemeinschaft „Suizidalität und psychiatrisches Krankenhaus" (2011) war es der Projektgruppe wichtig, dass nicht nur während der Krise, sondern auch vor der Krise die Patienten über alle getroffenen Maßnahmen informiert werden und nach Möglichkeit ihr Einverständnis und Zustimmung in diese Maßnahmen durch diese Patienten eingeholt wird. Alle Mitarbeiter sowohl auf der Station, aber auch während der Behandlung beteiligten Mitarbeiter der stationsübergreifenden Therapien sind nun über die akute Suizidgefahr zu informieren. Letztlich wird auch versucht entsprechend der Suizidgefahr eine angepasste und individuelle Betreuung sicherzustellen. Hier wird ein breiter Maßnahmenkatalog auch angeboten, um sowohl den Mitarbeitern, aber auch den Patienten, in dieser Situation Hilfestellung zu geben. Diese Maßnahmen beinhalten z. B. eine 1 zu 1 Betreuung oder regelmäßige Gesprächsangebote vom Pflegepersonal und Bezugstherapeuten, aber auch weitere Schutzmaßnahmen wie bspw. der Rückzug in einen besonders gesicherten und kameraüberwachten Unterbringungsraum. Regelhaft werden auch diesen Patienten Medikamente angeboten, um eine gewisse Entspannung zu erreichen und Leidensdruck zu nehmen.

Darüber hinaus war es der Klinik wichtig sich auch mit den Patienten zu diesem Thema auszutauschen. Zunächst wurde in Anlehnung an den Flyer des nationalen Suizidpräventionsprogramms (Nationales Suizidpräventionsprogramm, 2010) ein eigener Flyer entwickelt (Abbildung 4), mit dessen Hilfe die Patienten bereits im Rahmen der Aufnahme auf dieses Problem hingewiesen und so versucht wird mit den Patienten über dieses belastende Thema ins Gespräch zu kommen.

Mit Hilfe eines Suizidpräventionsprogramms, welches in Schulen angewendet wird (Bründel, 1994), wurde von der Projektgruppe ein Gruppenprogramm entwickelt und an das spezielle Klientel einer forensischen Klinik angepasst. In vier Gruppenstunden kann mit den Patienten über Suizidalität gesprochen werden mit den Zielen, dass sich jeder Patient der Einstellung zum Suizid bewusst wird, Kenntnisse über Suizid erwirbt, suizidgefährdete Mitpatienten/Menschen erkennen und Hilfsmöglichkeiten im Krisensituationen annehmen kann. Abschließend können fiktive Fallbeispiele, wie zum Beispiel die Geschichte von Peter, besprochen werden.

Abb. 4: Flyer der Klinik Nette-Gut in Anlehnung den das Nationale Suizidpräventionsprogramm

Die Geschichte von Peter

Peter befindet sich seit Jahren im Maßregelvollzug. Er leidet an einer Borderline-Persönlichkeitsstörung. Immer wieder kam es zu Impulsdurchbrüchen, meist gegen Sachen, aber auch gegen sich selbst. So fügte er sich immer wieder oberflächliche Schnittverletzungen zu. Lange Zeit hat er sich dem therapeutischen Prozess verweigert. Erst in letzter Zeit nimmt er regelmäßig die Termine mit seiner Bezugspflege und Bezugstherapeuten wahr.

Nun steht die nächste Anhörung an. Peter verspricht sich viel davon, er glaubt, dass er ausreichend Fortschritte gemacht hat, um beurlaubt zu werden. Im Vergleich zu anderen Patienten hat er seiner Meinung nach auch nichts Schlimmes gemacht. Er hat niemanden umgebracht und ist auch kein Sexualstraftäter.

Einen Tag vor der Anhörung hat er noch einen Streit mit einem Mitpatienten, ein klärendes Gespräch wird zunächst von beiden abgelehnt.

Wie könnte es weitergehen?

Ziel dieser psychoedukativ ausgerichteten Maßnahme ist es, die Patienten über Ursachen und Symptome von Suizidalität zu informieren und ihnen Hilfsmöglichkeiten für einen möglichen Krisenfall aufzuzeigen. Diese intensive Beschäftigung mit diesem Thema erfolgt in der Hoffnung, dass die Erfolge des Kompetenznetzes *Depression* bezüglich der Reduktion der Suizidrate in der Bevölkerung im Kleinen wiederholt werden können (Spießl et al., 2008).

Auch wenn es selbst unter optimal fürsorglichen Bedingungen keine absolut sichere Suizidprävention gibt, so liegt es in der Verantwortung der Klinikleitung, strukturelle Rahmenbedingungen zu schaffen und die Mitarbeiter zu unterstützen. Der Suizid eines Patienten ist immer ein tragisches und belastendes Ereignis.

10.7 Ausblick

Eine erste Evaluation dieses Konzeptes durch Vergleiche der Anzahl suizidaler Handlungen der Jahre 2011 mit 2012 erbrachte zunächst scheinbar widersprüchliche Ergebnisse. Im Vergleich zu 2011 nahm 2012 die Anzahl der Patienten, die suizidal beschrieben wurden, von sechs auf neun zu. Die Anzahl der Suizidversuche, definiert als jede Art von selbstverletzendem Verhalten und/oder Angaben von Gedanken an Selbstschädigung oder Suizid, nahm jedoch von 103 auf 75 ab.

Auch wenn diese Zahlen sicherlich nicht sehr aussagekräftig sind, eine systematische Erhebung vor der Einführung des Suizidstandards nicht erfolgte und auch nur geringe Vergleichszahlen vorliegen, so lässt sich trotzdem vermuten, dass durch diese oben genannten Maßnahmen suizidale Patienten besser identifiziert werden können (Anstieg von sechs auf neun), so dass suizidpräventive Maßnahmen effektiv durchgeführt wurden und so die Anzahl der Suizidversuche von 103 auf 75 gesunken ist. Wir hoffen, dass diese Annahme zukünftig durch weitere Untersuchungen bestätigen lässt.

Eine Erhebung von Suizidalität ähnlich der in Justizvollzugsanstalten sollte auch für den Maßregelvollzug durchgeführt werden, um bessere Kenntnisse über Häufigkeit, Ursachen, Bedingungsfaktoren suizidalen Verhaltens dieser Patientengruppe zu erhalten und dementsprechend weitere präventive Maßnahme zu entwickeln. Es bleibt also noch viel zu tun!

10.8 Literatur

- Althaus, D. & Hegerl, U. (2004). Ursachen, Diagnostik und Therapie von Suizidalität. *Der Nervenarzt, 75*, 1123-1135.
- Arbeitsgemeinschaft "Suizidalität und Psychiatrisches Krankenhaus" (2011). Empfehlungen zur Diagnostik und zum Umgang mit Suizidalität in der stationären psychiatrisch-psychotherapeutischen Behandlung. *Suizidprophylaxe, 38*, 166-170.
- Bennefeld-Kersten, K. (2009a). Ausgeschieden durch Suizid – Selbsttötungen im Gefängnis. *Suizidprophylaxe, 36*, 1-4.
- Bennefeld-Kersten, K. (2009b) *Ausgeschieden durch Suizid. Selbsttötungen im Gefängnis. Zahlen, Fakten, Interpretationen*. Lengerich: Pabst Science Publisher.
- Bertolote, J. M., Fleischmann, A., De Leo, D. & Wasserman, D. (2004). Psychiatric diagnoses an suicide: Revisting the evidence. *Crisis 25*(4), 147-155.
- Bronisch, Th. (2007). Krisenintervention bei Suizidalität, *Psychotherapie, 12*, 234-240.
- Bründel, H. (1994). *Suizidprävention in der Schule. Eine Unterrichtseinheit zur Krisenintervention und Prävention für Schülerinnen und Schüler der Sekundarstufen 1 und 2. Informationen zur Schulberatung, Heft 20*. Soest: Landesinstitut für Schule und Weiterbildung.

- DGPPN, BÄK, KBV, AWMF, AkdÄ, BPtK, BApK, DAGSHG, DEGAM, DGPM, DGPs, DGRW (Hrsg.) für die Leitliniengruppe Unipolare Depression (2009). *S3-Leitlinie/Nationale VersorgungsLeitlinie Unipolare Depression-Kurzfassung*. Berlin: DGPPN, ÄZQ, AWMF.
- Ebner, G. & Lehle, B. (2005). Suizidalität – Erkennen, Vorgehensweise, rechtliche Situationen. Entscheidend ist eine suffiziente Betreuung. *Psychiatrie, 4*, 9-13.
- Etzersdorfer, E. (2008). Psychotherapeutische Krisenintervention. In M. Wolfersdorf, T. Bronisch & H. Wedler (Hrsg.), *Suizidalität. Verstehen – Vorbeugen – Behandeln* (S. 239-254). Regensburg: Roderer.
- Felthous, A. R. & Saß, H. (2010). Zusammenhang zwischen Art der strafbaren Handlung und Suizid in Haftanstalten der USA. *Forensische Psychiatrie Psychologie und Kriminologie, 4*, 170-181.
- Finzen, A., Hoffmann-Richter, U., Bullinger, A. & Frei, A. (1997). Der Suizid psychisch kranker innerhalb und außerhalb der Psychiatrischen Klinik. *Suizidprophylaxe, 24*, 7-14.
- Fries, D. & Vettiger, R. (2012). Management von Suizidalität im forensischen Setting. In J. Endrass, A. Rossegger, B. Borchard & F. Urbaniok (Hrsg.), *Intervention bei Gewalt- und Sexualstraftätern* (S. 427-438). Berlin: Medizinisch Wissenschaftlichen Verlagsgesellschaft.
- Goldbeck, F. & Kerwer, F. (2011). Suizidprävention im Maßregelvollzug. In N. Saimeh (Hrsg.), *Kulturelle und therapeutische Vielfalt im Maßregelvollzug* (S. 64-72). Bonn: Psychiatrie-Verlag.
- Habermeyer, E., Wolff, R., Gillner, M., Strohm, R. & Kutscher, S. (2010). Patienten mit schizophrenen Störungen im psychiatrischen Maßregelvollzug. *Der Nervenarzt, 81*, 1117-1124.
- Hawton, K., Haw, C., Siniclair, J. & Deeks, J. J. (2005). Schizophrenia and suicide: systematic review of risk factors. *Britisch Journal of Psychiatry, 187*, 9-20.
- Homburger, P., Lehle, B. & Ebner, G. (2003). Hilfestellung zur Einschätzung und Beurteilung suizidaler Patienten im stationären und ambulanten Betreuungssetting – Ein Projektbericht. *Suizidprophylaxe, 30*, 13-22.
- Krupinski, M. (2000) Schizophrene Psychosen und Kliniksuizid. *Der Nervenarzt, 71*, 906-911.
- Kutscher, S., Schiffer, B., & Seifert, D. (2009). Schizophrene Patienten im psychiatrischen Maßregelvollzug (§ 63 StGB) Nordrhein-Westfalens. *Fortschritte der Neurologie, Psychiatrie, 77*, 91-96.
- Lehle. B. (2007). Suizidalität und Suizid während der stationären psychiatrischen Behandlung. *Psychiatrie, 2*, 40-46.
- Nationales Suizidpräventionsprogramm (2010). *Hinsehen, zuhören, reden... Suizide und Suizidversuche im Justizvollzug*. Zugriff am 30.03.2014 unter http://www.suizidpraevention-deutschland.de/fileadmin/user_upload/Flyer/pdf-dateien/NASPRO-JustizBedienstete-2010.pdf
- Missoni, L. & Konrad, N. (2008). Beurteilung der Suizidgefährdung in Untersuchungshaft. *Recht & Psychiatrie, 26*, 3-14.
- Müller-Isberner, R., Jöckel, D., Neumeyer-Bubel, W. & Imbeck J. (2007). Entwicklung im psychiatrischen Maßregelvollzug Hessens. *Forensische Psychiatrie, Psychologie, Kriminologie, 1*, 43-49.

- Neuner, T., Hübner-Liebermann, B., Hausner, H., Felber, W., Wolfersdorf, M., & Spießl, H. (2010). Suizidalität und Fremdaggression im stationär-psychiatrischen Setting: diagnose-spezifische Aspekte. *Suizidprophylaxe, 37*, 106-115.
- Nitsche, T. (2012) Standardisierte Patientenbefragung im Maßregelvollzug. In N. Saimeh (Hrsg.), *Respekt - Kritik - Entwicklung. Therapeutische Aspekte im Maßregelvollzug* (S. 162-170). Köln: Psychiatrie-Verlag.
- Powell, J., Geddes, J., Hawton, K., Deeks, J. & Goldacre, M. (2000). Suicide in psychiatric hospital in-patients: Risk factors and their predictive power. *The British Journal of Psychiatry, 176*, 266-272.
- Rabe, K. & Konrad, N. (2010). Aktuelle Aspekte des Gefängnissuizids. *Forensische Psychiatrie, Psychologie, Kriminologie, 4*, 182-192.
- Saß, H. (2009). Kindstötung und erweiterter Suizid. *Forensische Psychiatrie, Psychologie, Kriminologie, 3*, 1-2.
- Schalast, N. (2012). Die gesetzliche Neuregelung der Unterbringung gemäß § 64 StGB und die Kapazitätsprobleme der Entziehungsanstalten. *Recht & Psychiatrie, 30*, 81-90.
- Schalast, N. (2013). Die Dauer der Unterbringung in der Entziehungsanstalt. Forensische Psychiatrie, Psychologie, Kriminologie, 7, 105-113.
- Schmidtke, A., Sell, R., Wohner, J. & Löhr, C. (2005). Epidemiologie von Suizid und Suizidversuch in Deutschland. *Suizidprophylaxe, 132*, 87-93.
- Spießl, H. Neuner, T., Hübner-Liebermann, B., Mehlsteibl, D. Schmid, R., Hajak, G. & Klein, H. E. (2008). Suizidprävention durch die psychiatrisch-psychotherapeutische Klinik. *Nervenheilkunde, 27*(Supplement 11a), 60-61.
- Statisches Bundesamt (2013a). Strafvollzug – Demographische und kriminologische Merkmale der Strafgefangenen am 31.03. – Fachserie 10, Reihe 4.1 – 2013. Zugriff am 30.03.2014 unter https://www.destatis.de/DE/Publikationen/Thematisch/Rechtspflege/StrafverfolgungVollzug/Strafvollzug2100410137004.htmlStatisches Bundesamt (2013b). Gesundheit – Todesursachen in Deutschland – Fachserie 12, Reihe 4 – 2013. Zugriff am 30.03.2014 unter https://www.destatis.de/DE/ZahlenFakten/GesellschaftStaat/Gesundheit/Todesursachen/Todesursachen.html
- Wolfersdorf, M. (2008). Suizidalität. *Der Nervenarzt, 79*, 1319-1334.
- Wolfersdorf, M., Vogel, R., Vogl, R., Neuner, T., Keller, F., Spießl, H. & Franke, C. (2010). Patientensuizid im psychiatrischen Fachkrankenhaus. *Forensische Psychiatrie Psychologie, Kriminologie, 4*, 193-201.
- Wolfersdorf, M., Franke, C. & König, F. (2002). Einschätzung von Suizidgefahr. *Notfall & Rettungsmedizin, 5*, 96-101.

11. Suizidalität eines schizophrenen Patienten im Maßregelvollzug

Frank Goldbeck

11.1 Zusammenfassung

Schizophren Erkrankte machen heute einen Großteil der gemäß § 63 StGB in einem psychiatrischen Krankenhaus untergebrachten Patienten aus (Kutscher, Schiffer & Seifert, 2009, Müller-Silberner et al, 2009). Obwohl es keine wissenschaftlich fundierten Zahlen über Suizidalität im Maßregelvollzug gibt, zeigen eigene Erfahrungen jedoch, dass es besonders diese Patientengruppe ist, bei der eine erhöhte Suizidgefahr besteht (Goldbeck & Kerwe, 2011). Berichtet wird über einen im Maßregelvollzug gemäß § 63 StGB untergebrachten Patienten, der durch parasuizidales Verhalten eine Änderung der für ihn unerträglichen Situation der Unterbringung in einem psychiatrischen Krankenhaus zu beeinflussen versuchte.

11.2 Vorgeschichte

Der Patient wurde 2007 zunächst nach § 126a StPO in einem psychiatrischen Krankenhaus vorläufig untergebracht, nachdem er in einem Zeitraum von Juni bis September 2007 wiederholt durch aggressive Übergriffe, insbesondere im Familienkreis, im Sinne von Körperverletzungsdelikten, auffällig geworden war, was schließlich zu der strafrechtlichen Konsequenz der Unterbringung im Maßregelvollzug gemäß § 63 StGB führte, da diese Delikte im Zusammenhang mit einer paranoid-halluzinatorischen Psychose gesehen wurden.

Wie dem Urteil des Landgerichts zu entnehmen ist, hat der Proband wiederholt im Zusammenhang mit Begrenzungssituationen durch andere Personen, insbesondere durch seine Familienmitglieder, aggressiv reagiert und diese in derartigen Situationen tätlich angegriffen.

Im Jahre 2000 wurde erstmalig bei dem Probanden eine Psychose aus dem schizophrenen Formenkreis diagnostiziert. Im der weiteren Entwicklung kam es immer wieder zu psychotischen Exazerbationen mit wahnhaften Erleben, Halluzinationen, aber auch Impulsdurchbrüchen in Form von aggressiven Verhaltensweisen.

Im Zusammenhang mit der Biographie ist weiter erwähnenswert, dass der Proband in einem dörflichen Milieu in der Türkei aufgewachsen sei und seinen Vater erst im Alter von 7 Jahren kennengelernt habe. Dieser habe sich als Gastarbeiter in Deutschland befunden. Der Proband sei in der Türkei zunächst der einzige Sohn der Familie gewesen und sei, so wie er es beschrieb, unter ärmlichen Verhältnissen aufgewachsen. Teilweise habe man nicht genug zu essen gehabt und er sei von anderen Kindern gehänselt worden, da sein Vater nicht vorhanden gewesen sei.

Weiter berichtete er, dass er in der Familie der *kleine Prinz* gewesen sei. Seine Wünsche seien immer erfüllt worden, zumindest solange, bis sein jüngerer Bruder später nach der Übersiedlung nach Deutschland geboren wurde.

Im Alter von 7 Jahren sei er nach Deutschland gekommen. Er habe die Grundschule besucht und sei dort ein mittelmäßiger Schüler gewesen. Im Anschluss sei er auf die Hauptschule gewechselt, wo er häufiger in Schulhofschlägereien verwickelt gewesen sei. Die Hauptschule habe er schließlich mit dem Hauptschulabschluss verlassen. Im Anschluss habe er zunächst versucht eine Lehre zum Kfz-Mechaniker zu machen, die er jedoch wegen Problemen mit einem Gesellen, der ihn schikaniert habe, abgebrochen habe. Später habe er auf der höheren Handelsschule versucht den Realschulabschluss nachzumachen. Schließlich habe er eine Maurerlehre begonnen, die er erfolgreich abgeschlossen habe. Zu einer durchgehenden Berufstätigkeit sei es dann jedoch nicht gekommen, da er im Jahre 2000 erstmalig an einer psychotischen Episode erkrankt sei, die zu einer stationären Behandlung geführt habe. 2005 sei er aufgrund dieser Erkrankung berentet worden.

Geheiratet habe er eine entfernte Cousine aus der Türkei im Jahre 1999. Die Ehe sei von der Familie arrangiert worden. Er habe gar nicht heiraten wollen. Er sei von den Eltern dazu gezwungen worden. Auch seine Frau habe nicht heiraten wollen. Trotzdem seien die ersten sechs bis sieben Jahre der Ehe glücklich gewesen. Dann habe sie ihn beschuldigt, dass er nicht nach Hause käme, Alkohol trinke und sie immer schlagen würde.

Das sei eine Zeit gewesen, als er Alkohol getrunken und auch Drogen genommen habe. Er habe sie geschlagen, er sei immer eifersüchtig gewesen. Er habe gedacht, sie hätte einen anderen. Kollegen haben ihm gesagt, dass sie seine Frau mit dem und dem Hand in Hand gesehen haben. Er habe versucht, das mit Alkohol und Drogen zu bekämpfen, das habe er aber auch nicht geschafft.

Im Zusammenhang mit der Suchtanamnese ist erwähnenswert, dass er mit 16 Jahren angefangen habe, Alkohol zu trinken. Mit 18 Jahren habe er den ersten Vollrausch gehabt. Mit 25 Jahren habe er begonnen Cannabis und Marihuana zu rauchen. Dieser Drogenkonsum habe letztendlich auch dazu geführt, dass seine Ehe nach 7 Jahren, im Jahre 2006 geschieden worden sei.

11.3   Verlauf in der Maßregelvollzugsklinik

Bei der Aufnahme in der Maßregelvollzugsklinik zeigte sich zu Beginn der Unterbringung ein residuales Syndrom des Probanden mit Antriebsschwäche und Affektstörungen, teilweise auch wahnhaftes Erleben. Akustische Halluzinationen traten in der Art auf, dass er angab, Stimmen zu hören, die ihn beschimpften oder beleidigten.

Zur schizophrenen Symptomatik berichtete er wiederholt und insbesondere zu Beginn der Unterbringung im Maßregelvollzug über paranoides Erleben. Er gab an, dass er regelmäßig nachts vergewaltigt werde. Auffällig war bei der Schilderung der nächtlichen Erlebnisse ein affektives Unbeteiligtsein des Probanden, der über diese für ihn realen Übergriffe ausgesprochen distanziert und mit wenig affektiver Beteiligung berichtete. Dieses subjektive Erleben wurde als zoenästhestische Halluzinationen mit erheblichem Beeinträchtigungserleben gewertet.

Darüber hinaus zeigte sich auch während der Unterbringung eine Störung der Impulskontrolle. Insbesondere kam es, wie auch aus der Anamnese bekannt, wenn seine Wünsche oder Forderungen nicht erfüllt wurden, zu lauten Türen schlagen oder Treten gegen Türrahmen. Suizidversuche vor der Unterbringung im Maßregelvollzug waren weder in den vorliegenden Unterlagen beschrieben, noch berichtete der Proband in der eigenen Exploration darüber.

Erst nachdem dem Proband wegen der immer wieder auftretender paranoiden Erlebensweisen, die Unterbringung in einem Einzelzimmer ermöglicht wurde, kam es zu einer leichten Stabilisierung des Zustandsbildes. Über akut wahnhafte Symptomatik, insbesondere im Zusammenhang mit zoenästhetischem Erleben wurde nicht mehr berichtet, auch zeigten sich immer weniger Impulsdurchbrüche, so dass im Sommer 2011 die Einsetzung der Einzelausgang des Probanden erfolgen konnte.

In Rahmen dieser Lockerung kam es dann jedoch zu einer erneuten psychotischen Dekompensation, wohl auch als Zeichen der weiter vorhandenen Stressintoleranz und erhöhten Vulnerabilität gegenüber Reizüberflutung, so dass der Einzelausgang wieder zurückgenommen werden musste. Seitdem kam es erneut und wiederholt zu aggressiven Verhaltensweisen.

Im September 2011 setzte er sein Bett in Brand, im Oktober 2012 wurde erstmalig in seinem Zimmer mit einem Gürtel um den Hals hängend aufgefunden. Er berichtet zu diesem Vorfall, dass er es so eingerichtet habe, dass er über die Rufanlage einen Mitarbeiter kurz zuvor informiert habe. Erst kurz bevor der Mitarbeiter die Tür geöffnet habe, habe er sich in den Gürtel fallen lassen. Dieses Vorkommnis ist von den Behandlern als parasuizidal eingestuft worden. Er habe damals u. a. angegeben, er habe „Aufmerksamkeit gewollt". Der Patient habe dem diensthabenden Arzt bezüglich des Vorfalls zu seiner Motivation erklärt: *„Habe mich mit Gürtel am Gitter festgehangen und runter gehangen, weil die sollen mir Einzelausgang geben und mich ins Wohnheim schicken. Ich warte schon seit 3 Jahren. Weil ich mich hilflos, hoffnungslos fühle, weil ich 5 Jahre schon hier bin nur wegen einer Körperverletzung, weil das zu viel ist für eine Körperverletzung. Ich wollte mehr Aufmerksamkeit haben, sonst hätte ich nicht geschellt. Ich war schlecht drauf, habe einen schlechten Tag gehabt. Ich will raus hier, in ein Wohnheim kommen, meine 2 Jahre absitzen und frei sein, endlich."* Er berichtete weiter, dass man den Vorgang doch einfach vergessen solle. Er erschien in der Situation massiv fordernd, ungeduldig, bedürfnisorientiert und nur schwer zu begrenzen.

Im Juli 2012 berichtete er einem Mitpatient über die Absicht, sich das Leben zu nehmen. Von den Behandlern darauf angesprochen, distanzierte er sich von suizidalen Gedanken und machte einen ruhigen Eindruck. In der Nacht versuchte er wiederum in suizidaler Absicht seine Bettdecke anzuzünden und berichtete nachfolgend über eine erlebte Perspektivlosigkeit. Ein erneuter Suizidversuch durch Strangulieren erfolgte im Januar 2013. Dieser war nun erheblich schwerwiegender als noch 2012.

Der Patient wurde bewusstlos im Zimmer aufgefunden und hatte eingenässt. Nachdem der Gürtel vom Hals gelöst wurde, zeigte sich wieder eine Spontanatmung und er wachte auf. Er berichtete, dass er geglaubt habe, schon tot gewesen zu sein.

Später gab er an, dass er einen Suizidversuch unternommen habe, da er keinen Einzelausgang mehr bekäme und er keine Perspektive habe. Er gab ferner bezüglich der Suizidgefährdung an, dass sein Therapeut gesagt habe, er wolle ihm keinen Einzelausgang geben. Die Mitarbeiter versuchen ihm das Leben schwer zu machen, er wolle sich dann rächen. Er habe sich vor dem Suizidversuch über die Gegensprechanlage bei Personal melden wollen, es habe jedoch niemand reagiert.

Es handelte sich hierbei um einen Suizidversuch, welcher nur durch Zufall unvollendet geblieben war, da der Nachtdienst zufällig das Zimmer aufsuchte. Wie sich später herausstellte, hatte der Proband versucht kurz vor dem Strangulationsversuch den Pflegedienst über die Rufanlage seines Zimmers zu informieren. Aufgrund eines technischen Defektes war dies jedoch in der Situation nicht möglich gewesen.

Eingedenk dieses Verlaufes bezüglich suizidaler bzw. parasuizidaler Handlungen waren dauerhafte Maßnahmen, die über den üblichen Sicherheits- und klinikinterner Suizidstandard hinausgehen, zunächst nicht indiziert. Der Patient wurde außerhalb akuter Krisenintervention weiter in einem Zweibettzimmer untergebracht und hatte freien Zugang zur Gemeinschaft, da durch die Einbindung in das alltägliche Leben der Station in diesem Fall eine effektive Suizidprophylaxe durch Vermittlung von Normalität realisiert werden konnte. Ein Strukturplan wurde weiter geführt, der durch die möglichst intensive Einbindung in die Patientengemeinschaft durch Aktivierung im Rahmen der üblichen Tagesaktivitäten einschließlich Ausführungen oder längerfristigen Planungen, beispielsweise im Zusammenhang mit Kontaktaufnahme und Besuch der Familie oder Kleidereinkauf, einer erneuten suizidalen Zuspitzung entgegenwirken sollte. Zusätzlich wurde eine Begutachtung und Überprüfung der Maßnahmen durch einen externen Sachverständigen durch den Träger der Einrichtung angeregt.

Bei der medikamentösen Einstellung der psychotischen Störung und der im Rahmen der Krisenintervention zur Spannungsreduktion verabreichten Medikamente waren körperliche Erkrankungen zu beachten. So lag bei dem Probanden eine Schilddrüsenfunktionsstörung in Form einer Unterfunktion vor, die medikamentös behandelt wurde. Die psychiatrische Medikation bestand aus einem Mood-Stabilizer (Valproinat), also einem Medikament zur affektiven Stabilisierung, sowie einer antipsychotische Depot-Medikation bestehend aus Flupentixol.

11.4 Psychopathologischer Befund

Die aktive Mitarbeit im Rahmen eines ersten Explorationsversuches durch den Sachverständigen verweigerte der Patient. Er gab dem Berichterstatter gegenüber zu verstehen, dass er mit den Behandlern sprechen könne, denen er dann aber erzählte, dass er nicht wolle, dass diese Auskunft geben.

Bei den zwei weiteren Explorationen, die dann durch Vermittlung des Behandlungsteams stattfinden konnten, wirkte er kooperativ und gab bereitwillig Auskunft.

Im Kontakt zeigte er sich zwar noch verunsichert, jedoch nicht mehr so sehr wie beim ersten Explorationsversuch, bei dem er überfordert und ratlos wirkte. Es ließ sich aber weiterhin eine Ambivalenz feststellen.

Inhaltliche Denkstörungen in Form vom akuten wahnhaften Erleben zeigten sich nicht. Jedoch war er von dem Beziehungs- und Vergewaltigungsphantasien aus der Vergangenheit auch nicht ausreichend distanziert, diese waren aber entaktualisiert.

Affektiv wirkte er herabgestimmt, emotional verflacht, wenig resonanz- und modulationsfähig, dies jedoch weniger im Sinne einer depressiven Symptomatik, sondern im Rahmen einer Anhedonie, wie sie bei chronisch psychotisch Erkrankten anzutreffen ist.

Die Urteils- und Kritikfähigkeit war weiterhin eingeschränkt. Die Fähigkeit zur Perspektivübernahme oder zum Lernen von Handeln mit Abgleich der Realität und den eigenen Fähigkeiten war in der Art gestört, dass er den eigenen Fähigkeiten und Ressourcen erheblich besser einschätzte als sie der Realität entsprachen.

Psychomotorisch wirkte er leichtgradig unruhig, was sich insbesondere in Gestik und Mimik wiederspiegelte. Häufig wippte er auf dem Stuhl, wirkte fahrig. Dies wirkte insgesamt ungerichtet, ohne an einem Ziel orientiert zu sein.

Von akuter Suizidalität konnte er sich distanzieren. Er gab an, dass er so etwas nie wieder machen werde.

Eine Krankheits- bzw. Behandlungseinsicht war tiefergehend nicht vorhanden. So akzeptiert er zwar eine regelmäßige antipsychotische Medikation, überschätzte aber, wie oben bereits gesagt, seine eigenen Fähigkeiten. Er gab an, dass er keine weitere Hilfe auch in Hinsicht einer angestrebten Entlassung aus dem Maßregelvollzug benötige. Er wirkte eher rasch überfordert, konnte sich aber dann auch abgrenzen und bspw. um eine Pause bitten.

In der Persönlichkeitsstruktur zeigten sich unreife und histrionische Akzentuierungen. So wirkte er teilweise kindlich und naiv, war bemüht sich in den Mittelpunkt zu stellen und konnte, wie sich auch im Verlauf nachweisen lässt, mit Zurückweisungen und Frustrationen nur bedingt umgehen.

11.5   Beurteilung

Der Proband fiel im Rahmen der Maßregelvollzugsunterbringung wiederholt durch Suizidversuche auf, die letztendlich an Heftigkeit im Verlauf zunahmen. Diesen suizidalen Handlungen des Probanden fehlte aber teilweise der intensive Todeswunsch. So baute er in den Suizidversuchen Sicherungsmaßnahmen ein, die geeignet erscheinen, einen letalen Ausgang zu verhindern. Beispielsweise berichtete er Mitpatienten über Suizidabsichten oder rief vorher das Pflegepersonal über die Gegensprechanlage und versuchte sich erst dann zu strangulieren, wenn er sicher war, dass das Pflegepersonal auch kommt. Es handelte sich bei den Suizidversuchen primär um parasuizidale Handlung, also einer Selbstdestruktion mit appellativen, instrumentellen und erpresserischen Charakter. Nicht der eigene Tod war Ziel dieser Handlungen, sondern eine Änderung eines für den Probanden nicht mehr zu ertragenen Zustandes.

Dies bedeutete jedoch nicht, dass, auch wenn der Todeswunsch explizit fehlt, eine parasuizidale Handlung nicht auch zum Tode führen kann. Dies zeigt sich auch im Rahmen des Suizidversuches im Januar 2013, als der Proband nur durch Zufall vom Pflegepersonal bereits bewusstlos vorgefunden wurde. Hier hat die Sicherungsmaßnahme des Patienten, nämlich dass er sich, wie er später angab, beim Personal über die Sprechanlage gemeldet habe, bevor er den Strangulationsversuch unternommen hat, nicht geholfen, da die Gegensprechanlage durch einen technischen Defekt an diesem Abend außer Betrieb war.

Die Arbeitsgemeinschaft „Suizidalität im psychiatrischen Krankenhaus" definiert parasuizidale Handlungen als solche, die wie eine suizidale Handlung aussehen. Die Selbstdestruktion habe jedoch kaum Todesintention, wenngleich die Gefahr des Sterbens in Kauf genommen werde. Die Handlung habe oft ausgeprägt und appellativen und instrumentellen Charakter: Etwas soll erreicht werden oder es wird auf Veränderung abgesehen (2011).

Man kann in diesem Zusammenhang auch von einer manipulativen Suizidalität sprechen. Bei Menschen mit Borderline-Persönlichkeitsstörung ist diese Art der Suizidalität häufiger anzutreffen. Der Patient fühlt sich selbst hilflos und ohnmächtig seinen Therapeuten bzw. im vorliegenden Fall der Station ausgeliefert. Durch Projektion und kommunikativen Druck auf die Behandler entstehen diese Gefühle auch im Erleben der Therapeuten. Es gelingt dem Probanden auf diese Art und Weise, seine negativen Emotionen und Gefühle des Ausgeliefertseins auf den Therapeuten zu verlagern und damit zugleich jene Kontrolle über den Therapeuten zu entwickeln, der er sich selbst ausgeliefert sieht. Diese Situation erinnert an eine „Geiselnahme". Der suizidale Patient nimmt sein Leben als Geisel, um damit den Helfer unter Druck zu setzen (Giernalczyk & Petersen, 2007).

Für eine adäquate Therapie bzw. Intervention suizidalen Verhaltens muss zunächst eine sichere diagnostische Einschätzung des selbstgefährdenden Verhaltens erfolgen. Dabei geht es klassischer Weise darum Indikatoren für akute Suizidalität festzustellen, es muss also eine Abschätzung erfolgen, wie ausgeprägt der suizidale Handlungsdruck bei dem Probanden ist und wie groß sich der Todeswunsch darstellt. Dabei können allgemein Fragen nach Suizidgedanken und wie drängend diese sind, ob es schon konkrete Pläne oder Vorbereitungen gebe hilfreich sein.

Darüber hinaus muss Stellung genommen werden, ob klassische Symptome, die mit einer erhöhten Suizidalität einhergehen können, wie z. B. imperative Stimmen, die zum Suizid auffordern, depressive Stimmung und Hoffnungslosigkeit oder auch Gereiztheit und Agitation vorliegen (Althaus & Hegerl, 2004).

Eine sichere Einschätzung der Selbstgefährdung bzw. der Gefahr impulshafter aggressiver Handlungen hat sich in der Vergangenheit bei dem Probanden als schwierig erwiesen, da selbst bei Verdacht auf suizidale Gedanken und entsprechenden Klärungsversuchen der Proband nicht immer ehrlich war. Obwohl er sich beispielsweise vor der Brandlegung im Juli 2012 konkret auf Suizidgedanken angesprochen, von diesen distanzieren konnte und nach einem längeren Gespräch einen *ruhigen Eindruck* machte, versuchte er doch in der Nacht seine Bettdecke anzuzünden.

Bezüglich Risikofaktoren – Suizid bei Schizophrenie – wurden depressive Symptome, vorhergehende Suizidversuche, Drogenmissbrauch, Erregungszustände oder motorische Unruhe, Angst „verrückt zu werden", geringe therapeutische Adhärenz und vorheriges Verlusterlebnis beschrieben (Hawton et al., 2005).

Die bisherigen Brandlegungen oder Strangulationsversuche erfolgten als parasuizidale Handlungen und – soweit eruierbar – nach Versagenssituationen, Enttäuschungen oder Frustrationen, also als Reaktion auf einen erlebten Autonomieverlust nicht nur durch die Erkrankung, sondern auch aufgrund der Unterbringung im Maßregelvollzug.

Böker (2010) stellt in diesem Zusammenhang fest, dass Schizophrene keinen Abschiedsbrief hinterlassen. *Im Suizid können zwei emotionale Impulse zusammenkommen: Ein radikaler Befreiungsversuch von quälenden psychotischen Erlebnissen – wie auch Selbsthass aufgrund der verlorenen Fähigkeit, das Leben zu bewältigen.*

Eine wesentliche Quelle schizophrener Suizidalität ist der Autonomieverlust durch die Auswirkungen der Psychose. Die Stärkung der Autonomie ist das wichtigste Ziel der Therapie (Böker, 2010, S. 122).

Bei den oben beschriebenen eigen- und fremdaggressiven Verhaltensweisen handelt es sich um seit der Kindheit bestehende Strategien, seine Ziele mit dysfunktionalen Mitteln zu erreichen. Er selber berichtete, dass man ihm als Kind alle Wünsche erfüllt habe, *wenn er sich auf den Boden geworfen und geweint habe*. Es wurde davon berichtet, dass der Proband *zu Hause der kleine Prinz gewesen sei*. Man kann auch die zur Einweisung führende Delinquenz in diesem Zusammenhang sehen. Im Urteil wurde ausgeführt, dass er auf Begrenzungssituationen aggressiv reagiert habe, was letztlich zu den Unterbringungsdelikten führte. Versagens-, Frustrations- oder Begrenzungssituationen sind bei dem Probanden also geeignet, impulshafte und (auto)aggressive Handlungen krisenhaft zu generieren. Diese Krisen führen dann zu parasuizidalem Verhalten und müssen gelöst werden.

Zu Leitsätzen der psychotherapeutischen Krisenintervention erhebt Bronisch (2007, S. 237) folgende Aspekte:

(1) *Suizidversuche basieren in den meisten Fällen auf sehr subjektiven Bilanzen des eigenen Lebens, die meistens korrigiert werden können.*

(2) *Therapeut und Patient müssen sich darüber im Klaren sein, dass ein Suizid etwas ist, was nicht rückgängig gemacht werden kann.*

(3) *Nahezu jeder Suizidversuch enthält als wesentliches Element einen Appell an menschliche Bindung.*

(4) *Der Therapeut muss mit dem suizidalen Patienten einen zeitlichen Aufschub vereinbaren, währenddessen er – noch einmal – mit dem Patienten die Lebenssituation genau anschauen kann.*

(5) *Kein Therapeut kann langfristig einen Patienten mit chronischer Suizidalität von einem Suizidversuch/ Suizid abhalten. Der Therapeut muss mit der Tatsache fertig werden, dass er nicht um jeden Preis Leben erhalten kann.*

(6) *Der Therapeut muss für den Patienten stellvertretende Hoffnung darstellen können.*

(7) *Ein Suizidversuch ist immer ernst zu nehmen, und es müssen auch bei suizidalen Gesten therapeutische Maßnahmen in Erwägung gezogen werden.*

Unter den oben genannten Voraussetzungen ist die Aufrechterhaltung und Festigung des Kontaktes zum Patienten die entscheidende Therapeutische Intervention.

Vor diesem Hintergrund wurde vorgeschlagen, den Probanden in Versagens-, Frustrations- oder Begrenzungssituationen, also in Situationen, die zu Krisen führen können, aktiv auf selbstgefährdende oder aggressive Gedanken oder Impulse anzusprechen.

Auch wenn er diese verneinte, ist dies wie der Verlauf zeigt, keine ausreichende Sicherheit vor derartigen Handlungen. Man könnte in solchen Fällen auch fragen, warum er denn nach der aktuellen Enttäuschung diese Gedanken bzw. Impulse nicht oder nicht mehr habe. Die Gefahr eines aggressiven Impulsdurchbruches erscheint umso geringer, je konkreter der Proband darstellen kann, warum er zum jetzigen Zeitpunkt nicht mehr gefährdet ist. Sofern nachvollziehbare Zweifel an der Richtigkeit der Äußerungen der Probanden bestehen, sind primär sichernde aber auch beziehungshaltende Maßnahmen indiziert und sollten auch umgesetzt werden.

Diese beziehungshaltenden Maßnahmen können von regelmäßigen und wiederholten Gesprächen bis hin zur 1:1-Betreuung reichen. Um die Beziehungsgestaltung zum Personal nicht zu gefährden, ist in diesem Zusammenhang noch auf sichernde Maßnahmen wie Absonderung aus der Stationsgemeinschaft in einen besonders gesicherten Kriseninterventionsraum oder Fixierung zu verzichten. Diese Maßnahmen sind erst dann indiziert, wenn der Proband in der Krise nicht mehr zu erreichen ist und andere Maßnahmen nicht erfolgversprechend erschienen.

In akuten Krisensituationen ist das störende Verhalten des Probanden als Notsignal zu verstehen und eine tragfähige Beziehung, soweit sie nicht oder nicht mehr besteht, wiederaufzubauen. Dieses Beziehungsangebot ist für den weiteren Verlauf wesentlich.

In Absprache mit dem Patienten sind alternative Problemlösungen für aktuelle und auch für zukünftige Krisen zu entwickeln. Dabei geht es auch darum, auslösende Situationen oder Gedanken und die Reaktion des Probanden in diesem Zusammenhang im Sinne einer Verhaltensanalyse herauszuarbeiten.

Nach Möglichkeit sind alle Maßnahmen im Einvernehmen mit dem Patienten zu treffen. Sollte dies nicht möglich sein, sollten die Maßnahmen mit dem Probanden kommuniziert und für ihn transparent dargestellt und durchgeführt werden.

Darüber hinaus ist in der akuten Krise auch die Gabe von primär sedierender Medikation indiziert um Spannung abzubauen und die Situation zu deeskalieren.

Neben der Diagnostik (selbst)gefährdenden Verhaltens und der Durchführung von Kriseninterventionen sind auch längerfristige Maßnahmen im Sinne der Behandlung der Grundproblematik indiziert.

Entscheidend ist es psychologische und psychosoziale Strategien anzuwenden, um den Probanden von weiteren parasuizidalen Handlungen abzuhalten. Auch wenn der Proband wiederholt versprochen hatte, nie wieder Suizidversuche zu unternehmen, so ist auch festzustellen, dass er sich in der Vergangenheit nicht an diese Versprechen gehalten hat.

Wie bereits oben beschrieben, können auch parasuizidale Handlungen zum Tode führen. Dies muss dem Probanden in Form eines Konsequenzdenkens verdeutlicht werden. Insbesondere muss auf parasuizidale Handlungen sofort und entschieden reagiert werden.

Erpressungsversuchen in Form einer manipulativen Suizidalität durch Patienten dürfen nicht nachgegeben werden, denn früher oder später wird sich der Therapeut hier immer abgrenzen müssen. In einer erpresserischen Situation kann es von Nutzen sein, wenn der Therapeut die prinzipielle Möglichkeit zum Suizid des Patienten bestätigt und ihn gleichzeitig damit konfrontiert, dass er jedoch mit dem Suizid nicht einverstanden ist aber weiter mit ihm in Kontakt bleiben will (Giernalczyk & Petersen, 2007).

Bezüglich der medikamentösen Behandlung der Grunderkrankung wurde empfohlen, zu überprüfen, ob die bereits bestehende psychopharmakologische Medikation bestehend aus Valproinat und Flupentixol so bestehen bleiben sollte. Im Zusammenhang mit der Evaluation suizidpräventiver Maßnahmen konnte festgestellt werden, dass Patienten unter Lithium-Medikation ein geringeres Suizidrisiko aufweisen, auch unter Clozapin zeigen sich deutlich weniger Suizide (Althaus & Hegerl 2001).

Hier könnte eine Änderung der Medikation zu einer Verbesserung der Prognose führen. Leider besteht für die Lithium- Medikation jedoch im Zusammenhang mit der Schilddrüsenfunktionsstörung eine Anwendungsbeschränkung, so dass vor der Verordnung von Medikamenten mit diesem Wirkstoff eine internistische-endokrinologische Abklärung erfolgen sollte.

Gleichzeitig wird mit dem Probanden eine realistische Behandlungs- und Lebensperspektive entwickelt werden müssen. Dies ist nicht nur eine Aufgabe des Bezugstherapeuten, sondern auch die der Bezugspflege. Diese Gespräche sollten regelmäßig erfolgen und das Thema „Entlassplanung" sollte vom Personal der Einrichtung eingebracht werden, um dem Patienten zu vermitteln, dass auch von Seiten der Klinik eine Entlassung angestrebt wird. Es geht also um die Vermittlung von Hoffnung auf eine bevorstehende Beendigung der Unterbringung. Hierbei geht es primär um die Vermittlung einer realitätsgerechten, den Ressourcen und Fähigkeiten des Probanden orientierte Entlassplanung. Die bereits in der Vergangenheit von der Klinik initiierten Maßnahmen wie Einzelausgang und Vorbereitungen einer Beurlaubung aus dem Maßregelvollzug sollten auch hier schrittweise und kleinschrittig erfolgen, um die Gefahr einer psychotischen Dekompensation durch Überforderung und Reitüberflutung bei den Probanden zu reduzieren. Dies könnte bedeuten, dass man ihm bei fehlenden eigen- und fremdaggressiven Handlungen zumindest begleitete Ausgänge gewährt, um zu verdeutlichen, dass es weitergeht.

Zusammengefasst hat die Maßregelvollzugsklinik durch den oben beschriebenen Strukturplan, der darauf ausgerichtet war den Probanden in den normalen Stationsablauf einzubinden, und durch Fortsetzung der Lockerungen und Aufrechterhaltung der Kontaktaufnahme zur Familie durch Ausführungen Maßnahmen ergriffen, die geeignet waren eine realistische Perspektiven zu erarbeiten.

Durch die Kombination suizidpräventiver Maßnahmen, die sowohl kurzfristige Kriseninterventionen, die mit den Probanden abgesprochen werden, als auch langfristige Strategien zur Behandlung der Grunderkrankung beinhaltete, verbunden mit der Entwicklung einer realistischen Lebensperspektive und sukzessiver Förderung der Autonomie, wird eine weitere Verbesserung des Zustandsbildes angestrebt, so dass im weiteren Verlauf eine Entlassperspektive aus der für den Probanden *unerträglichen Situation* der Unterbringung im Maßregelvollzug realistisch zu generieren ist.

11.6 Literatur

- Althaus, D., Hegerl, U. (2001). Evaluation suizidpräventiver Maßnahmen. *Der Nervenarzt, 72*, 677-684.
- Althaus, D., Hegerl, U. (2004). Ursachen, Diagnose und Therapie von Suizidalität. *Der Nervenarzt, 75*, 1123-1135.
- Arbeitsgemeinschaft „Suizidalität und Psychiatrisches Krankenhaus" (2011). Empfehlungen zur Diagnostik und zum Umgang mit Suizidalität in der stationären psychiatrisch-psychotherapeutischen Behandlung. *Suizidprophylaxe, 38*, 166-170.

- Böker, W. (2010). Schizophrenie und Suizid: Sehnen nach dem Ausweg oder Verdammen des Selbst? *Psychiatrie und Psychotherapie, 6*, 122–124.
- Bronisch, Th. (2007). Krisenintervention bei Suizidalität. *Psychotherapie, 12*, 234-240.
- Goldbeck, F. & Kerwe, F. (2011). Suizidprävention im Maßregelvollzug. In N. Saimeh (Hrsg.), *Kulturelle und therapeutische Vielfalt im Maßregelvollzug* (S. 64-72). Bonn: Psychiatrie-Verlag.
- Giernalczyk, T. & Petersen, G.-K. (2007). Krisenintervention bei Borderline- Persönlichkeitsstörungen. *Psychotherapie, 12*, 288-269.
- Hawton, K. et al. (2005) Schizophrenia and suicide: systematic review of risk factors. *British Journal of Psychiatry, 187*, 9-20.
- Kutscher, S., Schiffer, B., & Seifert, D. (2009). Schizophrene Patienten im psychiatrischen Maßregelvollzug (§ 63 StGB) Nordrhein-Westfalens. *Fortschritte der Neurologie, Psychiatrie, 77*, 91-96.
- Müller-Silberner, R., Jöckel, D., Neumeyer-Bubel, W. & Imbeck, J. (2007) Entwicklungen im psychiatrischen Maßregelvollzug Hessens. *Forensische Psychiatrie, Psychologie, Kriminologie, 1*, 43-49.

12. Suizidalität von jungen Gefangenen

Thomas Lempp & Daniel Radeloff

12.1 Zusammenfassung

Dieses Kapitel lädt ein, sich mit den Besonderheiten von suizidalem Verhalten bei Häftlingen im Jugend- und jungen Erwachsenenalter auseinanderzusetzen. Zu Beginn soll diese spezifische Lebensphase aus psychologischer und neurowissenschaftlicher Sicht näher beleuchtet werden, was zu einem besseren Verständnis jugendtypischer Verhaltensweisen beim Leser führen wird. Anschließend werden entwicklungs-spezifische psychische Störungen und das Phänomen von Suizidalität in dieser Altersklasse aufgezeigt. Der aktuelle, bisher nur sehr begrenzte Wissensstand zu Haftsuizidalität bei jungen Gefangenen, ergänzt mit klinischem Erfahrungswissen aus der Jugendpsychiatrie sollen schließlich dazu dienen, *konkrete Empfehlungen für die Praxis* abzuleiten. Diese können dabei helfen, professioneller und vor allem altersadäquater mit Suizidalität bei jungen Gefangenen umzugehen.

12.2 Lohnt es sich dieses Kapitel zu lesen?

Ein eigenständiges Kapitel zur Suizidalität von jungen Gefangenen hat in einem solchen Handbuch, das Sie gerade in Händen halten, nur dann eine Berechtigung, wenn es gelingt, überzeugend darzustellen, dass es in diesem Entwicklungsalter tatsächlich bedeutsame altersspezifische Besonderheiten zu diesem Phänomen gibt. Diese Besonderheiten sollten sich explizit nicht nur auf den Bereich der suizidologischen Forschung beziehen. Es handelt sich vielmehr auch um Besonderheiten, die in Alltagsbedingungen einer Jugendhaftanstalt tatsächlich unmittelbar hilfreich sein können, um dort Suizide zu reduzieren und bei Auftreten von Suizidalität nicht nur professionell sondern auch alters- und entwicklungsangepasst mit den betreffenden Jugendlichen umgehen zu können.

Im ersten Teil des Kapitels beschäftigen wir uns zunächst kurz mit zwei einleitenden, aber für das Verständnis der Thematik essentiell wichtigen Fragen:
- *Was kennzeichnet die Entwicklungsphase der Adoleszenz?*
- *Was unterscheidet Suizidalität bei Adoleszenten von Suizidalität bei Erwachsenen?*

Gewappnet mit diesem Wissen, geht es bei den nachfolgenden Fragestellungen um den eigentlichen Kern des Kapitels:

- *Was wissen wir über Haftsuizide bei Adoleszenten?*
- *Welche Interventionen erscheinen sinnvoll?*

Hinweis zur Methodik: Bei der Erstellung dieses Kapitels wurde die uns bekannte, wissenschaftliche Literatur der letzten zehn Jahre berücksichtigt, wobei Studien mit einem Probandenalter bis 21 Jahren eingeschlossen wurden. Grund der gewählten Altersgrenze sind die strafrechtlichen Definitionen von *Jugendlichen* (14-18 Jahre) und *Heranwachsenden* (18-21 Jahren) bei denen das deutsche Jugendstrafrecht zur Anwendung kommen kann und bei denen – in Fällen ausgesprochener Haftstrafen – die Jugendlichen üblicherweise in altersspezifischen Haftanstalten untergebracht sind. Neben der Basierung auf wissenschaftlicher Evidenz, fand auch aktuelles Lehrbuchwissen und klinisches, jugendpsychiatrisches Erfahrungswissen der Autoren Eingang in das Kapitel. Mögliche Ergänzungen der Leserschaft werden von den Autoren begrüßt und in zukünftigen Auflagen gerne berücksichtigt.

12.3 Was kennzeichnet die Entwicklungsphase der Adoleszenz?

12.3.1 Adoleszenz

Während der Begriff Pubertät (von lateinisch *pubertas* „Geschlechtsreife") die *biologischen Prozesse* in der Übergangsphase zwischen Kindheit und Erwachsenenalter beschreibt, meint Adoleszenz (von lateinisch *adolescere* „heranwachsen") die zeitlich nahezu parallele Entwicklungsphase, in der wesentliche *psychische und soziale Entwicklungsschritte* erfolgen (Adoleszenz = „psychosoziale Pubertät"). Die Adoleszenz beginnt mit Auftreten erster körperlicher Pubertätsveränderungen im Alter von ca. 11-14 Jahren (bei Mädchen früher als bei Jungen) und endet mit einem weitgehenden Abschluss der Hirnentwicklung ungefähr zu Beginn der dritten Lebensdekade (18-21 Jahren; Herpertz-Dahlmann et al., 2013).

12.3.2 Entwicklungsaufgaben

Erhebt man mit modernen psychologischen Messverfahren die subjektive Lebensqualität von Jugendlichen, zeigt sich, dass Jugendliche im Vergleich mit Kindern einen Rückgang der Lebensqualität in zahlreichen Bereichen beschreiben (Körperempfinden, Schule, Familie, psychische Befindlichkeit; Ravens-Sieberer et al., 2008). Denn wie nur in wenig anderen Lebensphasen, fordert die Adoleszenz vom einzelnen Menschen in wenigen Jahren zahlreiche, schwierige und für das weitere Leben entscheidend wichtige Entwicklungsaufgaben (modifiziert nach Oerter & Montada, 2002):

- Akzeptanz der körperlichen Veränderungen,
- Annahme der Geschlechterrolle,

- Aufbau intimer Beziehungen und sexuelle Identitätsfindung,
- Ablösung vom Elternhaus,
- Entwicklung eigener Wertvorstellungen/Weltanschauungen,
- Aufbau eigener Zukunftsperspektiven (Schulabschluss, Beruf),
- soziale Anbindung an Gleichaltrige (peer group),
- Selbständigkeit, Selbstsicherheit, Selbstkontrolle.

Um diese Entwicklungsaufgaben weitgehend bewältigen zu können, verändert sich der Lebensstil von Jugendlichen innerhalb weniger Jahre tiefgreifend:
- Insbesondere Jungen, aber auch Mädchen zeigen ein erhöhtes Risikoverhalten.
- Die Bedeutung der Eltern und Familie geht zurück, wobei nur 9% der Jugendlichen in Deutschland angeben, sich mit ihren Eltern „schlecht oder gar nicht" zu verstehen (Leven et al., 2010).
- Der Einfluss von Gleichaltrigen nimmt in hohem Ausmaß zu, wobei sich Jugendliche interessanterweise vielfach den Gruppen anschließen, deren Wertvorstellungen denen ihres Elternhauses ähneln (Smetana, 2011). Solidarität ist unter Jugendlichen interessanterweise häufig besser entwickelt, als unter Erwachsenen. Daraus wird ersichtlich, dass ein Abbruch sozialer Kontakte zur Peer-group (z. B. im Rahmen eines Haftantritts oder dem Wechsel in eine andere Haftanstalt) für Jugendliche aus subjektiver Sicht eine massive Bedrohung ihrer Lebensbedingungen darstellen kann.

Ob es dem einzelnen Jugendlichen gelingt, gereift und mit ausreichender Autonomie aus dieser Übergangsphase der Entwicklung hervorzugehen, hängt von zahlreichen Einflussfaktoren ab: genetische Disposition, Geschlecht, psychosoziale Vorerfahrungen in der Kindheit, Einfluss von Gleichaltrigen während der Adoleszenz sowie familiäre Strukturen (Eltern, Geschwister) und gesellschaftliche Bedingungen (z. B. Rolle von Schulen, Lehrern, Vereinen, Medien).

12.3.3 Hirnreifung und Risikoverhalten

Ursachen für die Adoleszenz sind nicht nur gesellschaftliche (z. B. gegenüber dem Kindesalter ansteigende Anforderungen der Umwelt), sondern auch hormonell bedingte (Geschlechtshormone) und auch Resultate neuronaler Umbauprozesse im Gehirn eines Jugendlichen, die erst in den letzten Jahren in den Blickpunkt neurowissenschaftlicher Forschung geraten.

Die Adoleszenz kann als Phase einer grundlegenden Reorganisation des Gehirns bezeichnet werden („Großbaustelle im Gehirn"). Spannenderweise werden einzelne Regionen zeitlich früher neuronal umgebaut als andere, was zu einem zeitweise vorhandenen *Ungleichgewicht in der Hirnentwicklung* bei Jugendlichen und jungen Erwachsenen führt. So reifen die affekt-beeinflussenden Systeme des Gehirns (limbisches System) früher und die kognitiven Kontrollzentren („Vernunftzentren" im Präfrontalcortex) später. Dieses zeitweise gleichzeitige Bestehen von reifen und unreifen Hirnstrukturen führt dazu, dass motivationale und emotionale Systeme, besonders in emotional bedeutsamen Situationen die Oberhand über rationale Kontrollfunktionen gewinnen könnten. Dies kann in Zusammenhang mit adoleszenztypischen Verhaltensweisen (z. B. erhöhter Risikobereitschaft) gebracht werden. Dabei scheinen Jugendliche nicht grundsätzlich unfähig zu sein, rationale Entscheidungen zu treffen. In emotional-motivational bedeutsamen Situationen (z. B. Anwesenheit von Gleichaltrigen, Aussicht auf Belohnungen aller Art) scheint aber die Wahrscheinlichkeit zuzunehmen, dass Belohnungsstreben und Emotionen stärker die anstehende Handlung beeinflussen, als rationale Entscheidungsprozesse (Galvan et al., 2007; Chein et al., 2011).

Das Verhalten vieler Jugendlicher ist gekennzeichnet durch eine erhöhte Risikobereitschaft und der Lust an extremen Gefühlen (z. B. riskantes Fahrverhalten, Alkohol am Steuer, Fahren ohne Sicherheitsgurt, Substanzmissbrauch, ungeschützter Geschlechtsverkehr, Benutzen von Waffen). Das Risiko entsteht dabei typischerweise durch eine Suche nach Abwechslung und neuen Erlebnissen (*sensation seeking*) in Kombination mit noch unreifen selbstregulatorischen Fähigkeiten (Steinberg, 2004). Die erhöhten neuronalen Umbauprozesse scheinen weiterhin das Gehirn eines Jugendlichen für Schadstoffe besonders empfindlich zu machen, so dass z. B. Cannabis bei Jugendlichen in stärkerem Ausmaß zu kognitiven und hirnstrukturellen Veränderungen führt, als bei erwachsenen Konsumenten (Schneider, 2008). Der Abschluss der beschriebenen Umbauvorgänge im Gehirn, mit Ende der Adoleszenz und dem Beginn des Erwachsenenalters könnte den Rückgang zahlreicher jugendtypischer Verhaltensweisen im Entwicklungsverlauf zumindest teilweise erklären.

12.3.4 Defizitäre oder optimale Anpassung?

Häufig erscheinen adoleszente Verhaltensweisen aus externer (erwachsener) Sicht als defizitär und dem Verhalten von Erwachsenen als unterlegen und weniger ausgereift, was möglicherweise bei genauerer Betrachtung nicht zutrifft: So scheint die erhöhte Risikobereitschaft – evolutionär gesehen – wichtig, um es dem Jugendlichen möglichst angstfrei zu ermöglichen, sich aus seiner bisherigen „familiären Sicherheitsnische" zu befreien und sich einen Partner außerhalb der Primärfamilie zu suchen (Crone & Dahl, 2012). Auch das beschriebene Ungleichgewicht in der Hirnreifung kann evolutionär gesehen einen Vorteil versprechen: So bewirken gerade die zeitlich asynchronen Umbauvorgänge einen, in der gesamten menschlichen Entwicklungsphase einmaligen Zustand, in dem eine besondere Sensitivität für sozial-affektive Reize und eine hohe Flexibilität bezüglich der schnellen Anpassung von Zielprioritäten existiert. Dies könnte möglicherweise eine optimale Anpassung an die hohen sozialen Entwicklungsaufgaben in dieser Lebensspanne darstellen (Konrad et al., 2013).

12.3.5 Psychische Störungen

Das beschriebene Ungleichgewicht einzelner Strukturen in der Hirnentwicklung und die gleichzeitig auftretenden massiv erhöhten Anforderungen der Umwelt an den Jugendlichen führen mit dazu, dass für bestimmte psychische Störungen eine erhöhte Vulnerabilität in der Adoleszenz entsteht (Konrad et al., 2013). Dies ist aus klinischer Sicht in einem teilweise rapiden Anstieg von bestimmten Störungsbildern erkennbar (Herpertz-Dahlmann, 2011).

Aktuelle epidemiologische Erhebungen in Deutschland zeigen psychische Auffälligkeiten (nicht psychische Störungen!) bei 24,9% aller Jungen und 22,2% aller Mädchen im Alter von 14-17 Jahren (Ravens-Sieberer et al., 2007). Als Auffälligkeiten gelten hier Symptome, die nicht unbedingt als krankheitswertig gewertet werden können. Erst eine bestimmte Kombination von Symptomen, der Schweregrad der Ausprägung und die dadurch verursachten Funktionseinschränkungen im Alltag führen dazu, dass tatsächlich von einer *psychischen Störung* gesprochen werden kann. Die Prävalenz von schwerwiegenden und damit dringend behandlungsbedürftigen psychischen Störungen steigt vom Kindesalter über das Jugendalter kontinuierlich an und liegt in westlichen Industrieländern bei ca. 10% der Jugendlichen (Ravens-Sieberer et al., 2007).

Psychische Störungen mit typischem Beginn oder Manifestationsgipfel in der Adoleszenz sind:

- Angststörungen, besonders die soziale Phobie, die Agoraphobie und die generalisierte Angststörung,
- depressive Störungen, mit besonders erhöhtem Risiko für suizidale Gedanken und Handlungen,
- Ess-Störungen (Anorexia nervosa, Bulimia nervosa, Adipositas),
- Störungen des Sozialverhaltens (= zeitlich anhaltendes Verhaltensmuster schwerer Verletzungen sozialer Regeln oder der Rechte anderer; häufig mit hoher Impulsivität),
- selbstverletzendes Verhalten,
- Substanz*missbrauch* (Abhängigkeitserkrankungen sind eher selten),
- sexuelle Reifungskrisen (meist als Leiden unter der, bei sich selbst wahrgenommenen Homosexualität).

Da sich Jugendliche, gerade aufgrund ihrer physiologisch notwendigen Abgrenzung von der Welt der Erwachsenen, nur selten und ungern einem Arzt oder einem Therapeuten vorstellen, ist in dieser Altersgruppe von einer hohen diagnostischen Dunkelziffer und einem hohen Risiko für unbehandelte oder spät behandelte Störungsverläufe auszugehen. Wenn doch Therapien beginnen, ist die Behandlungs-Compliance oft erheblich erschwert (Goldbeck & Freyberger, 2009).

12.4 Was unterscheidet Suizidalität bei Adoleszenten von Suizidalität bei Erwachsenen?

12.4.1 Häufigkeit von Suiziden

In Europa, Nordamerika und Australien ist der Tod durch Suizid die zweithäufigste Todesursache bei Jugendlichen und jungen Erwachsenen, nach dem Unfalltod (Greydanus et al., 2009). Im Gegensatz dazu sterben in Afrika Adoleszente am häufigsten an AIDS, anderen Infektionskrankheiten, Mord, Unfällen und erst in fünfter Rangfolge am Suizidtod. Länder mit hoher Religiosität bei Jugendlichen – insbesondere der islamische Glaube scheint suizidpräventiv zu wirken – und Länder mit geringem Alkoholkonsum im Jugendalter weisen besonders geringe Suizidzahlen auf (z. B. Golfregion; Bertolote & Fleischman, 2009). Auch innerhalb Europas schwanken die Zahlen von adoleszenten Suizidenten erheblich. Die höchsten Todeszahlen gibt es, nach offiziellen Statistiken aktuell in Litauen, die geringsten Zahlen werden aus Griechenland gemeldet. Deutsche Jugendliche liegen im europäischen Vergleich im unteren Mittelfeld (Jans et al., 2012). Im Jahr 2012 suizidierten sich nach Angaben des statistischen Bundesamtes in Deutschland 11 Jungen und 9 Mädchen im Alter zwischen 10 und 15 Jahren und 139 männliche und 45 weibliche Jugendliche im Alter von 15-20 Jahren (Gesamtzahl der registrierten Suizide: 9.890; Quelle: statistisches Bundesamt: destatis.de). Diese Angaben aus offiziellen Suizidstatistiken (Todesursachenstatistik) sind zahlreichen Fehlerquellen ausgesetzt und z. B. abhängig von der Qualität der ärztlichen Leichenschau und von Obduktionsfrequenzen. Sie sind daher nur als Annäherungen an die tatsächliche Häufigkeit zu betrachten und müssen auch im Kindes- und Jugendalter mit höchster Vorsicht interpretiert werden (siehe auch Schmitt, Kap.3). Speziell im Jugendbereich wird von einer erheblichen Dunkelziffer ausgegangen (verdeckte Suizide bei Verkehrsunfällen und Drogentoten; Suizide werden durch betroffene Familien tabuisiert und vertuscht; van Wissen, 1994).

Eine aktuell durchgeführte 13-Jahreserhebung aus Frankfurt am Main beschreibt als häufigste Suizidmethode im Jugendalter das Erhängen, gefolgt von Sturz aus großer Höhe, Intoxikation und Bahnsuizide (in absteigender Reihenfolge). Der suizidale Gebrauch von Schusswaffen scheint im Kindes- und Jugendalter in Deutschland eine deutlich geringere Rolle zu spielen, als bei Erwachsenen (Radeloff et al., 2012). Die höhere Anzahl von männlichen Toten unter jugendlichen Suizidenten ist weltweit nachweisbar und mit einer männlich präferierten Auswahl härterer Suizidmethoden (Hängen, Schusswaffen, Sprung von großer Höhe, Überrollen durch Schienenfahrzeuge) und mit einem geschlechtsspezifisch höheren Risiko für impulsiv-aggressives Verhalten und Substanzmissbrauch (besonders Alkoholkonsum) assoziiert (Jans et al., 2012). Dagegen sind Suizidversuche bei Mädchen wesentlich häufiger, was in der wissenschaftlichen Literatur als *gender paradox* bezeichnet wird.

Im *Kindesalter* (etwa 0-12 Jahren) sind Suizide und Suizidversuche sehr selten. Gründe dafür werden neben dem höheren Grad der Beaufsichtigung, dem fehlenden Zugang zu Suizidmitteln, mangelnden technischen Fertigkeiten, dem selteneren Auftreten von schweren depressiven Störungen oder Substanzmissbrauch besonders in einem noch nicht bestehenden „irreversiblen Todeskonzept" (und damit auch Suizidkonzept) gesehen, das sich entwicklungsabhängig erst ab einem Alter von ca. 8-9 Jahren ausbildet (DGKJP et al., 2007).

12.4.2 Häufigkeit von Suizidversuchen

Während die Zahl von vollzogenen Suiziden in der Adoleszenz glücklicherweise vergleichsweise gering ist, stellt die Adoleszenz die Lebensphase mit dem *höchsten Risiko für Suizidversuche* und selbstverletzendem Verhalten dar. Suizidale Gedanken und Affekte (suicidal ideation) werden bei bis zu 20% aller Jugendlichen beschrieben (DGKJP et al., 2007). In einer großen aktuellen epidemiologischen Studie (BELLA-Studie) berichteten 3,8% aller Jugendlichen in Deutschland (11-17 Jahren) über bestehende Suizidideen und 2,9% über selbstverletzendes Verhalten oder Suizidversuche (Resch et al., 2008). Suizidversuche werden am häufigsten von jungen Mädchen durch die Einnahme von Tabletten (meist frei verkäuflichen Schmerzmitteln) durchgeführt. Inwieweit die Gruppe Jugendlicher, die Suizidversuche begehen, und die Gruppe derjenigen Jugendlichen, die durch Suizid versterben, tatsächlich einheitlich zu betrachten sind, ist wissenschaftlich umstritten (z. B. Bhatia et al., 2000).

12.4.3 Entwicklungsabhängige Besonderheiten

Folgende alters- und entwicklungstypische Besonderheiten haben sich in der Forschung an suizidalen Jugendlichen und jungen Erwachsenen bisher zeigen lassen:

- Das Entwicklungsalter der Adoleszenz (Jugendliche und junge Erwachsene) gilt als das Lebensalter mit dem höchsten Risiko für Suizidversuche, nicht aber für vollendete Suizide.
- *Impulsiv* ausgeführte Suizidhandlungen sind bei Adoleszenten häufiger als bei Erwachsenen (Jans et al., 2012).
- Häufiger sind auch *antizipatorische Suizidversuche* (Angst vor der Zukunft und den damit verbundenen Belastungen; DGKJP et al., 2007).
- Selten treten Bilanzsuizide auf (kognitiv-resümierende Suizide; häufig bei alten Menschen).
- Suizide und Suizidversuche unterscheiden sich in vielen Aspekten auch in der Adoleszenz: So sind Opfer von durchgeführten Suiziden älter (eher spätes Jugend-/frühes Erwachsenenalter), häufiger männlich und bevorzugen eher härtere Suizidmethoden.
- In der Adoleszenz liegt der Manifestationsgipfel im Auftreten von *selbstverletzendem Verhalten* (englisch: NSSI= non-suicidal self injury). Dies muss in der Praxis von Suizidversuchen differenzialdiagnostisch unterschieden werden, was gelegentlich Schwierigkeiten bereitet, insbesondere wenn beide Phänomene bei derselben Person auftreten (Plener et al., 2009).
- Der Zusammenhang zwischen psychischer Störung und Suizidalität scheint weniger eng als im Erwachsenenalter (DGKJP et al., 2007), wird aber in Studien immer noch mit ca. 80 % angegeben (Jans et al., 2012). Somit darf die Bewertung von suizidalem Verhalten in der Adoleszenz nicht nur rein medizinisch-psychiatrisch vorgenommen werden, sondern es muss in jedem Fall auch intensiv nach aktuell bestehenden psychosozialen Belastungsfaktoren außerhalb von diagnostizierbaren Störungen gesucht werden (vergleiche: medizinisch-psychosoziales Paradigma in der Suizidologie; Wolfersdorf, 2014).
- Häufig sind akute psychosoziale Belastungsfaktoren Auslöser für das Auftreten von Suizidalität in der Adoleszenz (Triggerfunktion). Diese dürfen von Helfern weniger bezüglich ihres objektiven Ausmaßes, sondern immer in engem Bezug zur, vom Jugendlichen *subjektiv wahrgenommenen Belastung* und den individuellen Frustrations- und Problemlösefähigkeiten bewertet werden. Dieser Sachverhalt ist dadurch erschwert, dass der professionelle Helfer sich

regelhaft in einer anderen Entwicklungsphase, mit anderem Wertesystem befindet, als der Adoleszente. Was als „katastrophal" bewertet wird, unterscheidet sich wesentlich zwischen Jugendalter und Erwachsenenalter, z. B. die kurzzeitige Kontaktsperre zu engen Freunden.

- Schwere und chronische körperliche Erkrankungen (z. B. onkologische Erkrankungen oder Multiple Sklerose) gehören auch in der Adoleszenz zu Risikofaktoren der Suizidalität. Bei Jugendlichen scheint dieser Effekt jedoch geringer ausgeprägt zu sein, als bei Erwachsenen (DGKJP et al., 2007).
- Die „Ansteckungsgefahr" von Suizidalität scheint unter Jugendlichen höher zu sein, als bei Erwachsenen. Die Betreuung von Freunden, Klassenkameraden, Mithäftlingen und jugendlichen Angehörigen nach vollzogenem oder beinahe vollzogenem Suizid scheint einen noch größeren Stellenwert als suizidpräventive Maßnahme einzunehmen als bei Erwachsenen (Hazell & Lewin, 1993). Dies gilt besonders für „geschlossene Gemeinschaften" wie Schulklassen (besonders Internate), Klinikstationen, feste Cliquen in der Peergroup und in Jugendhaftanstalten (DGKJP et al., 2007).
- Es existieren zahlreiche entwicklungstypische Risikofaktoren, die sich von denen suizidaler Erwachsener unterscheiden und nachfolgend aufgeführt sind.

12.4.4 Entwicklungstypische Risikofaktoren

Häufig entwickeln sich suizidale Handlungen bei Jugendlichen aus akuten Konfliktsituationen, seltener werden diese Handlungen über einen längeren Zeitraum vorbereitet. Häufige *Auslöser* sind Familienkonflikte, Konflikte im Freundeskreis, in der Clique und der Peer-group, Konflikte oder Trennungserlebnisse in ersten Liebesbeziehungen und (weniger häufig) Schul- und Leistungsprobleme.

Als einer der wichtigsten Prädiktoren für zukünftiges suizidales Verhalten (zukünftige Suizidversuche und vollzogene Suizide) gelten die *Anzahl und Schwere von Suizidversuchen in der Vergangenheit* (Spirito & Esposito-Smithers, 2006): Nach einem Suizidversuch steigt das Risiko für einen weiteren Versuch um den Faktor 20, und das Risiko für einen schweren Suizidversuch (mit hoher suizidaler Intention) ist eng mit der Anzahl vorangegangener Suizidversuche verbunden.

Als wichtige Risikofaktoren für Suizidalität in der Adoleszenz (modifiziert nach Cash & Bridge, 2009) gelten zusammengefasst:
- vorangegangene Suizidversuche,
- psychische Erkrankungen: Der Zusammenhang zwischen Suizidalität und psychischer Erkrankung scheint im Jugendalter weniger eng ausgeprägt zu sein, als im Erwachsenenalter. Trotzdem gibt es Störungsbilder bei psychisch kranken Jugendlichen, die das Risiko für das Auftreten von Suizidalität massiv erhöhen können. Die wichtigsten Störungsbilder sind in absteigender Häufigkeit: depressive Störung, Störung des Sozialverhaltens, Substanzmissbrauch und Angststörungen (DGKJP et al., 2007).
- impulsive Charakterzüge,
- anhaltende Gefühle der Wertlosigkeit oder Hoffnungslosigkeit,

- erlebte körperliche Misshandlung oder sexueller Missbrauch,
- familiäre Faktoren (anhaltende familiäre Streitigkeiten, Verlust eines Elternteils, Depression und/oder Suizidalität in der Familie),
- soziale Isolation des Jugendlichen ,
- Probleme im Bereich der Sexualität (z. B. Unsicherheit in sexueller Orientierung, Homosexualität, Transsexualität),
- Obdachlose Jugendliche bilden eine weitere Hochrisikogruppe, die in der Regel einer Vielzahl von Risikofaktoren ausgesetzt sind.
- Kontakt mit Polizei, Justiz und / oder Inhaftierung,
- leichte Verfügbarkeit von potentiell letalen Methoden (z. B. unabgeschlossene Medikamente, Waffen),
- Suizide oder Suizidversuche in der Familie, im Freundeskreis oder in aktuellen Medienberichterstattungen (Werther-Effekt), inkl. Online-Medien („Cybersuicide").

In der Bewertung von Einzelfällen ist es in der Regel hilfreich, die individuell bestehenden Risikofaktoren einzuteilen in:
- *prädisponierende Faktoren* (z. B. bestehende Depression),
- *auslösende Faktoren/Trigger-Faktoren* (z. B. akuter Konflikt mit Eltern),
- *schwellensenkende Faktoren* (=Facilitator; z. B. Einnahme von psychotropen Substanzen, Suizidversuch in der Peer-Group),
- *möglichkeits-bietende Faktoren* (z. B. Zugang zu Medikamenten, Waffen).

Häufig liegen mehrere Faktoren in unterschiedlichen Bereichen vor. Kurzfristige Interventionen im Rahmen des Krisenmanagements sind besonders im Bereich der auslösenden Faktoren und möglichkeits-bietenden Faktoren wirksam, da sie zu einer schnellen Reduktion von psychosozialer Belastung führen und das Risiko für zeitnahe Wiederholungstaten reduzieren. Mittel- bis langfristige Interventionen sind besonders in den Bereichen prädisponierender Faktoren wichtig und möglich (z. B. Therapie psychischer Störungen, gezielter langfristiger Aufbau von Sozialkontakten).

12.4.5   Besonderheiten der Suizidalität bei einzelnen psychischen Störungen im Jugendalter

Bei jedem Auftreten von suizidalen Gedanken, Handlungen oder Suizidversuchen ist eine Diagnostik auf psychische Störungen indiziert. Einzelne jugendpsychiatrische Störungen prädisponieren dabei besonders für Suizidalität bzw. zeigen Besonderheiten bezüglich des störungsimmanenten Auftretens von Suizidalität:
- Die häufigste psychische Störung bei suizidalen Jugendlichen ist die depressive Störung (bei ca. 2/3 aller Fälle; DGKJP et al., 2007).
- Jugendliche mit posttraumatischer Belastungsstörung (PTBS) sind ebenfalls einem hohen Suizidrisiko ausgesetzt. Wichtig ist in diesem Zusammenhang, dass nicht alle Jugendlichen mit traumatischen Erfahrungen an einer posttraumatischen Belastungsstörung leiden.

- Bei Jugendlichen mit Borderline-Störung (emotional-instabile Persönlichkeitsstörung vom Borderline-Typ) bestehen häufig sowohl selbstverletzendes Verhalten, als auch suizidale Gedanken und Verhaltensweisen.
- Angststörungen werden im Jugendalter häufig übersehen. Das Suizidrisiko scheint besonders beim Auftreten mehrerer Angststörungen und bei der Kombination von Angst- und depressiven Störungen erhöht.
- Bei der Anorexia nervosa („Magersucht") gilt Suizid als die häufigste Todesursache (meist erst im Erwachsenenalter; Steinhausen, 2002).
- Alkoholmissbrauch (häufig) oder -abhängigkeit (seltener) tritt im Jugendalter meist in Kombination mit anderen psychischen Störungen gemeinsam auf. Alkohol hat unter anderem eine wichtige „schwellensenkende Wirkung" auf suizidale Pläne und Handlungen.
- Bei der Sozialverhaltensstörung, wie auch bei der Aufmerksamkeitsdefizit-/Hyperaktivitätsstörung (ADHS) stellt besonders das Symptom der *Impulsivität* einen wichtigen Risikofaktor für suizidale Handlungen dar.
- Bei der schizophrenen Psychose (Wahn, Halluzinationen, formale Denkstörungen) tritt Suizidalität entweder im Rahmen einer akuten Psychose mit suizidalen Wahngedanken auf oder aber im Rahmen von depressiven Nachschwankungen oder post-psychotischen Depression nach Abklingen der akuten Symptomatik.

12.4.6   Differentialdiagnose: selbstverletzendes Verhalten

Unter selbstverletzendem Verhalten versteht man ein wiederholt auftretendes, bewusstes, freiwilliges und direktes Zerstören von Körpergewebe *ohne suizidale Absicht*, das sozial nicht akzeptiert ist (Libal et al., 2009). Die Ein-Jahresprävalenz von selbstverletzendem Verhalten beträgt bei männlichen Jugendlichen etwa 15% und bei weiblichen Jugendlichen etwa 25% (Herpertz-Dahlmann et al., 2013). Die frühe Adoleszenz (12-14.Lebensjahr) gilt als häufigstes Alter für das Erstauftreten. Suizidversuche dagegen treten gehäuft in der mittleren Adoleszenz (14.-16. Lebensjahr) erstmalig auf (Jans et al., 2012). Typischerweise ist den sich selbstverletzenden Jugendlichen bewusst, dass sie sich ernsthafte Verletzungen zuziehen, aber diese nicht lebensbedrohlich sind. Die häufigste Manifestationsform sind oberflächliche Schnittverletzungen am Unterarm. Andere Formen der Selbstverletzung sind z. B. Verbrennungen, das Wiedereröffnen von Wunden oder das Schlucken von scharfen Gegenständen. Bei intelligenzgeminderten Jugendlichen ist häufig Sich-selbst-beißen oder mit dem Kopf gegen die Wand schlagen zu beobachten. Selbstverletzendes Verhalten tritt insgesamt häufiger bei Mädchen auf, ist im Jugendalter sehr häufig (und in den letzten Jahren zunehmend), kann auch bei psychisch gesunden Personen auftreten und ist im jungen Erwachsenenalter meist selbstlimitierend.

Selbstverletzendes Verhalten kann eine Vielzahl von Funktionen beim einzelnen Jugendlichen erfüllen (Klonsky, 2007):
- Affektregulation,
- Selbstbestrafung,

- Beendigung dissoziativer Zustände,
- Neugier /Sensation-seeking,
- Aufmerksamkeitssuche,
- antisuizidale Handlung,
- Sicherstellung eigener Autonomie.

Psychotherapeutisch hat sich besonders die dialektisch-behaviorale Therapie für Adoleszente (DBT-A) als wirksam erwiesen. In schweren Fällen kommen gelegentlich auch Psychopharmaka zum Einsatz.

Die *entscheidende Differenzierungsmöglichkeit* zwischen Suizidalität und selbstverletzendem Verhalten ist nicht das Ausmaß der Verletzung sondern liegt in der vorhandenen oder fehlenden Intention, das eigene Leben zu beenden („The key difference between deliberate self-injury and suicide attempt is in the intent to end one's life."; Jans et al. 2012, S. 3). Daher ist letztlich nur in einem vertrauensvollen Gespräch eine Unterscheidung der Phänomene für Außenstehende möglich.

Bei unklarer Motivlage des möglicherweise suizidal erscheinenden Jugendlichen sind neben möglichem selbstverletzendem Verhalten auch Unfälle (ggf. unter Einfluss von Drogen oder Alkohol) und fremdverschuldende Gewalteinwirkung in die Überlegung nach möglichen Ursachen mit einzubeziehen.

12.5 Was wissen wir über Haftsuizide bei Adoleszenten?

12.5.1 Psychische Störungen bei inhaftierten Jugendlichen

Forschungen der letzten Jahren zeigten eindeutig eine hohe bis sehr hohe Prävalenz von psychischen Störungen bei inhaftierten Jugendlichen (Teplin et al., 2002; Abram et al., 2004), bei gleichzeitiger schlechter Zugangsmöglichkeit zu adäquaten Therapien. Sozialverhaltensstörungen (engl. conduct disorder) und substanzabhängige Störungen (engl. substance use disorder) zeigen die höchsten Prävalenzraten und sind in der Regel einer Diagnostik leicht, einer Therapie aber nur schwer zugänglich (Vermeiren et al., 2006). Allerdings zeigten eine Vielzahl von Studien auch eine hohe Prävalenz von sogenannten introversiven Störungen bei inhaftierten Jugendlichen, von denen insbesondere die Erkennung und Behandlung der depressiven Störung für Maßnahmen der Suizidprävention innerhalb von Haftanstalten von entscheidender Bedeutung erscheint (Ryan & Redding, 2004).

12.5.2 Suizidales Verhalten

Suizidales Verhalten ist in allen bisherigen Studien bei inhaftierten Jugendlichen in weit häufigerem Ausmaß nachweisbar, als bei Nicht-inhaftierten der gleichen Altersgruppe (Abram et al., 2008; Morris et al., 1995; Suk et al., 2009). Gründe für die erhöhte Suizidalität bei inhaftierten Jugendlichen werden meist in einer Kombination aus zwei Theorien gesehen (Hayes et al., 2012):

- *Theorie der importierten Risikofaktoren:* Inhaftierte Jugendliche zeigen überdurchschnittlich häufig auch schon *vor* Haftantritt Verhaltensweisen und Persönlichkeitsmerkmale, die generell mit einem erhöhten Risiko für Suizidalität verbunden sind. Dazu zählen z. B. männliches Geschlecht, Alter (meist spätes Jugend-, frühes Erwachsenenalter), Neigung zu impulsiv-aggressivem Verhalten, Substanzmissbrauch, Ängste, erhöhte Prävalenz von psychischen Störungen.

- *Theorie der suizidfördernden Haftfaktoren:* Die spezifischen Stressoren einer Inhaftierung und die Umweltbedingungen einer Haftanstalt und die dadurch notwendigen Anpassungsleistungen an die jugendlichen Insassen führen zu einer erhöhten Suizidalität: Trennung von gewohnter sozialer Umgebung, erlebter Kontroll- und Autonomieverlust, Perspektivlosigkeit, Ängste vor Mithäftlingen, Schuldgefühle gegenüber Angehörigen, nächtliche Isolierung, Scham über die Taten.

Einzelnen Stressoren der Haftbedingungen konnten in altersgruppenübergreifenden Studien bereits eine Assoziation mit erhöhtem Risiko für suizidales Verhalten nachgewiesen werden: Trennung von nahen Freunden und Angehörigen (Pogrebin, 1985), Überbelegung (Parent et al., 1994), Schlafen in abgeschlossenen Räumen (Gallagher et al., 2006) oder Einzelzellen (Parent et al., 1994; Marcus & Alcabes, 1993). Für Jugendliche, die in Haftanstalten für Erwachsene untergebracht sind, scheint ein besonders hohes Suizidrisiko zu bestehen (Winkler, 1992; WHO, 2007).

Der generell ernstnehmende, professionelle Umgang mit jeglichem suizidalem Verhalten, kann vermutlich maßgeblich zur Reduktion der Suizidtoten bei jugendlichen Inhaftierten beitragen. So zeigte der US-amerikanische Suizidforscher Lindsay Hayes bei der Auswertung von 79 Suizidopfern unter inhaftierten Jugendlichen, dass bei mehr als zwei Drittel der Toten Suizidversuche, berichtete Suizidideen, suizidale Drohungen oder Selbstverletzungen unterschiedlicher Art bereits im Vorfeld in den Dokumentationen der Haftanstalten vorhanden waren (Hayes, 2004). Der überraschende Suizid „aus heiterem Himmel" scheint eher eine Ausnahme zu sein.

Abram und Kollegen veröffentlichten 2008 eine Untersuchung an 1.829 Jugendlichen zwischen 10-18 Jahren die unmittelbar nach Haftantritt mit einem ausführlichen jugendpsychiatrischen Diagnose-Interview untersucht wurden (DISC 2.3 = Diagnostic Interview Schedule for Children). Hierbei wurden besonders Gedanken an den Tod, Suizidideen, Suizidpläne, Suizidversuche (inkl. Methodik) und das Vorhandensein von Symptomen psychiatrischer Störungsbilder in den letzten 6 Monaten untersucht. Bei mehr als einem Drittel (bei weiblichen Jugendlichen: mehr als die Hälfte) waren Gedanken an den Tod und Gefühle der Hoffnungslosigkeit in den letzten 6 Monaten vor Haftantritt feststellbar. Etwa einer von 10 Jugendlichen hatte konkrete Suizidgedanken im letzten halben Jahr und einer von 10 mindestens einen Suizidversuch in der Vergangenheit. Suizidversuche fanden sich am häufigsten bei weiblichen Jugendlichen und bei Jugendlichen mit diagnostischen Hinweisen auf eine depressive Störung oder eine (generalisierte) Angststörung. Weniger als die Hälfte der Jugendlichen mit Suizidideen hatte diese bereits einer anderen Person mitgeteilt (Abram et al., 2008). Diese Studie unterstreicht die Effektivität einer jugendpsychiatrisch/jugendpsychologischen Aufnahmeuntersuchung für alle Jugendlichen in Haft (siehe unten).

12.5.3   Vollzogene Suizide

Während zu suizidalem Verhalten und Suizidversuchen bei inhaftierten Jugendlichen zwischenzeitlich eine große Vielzahl Studien aus mehreren westlichen Ländern existiert, liegen nur wenige Untersuchungen zu vollzogenen Suiziden dieser Hochrisikopopulation vor. Tod durch *Suizid wurde als die häufigste Todesursache in Jugendstrafanstalten beschrieben* (Gallagher & Dobrin, 2006). Eine britische Studie aus dem Jahre 2005 zeigte ein 18fach erhöhtes Risiko für erfolgten Suizid bei inhaftierten Jugendlichen im Alter von 15-18 und ein 6fach erhöhtes Risiko im Altersbereich 18-20 Jahren, verglichen mit der altersentsprechenden Allgemeinbevölkerung (Fazel et al., 2005). Studien aus den USA zeigen interessanterweise deutlich niedrigere Werte: Zwei Studien, die nur kleinere Probandenzahlen aufwiesen (n= 20 bzw. n= 28), zeigten ein 3-fach erhöhtes (Gallagher & Dobrin, 2006) bzw. 4,6-fach (Memory, 1989) erhöhtes Risiko für vollzogenen Suizid bei inhaftierten Jugendlichen. Teilweise wurden in diesen Studien allerdings auch Probanden aus dem offenen Strafvollzug berücksichtigt. Aufgrund zahlreicher nationaler Besonderheiten (z. B. Strafmündigkeitsalter, Haftarten) und methodischer Einschränkungen (z. B. Einbezug von Daten der Allgemeinbevölkerung) ist eine internationale Vergleichbarkeit der Studien nur eingeschränkt möglich. Eine mögliche Risikoerhöhung bei Inhaftierten hängt immer auch zentral vom Grundrisiko einer jeweiligen Altersklasse in einer jeweiligen Bevölkerung ab.

In Deutschland wurden zuletzt alle in den Jahren 2000 - 2010, in Haftanstalten (inkl. Untersuchungshaft) bekannt gewordenen Fälle von Suizidtoten bei Jugendlichen (14-21 Jahren) statistisch ausgewertet (Radeloff et al., 2014). Die gesammelten 79 Fälle (alle männlich) wurden einerseits mit Suizidfällen des gleichen Zeitraums in der altersentsprechenden Allgemeinbevölkerung (n=3.484) und andererseits mit Suizidfällen bei inhaftierten Erwachsenen (>21 Jahren; n= 781) verglichen. Dabei zeigte sich:
- …dass der Anteil von Suiziden, die in Haft verübt werden bei Jugendlichen mit 2,3% deutlich höher liegt, als bei Erwachsenen (0,7%).
- …dass das relative Risiko (RR) für Tod durch Suizid bei jugendlichen Inhaftierten dreimal höher lag als bei erwachsenen Insassen (RR=23,0 vs. RR= 7,7). Dies entspricht einem 23-fach erhöhten Risiko für Suizid bei inhaftierten Jugendlichen.
- … dass bei Erwachsenen die Suizidrate in Untersuchungshaft fünfmal höher lag, als in der Strafhaft, während bei Adoleszenten sich ein weitgehend ausgeglichenes Verhältnis zeigte.

In beiden Altersgruppen waren aber absolut betrachtet mehr Suizide in Untersuchungshaft nachweisbar, als in Strafhaft.[1]

Die zuletzt beschriebene Erkenntnis kann als Hinweis verstanden werden, dass die Art der Inhaftierung als ein altersspezifischer Risikofaktor gelten könnte und dass auch bei Haftsuiziden altersspezifische Besonderheiten existieren. Diese sollten zukünftig in Forschungsvorhaben genauer evaluiert werden, um in Leitlinien und Präventionsstrategien vermehrt Beachtung zu finden. Im 18-seitigen WHO Leitfaden zur Suizidprävention für Mitarbeiter des Justizvollzugsdienstes finden sich z. B. nur 4 Sätze zur Suizidalität von Jugendlichen (WHO, 2007).

Im Rahmen einer ab dem Jahr 2011 bei identischen Probanden wiederholt vorgenommene Fragebogenuntersuchung in drei deutschen Jugendhaftanstalten (Ichtershausen/Thüringen, Heinsberg und Herford, beide NRW) wurden Suizidgedanken und Suizidversuche bei den Inhaftierten erhoben (Boxberg et. al., 2013). Von 708 Inhaftierten, gaben initial 118 (17%) an, *jemals im Leben* Suizidgedanken gehabt zu haben. In den beiden Folgeerhebungen bezog sich die Frage ausschließlich auf Suizidgedanken *in den letzten drei Monaten*. Hier zeigte sich, dass 3% bzw. 4% der Jugendlichen, die bereits bei der ersten Erhebung Suizidgedanken angegeben hatte, diese auch weiterhin zeigten (positiver Zusammenhang; Cramer's V=.319; p=.000). Die Autoren ziehen daraus den Schluss, dass Inhaftierte dann eher zu Suizidgedanken neigen, wenn diese auch schon vor der Inhaftierung nachweisbar waren. Ganz ähnliche Zahlen konnten zu Suizidversuchen erhoben werden (Cramer's V=.624; p=.039) und unterstreichen erneut die Bedeutung einer generellen Aufnahmeuntersuchung aller inhaftierter Jugendlicher. Suizidgedanken in Haft traten bei einem Großteil der Befragten direkt nach der Urteilsverkündung bzw. in den ersten Wochen nach Inhaftierung auf. Kritisch wird von Boxberg und Kollegen die gängige Praxis diskutiert, Inhaftierte bei Bekanntwerden von suizidalen Tendenzen in besonders gesicherte Haft-räume (bgH) zu verbringen. Diese, aus rechtlichen Gründen nachvollziehbare und vom Gesetzgeber gestattete Praxis (z. B. §79 JStVollzG NRW) schrecke Inhaftierte davon ab, suizidale Gedanken und Impulse professionellen Mitarbeitern im Strafvollzug mitzuteilen. Durch den fehlenden Fokus auf die Ursache der Suizidalität und die Gefahr, durch Isolation die Suizidalität zusätzlich zu verstärken, erscheint diese Verlegungspraxis den Autoren kontraindiziert und sie sehen eine Notwendigkeit für Alternativen (Boxberg et al., 2013). Isolation und Absonderung von jungen Gefangenen wurde auch in anderen Studien mit einem erhöhten Risiko für suizidales Verhalten in Verbindung gebracht (Hayes, 2005; WHO, 2007).

---

[1] Erneut sei hier auf die eingeschränkte Aussagekraft offizieller Häufigkeitsangaben von Suiziden, insbesondere für die Allgemeinbevölkerung verwiesen. Dies macht auch Vergleichsberechnungen mit speziellen Untergruppen der Bevölkerung (z.B. inhaftierten Jugendlichen) nur unter Inkaufnahme von Fehlerquellen möglich. Beispielsweise werden wegen der hohen Kontrolldichte in Gefängnissen vermutlich die meisten Suizide bekannt, was zu einer geringeren Dunkelziffer als in der Allgemeinbevölkerung führt. Eine höhere Suizidrate in Gefängnissen kann in Teilen hierin begründet sein (ausführlich dazu: Schmitt, Kap. 3)

12.6 Welche Interventionen erscheinen sinnvoll?

12.6.1 Prävention

In der aktuellen Präventionsforschung der Suizidologie unterscheidet man einen *Public-Health-Ansatz* von einem *Mental-Health-Ansatz*. Während erster darauf abzielt, den Zugang zu Suizidmethoden zu beschränken (z. B. durch strengere Kontrollen, Waffengesetze) oder die Verantwortung der Medien bei der Berichterstattung hervorhebt, geht es beim Mental-Health-Ansatz um die Erkennung und Therapie psychischer Störungen (Wolfersdorf, 2014). Zum Public-Health-Ansatz liegen unseres Wissens nach bisher keine gesicherten Erkenntnisse speziell zum Jugendstrafvollzug vor. Nachfolgend sollen daher vornehmlich Maßnahmen des Mental-Health-Ansatzes beschrieben werden, die in der Prävention und in der Krisenintervention bei Suizidalität im Jugendstrafvollzug beachtet werden sollten:

Screening-Untersuchungen zum Zeitpunkt der Inhaftierung, die dabei helfen das initiale Suizidrisiko einzuschätzen und die wichtige Hinweise für das mögliche Vorliegen von psychischen Störungen liefern können, erscheinen, wie oben ausgeführt, für alle Jugendlichen bei Haftantritt sinnvoll (siehe dazu Lohner, Kap. 8). Diese suizidpräventive Maßnahme wird durch eine US-amerikanische Studie unterstützt, die nachweisen konnte, dass Einrichtungen, die innerhalb von 24 Stunden nach Haftantritt eine Screening-Untersuchung für alle inhaftierten Jugendlichen auf Suizidalität vornehmen, eine niedrigere Prävalenz von schweren Suizidversuchen zeigen, verglichen mit Einrichtungen, die nur bei Jugendlichen eine Untersuchung vornahmen, bei denen nach Einschätzung der Mitarbeiter ein erhöhtes Suizidrisiko vorlag (Gallagher & Dobrin, 2005). Ein englischsprachiges, bisher nicht normiertes Instrument zur Erfassung des Suizidrisikos speziell bei Jugendlichen in Haft stellt der Fragebogen *Juvenile Suicide Assessment (JSA)* dar (Galloucis & Francek, 2002). Kritisch anzumerken ist, dass ein initiales Screening ausschließlich die Ausgangsbedingungen erhebt und dessen Ergebnisse (z. B. bei einem unauffälligen Profil) nur zu geringem Ausmaß Aufschluss darüber geben können, wie die anstehende Inhaftierung auf die psychische Gesundheit des einzelnen Jugendlichen einwirken wird. Daher erscheinen Kontrolluntersuchungen in nicht zu großem zeitlichen Abstand zur Inhaftierung notwendig und sinnvoll.

Alle bisherigen Untersuchungen weisen darauf hin, dass neben der Erfassung und Reduktion von akuten psychosozialen Belastungsfaktoren, auch die konsequente Diagnostik und Therapie psychischer Störungen in Jugendhaftanstalten eine wesentliche, entscheidende Präventionsmaßnahme zur Reduktion von Suiziden darstellt (Hayes, 2009).

Diesbezüglich erscheinen folgende Maßnahmen sinnvoll (Abram et al., 2008):
- Schulungen aller Mitarbeiter in Jugendhaftanstalten im Erkennen von altersspezifischen Symptomen jugendpsychiatrischer Störungen,
- Schulungen von Gefängnismedizinern und Anstaltspsychologen in der (Verdachts-) Diagnostik jugendpsychiatrischer Störungen,
- Auf- und Ausbau von jugendpsychiatrischer Versorgung innerhalb von Jugendhaftanstalten,

- Falls notwenig: Sicherstellung einer adäquaten jugendpsychiatrischen und/oder psychotherapeutischen Weiterversorgung nach Haftentlassung, da auch eine Neueingliederung in die Gesellschaft gerade für psychisch kranke Jugendliche eine erneute Anpassungsleistung verlangt und damit mit einer Symptomverschlechterung psychischer Störungen einhergehen kann.

12.6.2 Kriseninterventon

Unseres Wissens nach gibt es weder Literatur noch gesicherte wissenschaftliche Erkenntnisse zu Interventionen bezüglich Suizidalität von inhaftierten Adoleszenten. Diesbezüglich verweisen wir insbesondere auf entsprechende Interventionen bei Erwachsenen (siehe Kapitel 8-11, 13 und 21 in diesem Buch). Daher wird nachfolgend schwerpunktmäßig auf Interventionen eingegangen, die sich beim Umgang mit suizidalen Jugendlichen außerhalb von Haftanstalten als wirkungsvoll erwiesen haben. Die Umsetzung dieser Maßnahmen in Gefängnissen mag durch die veränderten Umgebungsbedingungen und abweichende rechtliche Situation eingeschränkt möglich, aber wohl nicht vollkommen unmöglich erscheinen.

Handlungsempfehlungen für die Gesprächsführung

In der Akutversorgung von suizidalen Jugendlichen haben sich aus klinischer Sicht folgende Handlungsempfehlungen als sinnvoll herausgestellt:
- Von zentraler Bedeutung ist das ruhige, möglichst emotional nüchtern geführte Gespräch mit dem Jugendlichen über seinen aktuellen Zustand.
- Sinnvoll erscheint eine gemeinsame, möglichst sachliche Bewertung der aktuellen Situation ohne Vermittlung von Schuldgefühlen oder Mitleidsbekundungen. Selbst wenn die Suizidalität des Jugendlichen intentional-manipulativ oder nicht ernsthaft wirkt, empfiehlt sich trotzdem eine an den verbalen oder non-verbalen Äußerungen des Jugendlichen orientierte Gesprächsführung. Keinesfalls sollte dem Jugendlichen in der akuten Situation zurückgemeldet werden, dass an der Ernsthaftigkeit seiner Suizidintention Zweifel bestehen. Dies könnte zu (weiteren) Handlungen führen, die für den Jugendlichen (ob suizidal oder nicht) lebensbedrohliche Folgen haben könnten.
- Das Gespräch sollte möglichst schnell nach Erkennen der Krisensituation und ausführlich genug, unter ruhigen Bedingungen durchgeführt werden (z. B. nicht während Wundversorgung oder in Anwesenheit von Mithäftlingen).
- Bei begleitender Substanzintoxikation sollte das Gespräch unbedingt erst nach vollständiger Ausnüchterung erfolgen.
- Entscheidend ist, dass der aus der subjektiven Bewertung des Jugendlichen heraus akute Konflikt, der zu suizidalen Gedanken und/oder Handlungen geführt hat, nicht mehr in seiner ursprünglichen Bedrohung weiterbesteht. Gelingt dies im gemeinsamen Gespräch nicht, so ist von einer weiterhin bestehenden hohen Suizidgefahr auszugehen.

- Häufig ist in der Akutsituation der Fokus auf konkrete psychosoziale Unterstützung hilfreicher, als beginnende therapeutische Interventionen (psychosozialer Support vs. Therapie), oder gar die gemeinsame Suche nach Gründen aus der Biographie des Jugendlichen (einsichts-orientierte Verfahren).

In der Akutsituation erscheinen folgende wichtige *Leitfragen* in der Abklärung von suizidalen Jugendlichen (nach Jans et al., 2012) sinnvoll:
- *Kurzfristig* wichtig: Liegen *aktuelle Beziehungsprobleme* zu Eltern oder Freunden vor? Wenn ja: Wie könnten diese schnellstmöglich reduziert werden?
- *Mittelfristig* wichtig: Liegt eine *psychische Störung* vor? Wenn ja, wie könnte diese am besten bereits während der Haftstrafe behandelt werden?

Hilfreiche Fragen an den Jugendlichen direkt könnten sein:
- *Was belastet Dich momentan am meisten?*
- *Was könnten wir jetzt aktuell an Deiner Situation ändern, dass Du Dich besser fühlst?*
- *Denkst Du im Moment daran, Deinem Leben ein Ende zu setzen?*
- *Wie konkret stellst Du Dir das vor?*
- *Gab es schon einmal in Deinem Leben so eine Situation?*
- *Hast Du bereits einmal versucht, Dich umzubringen?*
- *Hast Du Pläne für morgen, für nächste Woche, für die Zeit nach der Haftentlassung?*
- *Gibt es für Dich (noch) Menschen, die Dir besonders wichtig sind?*
- *Gibt es in Deiner Familie, in Deinem Freundeskreis Menschen, die bereits versucht haben, sich umzubringen oder sich umgebracht haben?*
- *Hilft es Dir, wie wir gerade darüber sprechen?*
- *Wenn nein: Was könnte Dir helfen, Abstand von Deinen Gedanken zu bekommen? Was hat früher in vergleichbaren Situationen geholfen?*

Als hilfreich haben sich in der Praxis folgende Gesprächsbotschaften herausgestellt:
- *Fast jede Entscheidung, die Du triffst kannst Du später rückgängig machen – Deinen eigenen Tod nicht. Daher lohnt es sich, hier genug Zeit für die Abwägung des Für und Wider zu nehmen.*
- *Ich bin sicher, wir finden zusammen einen Weg, Dein Leben ein wenig anders aussehen zu lassen, auch wenn Dir das gerade unmöglich erscheint.*
- *Alle Jugendliche, die sich umbringen wollten und die ich bisher gesehen habe, hatten gute Gründe dafür. Allerdings konnten wir diese Gründe fast immer im weiteren Verlauf auflösen.*

Abschließend muss nach einem solchen Gespräch aus rechtlicher Sicht die Fähigkeit des Jugendlichen, sich von etwaigen Suizidhandlungen eindeutig zu distanzieren, eingeschätzt und mit Datum und Zeitangabe dokumentiert werden (z. B. „XY distanzierte sich nach Abschluss des Gesprächs um 20:30 Uhr eindeutig und glaubhaft von akuter Suizidalität").

Bedeutung des expliziten Ansprechens von Suizidalität

Das explizite, angstfreie Benennen von Suizidgedanken nach Art und Intensität wird von den Jugendlichen in den allermeisten Fällen als entlastend erlebt und kann diesen als Distanzierungshilfe dienen. Häufig fehlt dem Jugendlichen ein Gesprächspartner, der ihm hilft, die Gedanken und Pläne eindeutig zu formulieren und zu bewerten, ohne dabei emotional zu reagieren. Häufig erleben Jugendliche in akuten suizidalen Krisen eine innere gedankliche Einengung (auch mit Gedankenkreisen) und brauchen Hilfe von außen, um diesen unangenehmen Zustand zu durchbrechen und perspektivisch wieder „über den Tellerrand" zu schauen. Dabei empfiehlt sich, das Thema der Suizidalität am Ende eines Gesprächs anzusprechen, nachdem sich durch eine wertschätzende Gesprächsführung eine möglichst tragfähige, vertrauensvolle Gesprächsbeziehung aufbauen konnte. Während der Thematisierung der Suizidaltität empfiehlt sich ein stufenweises Frageschema von *„Hast Du Dir schon einmal vorgestellt, dass es besser wäre, nicht mehr am Leben zu sein?"* bis (falls notwendig) *„Hast Du konkrete Ideen, wie Du Dich umbringen würdest?".*

Antisuizidverträge

Obwohl für diese Form der Intervention bisher keine empirische Evidenz besteht, hat sie sich in der klinischen Praxis oft als hilfreich erwiesen. Dabei wird auf einem formlosen Schreiben datiert vereinbart, dass der Jugendliche fest zusichert, bis zur nächsten getroffenen Vereinbarung in einem angemessenen Zeitraum (z. B. bis zum nächsten Tag) keine suizidalen Handlungen an sich vorzunehmen und entsprechende aufdrängende Gedanken und Impulse umgehend einem professionellen Mitarbeiter mitzuteilen. Unterschrieben wird der Vertrag von allen Personen, die bei der Vereinbarung anwesend sind. Diese Verträge stellen zwar juristisch gesehen keine Mittel zur Absicherung der Situation dar, helfen aber gerade Jugendlichen häufig eine vertrauensvolle, therapeutische Beziehung auszubauen. Der Jugendliche fühlt sich in seiner Notlage in hohem Maße ernst genommen und kann bei Wiederauftreten von Suizidgedanken an eine schriftliche Vereinbarung erinnert werden. Bei Zweifel an der eindeutigen und glaubhaften Distanzierungsfähigkeit können Antisuizidverträge auch gut mit nachfolgender Videoüberwachung des Jugendlichen kombiniert werden. Antisuizidverträge können auch zu Kontingenzplänen ausgeweitet werden (Wenn-dann-Pläne; Jans et al., 2012), in denen für Jugendliche schriftlich im Detail festgelegt wird, welche Maßnahmen wann einzuleiten sind.

Medikamentöse Behandlung

Bei anhaltendem quälendem Gefühl innerer Anspannung, auch nach ausführlichem Versuch der Entlastung durch ein ausreichend langes, sachliches Gesprächsangebot, können in Krisensituationen kurzzeitig wirksame psychopharmakologische Medikamente auch im Jugendalter sinnvoll eingesetzt werden und zu einer emotionalen Distanzierung und einer oft deutlichen Abnahme des Gefühls der inneren Anspannung führen. In den meisten Fällen sind Einmalgaben völlig ausreichend. Geeignet sind hier v.a. Benzodiazepine (z. B. Lorazepam 1-2,5mg) wenn keine gleichzeitige Alkoholisierung und keine hohe Suchtgefährdung besteht. Alternativ können auch atypische Antipsychotika (z. B. Quetiapin) eingesetzt werden.

Bei der medikamentösen, antidepressiven Behandlung, die im Jugendalter generell mit selektiven Serotonin-Wiederaufnahmehemmer vorgenommen wird, ist bei suizidalen Jugendlichen besonders auf die antriebssteigernde Wirkung in den ersten Behandlungstagen und -wochen zu achten, die der Stimmungsaufhellung in der Regel vorangeht. Generell sollte jede dauerhaft durchgeführte Medikation bei suizidalen Jugendlichen unter Vorsicht durchgeführt werden, da das Risiko besteht, dass Tabletten gesammelt und für zukünftige Suizidversuche verwendet werden. Daher sollten möglichst Substanzen mit großer therapeutischer Breite zur Anwendung kommen (z. B. SSRI-Präparate) und die Medikamenteneinnahme ggf. unter Sicht von Personal erfolgen.

12.6.3   Jugendpsychiatrische-psychologische Diagnostik und Therapie

Wie oben ausgeführt ist die typische Koppelung von Suizidalität mit umschriebenen psychiatrischen Störungen wie im Erwachsenenalter, bei Jugendlichen etwas weniger stark ausgeprägt (DGKJP et al., 2007). Daher wird man nicht bei allen adoleszenten Suizidenten die Diagnose einer psychischen Störung stellen können. Eine diesbezügliche Untersuchung erscheint aber trotzdem in jedem Fall sinnvoll:

- … da in der Mehrzahl der Fälle eine Diagnose möglich ist, die spezifische Therapieoptionen aufzeigt.
- … da, bei positiver Diagnostik, die möglichst konsequente Behandlung dieser Störung, die vermutlich beste Möglichkeit der Individualprävention vor weiteren suizidalen Handlungen darstellt.

Hier stellt sich in Jugendstrafanstalten einerseits ein Versorgungsproblem im Bereich jugendpsychiatrischer Behandlung, andererseits bieten die Bedingungen der Inhaftierungen aber auch Chancen und Möglichkeiten, die Behandlung einer psychischen Störung bei einem Jugendlichen überhaupt erst einzuleiten und durchzuführen (*„The time in custody presents a unique opportunity to address the basic health concerns of this population and provide health education.";* Joseph-DiCaprio et al., 2000, S. 73).

Empirische Daten über die Effektivität von therapeutischen Interventionen bei suizidalen Jugendlichen sind rar, und aktuell kann keine Intervention als spezifisch überlegen empfohlen werden. Generell kann die Behandlungsbereitschaft von suizidalen Jugendlichen (inhaftiert oder nicht-inhaftiert) als eher gering eingeschätzt werden (Daniel & Goldston, 2009). Daher erscheint es sinnvoll, therapeutisch besonders alle Maßnahmen zu unterstützen, die …

- …beim Jugendlichen hilfesuchendes Verhalten fördern (z. B. durch Ausarbeitung genauer Notfallpläne, wenn erneut suizidale Gedanken auftreten).
- …Kontrolluntersuchungen nach Auftreten von Suizidalität sicherstellen, in denen mit zeitlichem Abstand von 24 h geprüft wird, ob sich die Situation akut verbessert hat und im Ab-

stand von 1 Woche und 1 Monat überprüfen, ob sich die Lebenssituation auch mittelfristig einigermaßen stabilisiert hat.

- …einen engen Einbezug von Angehörigen und von Stationspersonal im Gefängnis in getroffene therapeutische Absprachen gewährleisten.

12.6.4 Psychohygiene von Mitarbeitern

Nach schweren Suizidversuchen oder Suiziden von Jugendlichen ist eine professionelle Supervision und eine Nachbesprechung des Falls mit allen unmittelbar und mittelbar beteiligten Mitarbeitern sinnvoll und wichtig. Zum einen stellt der Tod eines Jugendlichen eine erhöhte psychosoziale Belastung dar (der im schlimmsten Fall latente Suizidalität von Mitarbeitern verstärken kann) und zum anderen kann der zukünftige professionelle Umgang mit Suizidalität anderer jugendlicher Häftlinge z. B. durch übertriebene, der Situation nicht angemessene Vorsichtsmaßnahmen nach einem tödlich oder beinahe-tödlich endenden Ereignis gefährdet sein. Typische Gefühle bei beteiligten Mitarbeitern nach Suiziden oder Beinahe-Suiziden sind Wut, Mitleid, Ohnmacht und das Gefühl der Hilflosigkeit.

12.6.5 Resümee

Suizidprävention ist eine gesamtgesellschaftliche Aufgabe. Die aktuelle diesbezügliche Forschung fokussiert einen verstärkten Ressourceneinsatz in identifizierten Hochrisiko-Gruppen innerhalb einer Gesellschaft (Olfsen et al., 2014). Zu diesen können und müssen gerade auch inhaftierte Jugendliche gezählt werden. Obwohl es wohl immer Suizidversuche und Suizide in Jugendstrafanstalten geben wird, kann der Resozialisierungsauftrag des Jugendstrafvollzugs nicht in höherem Maße scheitern, als durch einen Suizid während der Haft. Es sollte daher anhaltend alles Machbare verfolgt werden, das Risiko möglichst zu minimieren. Aus wissenschaftlicher Sicht zeigt sich ein hoher Forschungsbedarf, da es wichtig ist, dass auch in diesem Bereich evidenzbasierte Maßnahmen und Interventionen zum Einsatz kommen. Dabei wäre zukünftig eine wissenschaftlich fundierte und manualisierte Anpassung von bestehenden psychotherapeutischen Verfahren an die besonderen Haftbedingungen einer Jugendstrafanstalt wünschenswert. Naheliegend wäre beispielsweise eine Anpassung der *Dialektisch-behavioralen Therapie-Forensik* (DBT-F; McCann et al., 2000) an das Adoleszentenalter. Diese Herausforderung in Forschung und Praxis kann nicht von Jugendhaftanstalten alleine geleistet werden und ruft nach enger interdisziplinärer Kooperation von Ärzten der Kinder- und Jugendpsychiatrie, von Psychologen, Gefängnismedizinern, Architekten, Juristen und Justizvollzugsbeamten im Jugendstrafvollzug. Damit bildet die Gefängnis-Suizidologie auch in der Altersgruppe der Adoleszenz ein spannend erscheinendes Querschnittsfach.

12.6.6 Kernaussagen

- In keiner anderen Entwicklungsphase im Leben ist die enge Bindung und Orientierung an Gleichaltrige für eine gesunde Entwicklung so entscheidend wie während der Adoleszenz. Das Gefühl, allein und isoliert von Gleichaltrigen zu sein, ist bei den allermeisten Jugendlichen weit schwerer zu verkraften, als im Erwachsenenalter. Ein Haftantritt bedeutet i.d.R. für einen jungen Gefangenen eine plötzliche „Amputation" vom bisher als lebenswichtig empfundenen Freundeskreises und sozialen Netzwerk.

- Das Jugendalter (ca. 13-21 Jahren) gilt als die Entwicklungsphase mit dem höchsten Risiko für Suizidversuche überhaupt, nicht aber für vollzogene Suizide.

- Als Hochrisikogruppen für Suizidalität unter Jugendlichen gelten neben psychisch kranken, obdachlosen oder homosexuellen Jugendlichen auch inhaftierte Jugendliche.

- Auch bei Jugendlichen gibt es kein Risiko, Suizidalität durch ein explizites Ansprechen von außen zu verursachen.

- Suizidalität bei Jugendlichen ist ein dynamisches und weniger ein statisches Problem: Suizidale Gedanken und Handlungen tauchen schnell auf und gehen schnell wieder weg, um dann ggf. schnell wiederzukommen.

- Obwohl in der jüngeren Altersgruppe Suizide häufig einen stark appelativen Charakter zeigen („ich kann nicht mehr!"; „beachtet mich denn keiner?"), empfiehlt sich in der Praxis das Vorgehen, jede suizidale Äußerung und Handlung zunächst einmal absolut ernst zu nehmen. Dies ist auch für den Jugendlichen ein wichtiges pädagogisches Signal, dass eine solche Handlung oder Willensäußerung für sein soziales Umfeld nicht folgenlos bleibt.

- Suizidale Äußerungen und Handlungen sind im Jugendalter in hohem Maße für andere Jugendliche ansteckend.

- Der wichtigste Risikofaktor für einen tödlich endenden Suizid ist das Vorhandensein von Suizidversuchen in der Vergangenheit. Zusätzlich erhöht ist das Risiko bei Personen mit Neigung zu impulsiven Handlungen und Alkoholkonsum („schwellensenkende" Wirkung).

- Im Alltag mit Jugendlichen wichtig ist die (gelegentlich schwierige) differentialdiagnostische Abgrenzung zwischen suizidalem und selbstverletzendem Verhalten, das nicht gleichgesetzt werden darf.

- Die zukünftig notwendige Verbesserung der psychotherapeutischen und jugendpsychiatrischen Versorgung von jugendlichen Insassen in Jugendstrafanstalten (inkl. Implementierung von angepassten Therapieprogrammen) könnte vermutlich maßgeblich zu einer weiteren Reduktion von Suizidalität dieser Hochrisikopopulation beitragen.

12.7   Literatur

- Abram, K. M., Choe, J. Y., Washburn, J. J., Teplin, L. A., King, D. C. & Dulcan, M. K. (2008). Suicidal ideation and behaviors among youths in juvenile detention. *Journal of American Academy of Child and Adolescent Psychiatry, 47*, 291-300.
- Abram K. M., Teplin L. A., Charles D. R., Longworth, S. L., McClelland, G. M. & Dulcan, M. K. (2004). Posttraumatic stress disorder and trauma in youth in juvenile detention. *Archive of General Psychiatry, 61*, 403-410.
- Bertolote, J. M. & Fleischman, A. (2009). A global perspective on the magnitude of suicide mortality. In D. Wasserman & C. Wasserman (Hrsg.), *Oxford Textbook of Suicidology and Suicide Prevention. A Global Perspective* (S. 91-98). New York: Oxford University Press.
- Bhatia, M. S., Aggarwal, N. K. & Aggarwal, B. B. (2000) Psychosocial profile of suicide ideators, attempters and completers in India. *International Journal of Social Psychiatry, 46*(3), 155-163.
- Boxberg, V., Wolter, D., & Neubacher, F. (2013). Gewalt und Suizid im Jugendstrafvollzug – Erste Ergebnisse einer Längsschnittstudie, in A. Dessecker & R. Egg (Hrsg.), *Justizvollzug in Bewegung – Kriminologie und Praxis, Band 64* (S. 87-125). Wiesbaden: KrimZ.
- Cash, S. & Bridge, J. (2009). Epidemiology of youth suicide and suicidal behaviour. *Current Opinion in Pediatrics, 21*, 613-619.
- Chein, J., Albert, D., O'Brien, L., Uckert, K. & Steinberg, L. (2011). Peers increase adolescent risk taking by enhancing activity in the brain's reward circuitry. Developmental Science, 14, F1-F10.
- Crone, E. A. & Dahl, R. E. (2012). Understanding adolescence as a period of social-affective engagement and goal flexibility. *Nature Neuroscience, 13*, 636-650.
- Daniel, S. & Goldston, D. (2009). Interventions for suicidal youth: a review of the literature and developmental considerations. *Suicide & Life-Threatening Behavior, 39*, 252-268.
- DGKJP et al. (2007). Leitlinien zur Diagnostik und Therapie von psychischen Störungen im Säuglings-, Kindes- und Jugendalter. Suizidalität im Kindes- und Jugendalter. Köln: Deutscher Ärzteverlag.
- Fazel, S., Benning, R. & Danesh, J. (2005). Suicides in male prisoners in England and Wales, 1978-2003. *Lancet, 366*(9493), 1301-1302.
- Gallagher, C. A. & Dobrin, A. (2005). The association between suicide screening practices and attempts requiring emergency care in juvenile justice facilities. *Journal of American Academy of Child and Adolescent Psychiatry, 44*, 477-484.
- Gallagher, C. A. & Dobrin, A. (2006). Deaths in juvenile justice residential facilities. *Journal of Adolescent Health, 38*, 662-668.
- Galloucis, M. & Francek, H. (2002). The Juvenile Suicide Assessment: an instrument for the assessment and management of suicide risk with incarcerated juveniles. *International Journal of Emergency Mental Health, 4*, 181-99.
- Galvan, A., Hare, T., Voss, H., Glover, G. & Casey, B. J. (2007). Risk-taking and the adolescent brain: who is at risk? *Developmental Science, 10*, F8-F14.

- Goldbeck, L. & Freyberger, H.J. (2009). Somatopsychische Störungen. In J. M. Fegert, A. Streek-Fischer, H. J. Freyberger (Hrsg.), *Adoleszenzpsychiatrie* (S. 373-385). Stuttgart: Schattauer.
- Greydanus, D. & Shek, D. (2009). Deliberate self-harm and suicide in adolescents. *The Keio Journal of Medicine, 58,* 144-151.
- Hayes, L. M. (2004). *Juvenile Suicide in Confinement: A National Survey.* Mansfield, MA: National Center on Institutions and Alternatives.
- Hayes, L. M. (2005). Juvenile suicide in Confinement in the United States: results form a national survey. *Crisis, 26,* 146-148.
- Hayes, L. M. (2009) Juvenile suicide in confinement—findings from the first national survey. *Suicide and Life Threatening Behavior, 39,* 353-63.
- Hayes, L. M. (2012). National study of jail suicide: 20 years later. *Journal of Correctional Health Care, 18*(3):233-45.
- Hazell, P. & Lewin, T. (1993). Friends of adolescent suicide attempters and completers. *Journal of the American Academy of Child and Adolescent Psychiatry, 32,* 76-81.
- Herpertz-Dahlmann, B. (2011). Psychiatrische Erkrankungen der Adoleszenz. In P. J. Uhlhaas, K. Konrad (Hrsg.), *Das adoleszente Gehirn* (S. 206-222). Stuttgart: Kohlhammer.
- Herpertz-Dahlmann, B., Bühren, K. & Remschmidt H. (2013). Erwachsenwerden ist schwer – psychische Störungen in der Adoleszenz. *Deutsches Ärzteblatt, 110,* 432-439.
- Jans, T., Taneli, Y. & Warnke, A. (2012). Suicide and self-harming behaviour. In J. M. Rey (Hrsg.), *IACAPAP e-Textbook of Child and Adolescent Mental Health.* Geneva: International Association for Child and Adolescent Psychiatry and Allied Professions. Zugriff am 17.05.2014 unter http://iacapap.org/wp-content/uploads/E.4-SUICIDE-072012.pdf
- Joseph-DiCaprio, J., Farrow, J., Feinstein, R. A., Morris, R. E., Nesmith, J. D., Persing, R. E., Rose, E., Schichor, A. & Younessi S. (2000). Health care for incarcerated youth. Position paper of the Society for Adolescent Medicine. *Journal of Adolescent Health, 27*(1), 73-75.
- Klonsky, E. (2007). The functions of deliberate self-injury: a review of the evidence. *Clinical Psychology Review, 27,* 226-239.
- Konrad, K., Firk, F. & Uhlhaas, P. J. (2013). Hirnentwicklung in der Adoleszenz – Neurowissenschaftliche Befunde zum Verständnis dieser Entwicklungsphase. *Deutsches Ärzteblatt, 110,* 425-431.
- Leven, I., Quenzel, G. & Hurrelmann, K. (2010). Familie, Schule, Freizeit: Kontinuität im Wandel. In Shell Deutschland Holding (Hrsg.): *Jugend 2010* (S. 52-128). Frankfurt am Main: Fischer Taschenbuch Verlag.
- Marcus, P. & Alcabes, P. (1993) Characteristics of suicides by inmates in an urban jail. *Hospital and Community Psychiatry, 44,* 256-261.
- McCann, R. A., Ball, E. M. & Ivanoff, A. (2000). DBT with an inpatient forensic population. *Cognitive and Behavioral Practice, 7,* 447-456.
- Memory, J. M. (1989). Juvenile suicides in secure detention facilities: correction of published rates. *Death Studies, 13,* 455-463.

- Morris, R. E., Harrison, E. A., Knox, G. W., Tromanhauser, E., Marquis, D. K. & Watts, L. L. (1995). Health risk behavioral survey from 39 juvenile correctional facilities in the United States. *Journal of Adolescent Health, 17*(6):334-344.
- Oerter, R. & Montada, L. (2002). *Entwicklungspsychologie*. Weinheim: Beltz.
- Olfson, M., Marcus, S. C. & Bridge, J. A. (2014). Focusing Suicide Prevention on Periods of High Risk. *Journal of American Medical Association, 311*, 1107-1108.
- Parent, D. G., Leiter, V., Kennedy, S., Livens, L., Wentworth, D. & Wilcox, S. (1994). *Conditions of Confinement: Juvenile Detention and Corrections Facilities*. Washington, DC: US Department of Justice, Office of Juvenile Justice and Delinquency Prevention.
- Plener, P. L., Libal, G., Keller, F., Fegert, J. M. & Muehlenkamp, J. J (2009). An international comparison of adolescent non-suicidal self-injury (NSSI) and suicide attempts: Germany and the USA. *Psychological Medicine, 39*(9):1549-1558.
- Pogrebin, M. (1985). Jail and the mentally disordered: the need for mental health services. *Journal of Prison and Jail Health, 5*, 13-19.
- Radeloff, D., Lempp, T., Albowitz, M., Oddo, S., Toennes, S.W., Schmidt, P. H., Freitag, C. M. & Kettner, M. (2012). Suizide im Kindes- und Jugendalter – eine 13-Jahreserhebung im Einzugsgebiet einer deutschen Großstadt. *Zeitschrift für Kinder- und Jugendpsychiatrie und Psychotherapie, 40*, 263-269.
- Radeloff, D., Lempp, T., Herrmann, E., Kettner, M., Bennefeld-Kersten, K. & Freitag, C. M. (2014). National total survey of German adolescent suicide in prison. *European Child and Adolescent Psychiatry*, June 22, Epub ahead of print.
- Ravens-Sieberer, U., Wille, N., Bettge, S., Erhart, M. (2007). Psychische Gesundheit von Kindern und Jugendlichen in Deutschland. Ergebnisse aus der BELLA-Studie im Kinder- und Jugendgesundheitssurvey (KiGGS). *Bundesgesundheitsblatt – Gesundheitsforschung – Gesundheitsschutz, 50*, 871-878.
- Ravens-Sieberer, U., Erhart, M., & Wille, N. (2008). Gesundheit in der Adoleszenz. In F. Resch & M. Schulte-Markwort (Hrsg.), *Kursbuch für integrative Kinder- und Jugendpsychotherapie, Band 5 Adoleszenz* (S. 13-31). Weinheim: Beltz.
- Resch, F., Parzer, P., Brunner, R. & BELLA study group (2008). Self-mutilation and suicidal behaviour in children and adolescents: prevalence and psychosocial correlates: results of the BELLA study. *European Journal of Child and Adolescent Psychiatry, 17*, 92-98.
- Ryan, E. P. & Redding, R. E. (2004). A review of mood disorders among juvenile offenders. *Psychiatric Service, 55*, 1397-1407.
- Schneider, M. (2008). Puberty as a highly vulnerable developmental period for the consequences of cannabis exposure. *Addiction Biology, 13*, 253-263.
- Smetana, J. G. (2011). *Adolescents, families, and social development. How teens construct their worlds*. Oxford: Wiley-Blackwell.
- Spirito, A. & Esposito-Smythers, C. (2006). Attempted and completed suicide in adolescence. *Annual Review in Clinical Psychology, 2*, 237-266.
- Steinberg, L. (2004). Risk taking in adolescence: what changes, and why? *Annals of the New York Academy of Sciences, 1021*, 51-58.

- Steinhausen, H. C. (2002). The outcome of anorexia nervosa in the 20th century. *American Journal of Psychiatry, 159*(8):1284-1293.
- Suk, E., van Mill, J., Vermeiren, R., Ruchkin, V., Schwab-Stone, M., Doreleijers, T. & Deboutte, D. (2009). Adolescent suicidal ideation: a comparison of incarcerated and school-based samples. *European Child and Adolescent Psychiatry, 18*(6), 377-383.
- Teplin, L. A., Abram, K. M., McClelland, G. M., Dulcan, M. K. & Mericle, A. A. (2002). Psychiatric disorders in youth in juvenile detention. *Archive of General Psychiatry, 59*, 1133-1143.
- Van Wissen, P. (1994). Suizidalität bei Kindern und Jugendlichen. *Soziale Arbeit 43*(7), 228-236.
- Vermeiren, R., Jespers, I. & Moffitt, T. (2006). Mental health problems in juvenile justice populations. *Child and Adolescent Psychiatry Clinics of North America, 15*, 333-351.
- WHO (2007). *Suizidprävention – Ein Leitfaden für Mitarbeiter des Justizvollzugsdienstes.* Zugriff am 14.05.2014 unter http://www.who.int/mental_health/resources/ resource_jails_prisons_german.pdf
- Winkler, G. E. (1992). Assessing and responding to suicidal jail inmates. *Community Mental Health Journal, 28*, 317-26.
- Wolfersdorf, M. (2014). Suizid und Suizidprävention – Ein klinischer, psychosozialer Auftrag. *InFo Neurologie & Psychiatrie, 16*, 36-43.

13. Inhaftierte Frauen und Suizidalität

Oliver Weßels

13.1 Zusammenfassung

Die absolute Zahl der Suizide im Frauenvollzug ist im Verhältnis zu den Zahlen im Männervollzug gering. Allerdings liegt der Anteil der inhaftierten Frauen auch deutlich unter dem der inhaftierten Männer.

Die Suizidrate im Vergleich mit nicht inhaftierten Frauen ist bei inhaftierten Frauen deutlich erhöht, so dass ein Suizid innerhalb des Vollzuges statistisch gesehen wahrscheinlicher ist als außerhalb des Vollzuges.

Trotz der geringen Zahl vollendeter Suizide lassen sich besondere Risikofaktoren für einen Suizid identifizieren, die sowohl außerhalb als auch innerhalb des Vollzuges wirksam sind. Hinzu treten haftspezifische Umstände, z. B. Inhaftierungsschock und Anpassungsstörungen, die risikoerhöhend sind.

Dem Aufnahmeverfahren der Gefangenen in den Vollzug kommt daher besondere Bedeutung bei. Eine vertrauensvolle und tragfähige Beziehung zu den Frauen sollte gerade in dieser Phase durch Gesprächsangebote aufgebaut werden, damit die bereits vorliegenden biografischen Belastungen möglichst frühzeitig erfasst und entsprechende Maßnahmen eingeleitet werden können.

13.2 Frauenvollzug

Gleich und doch anders kann die Situation einer Frauenanstalt im Vergleich mit einer Männeranstalt umschrieben werden (Pfalzer, 2009). Gleich sind die organisatorische Ausgestaltung und die rechtlichen Rahmenbedingungen beider Vollzugsformen. Die Andersartigkeit ergibt sich hingegen aus der inhaltlichen Ausgestaltung und aus den Anforderungen an die Bediensteten, die der besonderen Problemlage der inhaftierten Frauen gerecht werden müssen (s.a. Entschließung des Europäischen Parlaments vom 13.8.2008 zur besonderen Situation von Frauen im Gefängnis; BR-Drs. 265/08).

Frauen haben häufig diskriminierende und demütigende Sozialisationserfahrungen gemacht, bevor sie als Täterinnen in Erscheinung treten und inhaftiert werden. Sie verhalten sich in Haft eher angepasst als männliche Inhaftierte und neigen dazu, ihre Probleme resignativ zu verarbeiten (Feest & Lesting, 2012).

Bundesweit gibt es sieben eigenständige Frauenanstalten und 38 Frauenabteilungen in Männeranstalten. Annähernd zwei Drittel aller inhaftierten Frauen befinden sich in dem Männervollzug angegliederten Einrichtungen (Feest & Lesting, 2012).

Wegen der geringen Zahl inhaftierter Frauen im Verhältnis zur großen Mehrheit der männlichen Inhaftierten fallen Frauen als eigenständige Gruppe mit besonderen Bedürfnissen und Anforderungen an den Vollzug nicht auf und damit letztendlich weder in der Literatur, der Rechtsprechung, noch in der überwiegenden vollzuglichen Praxis ins Gewicht.

Aus diesem Grund steht im Folgenden einmal der Frauenvollzug und nicht der Männervollzug im Mittelpunkt der Untersuchung zum Suizidgeschehen im Vollzug.

13.3   Gefangenenpopulation

Mit Stichtag 30.11.2013 befanden sich in den deutschen Vollzugsanstalten insgesamt 62.632 Männer und 3546 Frauen, so dass der Anteil inhaftierter Frauen an der Gesamtpopulation aller Gefangenen 5,66 % beträgt.

Gefangenenbestand zum Stichtag 30.11.2013	
Belegung insgesamt (Straf- u. Untersuchungshaft)	62.632
Davon männlich	59.086
Davon weiblich	3.546
Prozentualer Frauenanteil	5,66%
Untersuchungshaft insgesamt	11.271
Davon männlich	10.601
Davon weiblich	670
Prozentualer Frauenanteil	5,94%
(Statistisches Bundesamt, Bestand der Gefangenen und Verwahrten, Stand 11/2013; www.destatis.de)	

Der Anteil von inhaftierten Frauen in der Untersuchungshaft ist gegenüber dem Anteil männlicher Gefangener mit 5.94 % im Vergleich zur Strafhaft leicht erhöht.

Insgesamt ist ein langsamer, allerdings kontinuierlicher Anstieg des Frauenanteils im Gefangenenbestand festzustellen. Seit 1995 stieg die Zahl inhaftierter Frauen um über 100% (Feest & Lesting, 2012).

Die rückläufige Zahl inhaftierter Männer auf der einen Seite und die steigende Zahl inhaftierter Frauen auf der anderen Seite führen dazu, dass der Frauenanteil an der Gesamtbelegung von November 2000 bis November 2013 um nahezu 2 % zugenommen hat.

Ein vergleichbarer Trend findet sich in der Polizeilichen Kriminalitätsstatistik (PKS) wieder. So stieg die Zahl der weiblichen Tatverdächtigen in den vergangenen Jahren ebenfalls an. Wesentlich für den Anstieg des Frauenanteils an der Gefangenenpopulation dürfte jedoch ein verändertes Anzeigeverhalten sein: Im Jahr 1998 mussten Täterinnen in 15,5 % der Fälle mit einer Anzeige rechnen, in den Jahren 2005/2006 betrug dieser Anteil bereits 27,3 % (Prätor, 2013).

Die Delikte, die zu einer Inhaftierung führen, sind insgesamt hinsichtlich der Tatschwere weniger schwerwiegend und liegen im Wesentlichen in dem Bereich der Eigentumsdelinquenz und der Verstöße gegen das Betäubungsmittelgesetz.

Damit wird erklärlich, warum Frauen im Verhältnis zu Männern deutlich kürzere Freiheitsstrafen verbüßen: Bei über der Hälfte der verurteilten Frauen beträgt die Strafe weniger als 12 Monate und in vielen Fällen nicht einmal 6 Monate (Schwind et al., 2009; Maelicke, 1995; Zolondek, 2007).

Weitere Unterschiede zwischen weiblichen und männlichen Inhaftierten lassen sich wie folgt zusammenfassen:
- Inhaftierte Frauen sind durchschnittlich älter als die männliche Vergleichsgruppe; 37,7 % sind älter als 40 Jahre, bei den Männern sind es 32,8 %.
- Inhaftierte Frauen sind deutlich seltener als inhaftierte Männer alleinstehend und haben in der Regel einen festen Wohnsitz in Deutschland.
- Inhaftierte Frauen sind seltener vorbelastet durch Vorstrafen und Vorinhaftierungen als männliche Inhaftierte (Prätor, 2013).

13.4   Suizidalität im Frauenvollzug

Im Vergleich zur Allgemeinbevölkerung kommt es im Vollzug überproportional häufig zu Suiziden (Lehmann, 2009). Dies gilt auch für den Frauenvollzug. Während in der Allgemeinbevölkerung auf 100.000 Frauen 6,1 Suizide im Jahr 2010 zu verzeichnen waren, ist die durchschnittliche Suizidziffer bei inhaftierten Frauen in den Jahren 2000-2010 um das 9fache höher (Bennefeld-Kersten, 2012; vgl. auch Schmitt, Kap. 3).

Wie in der Allgemeinbevölkerung sind Frauen in Haft im Verhältnis zu männlichen Inhaftierten bei vollendeten Suiziden unterrepräsentiert (Keppler, 2009). Allerdings gibt es auch hier einen gewichtigen Unterschied zur Allgemeinbevölkerung. So beträgt das Verhältnis der Suizidziffern zwischen Männern und Frauen außerhalb des Vollzuges 3 zu 1, bei inhaftierten Männern und inhaftierten Frauen hingegen bei 2 zu 1 (ebd.).

Im Jahr 2000 töteten sich noch 11065 Männer und 2556 Frauen der Gesamtbevölkerung selbst. Kontinuierlich abnehmend lag die Zahl der Selbsttötungen im Jahr 2010 bei 7646 Männern und 2498 Frauen (Statistisches Bundesamt, Todesursachenstatistik).

Eine ähnliche Entwicklung findet sich im Vollzug: 2000 starben noch 117 Männer durch Suizid und – kontinuierlich abnehmend – im Jahr 2010 59 Männer (Bennefeld-Kersten, 2012).

Bei den weiblichen Gefangenen gab es indes eine Schwankungsbreite von 0 im Jahr 2000 über 5 im Jahr 2007 bis auf 2 Frauen im Jahr 2010 (Bennefeld-Kersten, 2012).

Konkretisiert ergibt sich bei den Selbsttötungen weiblicher Gefangenen folgendes Bild:
- Während im Jahr 2000 keine Selbsttötung einer Gefangenen gemeldet wurde, kam es in den Jahren 2006-2009 zu einer relativen Häufung von 3, 5, 4 und 3 Frauen (ebd.).
- Obschon der Anteil der Frauen an der Gesamtpopulation der Gefangenen in den Jahren 2000 bis 2010 von 3,9 % auf 5,4 % (Stichtag jeweils 30.11.) zugenommen hat (Feest & Lesting, 2012), schlägt sich dieser Trend nicht auf die Zahl der Selbsttötungen nieder. Jedenfalls ist ein kontinuierlicher Anstieg der Selbsttötungen nicht zu verzeichnen, da diese Zahl mit 2 Frauen im Jahr 2010 wieder unter der der Jahre 2006 bis 2009 liegt.

Anzahl der Suizide pro Jahr			
Jahr	männlich	weiblich	Gesamt
2000	117	0	117
2001	102	2	104
2002	79	0	79
2003	83	1	84
2004	93	1	94
2005	91	2	93
2006	72	3	75
2007	66	5	71
2008	63	4	76
2009	59	3	62
2010	59	2	61
Gesamt	884	23	907

Indes sollte die geringe Zahl von Selbsttötungen von 1 bis max. 5 in den Jahren des Untersuchungszeitraumes nicht darüber hinwegtäuschen, dass die Suizidalität im Frauenvollzug ein ernsthaftes Problem sei.

Entscheidend für die Risikobeurteilung, ob eine inhaftierte Frau suizidgefährdet ist, sind nicht die absoluten Zahlen sondern die Suizidrate, die im Verhältnis zur Allgemeinbevölkerung deutlich erhöht ist (Bennefeld-Kersten, 2009).

Damit stellt sich die Frage, ob Gründe für ein erhöhtes Suizidrisiko in Haft identifizierbar sind.

13.5   Alter

Bezogen auf die Gesamtbevölkerung hat die Suizidforschung nachgewiesen, dass mit ansteigendem Alter die Suizidmortalität zunimmt. Dieses Phänomen wird auch als eines der wichtigsten und härtesten Ergebnisse der Suizidforschung benannt (Wolfersdorf & Etzersdorfer, 2011). So lag im Jahr 2006 der Anteil der Frauen über 60 Jahre an der Gesamtbevölkerung bei 27,8%; der Anteil an den Suiziden von Frauen in dieser Altersgruppe jedoch bei 49,3 %. Zwischen dem 40sten und dem 60sten Lebensjahr liegt die Suizidrate bezogen auf 100.000 Frauen der entsprechenden Altersgruppe bei 35 und in der Altersgruppe der 15 bis 40 jährigen bei knapp 12 (ebd.). Tendenziell verhält es sich im Vollzug ähnlich, d.h., dass mit zunehmendem Alter die Suizidmortalität wächst.

Konkret hat Bennefeld-Kersten (2012) folgende Zahlen über die Suizide von Frauen im Vollzug erhoben:
*   Mit 40,5 Jahren im Mittel waren die Suizidentinnen in etwa vier Jahre älter als die Suizidenten. Die jüngste Gefangene war 21 und die älteste 61 Jahre alt. Fast die Hälfte der Suizidentinnen war zum Zeitpunkt der Selbsttötung älter als 45 Jahre.
*   Eine Stichtagserhebung in der JVA für Frauen Vechta/Hildesheim am 17.4.2014 zeigt, dass ca. 2/3 aller inhaftierten Frauen unter 40 Jahre alt sind. In dieser Altersgruppe lag die Zahl der Suizide im Erhebungszeitraum 2000-2010 gemessen an der Anzahl aller Suizide bei ca. 50 %. Die Altersgruppe der über 40 jährigen Frauen ist an der Gesamtbelegung lediglich mit ca. 1/3 an den Suiziden allerdings mit ebenfalls ca. 50 % vertreten. Besonders augenfällig wird, dass ab dem Alter von 45 die Zahl der Suizide über dem Anteil der Altersgruppe in der Gefangenenpopulation liegt und dieses Missverhältnis nochmals deutlich mit zunehmendem Alter steigt.

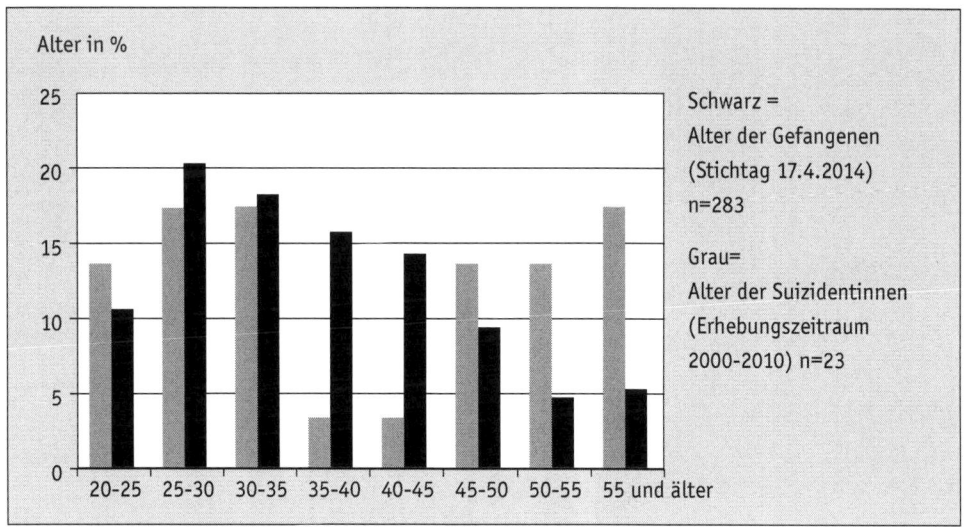

Abb. 1: Alter der Gefangenen und Suizidentinnen in %

13.6 Haftarten, Haftzeiten, Soziodemographische Daten

Die Ergebnisse der Suizidforschung zeigen, dass es offensichtlich Bedingungen gibt, die ein Suizidgeschehen begünstigen. Als Risikoerhöhend sind neben fortschreitendem Lebensalter insbesondere psychische Erkrankungen, Suchtmittelabhängigkeit, vorangegangene Suizidversuche, Einsamkeit, Traumatisierungen und Frustrationen identifiziert (Lehmann, 2009). Der Verlust von Beziehungen bzw. das Nichtvorhandensein von tragfähigen sozialen Kontakten scheint bei einem Suizid von zentraler Bedeutung zu sein. Im Umkehrschluss folgt daraus, dass der Aufbau von Beziehung ein zentraler Baustein zur Suizidverhinderung ist (Wolfersdorf & Etzersdorfer, 2011).

Festzustellen ist darüber hinaus, dass das Risiko einer Selbsttötung gerade in dem ersten Monat der Inhaftierung und hier wiederum insbesondere in der Untersuchungshaft besonders groß ist (Bennefeld-Kersten, 2012). Als Gründe für dieses erhöhte Suizidriskio werden der „Inhaftierungsschock" und eine damit einhergehende Anpassungsstörung sowie das hohe Maß an Zukunftsunsicherheit genannt (Keppler, 2009). Dagegen scheint die Dauer der noch zu verbüßenden Freiheitsstrafe kein Kriterium für einen Suizid zu sein (Bennefeld-Kersten, 2012).

Risikoerhöhend sind darüber hinaus Drogenentzugserscheinungen und Borderlinestörungen sowie Anpassungs- und Persönlichkeitsstörungen (Wolfersdorf & Etzersdorfer, 2011; Lehmann, 2009). So konnte z. B. nachgewiesen werden, dass inhaftierte Frauen in den letzten 6 Monaten vor dem Suizid vermehrt unter einem Drogenentzug litten (Bennefeld-Kersten, 2012).

13.7 Suizidversuche

Anders als die vorangegangene Darstellung zur Epidemiologie von Suizidalität verhält es sich bei den Zahlen zu Suizidversuchen.

Die vorliegenden Untersuchungen zu diesem Aspekt zeigen, dass Frauen häufiger versuchen, sich das Leben zu nehmen als dies bei der männlichen Population der Fall ist. So betrug beispielsweise im Jahre 2002 die Suizidversuchsrate bei Frauen 185 und bei Männern 116 auf je 100.000 der Allgemeinbevölkerung (Wolfersdorf & Etzersdorfer, 2011; Schmidtke et al., 2005).

Vergleichbare Zahlen über die Suizidversuchsrate in den Vollzugsanstalten liegen nicht vor, da Suizidversuche im Gegensatz zu den Suiziden in der Regel keine meldepflichtigen Ereignisse sind.

Indes dürfte sich in den Vollzugsanstalten ein ähnliches Bild ergeben. Inhaftierte Frauen haben in vielen Fällen diskriminierende und demütigende Sozialisationserfahrungen gemacht, die dazu führen, dass sie Probleme eher resignativ verarbeiten. Körperliche Erkrankungen, Borderline, schwere psychische Störungen wie posttraumatische Belastungsstörungen, Bindungsstörungen, Depressivität und Versagensgefühle zeigen sich dabei als Symptome (Feest & Lesting, 2012; Kawamura-Reindl, 2009; Baron et al., 2009).

Bis zu 75 % der von der Bewährungshilfe betreuten Frauen berichten von Trennungs-, Sucht- und/oder Gewalterfahrungen und bis zu 50 % von Missbrauchserfahrungen (Engels & Martin, 2002). Der Anteil der schwer Drogenabhängigen liegt im Frauenvollzug daher auch wenig überraschend bei über 50 % (Keppler et al., 2009).

Aus der Praxis der Frauenvollzugsanstalt Vechta/Hildesheim kann berichtet werden, dass kaum eine Woche vergeht, in der nicht mindestens eine Frau mit erheblichen Selbstverletzungen oder mit dem Horten von Medikamenten trotz aller vollzuglicher und medizinischer Gegenmaßnahmen auffällig wird. So lag im Jahr 2013 die Zahl der im anstaltsinternen Controlling erfassten Selbstbeschädigungen bei 52.

Die Frequentierung des ärztlichen Dienstes im Frauenvollzug ist deutlich höher als im Männervollzug. Die medizinische Betreuung ist daher auch teurer und vor allem gesprächsintensiver (Keppler, 2009). Damit ist die Situation im Vollzug den Gegebenheiten außerhalb des Vollzuges vergleichbar: Deutlich mehr Frauen als Männer suchen einen Arzt auf (Statistisches Bundesamt, 2013).

Auch bei den psychischen Verhaltensstörungen, die zu einer Arbeitsunfähigkeit führen, lagen die Frauen im Jahr 2011 mit 253 Arbeitsunfähigkeitstagen je 100 Angestellte deutlich vor den Männern mit 178 Arbeitsunfähigkeitstagen je 100 Angestellte. Bei Arbeitslosen findet sich eine ähnliche Verteilung: 935 Tage bei den Frauen und 737 Tage bei den Männern (ebd.).

Persönlichkeitsstörungen und Drogenmissbrauch, insbesondere auch Drogenentzug, sind in erheblichem Maße auslösende Bedingungen für einen Suizid. Unter Berücksichtigung der anamnestischen Daten, wonach inhaftierte Frauen in besonderer Weise durch Missbrauchs- und Gewalterfahrungen biografisch belastet sind, liegt der Schluss nahe, dass entsprechende Störungsbilder verstärkt bei einer großen Zahl inhaftierter Frauen auftreten (s. a. Keppler, 2009; Konrad, 2009). Bei einer sich daraus möglicherweise begründenden erhöhten Suizidversuchsrate im Verhältnis zur männlichen Population, müsste demzufolge auch die Suizidrate deutlich höher sein als dies nachgewiesen wurde.

Dass dem nicht so ist, dürfte sich aus folgenden Umständen ableiten lassen: Frauen bevorzugen eher weiche Methoden, um sich zu suizidieren. Damit wächst die Wahrscheinlichkeit, dass sie noch vor dem Eintritt des Todes aufgefunden werden. Entscheidend dürfte jedoch sein, dass sich Frauen eher an entsprechende Beratungsinstanzen wenden als dies bei Männern der Fall ist. Dies gilt in besonderer Weise auch für das Leben innerhalb des Vollzuges. Gerade im Frauenvollzug, zumal wenn er in eigenständigen Einrichtungen außerhalb des Männervollzuges vollzogen wird, hat man sich auf die lebensgeschichtlichen Verwerfungen der Inhaftierten eingestellt. Ein erhöhter Betreuungsaufwand wird von den Frauen nachgefragt und ihnen angeboten, so dass auf etwaige Suizidabsichten entsprechend reagiert werden kann.

Eine nicht repräsentative Beteiligung des Psychologischen Dienstes der JVA für Frauen Vechta/Hildesheim zu den Fragen, ob Frauen bekannt sind, die Tötungsabsichten geäußert haben, welche Bedingungen für die Selbsttötungsabsicht ursächlich waren und warum die Frauen die Absicht nicht umgesetzt haben, ergab folgendes Bild, dass die bisherigen Erkenntnisse untermauert:

Es wurden vier Fälle konkret (aber ohne namentliche Kenntlichmachung) und mehrere unspezifische Ereignisse benannt.

In den vier konkreten Fällen waren psychische Störungen diagnostiziert: posttraumatische Belastungsstörung, emotional instabile Persönlichkeitsstörung (Borderline-Typus), psychiatrische Erkrankung (schwere langanhaltende depressive Episode sowie Borderline Persönlichkeitsstörung in Komorbidität mit histrionischer Persönlichkeitsstörung), Parasuizid mit stark appellativem Charakter.

Hinzu trat ein massiver Leidensdruck aufgrund der psychischen Vorbelastung und Versagens-, Schuld- und Schamgefühle, die durch die Inhaftierung besonders hervortraten. Verschärft wurde die Situation durch fehlende oder dysfunktionale Gegensteuerungsmöglichkeiten in der Haft (z. B. fehlende Ablenkung, fehlende Selbstmedikation durch Alkohol-, Drogen- oder Medikamentenmissbrauch).

Als Gründe für die Nichtumsetzung der Tötungsabsicht wurden folgende benannt:
- Gemeinsame Unterbringung mit dem Kind.
- Sorge der Gefangenen, dass Bedienstete oder auch Gefangene als die Leiche auffindende Person nachhaltig belastet werden.
- Fehlende Möglichkeit, sich durch weiche Methoden zu suizidieren (Intoxikation durch Medikamente, schädliche Gase).
- Offenes Thematisieren und Akzeptieren von Selbsttötungsgedanken in vertraulichen Gesprächen und Anordnen von Sicherheit gebenden Maßnahmen (z. B. nächtliche Kontrollen).

Aus vollzuglicher Sicht sind zur Vermeidung von Suiziden daher folgende Bedingungen zu erfüllen:
- Aufbau einer positiven Beziehung zwischen den Gefangenen und den Bediensteten, die Raum gibt für persönliche Anliegen der Gefangenen.
- Eine angstfreie Atmosphäre, in der sich Gefangene an Bediensteten wenden können, um eigene aber auch etwaige Selbsttötungsabsichten anderer Gefangenen zu offenbaren.
- Ein repressionsfreier Umgang mit Suizidabsichten – grundsätzlich kein „Wegsperren" in besonders gesicherten Haträumen sondern in Akutfällen Unterbringung in kameraüberwachten „normalen" Haträumen auf der Station.
- Ein regelmäßiger Informationsaustausch zwischen den Bediensteten über den jeweiligen psychischen Zustand der Gefangenen.
- Vor dem Hintergrund eines labilen Selbstwertkonstruktes sollten Maßnahmen zur Steigerung des Selbstwertgefühls, z. B. kunsttherapeutisch ausgerichtete Workshops, niederschwellig angeboten werden.
- Unterbringung in Wohngruppen und großzügige „Aufschlusszeiten", um einer Isolation vorzubeugen und Möglichkeiten für Gespräche und Beobachtungen zu geben.

- Beschäftigung der Gefangenen als Gegensteuerung zu „trüben" Gedanken bereits im Aufnahmeverfahren, z. B. durch einen „Einweisungslehrgang" in dem die Gefangenen über den Vollzug informiert werden, sich einzelne Dienste vorstellen, ein erstes soziales Training stattfindet und der Tag insgesamt mit Angeboten ausgefüllt wird.

13.7   Literaturverzeichnis

- Baron, G., Heumüller, M., Krummen, R., Melzer, B., Reißnauer, E., Rothe-Gronotte, K., Weßels, O. & Schillmöller, U. (2009). *Weiterentwicklung von Gender Mainstreaming und Prüfung der Auswirkung auf Familien am Beispiel der Überprüfung der Praxis des Vollzuges an weiblichen Jugendlichen und Jungtäterinnen sowie Entwicklung von Vorschlägen zur Umsetzung der ab 01.01.2008 neu geltenden Standards nach dem Niedersächsischen Justizvollzugsgesetz.* Vechta (erhältlich über die JVA für Frauen Vechta/Hildesheim).
- Bennefeld-Kersten, K. (2009). *Ausgeschieden durch Suizid – Selbsttötungen im Gefängnis. Zahlen, Fakten, Interpretationen.* Lengerich: Pabst Science Publishers.
- Bennefeld-Kersten, K. (2012). *Suizide von Gefangenen in Deutschland 2000-2010.* Celle: Kriminologischer Dienst im Bildungsinstitut des niedersächsischen Justizvollzuges.
- Engels, D. & Martin, M. (2002). *Typische Lebenslagen und typischer Unterstützungsbedarf von Klientinnen und Klienten der Bewährungshilfe. Sekundäranalyse von Befragungsdaten der Arbeitsgemeinschaft Deutscher Bewährungshelferinnen und Bewährungshelfer e.V..* Berlin: ISG-Institut.
- Feest, J. & Lesting, W. (2012). *StVollzG. Kommentar zum Strafvollzugsgesetz (AK – StVollzG).* Köln: Carl Heymanns Verlag.
- Kawamura-Reindl, G. (2009). Straffällige Frauen. In H. Cornel, G. Kawamura-Reindl, B. Maelicke & B.-R. Sonnen (Hrsg.), *Resozialisierung – Handbuch* (S. 344-373). Baden-Baden: Nomos-Verlagsgesellschaft.
- Keppler, K. (2009). Frauenvollzug. In K. Keppler & H. Stöver (Hrsg.), *Gefängnismedizin. Medizinische Versorgung unter Haftbedingungen* (S. 128-137). Stuttgart: Thieme.
- Keppler, K., Fritsch, K. J. & Stöver, H. (2009). Behandlungsmöglichkeiten von Opiatabhängigkeit. In K. Keppler & H. Stöver (Hrsg.), *Gefängnismedizin. Medizinische Versorgung unter Haftbedingungen* (S. 193-207). Stuttgart: Thieme.
- Konrad, N. (2009). Psychiatrie. In K. Keppler & H. Stöver (Hrsg.), *Gefängnismedizin. Medizinische Versorgung unter Haftbedingungen* (S. 208-222). Stuttgart: Thieme.
- Lehmann, M. (2009). Suizide und Suizidprävention in Haft. In K. Keppler & H. Stöver (Hrsg.), *Gefängnismedizin. Medizinische Versorgung unter Haftbedingungen* (S. 240-245). Stuttgart: Thieme.
- Maelicke, H. (1995). *Ist Frauenstrafvollzug Männersache? Eine kritische Bestandsaufnahme des Frauenstrafvollzuges in den Ländern der Bundesrepublik Deutschland.* Baden-Baden: Nomos-Verlagsgesellschaft.

- Pfalzer, S. (2009). Frauen sind anders – ihre Gefängnisse auch. *Forum Strafvollzug, 58*(5), 226.
- Prätor, S. (2013). *Basisdokumentation im Frauenvollzug.* Celle: Kriminologischer Dienst im Bildungsinstitut des niedersächsischen Justizvollzuges.
- Schmidtke, A., Sell, R., Wohner, J. & Löhr, R. C. (2005). Epidemiologie von Suizid und Suizidversuch in Deutschland. *Suizidprophylaxe, 32,* 87-93.
- Schwind, H.-D., Böhm, A., Jehle, J., Laubenthal, K. (2009), *Strafvollzugsgesetz. Bund und Länder. Kommentar. (SBJL),* Berlin: De Gruyter Recht
- Wolfersdorf, M. & Etzersdorfer, E. (2011). *Suizid und Suizidprävention.* Stuttgart: Kohlhammer.
- Zolondek, J. (2007). *Lebens- und Haftbedingungen im deutschen und europäischen Frauenvollzug.* Mönchengladbach: Forum Verlag.

14. Suizid im Frauenvollzug: Zwei Fallbeispiele

Oliver Weßels & Rainer Zech

Es sollen zwei Einzelfälle vor dem Hintergrund näher beleuchtet werden, ob künftig gewisse Erkenntnisse gewonnen und Lehren gezogen werden können, um Krisen bei Inhaftierten besser zu erkennen und Selbsttötungen letztlich zu verhindern.

14.1 Fall I:

14.1.1 Selbsttötung von Frau B.:

Die 38 Jahre alte Inhaftierte wurde der Justizvollzugsanstalt zur Vollstreckung einer Freiheitsstrafe wegen Betruges zugeführt. Frau B. war ca. 2 Monate zuvor wegen Betruges in 150 Fällen zu einer Freiheitsstrafe von 1 Jahr verurteilt worden. Das Bundeszentralregister enthält zahlreiche Eintragungen. Die Vollstreckung der Strafe wurde zur Bewährung ausgesetzt. Einer Auflage, sich wegen ihrer Medikamentenabhängigkeit einer stationären Therapie zu unterziehen, kam sie nicht nach, sodass die Bewährung widerrufen wurde. Die Betrugstatbestände (Rezeptbetrug) dienten der Befriedigung ihrer langjährigen Medikamentenabhängigkeit.

Frau B. war erstmalig inhaftiert. Die am Tag der Aufnahme durchgeführte Zugangsbefragung und die medizinische Eingangsuntersuchung ergaben keine Hinweise auf die Gefahr einer Selbsttötung. Frau B. hinterließ am Zugangstag einen „ruhigen und orientierten Eindruck. Sie ist nicht weinerlich telefoniert mit ihrem Freund".

Sie war in der Aufnahmeabteilung gemeinschaftlich in einem Doppelhaftraum untergebracht. Am Tag des Suizids – 5 Tage nach der Inhaftierung – meldete sich um 10 Uhr die Mitinhaftierte über die Notrufanlage. Der rasch eingetroffene ärztliche Rettungsdienst konnte Frau B. nicht mehr wiederbeleben. Sie hatte sich durch die Einnahme des Schmerzmittels Tramal vergiftet. Die Inhaftierte galt als schwer tablettenabhängig und hat es stets vermieden, eine entsprechende therapeutische Behandlung anzutreten. Die Herkunft des Mittels konnte nicht geklärt werden. Am Tag vor dem Suizid hatte sie 2 Stunden Besuch von ihrem Lebensgefährten erhalten.

Im Haftraum wurde ein Abschiedsbrief an den Lebensgefährten gefunden. Dieser galt ebenfalls als drogenabhängig. In einem Brief an die Anstalt gerichtet, erwähnte sie, dass *„es mir nicht möglich"* sei, *„dieses dumme Leben mit dieser nicht nachvollziehbaren Strafe weiterzuführen...Sicherlich hat der Vollzug meinen Wunsch auf Beendigung meines Lebens verstärkt, ist aber* nicht allein verantwortlich. Besitzen Sie den Anstand, meinen Wunsch zu respektieren. Was ganz o. k. ist, diese Welt ist nicht die meine. Ich setze auf die nächste."

Es folgte in dem Zusammenhang die Bitte, ihren Lebensgefährten zu benachrichtigen.

In dem an den Lebensgefährten direkt gerichteten Abschiedsbrief bekundet die Inhaftierte B. ihre sehnsüchtige Liebe, hofft, dass die Dosis Tramal ausreicht und phantasiert, *dass ich bis spätestens 22 Uhr mit meiner Seele bei dir bin."* B. wünscht sich ein bestimmtes Lied bei ihrer Beisetzung und schließt den Abschiedsbrief:

„Danke, O., dass du immer so wahnsinnig lieb zu mir warst. Du streichelst meine Seele. Ich habe immer schon gewußt, wie sehr ich dich liebe. Drück' uns die Daumen, dass das Tramal ausreicht, damit ich endlich tot bin."

Die Suizidentin schreibt in einem ersten Teil des Briefes ca. 3 Stunden vor ihrem Tod, dass sie ihren Lebensgefährten noch einmal gesprochen hätte, er ihr Geld zum Telefonieren überweisen sollte. Sie sorgt sich auch, dass sie u. U. von Bediensteten gestört wird, wenn sie die Selbsttötung vollzieht:

„...Was ist, wenn die [Anm. des Verf.: eine Bedienstete] das mitbekommt und ich schon wieder nicht sterben kann? Was dann? Warum hat es nicht geklappt vor zwei Wochen?"

Bei der Selbsttötung von Frau B. handelte es sich vermutlich um einen Bilanzsuizid als Folge einer negativen Lebensbilanz, die der Suizidentin keine Aussicht auf ein sinnhaftes Weiterleben mehr erlaubt hat. Die Handlung war strukturiert und geplant. Die Tatsache, dass sie es kurz vor der Inhaftierung schon einmal erfolglos versucht hatte, sich umzubringen, war der Anstalt nicht bekannt. Der unbedingte Wille, aus dem Leben zu scheiden und mit ihrer „Seele" bei ihrem Lebensgefährten zu sein, steht deutlich im Vordergrund und legt den Schluss nahe, dass Kontroll- und Fürsorgemaßnahmen wenig erfolgreich gewesen wären.

14.2   Fall II

14.2.1   Selbsttötung von Frau S.

Der 65 Jahre alten Untersuchungsgefangenen wurde vorgeworfen, ihren Ehemann mit einer Axt erschlagen zu haben. Sie war erstmalig inhaftiert und strafrechtlich unbelastet. Sie sprach ausschließlich russisch; bei allen Gesprächskontakten musste ein Dolmetscher hinzugezogen werden. 3 Wochen nach ihrer Festnahme erhob die Staatsanwaltschaft Stade Anklage wegen Mordes. Im Aufnahmeersuchen des Gerichts wurde Frau S. unter „Besondere Hinweise" als suizidgefährdet eingestuft. Weiterhin wurden unter „Krankheiten" „Magenbeschwerden, Schlaftabletten müssen genommen werden, Depressionen" genannt. Im Erstgespräch wird sie als suizidgefährdet eingestuft, eine akute Gefährdung wird verneint. Sie spricht viel über den Tatvorwurf, möchte sich „im Moment nicht das Leben nehmen." Im Aufnahmegespräch in der Vollzugsgeschäftsstelle erwähnt sie immer wieder, dass es ihr Recht sei, eines natürlichen Todes zu sterben, verneint jedoch Suizidgedanken. Bei der ärztlichen Aufnahmeuntersuchung wird keine Suizidgefährdung festgestellt. Aus dem Gesprächsvermerk des psychologischen Dienstes, der bei dem Zugangsgespräch einen Tag zuvor anwesend war, geht hervor:

„Frau S. hatte ein sehr großes Redebedürfnis. Sie stand noch deutlich unter dem Eindruck der Ereignisse. Sie scheint ihren Ehemann nach einer langen ehelichen Leidensgeschichte getötet zu haben. Ihre Angaben zu einer möglichen Suizidalität sind uneinheitlich. Eine akute Gefahr ist nicht ersichtlich, eine latente Suizidalität kann aber zunächst nicht ausgeschlossen werden. Die gestern veranlasste gemeinschaftliche Unterbringung mit der Russisch sprechenden Mitinhaftierten (Frau...) wie auch die Überwachung 1 x stündlich soll vorerst beibehalten werden.“

Die Untersuchungsgefangene wird zunächst gemeinschaftlich untergebracht, dann einzeln, da sie es ausdrücklich wünscht. Nach drei Wochen werden die täglichen und nächtlichen Beobachtungen geringfügig reduziert, da sich der Zustand der Gefangenen leicht gebessert hat. Sie hat regelmäßigen Kontakt mit dem psychologischen Dienst im Beisein einer Dolmetscherin. Im Vollzugsalltag ist sie nach kurzer Zeit integriert, unterhält auch Kontakt zu Mitgefangenen und zu einer russisch sprechenden Bediensteten. Sie erhält zudem Besuch von ihrer Nichte und einer Freundin.

Eine Woche nach der Inhaftierung erhält Frau S. auf Antrag einen Einzelhaftraum. Beobachtungen in unregelmäßigen Abständen werden weiterhin durchgeführt.

Drei Wochen nach ihrer Inhaftierung hält der psychologische Dienst eine Reduzierung der Überwachung für vertretbar. Tagsüber sollte „gelegentlich" kontrolliert werden, nachts gegen 1 Uhr (Vergabe des Schlafmittels) und ein- bis zweimal bis zur Vollzähligkeitskontrolle um 6 Uhr.

Laut Überwachungsliste fand dann innerhalb des Zeitraumes von 6 bis 19 Uhr mehrmals täglich eine Kontrolle statt.

Im Vollzugsalltag war die Inhaftierte unauffällig; sie nahm am Stationsalltag teil, vom psychologischen Dienst wurde sie regelmäßig betreut. Telefonische (unüberwachte) Kontakte unterhielt sie zu einer Freundin und einer Nichte.

Ein Monat nach ihrer Inhaftierung wurde Frau S. von Bediensteten des Nachtdienstes bei der Medikamentenausgabe um 20:50 Uhr erhängt aufgefunden. Sie hatte sich mit einem aus Halstüchern und Bändern gedrehten Seil am Heizungsrohr stranguliert. Der Tod wurde vom eingetroffenen Notarzt um 21:15 Uhr festgestellt. Frau S. wurde um 19:50 Uhr beim Nachteinschluss noch lebend angetroffen.

Bei der Selbsttötung von Frau S. handelte es sich um einen Bilanzsuizid. Wie im Fall der Frau B. waren eine negative Lebensbilanz ohne Aussicht auf eine positive Wendung auslösend – immerhin waren die nächsten Bezugspersonen (Sohn aber auch Ehemann) tot und damit die Familie ausgelöscht. Für einen sorgfältig geplanten Suizid spricht auch, dass Frau S. es offensichtlich darauf angelegt hatte, die Kontrollen abzumildern, um sich Gelegenheit zu verschaffen, sich zu suizidieren. Und schließlich, wie im nachherein festgestellt wurde, dass sie ihre Habseligkeiten an andere Gefangene verschenkte.

14.3   Lehren, Konsequenzen

Welche Lehren kann man aus den beiden Suiziden ziehen? Gibt es etwas, was man hinsichtlich einer Prophylaxe verändern kann?

Wie zunächst im ersten Fall erkennbar wird, lagen zum Zeitpunkt der Aufnahme nicht alle relevanten Erkenntnisse vor. Es war nicht bekannt, dass Frau B. 14 Tage vor ihrer Inhaftierung bereits einen Suizidversuch unternommen hatte. Zwischen dem Versuch in Freiheit und dem vollendeten Suizid lagen 14 Tage. Es gibt aus dem Zugangsgespräch keine Hinweise darauf, ob ein vorangegangener Suizidversuch abgefragt wurde. Es wurde lediglich vermerkt, dass keine Anzeichen erkennbar waren. Frau B. stellte sich zudem als relativ unauffällig dar, als neu aufgenommene Inhaftierte, für die eher jegliche Absichten negiert werden konnten. Die vorliegende Ereigniskombination „38 Jahre – haftunerfahren – Verständigung einwandfrei – Betrugsdelikt – Medikamentenabhängigkeit" legte offenbar keine nähere Prüfung des Einzelfalles hinsichtlich einer Krisenaufklärung nahe.

Zusammenfassend für diesen Fall ist festzuhalten, dass die Information über den vorangegangenen Suizidversuch fehlte. Sie hätte die Gefährdung zu Anfang anders beurteilen lassen.

Im zweiten Fall stand im Abschiedsbrief der Suizidentin, dass es „keine andere Lösung" gab. Der Tag der Selbsttötung fiel mit dem 23. Todestag ihres Sohnes zusammen.

Über die Dolmetscherin konnten keine spezifischen Informationen ermittelt werden. Die vorliegende Informationskette „65 Jahre – das erste Mal im Gefängnis – Vorwurf Tötungsdelikt – suizidgefährdet" macht Fürsorge- und Kontrollmaßnahmen erforderlich. Dementsprechend sind auch unverzüglich Maßnahmen umgesetzt worden.

a   Der psychologische Dienst wird eingeschaltet und stellt am Aufnahmetag fest, dass die haftunerfahrene Inhaftierte „latent suizidgefährdet" sei. Die gemeinschaftliche Unterbringung wurde auf Wunsch der Inhaftierten nach einer Woche aufgegeben. Der Beobachtungszeitraum wurde zwei Wochen später in der Nacht verkürzt. Der Zustand der Inhaftierten habe sich nach Einschätzung des psychologischen Dienstes „etwas stabilisiert". Die latente Suizidgefährdung bestand weiterhin. Ausweislich der Personalakte hatte die Suizidentin am 22.03.2011 einen Einzelhaftraum ohne Kameraüberwachung beantragt.

b   33 Tage nach ihrer Inhaftierung hat Frau S. die Selbsttötung vollzogen. Zwei Tag später ging die Anklageschrift in der Justizvollzugsanstalt ein. Es bleibt ungeklärt, ob der Untersuchungsgefangenen vor ihrem Tod die Schrift zugestellt worden ist bzw. sie vorher über ihren Rechtsbeistand Kenntnis von der Schrift erlangte. Zu bemerken ist, dass im Haftbefehl der

Angeklagten Totschlag zur Last gelegt wird, sie jedoch einige Wochen später wegen Mordes angeklagt wird. Möglicherweise könnte die eventuelle Kenntnis von der Anklageschrift zum Suizid beigetragen haben, da die Schuldzuschreibung bei einer Mordanklage erheblich größer als bei Totschlag ist.

c   Weiterhin wurde später bekannt, dass die Suizidentin an ihrem Todestag ihre Habe verschenkt hat.

Im Umgang mit Suizidenten haben sich im Vollzug bestimmte Glaubenssätze festgesetzt:

Wer einen Suizid ankündigt bzw. darüber redet, begeht ihn in der Regel nicht. *Nach einer Studie von Wolfersdorf hatten nahezu 50 % der späteren Suizidenten gegenüber Dritten Suizidgedanken geäußert (Wolfersdorf & Etzersdorfer, 2011, 68).*

1   Ein Suizid geschieht ohne Vorzeichen. *Viele Suizidenten haben sich durch Zeichen, Hinweise oder Handlungen vorher bemerkbar gemacht. Diese wurden jedoch nicht gesehen oder anders gedeutet – im Rahmen von verneinenden Glaubenssätzen.*

2   Wer einen Suizid begangen hat, wollte unbedingt aus dem Leben scheiden. *Viele Suizidenten ringen gedanklich mit dem Leben und dem Tod. Diese Abwägungsprozesse finden im Verborgenen statt.*

3   Wer einmal einen Versuch unternommen hat, wird dies immer wieder versuchen. *Häufig sind es krisenhafte Lebensphasen und / oder Lebensereignisse, in denen eine erhöhte Selbsttötungsbereitschaft besteht. Aber es gibt auch Phasen der Überwindung, in denen praktisch keine Selbsttötung oder Selbstbeschädigung mehr beabsichtigt ist.*

(vgl. www.psychosoziale-gesundheit.net/seele/suizid.html; vom 20.01.2014)

Diese Glaubenssätze sind teilweise von externen Kontrollüberzeugungen geprägt, die Hilflosigkeit und Ohnmacht des Personals, aber auch Verantwortlichkeitszuschreibungen vermeiden sollen *(bei einer externen Kontrollüberzeugung gibt man eine Einflussnahme an andere, hier: an die Suizidentin) oder das Schicksal ab; bei einer internen Kontrollüberzeugung stattet man sich mit einer größtmöglichen Einflussnahme auf vorliegende Ereignisse aus).* Die Zuschreibungen „ohne Vorzeichen", „unbedingt" und „immer wieder" verkleinern für die beurteilenden Bediensteten die Handlungs- bzw. Eingriffsspielräume.

Des weiteren ist festzustellen, dass im Fall 2 aufgrund der Schwere des Tatvorwurfs, des Alters der Inhaftierten, der Herkunft und der Information im Aufnahmeersuchen, nämlich dass die Inhaftierte S. sich (zeitweise) das Leben nehmen wolle, eine Suizidabsicht unterschwellig und dauerhaft vorlag. Solche Fälle sind für längere Zeit im Auge zu behalten, gerade weil auch die Möglichkeit besteht, dass suizidale Motivationen (zeitweise) überwunden werden (siehe Satz 3).

Ein sprachlicher Zugang bei ausländischen Inhaftierten kann sehr wichtig sein, um mit den Suizidenten die Krisen zu erörtern und damit die augenblickliche Situation zu verstehen. Kontakt zur Familie und Bedienstete, welche die Sprache der Suizidentin sprechen, sind entscheidende Hilfen, um eine vollzugliche Isolation zu vermeiden. So war in einem Fall ohne vollendete Selbsttötung ein französisch sprechender Lehrer ein kommunikativer ‚Schlüssel'. In einem anderen Fall (ebenfalls ohne Suizidvollendung) fand eine schwer erkrankte Inhaftierte ebenfalls Zugang zu einem Bediensteten, mit dessen Hilfe sie ihren Hungerstreik beendete. Der Bedienstete kümmerte sich um die Inhaftierte und half ihr, die Krisen zu bewältigen, indem er zahlreiche Gespräche mit ihr führte. Die Inhaftierte verließ nach einiger Zeit ihren Haftraum, aß wieder und wandte sich Mitgefangenen zu.

14.4   Zusammenfassung

Wie in den beiden letztgenannten Fällen der Bewältigung suizidaler Krisen dargestellt, kann der persönliche Zugang von entscheidender Bedeutung für die Überwindung einer suizidalen Krise sein. Das setzt voraus, dass Krisen von Inhaftierten auch als solche erkannt werden. Die beiden Suizide sind anders zu bewerten und müssen von der Verfügbarkeit und der Auswertbarkeit von Informationen aus beurteilt werden. Folgende Überlegungen werden angestellt:

1   Zur Verbesserung der Aufklärung oder Ermittlung des Sachverhalts im Zugangsgespräch (Fall 1) müssen die „richtigen Fragen" gestellt werden. Dazu gehört die Vorgeschichte des Neuzugangs, z. B. das Vorliegen von Depressionen, der Umgang mit Zorn und Aggressionen; sehr wichtig sind Fragen nach sich aufdrängenden Suizidgedanken oder –absichten und durchgeführten Suizidversuchen.

2   Der Fall 2 zeigt die Gefahr bestimmter Glaubenssätze wie zum Beispiel: ‚Ist die anfangs suizidale Inhaftierte über einen längeren Zeitraum noch am Leben, sinkt die Wahrscheinlichkeit einer Selbsttötung'. Die Einzelunterbringung im Fall 2 erfolgte zwar auf eigenen Wunsch, war aber nach 6 Hafttagen möglicherweise etwas verfrüht.

3   Weiterhin stellt sich die Frage, ob und unter welchen Bedingungen die Suizidentin Kenntnis von der Anklageschrift erhalten hat. Danach sollte man sich mit dem Rechtsbeistand und der Staatsanwaltschaft dahingehend ins Benehmen setzen, dass in solchen Fällen die Aushändigung über die Justizvollzugsanstalt erfolgt bzw. die Anstalt darüber informiert wird, wann die Inhaftierten von der Schrift Kenntnis erhalten.

4   Im Fall 2 fällt auf, dass der psychologische Dienst zunächst die Suizidentin diagnostisch eingeschätzt und Beobachtungsmaßnahmen für den Aufsichtsdienst empfohlen hat. Nach drei Wochen wird die Diagnose leicht abgeschwächt (ohne diese aufzugeben) und die Beobachtungszeiträume werden verändert und die nächtlichen Kontrollen auf zwei bis dreimal veringert.

5   Durch eine Verquickung von Diagnostik und Entscheidung vollzuglicher Maßnahmen kann Druck und Abhängigkeit bei dem Fachdienst entstehen. Auf der einen Seite fordern die Ge-

fangenen, die aus unterschiedlichen Gründen als Belastung empfundenen Übewachungs-maßnahmen aufzuheben und auf der anderen Seite belasten eben diese Überwachungs-maßnahmen auch das Personal. Die JVA für Frauen hat inzwischen in einer Anstaltsverfügung „Maßnahmen bei Feststellung der Suizidgefährdung" die beiden Aufgaben (Feststellung von Suizidalität und die Aufhebung von angeordneten Maßnahmen) getrennt, wonach Maßnah-men nur mit Zustimmung der Anstaltsleitung aufgehoben werden können. Damit ist eher ge-währleistet, dass der Fachdienst fachlich unbeeinflusst sein Urteil abgeben kann.

6 Damit ein Team eher intervenieren kann, ist grundsätzlich eine Kommunikationskultur in Vollzugsabteilungen zu schaffen, in der eher die Möglichkeit besteht, an sensible Daten zu gelangen. Im Fall 2 bestand das Team überwiegend aus unerfahrenen Bediensteten, die sich möglicherweise an den o. g. Glaubenssätzen 2 und 3 orientierten. Auch war nicht aufgefal-len, dass die Suizidentin am Suizidtag ihre Habe verschenkte. Im Wohngruppenvollzug, den es für die Untersuchungshaft noch nicht gibt, finden regelmäßige Sitzungen mit den Inhaf-tierten statt. Dadurch entsteht eine hohe Informationsdichte von sog. alltäglichen Dingen und Belangen von Inhaftierten. Sämtliche Bedienstete erhalten Einblick in Konflikte, Stim-mungsschwankungen, Veränderungen im sozialen Umfeld und können somit „seismographi-sche Veränderungen" schneller lokalisieren.

Suizidale Krisen, die mit Selbsttötungen enden, haben individuellen Charakter, folgen aber auch bestimmten Gesetzmäßigkeiten. Dabei bleiben Gedanken, Abwägungs- und Entscheidungspro-zesse häufig im Verborgenen, so dass bestimmte Ereignisse immer neu – auf den Einzelfall be-zogen – gedeutet werden müssen. Es geht letztendlich nicht um den Anspruch, jeden Suizid zu verhindern, sondern darum, die Inhaftierten und ihre Umgebung sorgfältig wahrzunehmen und einen Austausch von Information herzustellen, der präventive Handlungen ermöglicht. Die bei-den vorliegenden Fälle zeigen die Notwendigkeit des internen Informationsaustauschs und der Kommunikationsprozesse mit der Außenwelt

14.5   Literatur

*   Wolfersdorf, M. & Etzersdorfer, E. (2011). *Suizid und Suizidprävention*. Stuttgart: Kohlham-mer

15. Nach einem Suizid

Stefan Fuchs

15.1 Zusammenfassung

Suizide lösen in ihrem sozialen Umfeld in der Regel heftige Emotionen und Kognitionen aus. Dies gilt auch für Suizide hinter Gittern. Die Fachgruppe Suizidprävention im österreichischen Strafvollzug nimmt sich der konstruktiven und umfassenden Nachbearbeitung von Suiziden im Gefängnis an. Dabei werden folgende Schwerpunkte gesetzt: Suizidkonferenz (Debriefing), CISM-Betreuung (Critical Incident Stress Management) belasteter Mitarbeiter, psychologische Nachbetreuung unmittelbar betroffener Mitgefangener, Falldarstellung in Form einer psychologischen Autopsie.

Die Suizidkonferenz dient der umfassenden Aufarbeitung möglichst aller Aspekte des Suizids unter Mitarbeit des betroffenen Anstaltspersonals. Die CISM-Betreuung verfolgt den Zweck, unmittelbar mit dem Suizid konfrontierte Mitarbeiter bei der Verarbeitung von Stresssymptomen zu unterstützen und der Entstehung posttraumatischer Belastungsstörungen entgegenzuwirken. Eine ähnliche Funktion erfüllt die psychologische Nachbetreuung unmittelbar betroffener Mitgefangener. Im Rahmen der psychologischen Autopsie werden sämtliche Aspekte die zum Suizid beigetragen haben, analysiert und bewertet. Es sind dies Risikofaktoren in der Persönlichkeit des Suizidenten ebenso wie kriminologisch assoziierte Risikofaktoren, kritische Vollzugsereignisse, kritische soziale Ereignisse sowie die zum Zeitpunkt des Suizids unmittelbar gegebenen situativen Bedingungen. Abschließend werden all diese Erkenntnisse zusammengefasst, in Beziehung gesetzt und abschließend bewertet. Übergeordnetes Ziel ist es, die aus der psychologischen Autopsie gewonnenen Erkenntnisse zu verdichten und die Lerneffekte zur Optimierung suizidpräventiver Maßnahmen im Strafvollzug zu nutzen.

15.2 Emotionen und Kognitionen von Personen im sozialen Umfeld

Geht ein Mensch freiwillig aus dem Leben, so löst das in seinem sozialen Umfeld in der Regel vielfältige Emotionen und Kognitionen unterschiedlichster Art aus. Dies mag unter anderem damit zu tun haben, dass es sich beim Suizid um eines der großen Tabuthemen unserer Gesellschaft handelt. Das Leben gilt uns als unser höchstes Gut. Menschen die sich das Leben nehmen, stellen diesen unseren höchsten Wert in Frage. Das verunsichert. Sich selbst das Leben zu nehmen ist gesellschaftlich verpönt. Dazu hat auch der christliche Glaube beigetragen, nach dem es einem Menschen nicht zusteht, über Leben und Tod, auch nicht den eigenen, zu entscheiden. Lange Zeit wurde Suizidenten von der römisch-katholischen Kirche kein christliches Begräbnis zugestanden und diese außerhalb der geweihten Friedhöfe begraben. Auch im Judentum und im Islam war und ist der Suizid, von ganz besonderen Ausnahmesituationen abgesehen, verpönt beziehungsweise verboten. Vor diesem religiösen und kulturellen Hintergrund ist es nicht erstaunlich, dass es sich beim Suizid noch immer um ein mächtiges gesellschaftliches Tabu handelt.

Welche Emotionen und Kognitionen sind es nun, die bei Personen im Umfeld eines Suizides ausgelöst werden? Je nachdem, wie nahe man dem Suizidenten stand, wird dies die Reaktionen der Betroffenen beeinflussen. Darin liegt auch eine Besonderheit von Suiziden im Gefängnis. Neben den persönlichen Angehörigen des Gefangenen, der sich das Leben nahm, ist auch eine Reihe weiterer Personen durch den beruflichen Kontext – zumindest mittelbar – betroffen.

Nahe Angehörige reagieren naturgemäß mit heftigen Gefühlsausbrüchen wie Trauer, Schmerz, Verzweiflung, Angst, Hilflosigkeit, Schuldgefühlen manchmal auch Wut und Enttäuschung. Sie erleiden einen psychischen Schock, verfallen in Panik oder fühlen sich wie betäubt und innerlich leer.

Etwas differenzierter stellen sich die Reaktionen des Vollzugspersonals dar, deren Mitarbeiter durch den Zwangskontext des Gefängnisses zu einem Teil der sozialen Umwelt des betroffenen Gefangenen wurden. Dasselbe gilt für die Mitgefangene. Lernten sie den Suizidenten erst im Gefängnis kennen, so wurde er durch die Tatsache der gemeinsamen Inhaftierung ein Teil *ihres* sozialen Umfelds.

Auf Seiten der Mitgefangenen kann sich die Qualität der Beziehung durchaus in die Richtung sehr großer persönlicher Nähe entwickeln. Man denke etwa an die Situation, dass sich zwei Gefangene über mehrere Jahre einen Haftraum teilen und somit zur – wenn auch zunächst unfreiwilligen – „Wohn- und Lebensgemeinschaft" mutieren. In diesem Fall kann die Qualität der Emotionen und Kognitionen des nach dem Suizidenten „Hinterbliebenen", durchaus der von engen familiären Angehörigen nahekommen.

Die persönlichen Beziehungen zwischen den Vertretern des Gefängnispersonals und den Gefangenen sind hingegen durch den professionellen Beziehungskontext definiert. Die Qualität der persönlichen Beziehung zwischen einem einzelnen Mitarbeiter des Strafvollzugs und einem individuellen Gefangenen hängt nicht zuletzt davon ab, wie der betreffende Strafvollzugsbedienstete seine berufliche Rolle interpretiert. Ist diese individuelle Rolleninterpretation primär von kustodialem Grundverständnis geprägt, das sich ausschließlich der Aufrechterhaltung von Sicherheit und Ordnung verpflichtet fühlt, so wird ein Gefangenensuizid eher die Emotion des Ärgers und Kognitionen wie: „Ein Suizid ist eine Störung der Sicherheit und Ordnung im Gefängnis", generieren.

Anders stellt sich die Situation für Mitarbeiter dar, die auf der Grundlage ihrer Berufsrolle vorrangig betreuenden, (sozial-)therapeutischen, rehabilitativen und somit stützenden Aufgaben verpflichtet sind oder Vollzugsbediensteten, die sich aus persönlicher Überzeugung derartigen

Aufgaben widmen. (Sozial-) therapeutische Arbeit und Betreuungsarbeit im Strafvollzug ist ein gutes Stück weit Beziehungsarbeit und nur als solche erfolgversprechend zu bewältigen. Dem gemäß kann, bei aller professionellen Distanz, eine relative Nähe in der Beziehung zum Klienten/Patienten auch bei der Arbeit im Strafvollzug nicht ausgeblendet werden. Suizidierte sich nun ein Gefangener, mit dem man gemeinsam an der Bewältigung seiner Situation, an der Behebung seiner Defizite sowie an der Zielorientierung für sein Leben nach der Haft ernsthaft gearbeitet hat, so löst dies bei den Behandlern/Betreuern Emotionen wie Betroffenheit und Trauer, vielleicht auch Gefühle der Enttäuschung und eigenen Insuffizienz aus. Dies mag insbesondere für Betreuer gelten, die den Suizidenten in seiner Krise begleiteten, Maßnahmen der Krisenintervention setzten und dabei letztlich scheiterten. Auf kognitiver Ebene tauchen dabei selbstkritische Überlegungen auf wie: „hätte ich den Suizid verhindern können?" oder: „welcher Interventionen hätte es bedurft?" Besonders belastend wird es für die betroffenen Fachkräfte dann, wenn sie die drohende Suizidgefahr nicht erkannten oder falsch einschätzten und daraus resultierend nicht alle vertretbaren und möglichen Präventionsmaßnahmen gesetzt wurden.

Mit dieser Frage sind nach einem Suizid auch regelmäßig die betroffenen Anstaltsleitungen als Verantwortungsträger konfrontiert. Die folgenden Ausführungen beleuchten, wie im Zuge einer fundierten Analyse und Nachbereitung von Suiziden mit den kurz angerissenen Kognitionen und Emotionen der an einem Gefangenensuizid beteiligten Personen und Organisationen umgegangen werden kann.

15.3   Fachgruppe Suizidprävention im Strafvollzug

Im Jahr 2011 wurde im österreichischen Strafvollzug die „Fachgruppe Suizidprävention" eingerichtet. Die Kernaufgaben dieser Fachgruppe sind in einer schriftlichen Zielvereinbarung mit dem Leiter der Vollzugsdirektion des österreichischen Strafvollzugs festgehalten. Sie bestehen im Wesentlichen darin, das Suizidgeschehen im Vollzug zu beobachten, Suizide zu analysieren, deren Umstände zu bewerten und der Vollzugsdirektion sowie dem Bundesministerium für Justiz Empfehlungen zur Optimierung der Suizidprävention im Strafvollzug zu geben. Die Fachgruppe Suizidprävention setzt sich aus drei fachkundigen und erfahrenen Psychologinnen und Psychologen des Strafvollzugs sowie einem vollzugsexternen Psychiater zusammen, der jedoch über langjährige Erfahrung im österreichischen Straf- und Maßnahmenvollzug verfügt und schon in der Vergangenheit speziell mit dem Thema Suizidprävention befasst war. Er forschte intensiv zu diesem Thema und publizierte eine Reihe von Fachartikeln. Neben anderen Aufgaben rückt die vertiefte Untersuchung und Nachbereitung von Suiziden in jüngster Zeit zunehmend in den Fokus der Arbeit dieser Fachgruppe. Vorgangsweise und Methodik der Nachbereitung von Suiziden im österreichischen Strafvollzug werden in der Folge dargestellt.

15.4 Suizidkonferenz (Debriefing)

Gemeinsam mit dem Leiter der Betreuungsabteilung in der Vollzugsdirektion suchen nach jedem Gefangenensuizid zwei Mitglieder der Fachgruppe die betroffene Justizanstalt so zeitnah wie möglich auf. In der Anstalt wird mit Unterstützung des Anstaltspersonals die Faktenlage analysiert. Sämtliche Dokumentationen und Aktenunterlagen, einschließlich der ärztlichen und psychiatrischen Aufzeichnungen, sind von der Anstalt zur Verfügung zu stellen. In einer gemeinsamen Suizidkonferenz mit sämtlichen am Suizid in irgendeiner Form beteiligten Mitarbeitern der Anstalt, werden Vorgeschichte und Umstände des Suizids vertiefend reflektiert und aufgearbeitet. Wesentliches Ziel dieser Konferenz ist es, aus der vertieften Analyse, Lerneffekte für alle Beteiligten zu generieren und diese Lerneffekte in die Weiterentwicklung der Suizidprävention im Strafvollzug einfließen zu lassen.

Es ist nachvollziehbar, dass diese Suizidkonferenz von einzelnen Mitarbeitern fallweise als bedrohlich wahrgenommen wird. Beinhaltet sie doch das Risiko, dass „Fehler" oder Unzulänglichkeiten zutage treten, die begünstigend zum Suizid beigetragen haben könnten. Es ist daher von großer Wichtigkeit, die Funktion dieser Veranstaltung schon vor Beginn für alle Beteiligten klarzustellen und nicht den Eindruck zu erwecken, es ginge um eine „Untersuchung" deren Zweck darin besteht, „Schuldige" für den Suizid zu finden. Selbstverständlich muss diese Grundhaltung nicht nur kommuniziert, sondern im Verlauf der Konferenz auch tatsächlich gelebt werden. Dies gelingt, wenn in der Konferenz supervisionsartige Reflexionsmethoden, keinesfalls jedoch investigative Methoden wie „Einvernahmen" oder Vernehmungsprotokolle zur Anwendung kommen. Die oben angesprochene Zielvereinbarung der Fachgruppe mit dem Vollzugsdirektor beinhaltet das ausdrückliche Nichtziel, in Erhebungen oder (Vor-)Untersuchungen im Hinblick auf allfällige disziplinäre oder gar strafrechtliche Verfehlungen von Mitarbeitern der Anstalt eingebunden zu werden.

Ein weiteres Ziel der Konferenz liegt darin, bei Bedarf an der persönlichen Betroffenheit von Mitarbeiterinnen und Mitarbeitern zu arbeiten. In diesem Sinne hat die Suizidkonferenz auch Bestandteile eines Debriefings, einer strukturierten Gruppenintervention zur Vermeidung oder Reduktion traumatogener Folgeerscheinungen. Die Erfahrung zeigt, dass Mitarbeiterinnen ihre emotionale Betroffenheit in der Regel stärker zeigen als Männer. Im Bedarfsfall wird mit emotional stark beteiligten Mitarbeitern und Mitarbeiterinnen ein individuelles, stützendes Debriefing-Gespräch angeschlossen. Als Beispiel für eine starke gefühlsmäßige Beteiligung kann eine junge und wenig erfahrene Strafvollzugspsychologin angeführt werden, die einen Suizidenten noch einen Tag vor seinem Suizid als nicht akut suizidgefährdet einstufte. Auf Grund ihrer Stellungnahme wurde der Gefangene in einen Einzelhaftraum verlegt, wo er sich tags darauf das Leben nahm. Auch eine Anstaltsleiterin, die in ihrer Anstalt mit drei Suiziden innerhalb eines Jahres konfrontiert war, zeigte sich von dieser Tatsache äußerst nachhaltig betroffen.

15.5   CISM-Betreuung

Besonders belastend werden Suizide von Angehörigen des Justizwachdienstes erlebt, die den Suizidenten auffinden, in vielen Fällen, nicht selten mit Unterstützung eines Mitgefangenen, erhängte Personen „abschneiden" oder (letztlich erfolglos) den Versuch der Reanimation unternehmen müssen. Für diesen Personenkreis besteht in Österreich das Angebot sogenannter CISM-Betreuung. CISM steht für Critical Incident Stress Management, einer Methode nach Everly & Mitchell (2002). Bei dieser im deutschen Sprachgebrauch meist als „Stressbearbeitung nach belastenden Ereignissen" bezeichneten Methode geht es darum, Menschen bei der Verarbeitung massiver beruflicher Stresssituationen und den daraus resultierenden Stresssymptomen zu unterstützen. Gravierende und emotional stark belastende Stresssituationen können zu einem psychischen Trauma führen, welches die individuellen Bewältigungsstrategien der betroffenen Person überfordert. In diesem Fall besteht die Gefahr einer akuten Belastungsstörung, im persistierenden Fall einer posttraumatischen Belastungsstörung. Posttraumatische Belastungsstörungen können unterschiedlichste Symptome wie belastende Erinnerungen, Gedächtnisstörungen, Gefühlstaubheit, Auftreten von negativen Gefühlen und Gedanken, Vermeidungsverhalten im Hinblick auf verschiedene Aktivitäten, Übererregung, Konzentrationsstörungen, diverse somatische Störungen bis hin zu Alkohol-, Medikamenten- oder Suchtmittelmissbrauch nach sich ziehen. Methodisch betrachtet handelt es sich bei CISM um ein stark strukturiertes Gesprächsangebot zur Aufarbeitung der kritischen und belastenden Ereignisse durch besonders geschulte Peers und oder psychosoziale Fachkräfte. Die Gespräche sollten möglichst rasch nach dem belastenden Ereignis, wenn möglich noch vor Ort, durchgeführt werden. Das Setting bietet die Möglichkeit zur Aussprache des persönlich Erlebten und zum Anerkennen und Akzeptieren der dabei entstandenen Gefühle. Die belastenden Gefühle werden kognitiv bearbeitet und müssen in der Folge nicht verdrängt oder verleugnet werden. Reaktionen auf das Ereignis werden als normal besprochen und somit erlebt, Methoden und Techniken zur Stressbewältigung werden vorgeschlagen, angeboten und erklärt. Im österreichischen Strafvollzug stehen circa 50 in CISM ausgebildete Personen unterschiedlicher Berufsgruppen des Strafvollzugs (Psychologen, Sozialarbeiter, Justizwachebeamte) für derartige Situationen zur Verfügung. Im Falle eines Suizides ist der Anstaltsleiter verpflichtet, den unmittelbar betroffenen Bediensteten eine CISM-Betreuung anzubieten, diesen steht es frei, ob sie das Angebot annehmen wollen. Zu betonen ist, dass es sich bei CISM um keine Psychotherapie oder psychologische Behandlung handelt.

15.6   Nachbetreuung von unmittelbar betroffenen Mitgefangenen

Nicht selten sind auch Mitgefangene unmittelbar und im wahrsten Sinne des Wortes „hautnah" vom Suizid eines ihrer Kollegen betroffen. Häufig sind es ja Mitgefangene, die den Suizidenten auffinden, das Anstaltspersonal alarmieren und oft, wie bereits angesprochen, beim „Abschneiden" eines erhängten Kollegen helfen oder das Anstaltspersonal bei den Erste Hilfe Maßnahmen oder Reanimationsbemühungen unterstützen. Diese Erfahrung stellt in vielen Fällen eine durchaus traumatische dar, die zu den „normalen" Belastungen der Haftsituation noch hinzukommt. Vor diesem Hintergrund ist es von großer Bedeutung, solcherart nah mit einem Suizid konfrontierten Gefangenen, psychologische Unterstützung bei der Bearbeitung dieses Geschehens angedeihen zu lassen. Die zunehmende Sensibilisierung des österreichischen Strafvollzugspersonals für Belange der Suizidprävention hat dazu geführt, dass suizidgefährdete Gefangene für die Dauer der Gefährdung nicht mehr in Einzelhaft untergebracht werden. Dieser an sich wünschenswerte Effekt brachte es mit sich, dass die Verteilung der Suizide auf die Unterbringungsform sich in den letzten Jahren verändert hat. Erfolgte bis vor wenigen Jahren noch eine überwiegende Mehrheit der Gefangenensuizide in Einzelhafträumen, so hat sich dieses Verhältnis ausgeglichen beziehungsweise zu Lasten der Gemeinschaftshaft verändert. In den letzten Jahren nahmen sich schon mehr als die Hälfte der Suizidenten das Leben in Gemeinschaftshafträumen, wenn auch teilweise unter Nutzung mehr oder weniger langer „Zeitfenster" in denen sich ihr Mitgefangener nicht im Haftraum befand. Dieser Umstand führt dazu, dass Mitgefangene vermehrt diejenigen sind, welche die Suizidenten auffinden. Im Fall eines Suizides bietet daher der psychologische Dienst der Anstalt den unmittelbar betroffenen Mitgefangenen, psychologische Unterstützung an.

15.7   Psychologische Autopsie – Falldarstellung des Suizids

Nach Abschluss der Suizidkonferenz, der Sichtung und Auswertung aller mit dem Suizid in Verbindung stehenden Informationen, Unterlagen und Dokumenten, erfolgt die intensive Falldarstellung des jeweiligen Suizids in der Fachgruppe in Form einer psychologischen Autopsie.

Psychologische Autopsie bezeichnet eine retrospektive Methode der Suizidologie, anhand derer, Beweggründe die zum Suizid führten, erforscht werden sollen. Sie bietet die Möglichkeit, umfassende Informationen zu verschiedenen Bereichen, die mit suizidalem Verhalten in Verbindung stehen können, wie psychiatrische Störungen, physische Erkrankungen, (kritische) Lebensereignisse, Persönlichkeit und Lebenssituation zu erhalten und schließlich Maßnahmen zur Suizidprävention zu entwickeln (Pouliot & De Leo, 2006, zitiert nach Bauer, 2012). Die psychologische Autopsie versucht Informationen aus möglichst vielen Informationsquellen zu gewinnen. Diese umfassen Interviews mit Personen, die den Suizidenten kannten, Autopsie- und Polizeiberichte, Krankenakten, aber auch persönliche Dokumente wie Abschiedsbriefe und Tagebücher (Shneidman, 1994, zitiert nach Bauer, 2012). In der Spezialsituation des Suizids im Gefängnis interessieren darüber hinaus besonders die situativen Gegebenheiten, unter denen sich der Suizident das Leben nahm.

In der Fachgruppe Suizidprävention wird nach folgender Methodik vorgegangen: Ein Mitglied der Fachgruppe sammelt und sichtet sämtliche zu einem Suizid vorliegenden Informationen und Unterlagen. Dies sind sämtliche Aktenunterlagen des Strafvollzugs einschließlich Urteil und allfälliger Gutachten, Vollzugsunterlagen wie Vollzugsplan, die Vollzugsgeschichte, Berichte und

Dokumentationen der Fachdienste (Ärztlicher Dienst, Psychiatrischer Dienst, Psychologischer Dienst, Sozialer Dienst), allfällige Abschiedsbriefe, Mitteilungen und Hintergrundinformationen von Betreuern und Bediensteten sowie Mitgefangenen, die aus dem Besuch der Justizanstalt und der oben angeführten Suizidkonferenz sowie aus Einzelgesprächen mit diesen Personen stammen. Dieses Mitglied der Fachgruppe fungiert als Berichterstatter und referiert den Fall in der Gruppe an Hand eines gemeinsam entwickelten Hypothesenblattes. Dabei werden Hypothesen zum Suizid auf den folgenden Ebenen gebildet.

15.7.1   Risikofaktoren in der Persönlichkeit des Suizidenten

Auf dieser Ebene geht es um die Analyse des Beitrages zum Suizid, welcher mit der Persönlichkeit des Suizidenten, respektive mit dessen Psychopathologie konfundiert ist. Die Analyse auf diesem Feld fokussiert also das Vorhandensein, oder Nichtvorhandensein von Risikofaktoren in der Persönlichkeit des Betroffenen. Der Schwerpunkt der Betrachtung liegt somit auf der Diagnose des Vorliegens von psychischen Erkrankungen oder Störungen in der Lebensgeschichte des Suizidenten, die im Hinblick auf den Suizid von Bedeutung sind. Darunter fallen insbesondere affektive und schizophrene Psychosen aber auch nicht-psychotische Störungen wie Neurosen, Persönlichkeitsstörungen, Depressionen oder aber Suchterkrankungen, Missbrauch von Alkohol und anderen Suchtmitteln. Laut Matschnig, Frühwald und Frottier (2005) besteht „internationaler wissenschaftlicher Konsens darüber, dass das Vorhandensein psychiatrischer Erkrankungen, Substanzmissbrauch sowie vorangegangene Suizidalität mit einem erhöhten Suizidrisiko in Haft einhergehen". Als Beispiel für einen Suizidenten aus dem Kreis der sogenannten geistig abnormen Rechtsbrecher des Maßnahmenvollzugs mit einem erheblichen aus seiner Persönlichkeit resultierenden Suizidrisiko dient der folgende Fall:

Herr S. befand sich zum Zeitpunkt des Suizids seit knapp 4 Monaten in einer Anstalt für zurechnungsunfähige geistig abnorme Rechtsbrecher. Der Anlass für seine Einweisung in diese Anstalt war die Tatsache, dass Herr S. eine Mitbewohnerin in einer Wohngemeinschaft für psychisch kranke Menschen schwer verletzte, indem er mit einem Messer mehrfach mit voller Wucht auf sie einstach. Sowohl Herr S. als auch die zum Opfer gewordene Mitbewohnerin litten unter chronischer paranoider Schizophrenie. Herr S. befand sich seit vielen Jahren in psychiatrischer Behandlung, erstmals wurde er im Alter von 16 Jahren auf einer jugendpsychiatrischen Station aufgenommen. Bereits 8 Jahre vor seinem Suizid war er bei einem Krankenhausaufenthalt in suizidaler Absicht aus dem Fenster in den Hof gesprungen, seit diesem Zeitpunkt war er querschnittgelähmt und auf einen Rollstuhl angewiesen. Als Grund für diesen dramatischen Suizidversuch hatte er beim Gerichtsgutachter seine Erkrankung angegeben. In der Anstalt erhängte er sich in seinem Zimmer mittels einer Kordel am Fenstergitter. Er hinterließ die folgende Abschiedsbemerkung: „Die Katze hat sich aufgehängt!" Herr S. hatte sich selbst in der Vergangenheit immer wieder als Katze bezeichnet.

15.7.2 Kriminologisch assoziierte Risikofaktoren

Die Angaben in der Literatur zu diesem Thema sind eher spärlich. Matschnig et al. (2005) halten fest, dass „... es schwierig ist, bestimmte Charakteristika als Risikofaktoren zu identifizieren." und weiter: „Auch Gewaltverbrechen als Inhaftierungsgrund werden mit einem erhöhten Suizidrisiko in Verbindung gebracht." Lange Haftstrafen scheinen einerseits mit einem erhöhten Suizidrisiko einherzugehen, werden andererseits nur bei schweren Gewaltdelikten angewendet. Somit besteht bei vorschnellen Schlussfolgerungen das Risiko eines Bias. Ein Indiz für die höhere Suizidbelastung von Gefangenen, die sich schwerster Gewaltdelikte schuldig gemacht haben, liefert die detaillierte Analyse der Gefangenensuizide in den letzten 3 Jahren in Österreich. 36% der Suizide von Untersuchungsgefangenen betrafen Personen mit dem Delikt des Mordes oder versuchten Mordes. Der durchschnittliche Anteil an Untersuchungsgefangenen mit den angeführten Delikten im selben Zeitraum betrug weniger als 5%. Es scheint doch einiges dafür zu sprechen, dass die Tatsache, wenigstens unter dringendem Verdacht einer Tötung zu stehen, das Suizidrisiko in der Haft beträchtlich erhöht.

15.7.3 Risikofaktor kritische Vollzugsereignisse (Vollzugsstatus)

Die Analyse des Vollzugsstatus zielt auf die jeweils aktuelle Vollzugsumwelt des Suizidenten ab. Schon die „objektiven" Bedingungen, unter denen Insassen ihre Haft zu verbüßen haben, unterscheiden sich je nach Haftstatus und Haftsituation beträchtlich. Es macht einen bedeutenden Unterschied, ob man sich im geschlossenen Vollzug oder gar Sicherheitsvollzug, im halboffenen Vollzug oder im offenen Vollzug befindet. Die Anhaltung in einer Wohngruppe mit offenen Haftraumtüren kontrastiert stark mit dem klassischen Vollzugsmodell und nahezu rund um die Uhr verschlossenen Stahltüren. Besondere Beachtung verdient auch jede Art der – meist disziplinär veranlassten – Isolationshaft, sei es im „Hausarrest" oder in „Absonderung" oder einem besonders gesicherten Haftraum. Unterscheiden sich schon die objektiven Rahmenbedingungen des jeweiligen Hafttypus sehr stark, so gilt dies in viel höherem Maß für das subjektive Erleben der Haftsituation. Es ist allgemein nachvollziehbar, dass die psychische Haftsituation eines Strafgefangenen, der seine – womöglich kurze – Freiheitsstrafe von freiem Fuß selbst antreten kann, sich gravierend von jener eines Untersuchungsgefangenen unterscheidet, der – womöglich unschuldig – eines Kapitalverbrechens beschuldigt wird und diesem Umstand seine Untersuchungshaft verdankt. Gerade die Unterschiede der psychischen Belastung zwischen Untersuchungshaft und Strafhaft schlagen sich deutlich in den signifikant unterschiedlichen Suizidraten zwischen diesen beiden Haftgruppen nieder. Bennefeld-Kersten (2012) ermittelte in ihrer Totalerhebung sämtlicher Suizide in deutschen Gefängnissen der Jahre 2000 bis 2010 eine knapp fünf Mal so hohe Suizidrate für Untersuchungsgefangene im Vergleich mit Strafgefangenen. Dieser Unterschied gilt für weibliche Suizidenten im gleichen Maße wie für männliche. In Österreich weisen Untersuchungsgefangene in den Jahren 2001 bis 2013 durchschnittlich die knapp dreifache Suizidrate der Strafgefangenen auf. Matschnig et al. (2005) begründen dies treffend mit der Unklarheit über das laufende Verfahren, Gefühle von Scham und Schuld bzw.

existentieller Bedrohung durch die Haft sowie die Unsicherheit über den Ausgang des laufenden, oft langwierigen Verfahrens.

Besondere Beachtung verdient die Analyse „kritischer Vollzugsereignisse", welche das Risiko bergen, die Suizidgefährdung von Gefangenen sprunghaft ansteigen zu lassen. Bei Untersuchungsgefangenen stellt zweifellos die Situation der Inhaftierung bereits das erste kritische Vollzugsereignis dar. Bennefeld-Kersten (2012) berichtet, dass mehr als die Hälfte der Untersuchungsgefangenen die sich das Leben nahmen, den Suizid innerhalb des ersten Haftmonats begingen. Im österreichischen Strafvollzug erfolgten ebenfalls 51% sämtlicher Suizide von Untersuchungsgefangenen in den Jahren 2005 bis 2013 im ersten Monat der Haft. Ein weiteres kritisches Vollzugsereignis stellt bei Untersuchungsgefangenen der Zeitraum rund um die Hauptverhandlung dar. Ein konkretes Beispiel illustriert dies nachhaltig.

Die Hauptverhandlung gegen Herrn T. war zwei Monate nach seiner Aufnahme in der Untersuchungshaftanstalt angesetzt. Man warf Herrn T. verschiedene schwere Betrugsdelikte vor. Da aus der Vorgeschichte des Herrn T. mehrere Suizidversuche bekannt waren, wurde er sowohl vom psychiatrischen Dienst als auch vom psychologischen Dienst der Anstalt engmaschig betreut. Aus den Unterlagen ging hervor, dass Herr T. am Beginn der Untersuchungshaft depressiv verstimmt war, daraufhin wurde eine anti-depressive Therapie eingeleitet und Herr T. zur Beobachtung auf einen Haftraum der Krankenabteilung verlegt. Sein Zustand besserte sich, bei der Morgenvisite einen Tag vor der Hauptverhandlung wurde er psychiatrisch als „unauffällig, wach, klar, angepasst und nicht depressiv" beschrieben. Am selben Tag berichtete er der betreuenden Psychologin, dass er, nach Besprechung mit seinem Anwalt hinsichtlich der bevorstehenden Hauptverhandlung „nicht sonderlich beunruhigt" sei. Am Tag der Hauptverhandlung um 05 Uhr 45 morgens alarmierte sein Mitgefangener die Wachebeamten, Herr T. hatte sich mittels eines Elektrokabels am Fenstergriff erhängt.

Bei Strafgefangenen stellen beispielhaft die geplante Überstellung in eine andere Vollzugsanstalt, die Ablehnung der erhofften frühzeitigen Entlassung, die Rückstufung von gelockerten Vollzugsformen in den geschlossenen Vollzug und ähnliche Vorkommnisse, kritische Vollzugsereignisse im Sinne eines erhöhten Suizidrisikos dar. Die Erfahrung zeigt, dass kritische Vollzugsereignisse auch durchaus „stabile" Gefangene sehr unmittelbar und akut in suizidale Krisen stürzen können. Bei Gefangenen, die noch sehr lange Freiheitsstrafen zu verbüßen haben, kann das Erleben fehlender Zukunftsperspektiven in eine suizidale Entwicklung münden.

15.7.4   Risikofaktor kritische soziale Ereignisse

Aus dem Blickwinkel der sozialen Beziehungen befinden sich Gefängnisinsassen in einer äußerst prekären Situation. Von ihren vertrauten familiären und selbst gewählten freundschaftlichen oder kameradschaftlichen sozialen Beziehungen sind sie kraft der Inhaftierung weitgehend abgeschnitten. Umgekehrt sind sie in der Anstalt zwangsweise einem sozialen Umfeld ausgesetzt, das in der Regel nicht selbst gewählt ist. Darüber hinaus ergeben sich aus dieser sozialen Umwelt kritische Situationen, die suizidale Neigungen durchaus verstärken können. Nicht selten geraten Gefangene unter Schuldendruck von Mitgefangenen, dem sie sich nicht in geeigneter Weise entziehen können und der seitens der Mitgefangenen durch Androhung oder Anwendung von Gewalt verstärkt wird.

Ein Suizid aus dem Jahr 2012 belegt dies deutlich: Herr R. war Strafgefangener und erhängte sich eines Mittags in der Toilette des Arbeitsbetriebes dem er zugeteilt war. Herr R. war bis dorthin psychopathologisch völlig unauffällig gewesen, es lag auch kein Missbrauch von Suchtmitteln vor. Im Arbeitsbetrieb war er als Vorarbeiter eingeteilt, hatte also einen „Vertrauensposten" seine Position innerhalb der Gefangenenhierarchie schien relativ hoch und gesichert. Nach seinem Tod wurde aus Einzelgesprächen mit Mitgefangenen bekannt, dass Herr R. bei zwei Mitgefangenen stark verschuldet und daraus resultierend unter massiven Druck geraten war.

Über Schuldendruck hinaus birgt das soziale Umfeld der Mitgefangenen eine Reihe weiterer Risiken wie Unterdrückung, Androhung von (sexueller) Gewalt, Verwicklung in oder Mitwisserschaft über Straftaten in der Haft, unfreiwillige oder erzwungene Verwicklung in Drogengeschäfte und Ähnliches.

Darüber hinaus können sich auch kritische soziale Ereignisse außerhalb der Gefängnismauern zu Risikofaktoren für akute Suizidgefährdung eines Gefangenen entwickeln. Das „Einschlafen" oder der völlige Abbruch von wichtigen sozialen Beziehungen, insbesondere durch Ehegattinnen, Lebensgefährtinnen, Kinder und Eltern stellt in der Regel eine massive psychische Belastung für Gefangene dar. Diese steigert sich nicht zuletzt durch die weitgehende Hilflosigkeit, der man derartigen Situationen gegenüber als Gefangener ausgesetzt ist. Ähnliches gilt für dramatische Beziehungsabbrüche verursacht durch Tod oder lebensbedrohliche Erkrankung naher Angehöriger. Nicht zu unterschätzen ist in all diesen Situationen der Umstand, dass einem – im Vergleich mit dem Leben in der freien Gesellschaft – in viel geringerem Umfang konstruktive Bewältigungsstrategien für derartig belastende Situationen zur Verfügung stehen.

15.7.5   Risikofaktor situative Bedingungen

Neben dem Vollzugsstatus sind im Rahmen der psychologischen Autopsie auch die konkreten situativen Rahmenbedingungen im unmittelbaren zeitlichen Umfeld des Suizids von Interesse. Besondere Bedeutung kommt dabei der Unterbringungsform des betroffenen Gefangenen zu. Bennefeld-Kersten (2012) berichtet, dass mehr als zwei Drittel von 884 dokumentierten Suizidfällen sich in „normalen Einzelzellen", 12 in der Absonderung und einer im besonders gesicherten Haftraum ereigneten. Ein Viertel der Suizidenten war in Gemeinschaftshaft untergebracht. Auch im österreichischen Strafvollzug galt die Einzelunterbringung lange Zeit als „Risikofaktor Nummer 1". Ähnlich wie in Deutschland erfolgte die überwiegende Mehrzahl der Suizide im Strafvollzug in Einzellhafträumen. Noch im Jahr 2011 lag der Anteil der Suizide in Einzelhaft bei 73%. In den letzten beiden Jahren sank dieser Anteil auf 45% im Jahr 2012 sowie 50% im Jahr 2013. Die Ursache dürfte darin liegen, dass in den letzten Jahren verstärkte Bemühungen unternommen wurden, suizidgefährdete Gefangene möglichst frühzeitig zu identifizieren und eine Einzelunterbringung in diesen Fällen zu verhindern. So kommt im österreichischen Strafvollzug seit dem Jahr 2007 die Screening-Methode „Viennese Instrument for Suicidality in Correctional Institutions (VISCI) flächendeckend zum Einsatz. Das Screening wurde von Frottier et al. (2008) mit Unterstützung des Justizministeriums entwickelt. An Hand einiger weniger Fragen, versucht VISCI eine erste grobe Einschätzung des akuten Suizidrisikos von neu eingelieferten Gefangenen vorzunehmen. Ergibt dieses Verfahren ein erhöhtes Suizidrisiko, so erlaubt die elektronische Vollzugsverwaltung keine Zuweisung eines Einzelhaftraumes an den Betroffenen. So bald als möglich erfolgt dann eine vertiefende Abklärung der Suizidalität durch einen Psychologen oder Psychiater.

Wie sich in jüngster Zeit vermehrt zeigt, ist auch die gemeinschaftliche Unterbringung für sich genommen noch kein ausreichender Schutz gegen Suizide im Strafvollzug. Unterstützend in krisenhaften Situationen kann der vorübergehende Einsatz von Peers, von ausgebildeten und entsprechend betreuten Mitgefangenen, sein. In Österreich und Bayern findet diese Form der Unterstützung zunehmend Verbreitung in Form von sogenannten „Listener-Modellen". In Anlehnung an Modelle aus dem englischen, kanadischen und amerikanischen Strafvollzug der neunziger Jahre scheint sich diese Form der präventiven Intervention durchaus zu bewähren. Bei Suiziden in Gemeinschaftshafträumen musste in Österreich zuletzt mehrfach festgestellt werden, dass mehr oder weniger kurze „Zeitfenster", in denen sich der oder die Mitgefangenen auf Hofgang, beim Besuch oder beim Sport befanden, zum Suizid im Haftraum genutzt wurden.

Auch hierzu ein Beispiel aus jüngster Vergangenheit:

Herr S. befand sich zum Zeitpunkt seines Suizids seit knapp 15 Monaten in Untersuchungshaft. 4 Wochen vor dem Todeszeitpunkt war er wegen Mordes zu lebenslanger Freiheitsstrafe verurteilt worden. Das Urteil war jedoch noch nicht rechtskräftig. Das Personal der Justizanstalt hatte seine Suizidgefährdung bis zur und unmittelbar nach der Hauptverhandlung richtig erkannt und Herrn S. engmaschig betreut sowie seine Verlegung in Einzelhaft vermieden. An einem Dienstagmorgen verblieb Herr S. unter einem Vorwand während des Hofgangs im Haftraum. Als seine beiden Mitgefangenen von Wachebeamten vom Hofgang zurückgebracht wurden, fanden sie Herrn S. mittels einer Bandage am Fenstergitter erhängt vor.

Einen besonderen situativen Risikofaktor kann die unmittelbare Verlegung in einen Absonderungshaftraum mit sich bringen. Eine solche erfolgt in der Regel aus disziplinären Gründen als Reaktion auf ein Verhalten des Gefangenen, welches seinen Haftstatus unter Umständen nachhaltig gefährden oder verschlechtern kann. Im österreichischen Strafvollzug nahmen sich im Jahr 2013 nur zwei Strafgefangene das Leben, beide waren zu ihrem Todeszeitpunkt abgesondert beziehungsweise von den Erleichterungen und Vergünstigungen des „normalen" Vollzugsalltags abgeschnitten. In diesem Zusammenhang sei auch die Bedeutung eines konstruktiven Haftregimes und einer differenzierten Tagesstruktur als suizidpräventiver Faktor betont. Matschnig et al. (2005) führen dazu aus: „Neben einem intakten Familienleben wird die Ausübung einer Arbeit in Haft als suizidpräventiver Faktor angesehen."

15.7.6 Zusammenfassende Falldarstellung (Psychologische Autopsie)

Die umfassende psychologische Autopsie findet sich in der zusammenfassenden Falldarstellung, welche die Analyseergebnisse aller angerissenen Risikofaktoren beziehungsweise Betrachtungsebenen zusammenführt. Ein Suizid erscheint umso besser nachvollziehbar, je zahlreicher und intensiver die einzelnen Risikofaktoren auf den jeweiligen Suizidenten eingewirkt haben. Es ist anzunehmen, dass unterschiedliche Risikofaktoren sich gegenseitig „aufschaukeln" beziehungsweise verstärken können und somit die Wahrscheinlichkeit eines Suizids beträchtlich erhöhen. Treten zum Beispiel kritische soziale Ereignisse zu einem Zeitpunkt auf, zu dem auch der Vollzugsstatus oder kritische Vollzugsereignisse eine Risikobelastung mit sich bringen, können schon kurzzeitige ungünstige situative Bedingungen zum Auslöser für einen Suizid werden. Eine wissenschaftliche Begleitung und Analyse der psychologischen Autopsien einer größeren Zahl von Gefangenensuiziden sollte uns längerfristig in die Lage versetzen, mehr über das Verhältnis und Zusammenwirken verschiedener Risikofaktoren bei Gefangenensuiziden zu lernen.

15.7.7 Nutzung der Lerneffekte zur Optimierung der Suizidprävention

Übergeordnetes Ziel der psychologischen Autopsie sollte es sein, die Psyche der Gefangenen in suizidalen Krisen frühzeitig und besser zu verstehen, um zunehmendes Suizidrisiko rechtzeitig zu erkennen und geeignete Interventionen setzen zu können. Dieser Ansatz erfordert, sich auch bei der Optimierung von Suizidprävention im Strafvollzug, zur Kultur der lernenden Organisation zu bekennen. Diese Kultur der lernenden Organisation verwirft sich fallweise mit einem vertrauten Prinzip in Organisationen der Strafrechtspflege, dem Schuldprinzip. Es ist uns Vollzugspraktikern mehr oder weniger in Fleisch und Blut übergegangen, im Falle dramatischer Ereignisse, ein Gefangenensuizid mag durchaus als solches gelten, auf die Suche nach Schuldigen für dieses Ereignis zu gehen. Entsteht bei den Beteiligten dieser Eindruck, so reagieren sie – verständlicher Weise – mit Abwehr. Eine konstruktive Bearbeitung im Sinne der Optimierung von Lerneffekten ist dann nur noch sehr schwer möglich. Es erfordert von den verantwortlichen Personen einer Justizanstalt beträchtliche Reife und stark ausgeprägtes Reflexionsvermögen, um mögliche eigene Anteile an der Genese und Verstärkung von Risikofaktoren zu sehen und als solche akzeptieren zu können. Nur so ist effizientes Lernen und fortlaufende Optimierung der Suizidprävention im Gefängnis möglich. Grundvoraussetzung um diese Haltung einnehmen zu können ist wiederum ein angstfreies Klima, welches nicht den Eindruck vermittelt, „wenn einer hängt, muss es einen Schuldigen geben"!

15.8   Literatur:

- Bauer S. (2012). *Bias und Methodenprobleme bei psychologischen Autopsie-Studien zu Suizid: Systematischer Review und Meta-Analysen.* Unveröffentlichte Dissertation, Universität Wien.
- Bennefeld-Kersten, K. (2012). *Suizide von Gefangenen in Deutschland 2000 bis 2010 – Totalerhebung.* Unveröffentlichtes Manuskript.
- Everly, G. S. & Mitchell, J. T. (2002). *CISM - Stressmanagement nach kritischen Ereignissen - ein neuer Versorgungsstandard bei Notfällen, Krisen und Katastrophen.* Wien: Facultas Universitätsverlag.
- Frottier, P., König, F., Matschnig, T., Seyringer, M.-E. & Frühwald S. (2008). Das Wiener Instrument für Suizidgefahr in Haft. VISCI – Viennese Instrument for Suicidality in Correctional Institutions. *Psychiatrische Praxis, 35*(1), 21- 27.
- Matschnig T., Frühwald S. & Frottier P. (2006). Suizide hinter Gittern im internationalen Vergleich. *Psychiatrische Praxis, 33*(1), 6-13.
- Pouliot, L. & De Leo, D. (2006). Critical issues in psychological autopsy studies. *Suicide and Life-Threatening Behavior, 36*(5), 491-510.
- Shneidman, E. S. (1994). Clues to suicide, reconsidered. *Suicide and Life-Threatening Behavior, 24*(4), 395-397.

16. Abschiedsbriefe

Willi Pecher & Alex Stark

16.1 Zusammenfassung

Etwa jeder dritte Gefangene hat einen Abschiedsbrief geschrieben, bevor er sich das Leben genommen hat. Das war das Ergebnis einer Totaluntersuchung über Suizide in deutschen Gefängnissen. In der Mehrzahl der Briefe wurden Gründe für den Suizid genannt, vor allem: psychische Beeinträchtigungen, Probleme mit dem Partner, Verfahren, Haftverlauf, Schuld. Sie ermöglichen einen Einblick in die subjektive Befindlichkeit von Suizidenten kurz vor ihrem Tod und lassen Rückschlüsse auf ihre expliziten und latenten Motive zu. Eine nicht-repräsentative Zufallssammlung von 15 Abschiedsbriefen Gefangener, die sich in den vergangenen 20 Jahren in deutschen Gefängnissen suizidiert haben, werden diesen Motiven zugeordnet und ungekürzt wiedergegeben. In einigen Briefen wird kein Motiv genannt, sondern es geht ausschließlich um Verabschiedung und/oder Regelung des Nachlasses. Abschiedsbriefe von Gefangenen sind etwa gleich häufig wie in der Allgemeinbevölkerung. Form und Stil der Briefe variieren stark. Die Briefe der Zufallsstichprobe sind oft auf Briefpapier oder den im Gefängnis üblichen Antragsscheinen/Vormeldern geschrieben, aber auch auf einem Notizzettel, Briefumschlag, Kalenderblatt oder am Rand des Haftbefehls. Um einen Eindruck zu vermitteln, sind verschiedenartige Briefe als Faksimile abgedruckt. Am Ende werden praktische Anregungen skizziert, wie mit einem nach einem Suizid aufgefundenen Abschiedsbrief umgegangen werden soll.

16.2 Einleitung

Bei der Beschäftigung mit Gefangenen-Suiziden führen Abschiedsbriefe besonders nah an das Geschehene heran. Die Person wird durch ihre letzte Mitteilung erfahrbar, es scheint in den Briefen auf, welche Gedanken und Gefühle den konkreten Menschen in seinen letzten Stunden umtrieben und was er zuletzt noch kommunizieren wollte. Wenn auch dieser Buchbeitrag nicht ganz auf Zahlen verzichtet, so soll doch in erster Linie durch Beispiele von Abschiedsbriefen ein direkter Eindruck vermittelt werden, der nicht durch zu viel an Statistik, Analyse, Reflexion verstellt ist. Udo Grasshoff (2004, 11) beschreibt in seiner Sammlung von 50 Abschiedsbriefen eindrücklich diese Unmittelbarkeit: „Das ist es auch, was mich an den Abschiedsbriefen besonders anrührt: Hier sprechen Todesnahe, sie sprechen selbst und sie sprechen ein letztes Mal. Abschiedsbriefe zu lesen heißt, diese Menschen ein Stück auf ihrem letzten Weg zu begleiten, ihren

Sätzen zu lauschen, die an jemanden gerichtet sind, den wir nicht sehen, von dem wir nichts wissen. In den letzten Zeilen werden keine vollständigen Geschichten mehr erzählt, hier wird nichts mehr ausgelotet und nichts mehr ausgeführt, hier wird ein Schlusswort gesprochen. Die Briefe, nicht selten hastig niedergeschrieben, gleichen Hieben – mal scharf, mal schwach, und meist nicht besonders gut gezielt." In der Unmittelbarkeit der Abschiedsbriefe wird die Tragik besonders spürbar, die nicht nur den Suizidenten selbst, sondern auch sein Umfeld trifft: „Hausärzte, Geistliche und scharfsinnige Laien sind sich seit langem darüber im Klaren, dass es wenig Ereignisse gibt, die einem menschlichen Geist so zusetzen wie der Verlust eins nahen und lieben Menschen" (Bowlby 1979, 89). Man könnte einwenden, dass Abschiedsbriefe eine so persönliche Äußerung ‚im Angesicht des Todes' sind, dass sie nicht veröffentlicht werden sollten. Genau dieses Gefühl beschlich die Autoren beim Abfassen des Artikels auch immer wieder. Gleichzeitig bieten die Briefe aber einen derart unmittelbaren Zugang zu den jeweiligen Personen mit all ihren ‚menschlichen' Gedanken und Gefühlen, insbesondere Nöten, wie sie keine abstrakte Darstellung ermöglichen kann. Wenn diese Unmittelbarkeit zu größerer Sensibilisierung und somit zur Prävention beitragen kann, ist die Veröffentlichung wohl gerechtfertigt.

Grundlage für den vorliegenden Beitrag bilden Abschiedsbriefe von 15 Gefangenen, die sich in verschiedenen deutschen Gefängnissen in den letzten 20 Jahren suizidiert haben. Einzelne haben mehrere Abschiedsbriefe hinterlassen. Die Sammlung ist ein Zufallsergebnis ohne jeden Anspruch auf Repräsentativität. Die Briefe sollen nichts beweisen, sie sollen veranschaulichen, evtl. auch bewegen. Auf Quellenangaben wird aus Gründen der Anonymisierung verzichtet. Ebenfalls zum Schutz der Persönlichkeit und um der Gefahr einer zu weitgehenden voyeuristischen Annäherung zu begegnen, wurden die Briefe transkribiert und dabei alle personenbezogenen Daten anonymisiert. Lediglich um einen Überblick über die formale Gestaltung der Schriftstücke zu gewinnen, werden einige Beispiele als Faksimile abgedruckt, aber in sehr kleinem Maßstab, so dass der Inhalt hinter dem formalen Blick zurücktritt.

Arbeiten über Abschiedsbriefe allgemein sind dünn gesät; über Abschiedsbriefe von Gefangenen gibt es noch viel weniger. Nach Kenntnis der Autoren wurden noch nirgends mehrere solcher Briefe im Wortlaut veröffentlicht. Wenn der Artikel weitere, auch quantitative und korrelative Forschungen mit anstoßen kann, wäre das sehr zu begrüßen. Die Legitimation zu einer wissenschaftlichen Erforschung ergeben sich aus den gesetzlichen Regelungen: Beispielsweise verweist das Bayerische Strafvollzugsgesetz (BayStVollzG) in Art. 204 auf § 476 der Strafprozessordnung (StPO), in dem die Übermittlung personenbezogener Daten aus Akten für wissenschaftliche Forschungen geregelt ist. Vergleichbare Vorschriften sind wohl in allen Länder-Vollzugsgesetzen enthalten.

16.3 Häufigkeit von Abschiedsbriefen

Von 2005-2011 haben sich in deutschen Gefängnissen 482 Gefangene das Leben genommen. Soweit bekannt, hinterließen 184 von ihnen einen Abschiedsbrief (=38,3%), 174 von 460 männlichen (=37,8%) und 10 von 22 weiblichen Gefangenen (=45,5%) (Bennefeld-Kersten 2013). Eine neuere Untersuchung von Eisenwort u. a. (2007) ermittelt einen sehr ähnlichen Anteil von Abschiedsbrief-Hinterlassern unter Suizidenten allgemein, nämlich 28,6%. Die Autoren zeigen zudem auf, dass sich in der verfügbaren Literatur vergleichbare Prozentangaben finden. Zum Geschlechterverhältnis finden sich in der ausgewerteten Literatur unterschiedliche Ergebnisse.

Die Zahl der realen dürfte die der bekannt gewordenen Abschiedsbriefe merkbar überschreiten: Bei Suiziden allgemein kommt es z. B. vor, „dass ein Abschiedsbrief wirklich vorhanden war, aber von den Angehörigen zunächst aus unterschiedlichen (vor allem versicherungsrechtlichen und soziokulturellen) Gründen entfernt worden war (Rothschild & Potente, 2001). Morgenthaler (1945, 82) nennt darüber hinaus „moralische Gründe, die Angehörige einen Selbstmord verheimlichen lassen" und meint damit, dass Suizid als „ausgesprochen entehrende Todesart" empfunden wird.

Im Gefängnis wurde in Einzelfällen bekannt, dass der Suizident den Brief nicht am Ort des Suizids deponierte, sondern vorher an den Adressaten abschickte, was ohne besonderen Aufwand durch Einwurf in den Stationsbriefkasten möglich ist. Der Brief wird dann weitergeleitet und wohl nur in Ausnahmefällen erfolgt vom Empfänger Rückmeldung an die Gefängnisverwaltung über die Existenz eines Abschiedsbriefes.

Die Frage, ob sich Abschiedsbriefschreiber in wichtigen demografischen Variablen von Suizidenten unterscheiden, die keinen Abschiedsbrief hinterlassen, wurde von Eisenwort u. a. (2006) negativ beantwortet: Bei der Analyse ihrer Stichprobe aus der Allgemeinbevölkerung fanden sich keine statistisch signifikanten Unterschiede bezüglich Geschlecht, Alter, Familienstand, Beruf, psychiatrischer Behandlung, Motiv und Suizidmethode.

Bei einer Auswertung der Daten der Totalerhebung der Suizide in deutschen Gefängnissen 2005 bis 2011 fand Bennefeld-Kersten[1], dass folgende Gruppen tendenziell öfter einen Abschiedsbrief hinterlassen:
- weibliche Gefangene,
- Gefangene über 40 Jahren,
- verheiratete, in Partnerschaft lebende und verwitwete Gefangene,
- Gefangene, die sich vor Haftbeginn in Ausbildung befanden oder diese bereits abgeschlossen hatten,
- Gefangene mit fester Arbeitsstelle vor Haftbeginn.

---

[1] Speziell für diesen Artikel ausgewertet, noch nicht anderweitig veröffentlicht.

16.4   Form, Stil und Inhalt von Abschiedsnachrichten

Nicht immer handelt es sich bei den hinterlassenen Nachrichten formell um Briefe, die gekennzeichnet sind durch: Angabe von Absender und Adressat, Anrede an eine oder mehrere bestimmte Personen, eigentlicher Brieftext, Grußformel, Unterschrift. Auf jeden Fall erfüllt der Abschiedsbrief nicht den ansonsten für einen Brief typischen Anspruch auf Reziprozität, also die Erwartung einer Antwort auf eine persönliche Mitteilung (Engel, 2013). Unter den gesammelten Schriftstücken der 15 Suizidenten finden sich auch Anträge, Erklärungen, Vermächtnisse, Anweisungen, Notizen. Um nicht durch Missachtung der gängigen Begrifflichkeit Verwirrung zu stiften, werden jedoch alle diese Schriftstücke im Folgenden als ‚Abschiedsbriefe‘ bezeichnet.

Überwiegend wird für die Abschiedsbriefe übliches Briefpapier verwendet, das vom Gefängnis zur Verfügung gestellt wird. Mehrfach werden aber auch die im Gefängnis üblichen Antragsscheine oder Vormelder verwendet. Ein Abschiedsbrief ist auf einem Kalender quer zu den Zeilen verfasst, einer befindet sich auf einem kleinformatigen Notizzettel. Eine Nachricht ist auf den Begleitumschlag für abgehende Briefe geschrieben, die zur Weiterleitung von Briefen Untersuchungsgefangener an das Gericht verwendet werden, eine andere auf den unteren Rand des Haftbefehls.

Loosen (1969) referiert eine Arbeit von Osgood und Walker (1959), die u. a. als stilistische Merkmale für Abschiedsbriefe konstatiert:
- höhere Stereotypie: Benutzung unkomplizierter Worte, weniger abwechslungsreiche Wortwahl, Wiederholung von Sätzen und Satzteilen, häufiger Gebrauch von Wörtern, die besonders bestimmt klingen wie ‚nie‘, ‚für immer‘, ‚vollständig‘
- größere Desorganisation des Geschriebenen: vergessene Worte, grammatikalische Fehler, unvollständige Sätze.

Inhaltlich findet Loosen (1969) in seiner eigenen Untersuchung folgende Themen in Abschiedsbriefen (absteigend nach Häufigkeit):
- Nennung des Suizid-Motivs;
- Grüße, Dank und Wünsche für die Hinterbliebenen;
- Entschuldigung, Bitte um Verständnis und Verzeihung;
- Testamentarisches;
- Anschuldigungen, Verwünschungen;
- Selbstanschuldigungen;
- Religiöses;
- Angaben zur Suizidmethode;
- Angaben zum Ort des Suizides.

Für Abschiedsbriefe von Gefangenen liegen bisher keine vergleichbaren Untersuchungen über Stil und Inhalt vor.

In einer vergleichenden Untersuchung echter und fingierter Abschiedsbriefe fand Heinrich (2008) in formaler Hinsicht, dass die echten Abschiedsbriefe in kürzeren Sätzen abgefasst und weniger ausgeschmückt waren. „Durch den Tunnelblick waren nur kurze Darstellungen ohne komplizierte Satzkonstruktionen möglich" (Heinrich, 2008, 52). Inhaltlich fand sie das erstaunliche Ergebnis, dass in den fingierten Abschiedsbriefen „signifikant mehr Aussagen nach dem Alles-oder-Nichts-Schema zu finden" waren (Heinrich, 2008, 53). Dies kann als Hinweis auf die Ambivalenz der Suizidenten im Hinblick auf den Tod gewertet werden. Wer sich dagegen in die Situation eines Suizidalen hineinversetzt, vermutet mehr Eindeutigkeit. Bei den echten Abschiedsbriefen fanden sich mehr „positive Aussagen im Vergleich zu negativen Statements. Zusätzlich war das Übermitteln eigener Reue in den letzten Augenblicken wichtiger als Worte der Feindseligkeit" (ebd.). Grasshoff (2004, 13) beschreibt ähnlich, dass in den meisten Briefen ein großes Verlangen nach Harmonie, Vergebung und Versöhnung vorherrscht und gibt als mögliche Begründung: „Der milde Ton vieler Briefe rührt sicher auch daher, dass die eigentliche Handlung, die Selbsttötung, schon für sich genommen eine aggressive Botschaft transportiert. (…) Die Botschaft auf dem Papier soll ergänzen, rechtfertigen, es ist ein letzter Versuch, das Schreckensbild von einem Menschen, der sich erhängt oder von einem Hochhaus stürzt, der ‚Hand an sich legt', zu relativieren."

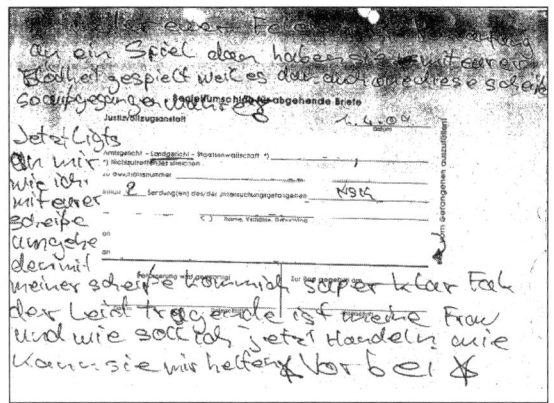

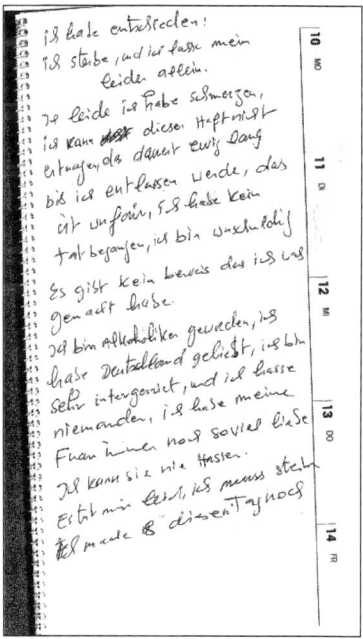

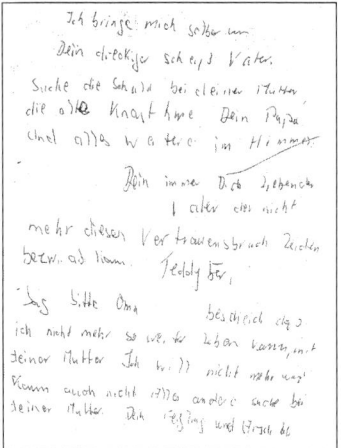

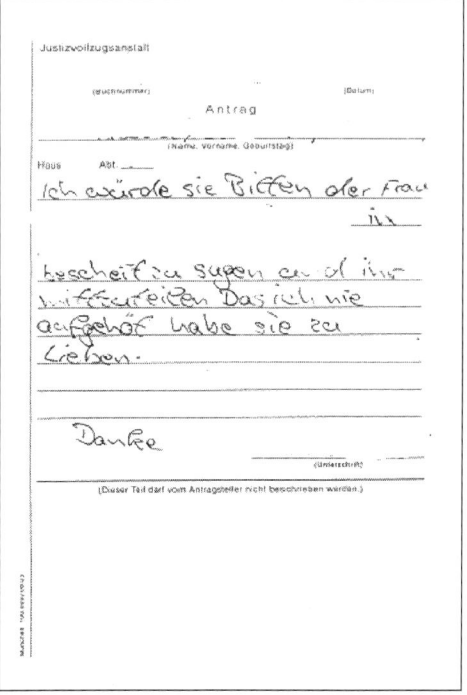

Elektronische Medien (E-Mail, SMS, Datei auf PC) spielen bei den Abschiedsbriefen von Gefangenen mangels legaler Zugangsmöglichkeiten wohl (noch) keine Rolle. Bei der Untersuchung von Eisenwort u. a. (2006) über Suizide in der Allgemeinbevölkerung machten sie 6% aus; eine Kasuistik liefern Rothschild & Potente (2001). In einer vergleichenden qualitativen Analyse von Abschiedsbriefen und Abschieds-Mails findet Engel (2013, 68) als „wesentlichen Unterschied zwischen den in dem jeweiligen Medium zentralen Themen (...), dass in den untersuchten Briefen durch die Themen letzter Wille, Nachlass und Zukunft eine Zukunftsorientierung deutlich wird; die Sender nehmen hier stärker die Möglichkeit einer letztmaligen (schriftlichen) Einflussnahme auf ein Leben nach dem ihren wahr. In den analysierten E-Mails hingegen ist die Orientierung der Sender eher eine introspektive; die Kommunikatoren reflektieren ihr eigenes Verhalten und teilen ihre innere Verfassung mit."

Generell selten finden sich Abschiedsbriefe auf Gegenständen. Beim vorliegenden Fallmaterial hat ein Gefangener zwei Abschiedsbriefe in Papierform hinterlassen und eine Nachricht auf seine Zellenwand geschrieben. Sehr ungewöhnlich ist das Beschreiben des eigenen Körpers. In einer aktuellen Falldarstellung (Buschmann et al., 2010) wird die Beschriftung des Körpers mit abschiedsbriefähnlichen Satzfragmenten in Zusammenhang mit einer schizophrenen Erkrankung gebracht. Die Autoren referieren, dass bisher lediglich zwei weitere Kasuistiken veröffentlicht wurden.

16.5   Genannte Motive für den Suizid

Von den 184 hinterlassenen Abschiedsbriefen der 482 Gefangenen, die sich zwischen 2005 und 2011 in deutschen Gefängnissen getötet haben, finden sich in 103 Angaben zu den Gründen oder Anlässen des begangenen Suizids. In 81 Fällen, also fast der Hälfte, fehlen Hinweise auf das Motiv oder der Inhalt des Briefes ist insgesamt unbekannt, weil er z. B. unmittelbar nach dem Auffinden der Polizei übergeben wurde (Bennefeld-Kersten, 2013). Bei zwei Untersuchungen über Suizide in bayerischen Justizvollzugsanstalten fanden sich wesentlich geringere Häufigkeiten bei der Angabe von Motiven in den Abschiedsbriefen: 10% in den Jahren 1945 bis 1974 (Seifert, 1979) und 8% in den Jahren 1975 bis 1983 (Beck, 1988). Loosen (1969) fand bei Abschiedsbriefen in der Allgemeinbevölkerung dagegen in 65% der hinterlassenen Schriftstücke Angaben zum Motiv des folgenden Suizids.

Selbstverständlich kann es sich bei der Zuordnung der Motive nur um Schwerpunktsetzungen handeln, da eine Verschränkung mehrerer Motive eher die Regel als die Ausnahme darstellt. So bemerkt Morgenthaler (1945, 106), „dass natürlich jeder Selbstmord nicht aus einem einzigen Motiv entsteht, sondern die Resultante des Zusammenwirkens eines kleineren oder größeren Komplexes von solchen ist, die sich in komplizierter Weise kreuzen, modifizieren oder verstärken können."

Kategorien	Häufigkeit absolut	Prozent
Verfahren	17	9,2
Haftverlauf	13	7,1
Schuld	9	4,9
Feier-/Gedenktag	1	0,5
Psych. Beeinträchtigung	32	17,4
Abschiebung	2	1,1
Probleme Partner	22	12,0
Probleme Familie	7	3,8
Materiell / Existenz	0	0
nicht bekannt	81	44,0
Gesamt	**184**	**100,0**

Tab. 1: In Abschiedsbriefen angegebene Gründe / Anlässe

Differenziert man nach Untersuchungs- und Strafhaft, werden Unterschiede deutlich:

Untersuchungsgefangene (n=102)	Strafgefangene (n=79)
1. Psych. Beeinträchtigung	1. Psych. Beeinträchtigung Probleme Partner
2. Verfahren	
3. Probleme Partner	3. Haftverlauf
4. Schuld Haftverlauf	4. Verfahren
	5. Schuld

Tab. 2: Rangfolgen nach Haftart

Dass Belastungen durch das Verfahren für Untersuchungsgefangene eine größere Bedeutung haben, liegt angesichts ihres Haftstatuses auf der Hand. Die Probleme mit dem Partner zeigen sich evtl. erst nach längerer Inhaftierungszeit und gewinnen deshalb bei den Strafgefangenen an Bedeutung.

In der Totalerhebung wurde erfragt, ob dem Personal Ereignisse bekannt waren, die als Anlass für den Suizid gelten können. Bei 105 der 482 Suizide wurden Vermutungen geäußert. Aber nur in 35 Fällen finden sich sowohl Gründe in den Abschiedsbriefen der Gefangenen und Mutmaßungen des Personals. Es ergaben sich lediglich 11 Übereinstimmungen (Bennefeld-Kersten, 2013):

Kategorien	Häufigkeit Einschätzung (Bedienstete)	Häufigkeit Angabe (Gefangene)	Häufigkeit Übereinstimmung
Verfahren	14	17	5
Haftverlauf	4	13	1
Schuld	0	9	0
Feier-/Gedenktag	12	1	1
Psych. Beeinträchtigung	0	32	0
Abschiebung	0	2	0
Probleme Partner	4	22	4
Probleme Familie	1	7	0
Gesamt	35	103	11

Tab. 3: Übereinstimmung von Angaben der Suizidenten mit Einschätzungen der Bediensteten

Psychische Beeinträchtigungen als Auslöser für den Suizid wurden vom Personal eklatant seltener vermutet als in den Abschiedsbriefen angegeben. Auch Probleme im Haftverlauf sieht das Personal viel seltener. Eine mögliche Erklärung hierfür bietet Bennefeld-Kersten im Zusammenhang mit der Institution Gefängnis und dem dort häufig anzutreffenden Umgang mit Emotionen wie Trauer und Verzweiflung, die mit Schwäche in Verbindung gebracht und negiert werden, an: „Suizidale Entwicklungen vollziehen sich unter dem Anstrich von Gelassenheit und zur Schau gestellter ‚Nehmerqualität'. Dies und täglich zu erleben, dass Gefangene viele und schwerwiegende Ereignisse zu bewältigen haben, lässt Beeinträchtigungen dieser Art für dort Tätige zum Alltag werden" (Bennefeld-Kersten, 2009, 197).

Bei der Interpretation dieser Ergebnisse ist allerdings Vorsicht geboten: Man neigt vorschnell dazu, die in den Abschiedsbriefen genannten Gründe als „wahr" und die von anderen, hier: dem Personal vermuteten als „Fehleinschätzung" zu klassifizieren. Doch die Abschiedsbriefe sind in der Regel keine besonders „klaren", abschließenden Zusammenfassungen. „Gerade das Gegenteil ist der Fall: Der Blick ist nicht erhellt, sondern verdunkelt, oder zumindest stark eingeengt und zwar in allen Fällen. Auch da, wo bei scheinbar ganz klarem Bewußtsein in den Tod gegangen wird, ist eine ausgesprochene Einengung vorhanden und ein wie gebannt auf einen Punkt Starren..." (Morgenthaler, 1945, 149). Loosen (1969) fand in einer Untersuchung von 83 Abschiedsbriefen heraus, dass in 62,5% die im Brief genannten Motive mit denen von Angehörigen, Freunden oder Arbeitskollegen vermuteten übereinstimmten; bei weiteren 24,3% fanden sich teilweise Übereinstimmungen; völlige Diskrepanzen zeigten sich bei 13,2%.

Für die zahlenmäßig bedeutsamsten Kategorien folgen Beispiele aus der vorliegenden Sammlung. In etlichen Briefen finden sich Anklänge an verschiedene Suizid-Motive. Um den Gesamteindruck eines Briefes zu erhalten, wird aber immer das ganze Schriftstück wiedergegeben. Die Orthografie wurde beibehalten und Hervorhebungen finden sich auch im Original. Unlesbare Stellen sind mit ??? gekennzeichnet. Namen werden mit anderen Anfangsbuchstaben wiedergegeben.

Psychische Beeinträchtigungen werden u. a. als Kraft- und Perspektivlosigkeit, Schwere und Ausweglosigkeit der Situation, Lebensangst und nervliche Belastung beschrieben.

***

Ein 33jähriger Mann, marokkanischer Staatsangehöriger, lebte in Deutschland von seiner Ehefrau getrennt. Sie hatten ein gemeinsames Kind. Das Verhältnis untereinander war angespannt. Er arbeitete als Detektiv. Seit sechs Wochen war er in Untersuchungshaft wegen des Verdachts der schweren Brandstiftung, stritt die Tat jedoch ab. Vier Wochen vor dem Suizid hatte er schon in der Haft einen Suizidversuch unternommen. Er erhängte sich im Einzelhaftraum mit einem Bettlaken nach dem Abendeinschluss.

Der Abschiedsbrief ist quer zu den Tagesspalten eines Tischkalenders geschrieben. Auf der ersten Seite finden sich Folgerungen für den Fall des Todes und des Weiterlebens. Die Folgen des Weiterlebens sind durchgestrichen. S. ist wohl sein Sohn.

1. Seite:

Wenn ich sterbe, ist alles vorbei
Ich gehe nach oben. Großes Gericht: Hölle oder Paradies
Meine Leiche wird begraben und das wars
S. ohne Vater
Familie leiden Leben lang
K. ist frei
Wenn ich weiter leben darf:
Briefe Anklage
Anwalt + Briefe + Urteil, danach Entlassung nach 20 Jahren
Werde ich 58 Jahre alt, S. ist 22
Vielleicht lebe ich in Deutschland weiter
Knast man muss ertragen
Mandela war 27 Jahre und danach Präsident
Ich will nicht Präsident sein, sondern meinen Sohn weiter kämpfen egal
Das ist alles Bürokratie

2. Seite:

Ich habe entschieden: Ich sterbe und lasse mein S. leiden allein.

Ich leide, ich habe Schmerzen, ich kann diese Haft nicht ertragen, das dauert ewig lang, bis ich entlassen werde, das ist unfair, ich habe keine Tat begangen, ich bin unschuldig. Es gibt keinen Beweis, dass ich etwas gemacht habe.

Ich bin Alkoholiker geworden, ich habe Deutschland geliebt, ich bin sehr integriert und ich hasse niemanden, ich habe meine Frau immer noch so viel Liebe. Ich kann sie nie hassen.

Es tut mir leid, ich muss sterben. Ich mache es diesen Tag noch.

***

Ein 18-jähriger junger Mann war erstmalig in Untersuchungshaft wegen des Verdachts eines Gewaltdelikts. Zuvor lebte er auf Anordnung des Jugendamts in einer Einrichtung der Jugendhilfe. Die Tat, die er unter Alkoholeinfluss begangen hat, habe ihm gleich danach leidgetan.

Sein Abschiedsbrief, geschrieben auf Briefpapier, ist an einen Mitgefangenen gerichtet. Im Postskriptum zeigt sich eine gewisse idealisierende Vorstellung, die Grasshoff (2004, 20) so beschreibt: „Wenn überhaupt, dann sind es vor allem Jugendliche, die ihren Abschied von der Welt mit bedeutungsschweren, weltumfassenden Worten zu verklären suchen."

Hey C.,

sorry, dass ich auf diesem Weg von dir Abschied nehmen muss.

Ich konnte nicht mehr. Mein Kopf war einfach zu voll mit Depressionen und Hass. Hatte keine Ahnung, wie's weiter hätte gehen sollen. Du warst echt der Beste, den ich im Knast kennen lernen konnte. Ich danke dir für alles, wie du mich aufgenommen hast, deine Freundlichkeit, deine Geschichten von deinem Leben. Hab' mich immer gefreut, wenn wir Kaffee und ne Zigarette zum ??? genommen haben.

Sag dem D., T., M., K. und A. einen schönen Gruß.

Viel Glück für deinen weiteren Weg und Leben.

M. f. G.

(Unterschrift)

P.S.: Bitte sorge dafür, dass sie mich einäschern und meine Asche im Weltall (Universum) verstreuen. Danke.

***

Ein Anfang dreißigjähriger Mann befand sich wegen Körperverletzung in Strafhaft. Er hatte Kontakt zu seiner Frau und seinen Kindern. Ein weiteres Verfahren wegen Brandstiftung war anhängig, der Termin zur Verhandlung nahte.

Der Abschiedsbrief ist auf kariertem Papier in kleiner Schreibschrift verfasst.

Hallo liebe M., D. und lieber D!

M., ich habe einfach keinen anderen Ausweg gesehen. Ich kann das alles nicht mehr verkraften und verarbeiten, diese unerträglichen Vorwürfe und dieses ewige Grübeln habe ich nicht mehr ausgehalten.

Es tut mir so leid, dass ich euch verlassen habe. Vielleicht ist es auch besser so, mein Leben war verpfuscht und nichts mehr wert. Mache doch das Beste aus deinem Leben und dem der Kinder, suche dir einen vernünftigen Partner, mit dem du etwas aufbauen kannst!

Seit Donnerstag ist es unerträglich geworden, diese Ungewißheit und diese panische Angst habe ich nicht verarbeiten können! Du weißt ja, was ich mit D. vorhatte, kümmere du dich bitte darum, ja M.!

Ich habe euch so lieb und werde es auch immer haben, auch wenn ich nicht mehr auf dieser Welt sein werde. Ich hätte so gerne mit euch sein wollen.

Macht es gut und tapfer, meine Liebsten.

Bleibt tapfer!

Dein D. und euer Papa

P. S.: Was du mit meinen Sachen machst, ist deine Sache. Hole alles ab und lasse dir das Geld geben.

***

In der Kategorie **Verfahren** finden sich Angaben zu Polizei, Gericht, Staatsanwaltschaft. Das Verfahren hat entweder schon stattgefunden oder steht noch aus.

***

Ein 57-jähriger Mann, der wegen eines (innerfamiliären) Sexualdeliktes verurteilt war, stritt die Tat ab. Er erhängte sich mit Stoffstreifen kurz nachdem seine Frau Trennungsabsichten bekundete.

Der Brief ist auf normalem Briefpapier verfasst.

Richter H.

Herr H., Sie haben mich unschuldig verurteilt. Es war alles abgesprochen mit W. Ich lebe so nicht weiter. Diese Demütigung. Es ist eine Schande, so ungerecht zu sein. Ich hoffe nur, Ihnen passiert genauso ein Komplott wie mir: Es tun sich welche zusammen und machen Sie fertig.

***

Ein 24-jähriger Mann mit litauischer Staatsbürgerschaft beging Suizid vier Monate nach der Festnahme. Der Tatvorwurf lautete auf Mord. Er wurde nach einem Suizidversuch in eine psychiatrische Abteilung des Strafvollzugs verlegt und erhängte sich dort mit einer Mullbinde, nachdem er am Abend zuvor mit seinem Mithäftling zu Abend gegessen hatte und sich dieser wie gewohnt mit seinem Walkman schlafen gelegt hatte.

Für den Abschiedsbrief wurde Briefpapier verwendet. Er ist mit Datum, Anrede und Unterschrift abgefasst.

Sehr geehrte Kripo,
ich verlasse das Leben, weil ich kann nicht den Rest des Lebens im Gefängnis verbringen.
Das ist nicht meine Umgebung.
Ich habe einen Menschen getötet (obwohl er ein Schuft und Schurke war) und die Leute
haben mich verflucht. Ich kann nicht unter einem Fluch leben.
Ich möchte nicht vor dem Gericht stehen, weil ich den Leuten nicht in die Augen schauen
kann.
Den S. hat die Habgier zugrunde gerichtet und mich – das Gewissen. Ich habe ihn getö-
tet nicht wegen niedrigen Beweggründen. Es ist ein anderer Grund, aber dafür habe ich
keine Zeit. Es ist eine lange Geschichte.
Ich bitte Sie, meine letzten drei Bitten zu erfüllen:
1. Über meinen Selbstmord geben kein Bericht im Fernsehen. Ich möchte nicht, daß die
*   Leute sich über mich lustig machen.*
2. Sagen Sie meinen Eltern nicht, welche Art und Weise habe ich ihn getötet.
3. Die Briefe, die Sie bei mir gefunden haben, übergeben Sie persönlich meinen Ver-
*   wandten. Schicken Sie nicht per Post, weil sie nicht ankommen können.*
(Unterschrift)

***

Ein Mitte 40-jähriger Gefangener, der lange als Hausarbeiter tätig war, wendet sich in seinem Abschiedsbrief an die Stationsbeamten, die er am Schluss als „Kollegen" anspricht. M1 (abgeändert) bezeichnet die Station. In Haft wurde er von seiner Ehefrau besucht. Bald nachdem er eine neue Anklageschrift für ein längere Zeit zurück liegendes Delikt bekommen hatte, beging er Suizid. Der im Brief genannte Herr S. ist ein Staatsanwalt. Der Gefangene erhängte sich mit einem Bettlaken.

Der Brief ist auf dem Briefpapier geschrieben, das von der Anstalt ausgegeben wird.

Hallo M1,
ich möchte hiermit klarstellen, dass meine Entscheidung, in keinster Weise etwas mit der
Abteilung M1 oder mit den Beamten der Station zu tun hat.
Im Gegenteil: Ich bedanke mich für die immer korrekte Behandlung und das gute Ver-
halten mir gegenüber.
Es tut mir sehr leid für die Umstände, die ich Ihnen noch mache.
Meine Entscheidung bezieht sich ausschließlich auf den Feldzug des Herrn S., der mein
Leben und meine Familie zerstört hat. Ich hoffe, dass es einmal jemanden gibt, der den
Mut hat, ihm alles heimzuzahlen. Des Weiteren kreide ich dem Gericht an, einer Falsch-
aussage von einem sogenannten Polizeibeamten S. Glauben geschenkt zu haben. Obwohl
die Aussage als Lüge klar erkennbar war.
Also: Bitte verzeihen Sie mir. Danke an (es folgen die Namen mehrerer Beamter) und alle,
die ich vergessen habe. Sorry. Fast 13 Monate wurde ich immer sehr korrekt behandelt.

Nur der Gedanke, weiter in Haft zu sein für etwas, was ich nicht getan habe und zu wissen, dass eine Familie zerstört ist, ist für mich nicht mehr auszuhalten.
Danke M1
Danke Kollegen

P. S.: Bitte benachrichtigen Sie nur Rechtsanwalt M. (Karte liegt bei). Meine persönlichen Sachen beschränken sich nur auf 2 Ordner. Den Rest bitte ich meinen Kollegen als Entschädigung zu geben mit den Worten „Es tut mir leid. Danke für alles."
Von meiner Entscheidung habe ich niemanden in Kenntnis gesetzt und niemanden eingeweiht.
Datum, Unterschrift

***

Die Kategorie **Haftverlauf** umfasst vollzugliche Entscheidungen, die als Motiv genannt werden.

***

Herr Z., ein 27 Jahre alter Mann, wurde sieben Tage nach seiner Inhaftierung in eine andere Justizvollzugsanstalt verlegt. Nachdem er dort angekommen war, wurde ihm sein Fernsehgerät nicht mehr ausgehändigt mit der Begründung, das Siegel sei defekt. Er reagierte mit Unverständnis und verdächtigte die Bediensteten, das Siegel manipuliert zu haben, um ihn zu schikanieren. Da er sehr aufgebracht und impulsiv war, wurde er in einen besonders gesicherten Haftraum verlegt. Nach Rückverlegung in einen regulären Haftraum erhängte er sich und hinterließ einen Brief an die Bediensteten.

Er verwendete kariertes Papier und schrieb sehr groß. Das „Tschüss" am Ende reicht über fünf Kästchen.

Tja, ihr Wichser, ich habs euch gesagt, kein Fernseher, keine Verhandlung mit mir. Ich habe bei diesem angeblichen Sicherheitsfutsi gesagt, er soll diesen Bullen an der S-Straße anrufen und ihn nochmal grüßen und ihm sagen, meine Zeit ist gekommen.
Und tschüß

***

Ein Gefangener beschuldigte einen Beamten, ihn in den Tod getrieben zu haben. Die folgende Nachricht schrieb er mit Bleistift an die Zellenwand. Außerdem existiert noch eine Nachricht auf Papier mit ähnlichem Inhalt.

Herr Pastor B.
Ich wollte Sie seit Tagen sprechen, aber Wörter und Sätze lehnten Sie ab. Bitte schicken Sie die Schreiben weiter. (Es folgen Adressen.)
Der Beamte L. gab mir Tabletten 15 Stück, die mußte ich nehmen.
Verweigerte mir ein Gespräch mit dem Pastor, wurde wie ein Tier behandelt. Ich habe heute gesagt, er ist ein Mörder.

W. hat mich wochenlang gedemütigt. Er hat meine genehmigten Anträge vernichtet, so daß ich nicht mit dir telefonieren konnte. Hat mir täglich 17 Tabletten gegeben ohne ärztliche Untersuchung. Wenn du tot bist, schreibe ich eine Seite und dann ist alles vergessen.

***

Partnerprobleme wurden ausschließlich von männlichen Suizidenten angegeben. Häufig handelt es sich hierbei um Trennungen.

***

Der Verfasser war ein 45-jähriger Mann, der sich wegen eines Gewaltdeliktes in Strafhaft befand. Er war geschieden und allein lebend, befand sich bereits in Vollzugslockerungen und erhängte sich neun Monate vor seiner Entlassung.

Der Abschiedsbrief ist auf einem unlinierten Blatt verfasst mit relativ großen Buchstaben.

Ich bringe mich selber um.
Dein dreckiger Scheiß-Vater
Suche die Schuld bei deiner Mutter, die alte Knast-Hure.
Dein Papa
Und alles Weitere im Himmel
Dein dich immer liebender Vater, der nicht mehr diesen Vertrauensbruch leiden bzw. ab kann
Teddybär
Sag bitte Oma Bescheid, daß ich nicht mehr so weiter leben kann mit deiner Mutter.
Ich will nicht mehr und komm auch nicht. Alles andere suche bei deiner Mutter.
Dein Feigling und Arsch ???

***

Einem 44-jährigen deutschen Staatsangehörigen, der in Australien wohnte, wird im Haftbefehl vorgeworfen, das Auto einer Bekannten gestohlen zu haben.

Der Abschiedsbrief ist mit kleiner geordneter Schreibschrift auf den unteren Rand des Haftbefehls geschrieben. Als Empfängerin ist die im Haftbefehl als Geschädigte Frau angegeben.

Senden Sie alles an Kleidung und Gegenständen, die sich finden an K. B. zurück – außer
Geldbörse mit Inhalt! Sie, die Bekannte, die nicht bekannte, was zwischen uns war. Ein
Kloster ohne Hoffnung – 31 Tage
(Unterschrift)

***

Bei der Kategorie **Schuld** wird der Umgang mit der eigenen Schuld thematisiert bzw. andere be- oder entschuldigt.

***

Ein Gefangener, der ein halbes Jahr vor seinem Suizid bereits einen Suizidversuch unternommen hatte, schrieb mehrere Abschiedsbriefe, u. a. auch an einen JVA-Bediensteten. Zuletzt hatte der Mann sich vermehrt im Bett aufgehalten und Kassetten wie das Musical „Das Phantom der Oper" gehört. Seine Mitgefangenen sagten ihm, er solle sich nicht „in eine depressive Phase reinsteigern".

Der Brief ist auf Briefpapier geschrieben.

> *Werter Herr G.,*
> *um eine aufwendige Untersuchung zu vermeiden, teile ich Ihnen mit, daß weder der Straf-*
> *vollzug noch irgendein Beamter für meinen Entschluß, den Freitod zu wählen, verant-*
> *wortlich ist.*
> *Die Tabletten habe ich mir bereits vor einigen Monaten während meines Aufenthalts im*
> *Krankenhaus O. besorgt.*
> *Meine Tat ist nicht zu rechtfertigen, ich kann damit nicht leben.*
> *Hochachtungsvoll*
> *(Unterschrift)*
>
> *Meine Kleidung sowie Fernseher kann mein Sohn abholen.*
> *Der Betrag auf meinem JVA-Konto soll an meine Schwester A. F. überwiesen werden.*
> *Lebensmittel, Kaffee und Tabak bitte an die Kammermitarbeiter verteilen.*

***

Ein 34-jähriger Mann, von Beruf Rettungsassistent, beging zehn Monate nach Haftbeginn Suizid. Vor der Inhaftierung verließ er nach einem familiären Streit, bei dem es um die ihm vorgeworfenen Delikte ging, die Wohnung mit den Worten "Es macht sowieso keinen Sinn mehr" und fuhr frontal in einen entgegenkommenden LKW.

Der Brief ist auf einem Antragsschein (Vormelder) verfasst.

> *Ich möchte mich für die liebevolle Betreuung durch Herrn Dr. X. und Dr. Y bedanken.*
> *Ihnen trifft für eine Entscheidung keine Schuld. Sie hätten es nicht verhindern können*
> *und brauchen sich keine Vorwürfe machen. Auch bei einem anderen Ausgang vor Gericht*
> *hätte ich mich wahrscheinlich so entschieden.*
> *Sorry – Ihr beide seid ganz o. k.*
> *(Unterschrift)*

***

In der Sammlung finden sich auch Briefe, aus denen kein Motiv hervorgeht. Mehrmals wird in der Art eines Testaments der **Nachlass** geregelt, also eine Verfügung über den Umgang mit dem materiellen Besitz getroffen.

***

Der 34-jährige Mann, der sich für die gute Betreuung durch die Anstaltsärzte bedankt, hinterließ ein Schriftstück auf einem Antragsschein. Das Wort „Antrag" strich er durch und ersetzte es durch „Nachlass".

Nachlass
Tschüss!
Meine Privatsachen sind in der weißen Tüte. ~~*Bitte an A. V. übergeben.*~~ *Alles andere brauche ich nicht. Die Teile im grünen Korb bitte an N. übergeben.*
(Unterschrift)

Bitte an A. V. übergeben, was nicht an meine Kinder geht. Er wird den Rest weiterleiten. Die Kleidung kann vernichtet werden.
(Unterschrift)

* * *

Ein 52-jähriger Mann, verheiratet, vier Kinder, beging Suizid sieben Monate nach der Inhaftierung. Die Verhandlung wegen eines Sexualdelikts stand kurz bevor und seine Frau wollte sich scheiden lassen.

Der auf Briefpapier geschriebene Brief ist mit Datum, Anrede, Gruß, Unterschrift und Postskriptum versehen.

Sehr geehrter Beamter,
tut mir leid, was ich Ihnen Kummer bereiten muss! Aber ich sehe keine andere Möglichkeit.
Ich möchte Sie bitten, dass meine Frau S. (Anschrift) über meinen Tod informiert wird. Auch möchte ich Sie bitten, den neben diesem Schreiben liegenden Brief meinem Anwalt zu schicken.
Guthaben, das sich auf meinem Konto befindet nach Lohnauszahlung bitte ich an meine Frau zu übergeben.
Die Genußmittel, die sich noch im Schrank befinden, geben Sie bitte der evangelischen Gefangenenfürsorge oder dem Pfarrer für Mitgefangene, die keine Einkaufsmöglichkeit haben.
Leider habe ich nicht mehr die Möglichkeit, mich persönlich zu verabschieden, wünsche Ihnen alles Gute für die Zukunft und bedanke mich für Ihre Bemühungen.
Mit freundlichen Grüßen
(Unterschrift)

P. S.: Bitte den Ordner in der Plastiktüte auch an meine Frau. Danke.

* * *

Der Gefangene, der den Entzug des Fernsehers als Suizidgrund angab, schrieb auf einem Antragschein folgende Verfügung:

Mein letzter Wille!
Abgesehen von den Schulden bekommt meine Mutter F. J. meine kompletten Sachwerte.
Ferner wünsche ich eine Feuerbestattung.
Und meine Organe bleiben da, wo sie sind und wo sie hingehören: in meinem Körper.

***

Ein Gefangener bittet in einem sehr akkurat geschriebenen Brief auf Briefpapier seinen Rechtsanwalt um eine Honorarrückzahlung.

Sehr geehrter Herr Rechtsanwalt,
im Angesicht meines Todes bitte ich Sie, meinen letzten Wunsch zu erfüllen, Ihr Honorar
zu relativieren. Ich möchte, daß mein Bruder und S. D. ihr Geld zurückbekommen.
Sie haben vorab 4000 Euro erhalten. Bitte geben Sie S. D. 1000 Euro und meinem Bru-
der 1500 Euro zurück.
Es verbleiben Ihnen 1500 Euro und die Möglichkeit, meinen Fall in eine Pflichtverteidi-
gung umzuwandeln.
Mir ist klar, daß Sie einem Mandanten keine Gefühle entgegenbringen – bedenken Sie,
es ist mein letzter Wunsch.
Ich kann mit meiner Tat nicht weiterleben.
Hochachtungsvoll
(Unterschrift)

***

In einigen Schriftstücken geht es ausschließlich oder schwerpunktmäßig um Verabschiedung, entweder direkt durch den Brief oder als Auftrag an Dritte, nahestehende Menschen über den Tod zu informieren bzw. sie von der Nachricht auszuschließen.

***

Der 18-jährige junge Gefangene hinterließ neben einem Brief an seinen Mitgefangenen zwei Antragscheine:

1. Antragschein:
Ich würde Sie bitten, der Frau S. M. in T. Bescheid zu sagen und ihr mitzuteilen, dass ich
nie aufgehört habe sie zu lieben.
Danke (Unterschrift)

2. Antragschein:
Bitte sagen Sie auch dem Herrn D. M. in M. Bescheid und dass er immer mein großer Bru-
der bleibt und dass ich ihn liebe.
Danke (Unterschrift)

***

Der Gefangene, der den Rechtsanwalt um Reduzierung des Honorars gebeten hat, teilt dies u. a. in einem Brief an seine Geschwister mit:

Meine lieben Geschwister,
die Anspannung in mir ist zu groß, als daß ich die richtigen Worte meines Abschieds finden könnte. Ich will nicht mehr – ich kann mit dieser schrecklichen Tat nicht weiterleben. Ich bin Euch sehr, sehr dankbar, dass Ihr mich nicht fallen lassen habt.
Ich bin außerstande, weitere Abschiedsbriefe zu schreiben, also bitte ich Dich, liebe C., dich in meinem Namen bei meinem Sohn, (9 Namen) und den anderen Freunden zu bedanken und ihnen für die Zukunft alles Gute zu wünschen.
Ich habe Rechtsanwalt M. schriftlich gebeten, B. 1800 Euro und F. bzw. Dir 2000 Euro zurückzugeben
Der Betrag, der sich auf meinem JVA-Konto befindet, soll an Dich überwiesen werden.
Bitte verheimlicht unserer Mutter meinen Tod.
Ich liebe Euch
(Unterschrift)

***

Dann gibt es auch Briefe, deren Inhalt kaum verständlich ist, vielleicht nur sehr Nahestehenden sich entschlüsselt.

***

Ein 29-jähriger verheirateter Mann, der vielfach vorbestraft war und jetzt aktuell wegen schweren Raubes, Körperverletzung und Erpressung zu einer Freiheitsstrafe von neun Jahren mit anschließender Sicherungsverwahrung verurteilt war, beging Suizid eine Woche nach der Ablehnung der Revision durch den Bundesgerichtshof. Seine Ehefrau hatte ihn regelmäßig besucht. Zusätzlich bestand Briefkontakt zur Mutter. Am Tag des Suizids äußerte er einem Bediensteten gegenüber jedoch, dass sich seine Frau möglicherweise von ihm trennen will, hatte aber gleichzeitig klare Perspektiven für die weitere Gestaltung der Haft. Er erhängte sich nach dem Abendeinschluss mit einem Bettlaken in seinem Einzelhaftraum. Bereits ein Jahr vor dem Suizid hatte er geäußert, dass es „ihm madig neigehe", er „kein Hirngeficke mehr brauche" und er sich schon „wegmachen wollte".

Der Abschiedsbrief ist auf einen Begleitumschlag für abgehende Briefe geschrieben. Als Empfänger sind seine Ehefrau und seine Mutter eingetragen. Auf der Rückseite wird die Schrift deutlich größer.

Entweder euer Fehler oder Neuanfang an ein Spiel – dann haben sie mit eurer Blödheit gespielt, weil es dann auch ohne diese Scheiße so ausgegangen wäre.
Jetzt liegt's an mir, wie ich mit eurer Scheiße umgehe. Denn mit meiner Scheiße komme ich super klar. Fuck!
Der Leidtragende ist meine Frau und wie soll ich jetzt handeln? Wie kann sie mir helfen? Vorbei!

Sa Sa Sa – Lügen und Helfen ist so ne Frage, wie man's macht.
Ihr habt aus Blödheit übertrieben richtig dann.
Ich müß nur werden.

***

Ein 53-jähriger Beamter, in Untersuchungshaft wegen des Verdachts der Bestechlichkeit, der am Tag nach seiner Inhaftierung Suizid beging, hinterließ einen auf Vorder- und Rückseite beschriebenen kleinformatigen Notizzettel. Evtl. ist eine Trennung der Hintergrund der Aufzählung.

5 Erkenntnisse
Die Zeit mit T. ist vorbei.
Ich muß nicht kämpfen, weil ich seinem Nachgeben nichts verlieren kann.
H. S. ist der, den ich brauche, nicht der, den ich ersehne.
Die Alternative zu H. S. ist nur das Alleinsein.
Die Illusion muß ohnehin zerstört werden, um die Kindheit zu verlassen, um erwachsen zu werden.

***

Hier ein Abschiedsbrief, der aus einer Aneinanderreihung von Mitteilungen, Wünschen, Entschuldigungen besteht. Er zeigt noch einmal exemplarisch, dass es sich bei den Briefen eher selten und nur in Ausnahmefällen um wohlüberlegt formulierte Schriftstücke handelt.

(eigener Name)
Ich möchte Sie bitten, die Sachen meiner Frau N. zu geben.
Entschuldigung für den Anblick, aber es ist besser für mich.
(Unterschrift)
P.S.: Bitte auch den Kassettenrecorder und die Wolldecke, Bettwäsche, Gürtel
(Unterschrift)
P.S.: Ich habe alles versucht, ein normales Leben zu führen, aber ich habe es nicht geschafft. Ich werde mein Leben nicht im Gefängnis verbringen, auf keinen Fall.
(Unterschrift)
Ich möchte mich hiermit auch noch bei Herrn E. K. entschuldigen für mein Verhalten ihm gegenüber. Es tut mir leid.
(Unterschrift)
11.00 Uhr Es gibt keine Chance auf Reanimierung!
Auf keinen Fall meine Oma informieren. Meine Oma ist im Krankenhaus und muß sterben.
Ich möchte, daß meine Oma in Ruhe stirbt.
(Unterschrift)

***

Ein Untersuchungsgefangener, der des Drogenhandels beschuldigt wurde, richtet sich in seinem 12-seitigen Abschiedsbrief direkt an seine Verlobte. Er schwankt zwischen Zuneigungsbekundungen und Vorwürfen. Beim Lesen drängt sich der Gedanke auf, wie es der Adressatin nach

Erhalt der Briefe geht. Grasshoff (2004, 12) spricht im Kapitel „Selbsttötung als Wunde der Weiterlebenden" davon, dass „sich das Leben nehmen kann heißen, die sozialen Kontakte abrupt und gewaltsam zu zertrennen und ein Schuldgefühl (...) in das Gedächtnis der Hinterbliebenen einzuschreiben, was diese (...) oft noch jahrelang belasten kann."

Der Brief weist die Besonderheit auf, dass er 3-teilig, über einen Zeitraum von neun Tagen, fast tagebuchartig, verfasst wurde. Neben einer ambivalenten Grundhaltung, die wie ein Ringen mit dem Todeswunsch erscheint, finden sich darin Hinweise auf das komplexe Ineinandergreifen von Motiven, die den Kategorien **Schuld, Verfahren, Haftverlauf, psychische Beeinträchtigung** sowie **Partnerprobleme**, die zuletzt in einer Trennung mündeten.

Tag 1

„Hallo mein Schnuppi (...) Ich ertrage diese Isolation nicht mehr, du fehlst mir so sehr und ich kann mir ein Leben ohne dich nicht vorstellen. Ich vermute auch, dass du schon einen anderen hast (...) Du hast es in sieben Monaten zweimal geschafft die Worte „ich liebe dich" zu sagen (...) bis du am 11-9-86 (Datum geändert) deutlicher wurdest, ich habe nie verlangt, dass du einen Keuschheitsgürtel trägst oder tragen sollst, du kannst machen was du willst aber meinst du wirklich, ich will das hier wissen? Ich weiß dass die Situation für dich auch äußerst beschissen war, für mich war es aber viel schlimmer, nach zwei Wochen Isolation auf acht Quadratmeter möchte man einfach was Schönes hören beim Besuch. (...) Ich bin einfach jeden Tag in dieser Hölle mit meinem Herzen bei dir und wünschte mir mit dir zusammen eine glückliche Beziehung führen zu können, mal sehen vielleicht wird es auch nochmal was werden, du weißt ja 'aufgeschoben ist nicht aufgehoben' (...) aber soweit ich die ganze Sache hier beurteilen kann ist die Staatsanwaltschaft nur darauf aus mich zu Unrecht schwer zu belasten (...) Um auf den Punkt zu kommen, ich habe mich entschieden im Falle einer hohen Haftstrafe Selbstmord zu begehen, ich kann nicht Jahre lang ohne Perspektive im Gefängnis sitzen und dabei an dich denken wie du mit jemand anderen zusammen bist. Ich denke, dass ich mich erhängen werde, Angst vor dem Tod habe ich nicht, alles ist besser als Tag für Tag in dieser Zelle zu sein ohne dich. (...) Ich habe eigentlich nur Angst vor den Minuten bis der Tod eintritt, am Gürtel zu hängen ist bestimmt nicht angenehm aber besser als ein gescheiterter Versuch mit den Pulsadern aber danach bin ich erlöst von dem Hier (...)"

Er erwähnt auch den beiliegenden Brief an die gemeinsame Hausverwaltung, in dem er darum bittet, den Mietvertrag auf seine Lebensgefährtin zu überschreiben *„(...) sie würden damit einen meiner letzten Wünsche erfüllen".*

Fast scheint es so, als durchziehe auf groteske Weise die ambivalente Einstellung des Briefschreibers sogar seine Einstellung zum Tode an sich, aber vielleicht verleiht er dadurch nur seinem Ringen und seiner Hoffnung Ausdruck:

„Ich hoffe sehr, dass ich, wenn ich tot bin, in ein neues Leben aufwache, ich denke dass man einfach aus einem schlechten Traum aufwacht, wer weiß vielleicht stehe ich eines Tages wieder vor dir ohne es zu wissen, was war, hoffentlich."

(...)ich würde dich auch dann noch wollen, wenn du von einem anderen ein Kind hättest, das sind auch so Gedanken die ich habe, dass du zwar mit jemand anderes zusammen bist aber nach ein paar Jahren nicht mehr willst und dann bin ich wieder da. Mal sehen, bis zur Verhandlung werde ich noch warten (...)."

Tag 2

„Du sollst wissen, dass du das beste bist was mir in meinem Leben passiert ist, ich habe immer den Wunsch gehabt jemanden wie dich kennenzulernen. (...) Es wäre zu schön gewesen wenn mal was geklappt hätte. (...) Mein Entschluss Selbstmord zu begehen hat nichts mit dir zu tun oder wie du dich verhalten hast. (...) Ich fühle mich echt beschissen, du hast dein Bestes gegeben, dass es mir einigermaßen gut geht hier aber ich bin einfach nicht für diese Isolation geeignet. Ich bin ein freiheitsliebender Mensch. (...) Die Vorstellung mindestens sechs Jahre eingesperrt zu sein ist erschreckend, jeden Tag in diesem Dreck mit dem Essen (...) mit etwas Glück reicht das Geld dir einen schwarzen BMW zu kaufen. (...) Gebe bloß kein Geld für meine Beerdigung aus, das wäre Verschwendung. (...) Es ist solange her als wir telefoniert haben miteinander, wie soll man hier leben, wenn man nicht mal mit seiner Freundin reden kann, du fehlst mir so sehr. (...) Ich kann mir genau vorstellen wie du mit ihm um die Häuser ziehst und anschließend mit ihm nach Hause fährst, verdammt! (...) Der Tod wird für mich die Erlösung sein, mir keine Gedanken mehr machen zu müssen darüber. (...) Vor allem hoffe ich, dass dieser Brief nicht vorher gefunden wird, sonst verhindern die noch mein Vorhaben. (...) Ich bin gespannt ob du mir noch erzählen wirst mit wem du dich sexuell vergnügst und deinen Spaß hast, das würde meine Entscheidung vereinfachen. (...) So was Unmenschliches, mich hier total zu isolieren. (...) 23 Stunden totale Einsamkeit, völlig übermüdet. (...) Ich werde den Augenblick wo ich sterbe ganz doll an dich denken Martina (Name geändert) und hoffe, dass du mich nie vergessen wirst, dann werden wir schon wieder zusammen finden. (...) Warum schreibst du kaum noch, kannst du dir nicht vorstellen wie beschissen es mir geht? (...)"

Tag 3

„Heute warst du da und hast mit mir Schluss gemacht. Ganz toll, nicht mal bis zur Verhandlung konntest du warten. Was glaubst du wie ich mich fühle, ich kann es dir sagen scheisse!

In Liebe dein Moritz (Name geändert)"

16.5 Umgang mit Abschiedsbriefen

Zum Schluss Anregungen, wie in der Praxis mit einem nach einem Suizid aufgefundenen Abschiedsbrief umgegangen werden soll: Nur in ganz extremen Ausnahmefällen sollte ein Abschiedsbrief dem Adressaten vorenthalten werden (etwa wenn der Adressat ein Kind ist und ihm Vorwürfe gemacht werden). In der Regel wird der Brief von den bei jedem Suizid in Haft ermittelnden Beamten der Kriminalpolizei als Beweismittel beschlagnahmt. Sollten JVA-Bedienstete bereits Kontakt zu den Adressaten des Briefes haben, wären sie evtl. die geeigneteren Erst-Ansprechpartner für die Angehörigen. Hier müsste eine enge Absprache mit der Polizei erfolgen. Müssen von Angehörigen Vorwürfe in den Briefen verarbeitet werden, wird sich in der Regel eine Weitervermittlung an einen (Trauma-)Therapeuten empfehlen. Grasshoff (2004) berichtet von einem Fall, wo sich die im Abschiedsbrief adressierte Freundin eines Suizidenten nach Erhalt des Briefes selbst das Leben nahm. Ist ein JVA-Bediensteter Adressat des Abschiedsbriefes, sollte die Übergabe im Rahmen eines inzwischen wohl überall institutionalisierten Kriseninterventions-Teams stattfinden.

16.6 Literatur

* Beck, U. C. (1988). *Todesfälle in bayerischen Justizvollzugsanstalten in den Jahren 1975 bis 1983 unter besonderer Berücksichtigung der Suizide.* Unveröffentlichte Dissertation, Ludwig-Maximilians-Universität München.
* Bennefeld-Kersten, K. (2009). *Ausgeschieden durch Suizid – Selbsttötungen im Gefängnis. Zahlen, Fakten, Interpretationen.* Lengerich: Pabst Science Publishers.
* Bennefeld-Kersten, K. (2013). „Etwas Besseres als den Tod findest Du überall." Können wir von den Bremer Stadtmusikanten lernen? *Informationsdienst Straffälligenhilfe, 21*(1), 21-24.
* Bowlby, J. (1979). *Das Glück und die Trauer. Herstellung und Lösung affektiver Bindungen.* Stuttgart: Klett-Cotta.
* Buschmann, C. T., Guddat, S. S. & Tsokos, M. (2010). Abschiedsbrief auf dem Körper nach genitaler Selbstbeschädigung. *Rechtsmedizin, 20*, 419-422.
* Eisenwort, B., Berzlanovich, A., Willinger, U., Eisenwort, G., Lindorfer, S. & Sonneck, G. (2006). Abschiedsbriefe und ihre Bedeutung innerhalb der Suizidologie. Zur Repräsentativität der Abschiedsbriefhinterlasser. *Der Nervenarzt, 77*, 1355-1362.
* Eisenwort, B., Berzlanovich, A., Hinrich, M., Schuster, A., Chocholous, P., Lindorfer, S., Eisenwort, G., Willinger, U. & Sonneck, G. (2007). Suizidologie: Abschiedsbriefe und ihre Themen. *Nervenarzt, 78,* 672-678.
* Engel, S. C. (2013). Letzte Worte. *Eine vergleichende Analyse von Abschiedsbriefen und Abschieds-E-Mails.* Saarbrücken: Akademiker Verlag.
* Grasshoff, U. (2004). *»Ich möchte jetzt schließen« Briefe vor dem Freitod.* Leipzig: Reclam Verlag.

- Heinrich M. (2008). Suizidalität und ‚common sense' am Beispiel echter und fingierter Abschiedsbriefe. In A. Herberth, T. Niederkrotenthaler & B. Till (Hrsg.), *Suizidalität in den Medien: interdisziplinäre Betrachtungen* (S. 45-55). Wien [u.a.]: Lit-Verlag.
- Loosen, P. (1969). *Untersuchungen an Selbstmörderabschiedsbriefen.* Unveröffentlichte Dissertation, Universität Düsseldorf.
- Morgenthaler, W. (1945). *Letzte Aufzeichnungen von Selbstmördern.* Bern: Hans Huber.
- Osgood, E. & Walker, E. G. (1959). Motivation and language behavior: A content analysis of suicide notes. *Journal of Abnormal and Social Psychology, 59*, 58-67.
- Rothschild, M. A. & Potente, S. (2001). Abschiedsbrief per SMS. Ungewöhnliche Nutzung eines neuen Kommunikationsmediums. *Rechtsmedizin, 11,* 94-95.
- Seifert, S. (1979). *Todesfälle in bayerischen Justizvollzugsanstalten in den Jahren 1945 bis 1974 unter besonderer Berücksichtigung der Suizide.* Unveröffentlichte Dissertation, Ludwig-Maximilians-Universität München.

17. „Ich glaub',
beim Nächsten hör ich auf!" –
Wie erleben Bedienstete die Selbsttötung
von inhaftierten Menschen?
Cuadra Braatz, René

17.1   Zusammenfassung

Der vorliegende Beitrag ist geschrieben aus persönlicher Anschauung und Erfahrung. Er konzentriert sich auf den Allgemeinen Vollzugsdienst, weil diese Gruppe am häufigsten mit besonders belastenden Ereignissen konfrontiert ist, insbesondere auch mit der Selbsttötung von inhaftierten Menschen. Eine kleine Befragung bei Kolleginnen und Kollegen des AVD beleuchtet das Ereignis, einen Suizidenten zu finden. Demnach geht der AVD damit abgeklärt („Berufsrisiko") und gewissenhaft um, das Thema wird ernst genommen. Einzelfälle illustrieren, wie einschneidend die Konfrontation mit einer Selbsttötung sein kann. Besonders hilfreich für die Bewältigung ist die Information für Betroffene, dass die akute Belastungsreaktion eine normale Folge auf ein unnormales Ereignis ist. Nach meiner Beobachtung wird eine veränderte Organisationskultur sichtbar. Der Umgang mit Selbsttötung wird nicht mehr als persönliches Problem eines nicht ausreichend „harten Wärters" bagatellisiert und verdrängt. Betroffene erhalten mehr Aufmerksamkeit und Unterstützung als früher. Gleichwohl müssen wir aufmerksam bleiben und unsere Hilfeangebote ausweiten.

17.2   Einleitung

Beim Schreiben dieses Beitrags denke ich an meinen Kollegen Günther. Günther hatte keinen toten Gefangenen gefunden. Er wurde Opfer eines plötzlichen und brutalen Angriffs eines Inhaftierten. Es war nichts Persönliches, Günther war einfach nur anwesend. Er erlitt schwere Kopfverletzungen. Er kam nicht mehr zum Dienst zurück.

Die meisten besonders belastenden Ereignisse treffen meine Kollegen vom Allgemeinen Vollzugsdienst. Ich habe zwar auch Kollegen aus der Verwaltung nach einem Unfall mit dem Dienstwagen betreut, eine Vollzugsleiterin, die einen anonymen Bedrohungsbrief mit obszönen Äußerungen und einer verbalen Gewaltorgie erhalten hatte, einen Pfarrer nach einer fingierten Geiselnahme, eine Psychologin nach einer echten Geiselnahme usw. Aber in den meisten Fällen hatte ich es mit dem Allgemeinen Vollzugsdienst zu tun. Die Kollegen vom AVD halten häufig im Wortsinn ihren Kopf hin. Sie sind gefragt, wenn ein Gefangener in den besonders gesicherten Haftraum verlegt wird. Sie werden zur Nachtzeit zur Geisel. Sie führen Gefangene zur Verhandlung und zum Arzt aus, die diese Gelegenheit zur Flucht nutzen. Und sie schließen am Morgen auf und finden die Menschen, die sich das Leben genommen haben.

Seit 18 Jahren arbeite ich als Psychologe im baden-württembergischen Justizvollzug. Zwölf Jahre war ich in unserem Kriseninterventionsdienst tätig. Immer wieder habe ich vor allem meine Kollegen vom AVD nach außergewöhnlichen dienstlichen Erlebnissen betreut. Meine Achtung vor ihrer anspruchsvollen und riskanten Arbeit ist bis heute immer größer geworden. Suizide stehen an erster Stelle der besonders belastenden Ereignisse. Bei unserem Kriseninterventionsdienst machen Selbsttötungen ein Drittel bis die Hälfte der Einsätze aus. Danach kommen tätliche Angriffe, danach mit einem klaren Abstand andere Erlebnisse wie (versuchte) Flucht, (versuchte) Geiselnahme, andere Todesfälle (evtl. mit Reanimationsversuch), Brand, Bedrohung und Unfälle.

Ich möchte eine Annäherung an das Phänomen der besonders belastenden dienstlichen Ereignisse versuchen. Zwischen April 2001 (Gründung des Kriseninterventionsdienstes Baden-Württemberg) und November 2010, also in neun Jahren, kamen wir 71mal zum Einsatz, im Schnitt ergibt das sieben Einsätze pro Jahr. Bei diesen sieben Einsätzen haben wir, ebenfalls im Schnitt, 12,5 betroffene KollegInnen kontaktiert. Wie in anderen Bundesländern vermutlich ganz ähnlich, erhebt das Justizministerium in Stuttgart besondere Vorkommnisse, die sich in den Justizvollzugsanstalten ereignen. Es gibt definierte besondere Vorkommnisse, die von den Anstalten mitgeteilt werden müssen. Dies sind: Tod (darunter Suizid) und Suizidversuche, Geiselnahme, Meuterei, Angriffe auf Bedienstete ernstlicher Art u. a.. Aus unvollständigen Zahlen schätze ich die Zahl von ernsthaften Suizidversuchen, natürlichen Todesfällen, Suiziden und tätlichen Übergriffen auf 70 pro Jahr in Baden-Württemberg. Schwer zu schätzen ist die Zahl der Geiselnahmen, Anwendungen von unmittelbarem Zwang, Brand und anderen potentiell belastenden Ereignissen. An all diesen Ereignissen waren Justizvollzugsbedienstete beteiligt bzw. davon betroffen, darunter nach unserer Erfahrung am stärksten der Allgemeine Vollzugsdienst. Ebenfalls nach unserer Erfahrung waren von den genannten Ereignissen in aller Regel mehr als eine Person berührt. Bei einem Todesfall gibt es einen Bediensteten, der den Toten zuerst auffindet, mehrere Kollegen, die hinzukommen und einen Sanitäter, der evtl. zu reanimieren versucht. Bei einem tätlichen Übergriff gibt es einen Kollegen, der unmittelbar Opfer der Attacke wird, weitere Kollegen, die zu Hilfe kommen, sowie evtl. Kollegen, die Zeugen des Übergriffs werden, aber nicht helfen können. Über die Anzahl der tatsächlichen Beteiligten bzw. Betroffenen können wir nur Vermutungen anstellen, sie wird nicht erfasst.

Die Diskrepanz – 12 bis 13 betroffene Kollegen, denen wir unsere Hilfe angeboten haben, und das etwa 10fache an Bediensteten, wahrscheinlich aber noch weitaus mehr, die von den genannten Ereignissen in irgendeiner Weise berührt sind – ist augenfällig.

Freilich, längst nicht jede Beteiligung an einem besonderen dienstlichen Ereignis führt zu einer besonderen dienstlichen Belastung. Aber können wir davon ausgehen, dass nur die im Schnitt 12,5 Betroffenen pro Jahr, mit denen wir gesprochen haben, eine besondere Belastung erlebt haben? Natürlich nicht! Es gibt vielfältige Hinweise darauf, dass viel mehr Personen starke Belastungen erleben (vor allem nach Berichten von Kollegen über früher, z. T. schon viele Jahre zurückliegende Belastungen – da liegen immer noch viele Leichen im Keller).

17.3   Die Befragung in Offenburg

Der Allgemeine Vollzugsdienst scheint mit Selbsttötungen von inhaftierten Menschen jedoch recht gelassen umzugehen. Nachdem Frau Bennefeld-Kersten mich zu einem Beitrag für dieses Buch eingeladen hatte, habe ich einen kleinen Fragebogen an etwa die Hälfte meiner AVD-Kollegen in Offenburg geschickt. Ich habe 20 ausgefüllte Bögen zurückbekommen, 6 von weiblichen, 14 von männlichen Bediensteten. Die Streuung der Dienstjahre liegt zwischen 7 und 39 Jahren, im Durchschnitt bei 20 Jahren. Nur zwei Personen waren nicht von einer Selbsttötung betroffen. Fünf Personen berichteten, einmal mit einem Suizid konfrontiert worden zu sein, drei Personen waren zweimal damit konfrontiert, drei weitere dreimal und sieben Personen dreimal und mehr. Die Zahlen können nicht als repräsentativ angesehen werden, es ist zu vermuten, dass vorrangig die Kollegen sich von der Befragung angesprochen fühlten, die mindestens einmal eine Selbsttötung erlebt haben. Gleichwohl: die Selbsttötung eines inhaftierten Menschen ist leider kein sehr seltenes Ereignis, und ein Mitarbeiter des Allgemeinen Vollzugsdienstes hat früher oder später damit zu rechnen. Dabei ist zu berücksichtigen, dass von einem Suizid häufig mehrere Bedienstete berührt sind, direkt und indirekt. Dasselbe gilt im Übrigen für die Inhaftierten: nachdem sich Anfang 2013 ein junger Mann in der JVA Offenburg erhängt hatte, erschien ein großer Teil der Mitgefangenen auf dieser Abteilung traumatisiert. Mehrere konnten ihre Tränen nicht zurückhalten. Ein Gefangener, der den Toten abgehängt hatte, traute sich nicht einmal mehr, die Tür seiner Toilette zu öffnen – aus Angst, dahinter wieder einen Toten zu finden – und machte sich fast in die Hose. Ein anderer erbrach sich im Zuge der Belastungsreaktion. Der junge Mann war offensichtlich sehr beliebt gewesen und hatte fürsorgliche Regungen bei seinen Mitgefangenen ausgelöst.

Interessant ist hier eine gewisse Umkehr unseres Fokus': In den 90er Jahren wurde bemängelt, dass sich Psychologen und andere Fachdienste ausschließlich um die Belange der Inhaftierten kümmerten und die Belastungen des AVD-Personals ignorierten. U. a. dies führte zur Einrichtung von Kriseninterventionsteams in nahezu allen Bundesländern. Bei der Krisenintervention bei Bediensteten entgeht uns nun aber nicht selten, dass von außergewöhnlichen Ereignissen eben auch Mitgefangene betroffen sind.

Zurück zum Fragebogen: berichtet werden 31 Fälle von Suizid durch Erhängen (dabei kam es in 6 Fällen zu erfolgloser Reanimation), 5 Fälle von Suizid durch Auftrennen der Adern am Handgelenk und 4 Fälle einer Überdosierung mit Medikamenten.

14 Personen äußern, kurzfristige Belastung erlebt zu haben, 5 teilen längerfristige Belastungen mit. Dabei wirken die Belastungen eher soft, sie gehen stark in Richtung Nachdenklichkeit, insbesondere der Frage danach, was man selbst, der Gefangene oder die Institution im Vorweg hätte anders und besser machen können.

5 Personen teilen mit, dass sich durch das Ereignis ihre Dienstausübung oder ihre Einstellung zum Dienst verändert hat, 15 verneinen dies. Eine veränderte Dienstausübung und eine veränderte Einstellung sind ein häufiges Thema in Kriseninterventionen. Betroffene haben uns berichtet, dass sie nach einem Überfall ein grundsätzliches Misstrauen gegenüber Inhaftierten entwickelt

haben oder dass sie nach einer Selbsttötung mit Furcht zur Arbeit gegangen sind und zum Beispiel Nachtdienste gemieden haben oder das Aufschließen von Zellen. Typisch ist, die eigene Dienstfähigkeit in Frage zu stellen und die weitere Berufsausübung im Gefängnis zu bezweifeln. Nicht so in der Befragung. Veränderungen sind hier nicht grundsätzlicher Natur, sondern tendieren in Richtung erhöhter Sensibilität: „Genaueres Beobachten und Versuche, Zeit für Gespräche zu nehmen", „Man wird vorsichtiger bei Angaben von Problemen".

Auch auf die Frage „ Wie finden Sie es, dass Sie mit einem Suizid in Ihrem Beruf eher konfrontiert sein können als in anderen Berufen?" antworten die Kollegen und Kolleginnen eher professionell-abgeklärt-distanziert. 13 bezeichnen diesen Umstand als „Berufsrisiko" und vergleichen die Arbeit im Vollzugsdienst mit anderen Berufen, in denen man Schlimmeres erlebt: „Ich war vorher Zugbegleiter; daher: eine Verbesserung, da in der Regel keine abgetrennten Körperteile vorkommen" oder „Rettungssanis sind viel übler dran". Nur eine Person teilt mit: „Ich finde es belastend und hoffe jeden Tag, nicht mit so einer Situation konfrontiert zu werden."

Während die berichtete Belastung durch erlebte Konfrontation mit einer Selbsttötung oder durch die mögliche Konfrontation sowie der Einfluss einer Selbsttötung auf die Berufsausübung gering sind, sind sich die Teilnehmer an der Befragung doch einig, dass ein Betroffener Hilfe erhalten sollte. 19 Teilnehmer äußern sich hier eindeutig und schlagen überwiegend mehrere Hilfsangebote vor. Synoptisch hätte diese Hilfe darin zu bestehen, dass sowohl Fachdienste (Psychologen, Kriseninterventionsdienst, Seelsorger) als auch Vorgesetzte und Kollegen ein Gespräch anbieten, dass diese Angebote unmittelbar erfolgen und auf Initiative der Gesprächspartner, d.h. ohne dass ein Gesprächsgesuch vom Betroffenen geäußert wird. Ferner wird von 7 Personen vorgeschlagen, dass ein Betroffener einen bis mehrere Tage vom Dienst befreit wird.

- Diese klare Tendenz passt gut zu meinen Erfahrungen: Kollegen, die nach einem Übergriff, einer versuchten Geiselnahme oder dem Auffinden eines Toten akut belastet sind, können sich selbst nicht helfen und können insbesondere einen Hilfebedarf nicht formulieren. Dies hat verschiedene Gründe: Man will sich selbst keine Blöße geben, hat generell nur unzureichend gelernt, Hilfe anzunehmen; vor allem aber ist die Unfähigkeit zur Selbsthilfe oder zum Hilfe annehmen ein Symptom der Belastungsreaktion selbst – ein Mensch erlebt sich selbst verändert, ohne diese Veränderung in Worte fassen zu können, er ist konfus und schreibt sich selbst die „Schuld" für diesen Zustand zu, was durch eine generelle Tendenz der geringen Fehlertoleranz in einer Justizvollzugsanstalt begünstigt wird. Das zunächst wortlose Erleben von erhöhter Erregung, Verwirrung, teilweisem Kontrollverlust in einer völlig ungewohnten Situation bedeutet auch: Man hat sich seiner Umwelt, den Kollegen gegenüber bereits eine Blöße gegeben, dies wird als peinlich erlebt, und die Peinlichkeit soll dafür sorgen, sich dem nicht gewünschten Blick der anderen auf die eigene Not wieder zu entziehen. Emotional und mental getroffene Bedienstete müssen daher angesprochen werden und nehmen dann aber Hilfeangebote häufig gut an.

- Neun Teilnehmer der Befragung sprechen ausdrücklich die Rolle des Vorgesetzten an, der ein Gespräch anbieten oder für ein Gespräch mit einem Fachdienst sorgen sollte. Auch dies berührt einen nach meiner Erfahrung zentralen Punkt. Dass ein Vorgesetzter seinen Mitarbeiter wahrnimmt, ihn ernstnimmt, ihn anspricht und ihm zuspricht, ist nach einem besonders belastenden Ereignis die halbe Miete bei der Bewältigung, wenn nicht mehr. Häufig hatten wir im Kriseninterventionsdienst nicht nur oder nicht einmal in erster Linie mit dem aktuellen Ereignis der Selbsttötung oder des körperlichen Angriffs zu tun, sondern mit dem Ausbleiben von Unterstützung durch Kollegen und Vorgesetzte sowie mit weiteren, eher dauerhaften dienstlichen und privaten Belastungen (siehe hierzu Fall 2).

17.4 Einige Falldarstellungen

17.4.1 Fall 1

Die Leiterin des Kriseninterventionsdienstes ruft mich am Morgen an. Ein betroffener Kollege aus der JVA X, nennen wir ihn Sauer, hat sich zuvor bei ihr gemeldet, nachdem er von seinem Vollzugsdienstleiter auf den Kriseninterventionsdienst hingewiesen worden war. Ereignis: Suizid, Finden des Toten beim Aufschluss am Morgen. In seiner Vorgeschichte Erleben eines Suizidversuchs und mehrerer erfolgter Suizide. Herr Sauer hat der Leiterin des KID gegenüber ausdrücklich seinen Wunsch geäußert, mit einem Psychologen zu sprechen. Ich übernehme den Einsatz, was bedeuten kann, noch am gleichen Tag in die mehrere Stunden entfernte Dienststelle X zu fahren.

Am frühen Nachmittag nehme ich telefonisch den ersten Kontakt zu Herrn Sauer auf. Er ist zu Hause, hat den Dienst vorzeitig beendet, er wollte raus aus der Anstalt. Herr Sauer fängt schnell an, von den früheren Ereignissen, die zum Teil schon Jahre zurückliegen, zu sprechen. Insgesamt sechs Ereignisse des versuchten oder vollzogenen Suizids. Das Frühere scheint ihn fast mehr zu beschäftigen als das Aktuelle. Er kommt aber auch schnell auf quälende Einzelheiten des heutigen Erlebnisses zu sprechen. So ist der junge Gefangene erst vor kurzem Vater geworden; in einem Abschiedsbrief fordert er das Personal der JVA auf, dem Sohn ein Werkstück aus Holz auszuhändigen, was Herr Sauer, der selbst Vater eines jungen Kindes ist, besonders beschäftigt. Über die früheren Selbsttötungen und Selbsttötungsversuche hat Herr Sauer noch nie mit Kollegen gesprochen, allenfalls sie erwähnt, die Kollegen sind nach seinen Worten zu einem Gespräch darüber nicht bereit.

Ich erkläre Herrn Sauer die Wirkung einer akuten Belastungsreaktion – eine normale Reaktion auf ein unnormales Ereignis. Ich empfehle ihm, das zu tun, von dem er weiß, dass es ihm gut tut, z. B. Radfahren. Ich rate ihm, in den nächsten Tagen eventuell stressende Aufgaben zu verschieben oder zu delegieren. Er soll sich weiterhin gut überlegen, ob er sich den morgigen Nachtdienst zumuten will und sich gegebenenfalls abmelden; dazu biete ich an, bei der Dienststelle anzurufen. Auch rate ich, sich einstellende Gedanken und Bilder über oder zu dem Auffinden des Toten weder zu forcieren noch zu verdrängen, sondern „zweckfrei" stehen zu lassen. Und ich teile mit, dass ich bei ihm einen offenen Umgang mit dem Ereignis und eine gute Selbstwahrnehmung erkenne. Wir vereinbaren ein Gespräch in einigen Tagen bei ihm zu Hause.

Zwei Tage später ruft mich Herr Sauer an. Er macht viel Sport. Es geht ihm erstaunlich gut, er muss sich zu Hause fast zwingen, an das Ereignis zu denken. Nach den Erfahrungen der letzten Tage schlägt er nun doch das Gefängnis als Gesprächsort vor, er will den privaten Raum unbelastet lassen. Mit seiner Ehefrau spricht er kaum über seinen Dienst und die Vorkommnisse.

Fünf Tage später besuche ich Herrn Sauer in der JVA. Wir setzen uns in einen kleinen Raum, der wie eine Abstellkammer aussieht. Herr Sauer hat süße Stückchen gekauft und bietet mir Kaffee an. Er bedankt sich wiederholt für meine schnelle Unterstützung. Mit Kollegen hat er auch bis jetzt nicht gesprochen, nimmt aber Verständnis und Rücksichtnahme wahr. Krankschreiben lassen hat er sich nicht, auch um die Kollegen nicht im Stich zu lassen. Sein Schlaf ist beeinträchtigt, mehrmals in der Nacht wacht er auf, mit Bildern und Gedanken von früheren toten Gefangenen. Was ihn am meisten beschäftigt: „Warum bin immer ich es, der die Toten findet?" Könnte es sein, dass der Tod mit ihm zu tun hat? Dass er, Herr Sauer, den Tod bringt? Zweifel steigen auf, ob er weiter im Gefängnis arbeiten sollte.

Nachdem mir Herr Sauer gleichwohl ausreichend psychisch stabil erscheint, entscheide ich mich zu einem Debriefing, ein Verfahren, das strukturiert und detailliert das belastende Ereignis nachzeichnen soll und den Wiedereintritt in die Normalität bezweckt. Herr Sauer schildert das Ereignis so: Ein Kollege öffnet um 6:30 Uhr den Haftraum, der junge Gefangene gibt kein Lebenszeichen. Der Kollege verständigt Herrn Sauer, der kommt dem Kollegen beherzt zu Hilfe und übernimmt im Folgenden umsichtig und professionell das weitere Vorgehen. Herr Sauer geht in den Haftraum. Sieht der Mann ihn an? Der Körper liegt auf dem Bett, der Oberkörper ist leicht angehoben, der Hals ist von einem Stück Stoff umschlungen, das am anderen Ende an der Heizung befestigt ist. Der junge Mann hatte Zeit, den Todesvorgang abzubrechen. Die Leiche gibt einen bizarren Anblick. Schwarze Fingerkuppen, blau marmorierte Haut. Herr Sauer stellt den Tod fest, etwa indem er mit seinen Fingern in den Arm des Mannes drückt, was sich merkwürdig anfühlt, kalt und ungewohnt unnachgiebig. Von der Leiche geht ein seltsamer Geruch aus, süßlich.

- Der Notarzt wird angerufen, die Polizei. Feststellen des Todes durch den Arzt, Befragung durch die Polizei. Ein Bestattungsunternehmen wird verständigt, die Bestatter kommen, Herr Sauer hilft, die Leiche in den Leichensack zu legen. Das alles dauert Stunden. Herr Sauer koordiniert das ganze Vorgehen, die Kollegen können sich auf ihn verlassen.

Zum Schluss unseres einstündigen Gespräches versuche ich eine Antwort zu geben auf die von Herrn Sauer eingangs gestellte Frage nach seiner persönlichen Schuld. Ich sage: „Sie werden deshalb so oft zu diesen Einsätzen gerufen, weil Sie das so gut können. Die Kollegen wissen das." Diese Umdeutung von möglicher Schuld in besondere Kompetenz ist für Herrn Sauer anschlussfähig, sie entlastet und vermittelt ein gutes Selbstwertempfinden.

Anderthalb Jahre später schreibt mir Herr Sauer in einer Mail, dass er doch noch unter dem Ereignis zu leiden hat, dass ihm die Bilder ungefragt vor Augen stehen und er sie in einer defensiven Haltung zu verdrängen sucht. Er schreibt:

„..... Ansonsten geht es mir soweit wieder gut aber vergessen oder gelöscht ist die Sache nicht ... Wir hatten ja kurz nach dem ersten Suizid wo ich dabei war, gleich nochmal einen .... aber da war ich nicht unmittelbar betroffen (gut so). Der Gedanke und die Vorstellung an einen weiteren Suizid begleitet mich ständig .... auch die Bilder der vergangenen Vorkommnisse sind ständig wieder da .... ich glaube, das wird sich auch nicht mehr ändern .... "

17.4.2   Fall 2

Zwölf Tage nach einem Suizid in der JVA Y telefoniere ich mit Herrn Fink. Er wirkt deutlich belastet, kann dies auch sehr gut ausdrücken. Ich vereinbare mit ihm ein Gespräch in meiner JVA für den nächsten Tag.

Bevor wir einen Tag später das Hafthaus betreten, in dem unser Gespräch stattfinden soll, erkundige ich mich, ob es in Ordnung ist, wenn wir auf dem Weg zu unserem Gesprächszimmer über eine Gefangenenabteilung gehen. Herr Fink äußert dann, dass er Bedenken gegenüber einem Besuch in der JVA hatte, ihm aber die schnelle Wahrnehmung eines Gesprächs wichtiger gewesen ist.

Ich kläre Herrn Fink über die Arbeit des Kriseninterventionsdienstes auf, insbesondere über unsere Verschwiegenheit, was ihm recht ist. Auf meine Frage: er wünscht sich professionelle Anregungen zu einem guten Umgang mit dem Erlebten und der Belastungsreaktion. Woran er erkennen würde, dass er zu einem guten Umgang gefunden hat? Daran, dass er wieder zum Dienst geht und sich wieder sicher fühlt.

Auf meine Frage, was ihm gut tut: Bewegung im Freien, Rad fahren, Schwimmen, Gartenarbeit. Er hat in den letzten 2 Wochen vermieden, über das belastende Ereignis zu reden. Er macht den Job ja schon lange, weiß ja, dass so etwas jeden Tag passieren kann. Ich entgegne, dass das abstraktes Wissen ist, wir können ja nicht jeden Tag in den Dienst gehen und denken, dass heute etwas Extremes passiert. Dieser Überlegung stimmt er zu.

Herr Fink kommt schnell in einen Erzählsog, gibt auch eingangs etwas umständlich Informationen, die ich nicht sofort einsortieren kann, die mir irrelevant erscheinen. Hinsichtlich belastender Ereignisse, nicht nur des Auffindens des toten Gefangenen, scheint mir mangelnde Kontrolle und das Risiko eines ungünstigen Hineinrutschens in das Ereignis zu bestehen. Zu dem Toten äußert er, dass ihn die unmittelbare Nähe nach dem Aufschluss und der unerwartete Anblick schockiert haben.

Herr Fink äußert die Sorge vor anhaltender Befangenheit im Dienst, etwa dass er Angst hat vor dem Einschluss. Ich frage ihn nach einer Frist bis zum Wiedereintritt in den Dienst. Er hat keine, will am nächsten Tag zum Arzt gehen, um sich erneut krankschreiben zu lassen; mit dem Urlaub in Kürze wird er vier Wochen vom Dienst weg sein und Abstand haben. Dann wird er weiter sehen. Bei dem Arzt handelt es sich um einen Facharzt für Psychosomatik, mit dem Herr Fink schon seit Jahren Gespräche führt nach Bekanntwerden einer neurologischen Erkrankung bei der Ehefrau vor ca. drei Jahren und dem damals einsetzenden, mittlerweile chronischen Tinnitus.

Dann spricht er von der Nachricht über die Tumoren bei seinem Enkel und scheint unmittelbar konfrontiert mit dem Moment („Ich seh's vor mir").

Im Folgenden spricht er – assoziativ und ungeordnet, wie mir scheint – von einem dienstlichen Geschehen vor einigen Jahren, bei dem es zu einem Bedrohungserleben durch einen wegen Mordes verurteilten Strafgefangene kam (u. a. wurde bei dem Inhaftierten ein Stichwerkzeug und ein Bedrohungsschreiben gefunden) und Herr Fink aber durch die Vorgesetzten keinerlei Rückhalt erfuhr und sich im Gegenteil noch für seine als „zickig" bezeichneten Sorgen rechtfertigen musste. Ein Kommentar von ihm in dem Zusammenhang: „Ich dachte: ich fall vom Glauben ab".

Auf meine Frage: nein, er habe schon lange nicht mehr an dieses Geschehen gedacht. Mein Eindruck ist aber, dass verschiedene gravierende belastende Ereignisse oder vielmehr Phasen (schwere Erkrankung sowohl bei der Ehefrau als auch bei dem Enkel in den zurückliegenden Jahren) sich durchaus in Richtung einer dauerhaften Überlastung angesammelt (aufsummiert?) haben. In diesem Zusammenhang und bezogen auf die Ereignisse in Folge der Bedrohung äußert Herr Fink, sein Bruder habe zu ihm gesagt: „Du gewinnst vielleicht den Kampf, aber nicht den Krieg." Die Kampf-/Kriegsmetapher könnte zentral sein im Verständnis von Herrn Fink. Zu dem Bereich dienstlicher Unzufriedenheit/Belastung scheint auch zu gehören, dass er über viele Jahre nicht seinen Wünschen entsprechend eingesetzt und nicht seinen Erwartungen entsprechend befördert wurde.

Gegen Ende des Gesprächs erwähne ich, dass Herr Fink im Dienst ja nun mehrfach „den Kopf hingehalten" und einiges eingesteckt hätte. Ob er daran gedacht hat, den Dienst zu beenden? „Noch nicht".

Ich erkundige mich nach dem Nutzen unseres Gesprächs. Herr Fink äußert, das ausführliche Reden und dass ihm jemand zuhört, tut ihm gut. Wichtig ist auch, dass ich ihm sympathisch bin, dass die Chemie stimmt. Das Gespräch entspannt ihn. Der Tinnitus (den er schon seit Jahren hat) ist geringer. Um seine Gesamtsituation besser zu verstehen, frage ich nach der aktuellen familiären Situation. Herr Fink antwortet, dass sich die Situation bei der Ehefrau und dem Enkel entspannt hat (keine weiteren Befunde, regelmäßige Untersuchungen, die jedes Mal mit erheblicher Anspannung bei ihm verbunden sind) – aber: „es hat Kraft gekostet!"

Standardmäßig kläre ich Herrn Fink darüber auf, dass die von ihm berichteten, aktuellen und ungewohnten Erlebnisse (Schlafstörungen; Nervosität; empfindlicher Magen; Versuche, an das Ereignis nicht zu denken, als Folge von bzw. Hinweis darauf, dass sich die Bilder ungefragt/ unkontrolliert aufdrängen; Unsicherheit hinsichtlich des Wiedereintritts in den Dienst) als Symptome einer noch bestehenden akuten Belastungsreaktion aufzufassen sind, dass diese Belastungsreaktion eine normale Folge auf ein unnormales Ereignis darstellt und er insofern normal und gesund reagiert. Auch soll er nicht zu schnell erwarten, keine Symptome mehr zu haben.

Ich biete Herrn Fink an, mich bei Bedarf erneut anzurufen. Ich würde, falls er sich nicht meldet, nach einigen Wochen von mir aus anrufen. Herr Fink wünscht sich einen Bericht über unser Gespräch. Obwohl ich nicht genau verstehe, zu welchem Zweck, sage ich zu, da ich das Gespräch ohnehin dokumentieren will und ihm die Gelegenheit geben kann, sich im Nachhinein mit den geäußerten Ideen noch einmal zu befassen. Herr Fink bedankt sich abschließend für den prompten Anruf von mir am Vortag und den schnellen Termin am folgenden Tag.

Ich habe auf ein Debriefing verzichtet, weil nach meinen Eindrücken Herr Fink keineswegs ausreichend Abstand zu dem aktuellen Ereignis des Auffindens eines Toten hat. Er wirkt durch das aktuelle Ereignis wie durch die anderen genannten Erlebnisse im dienstlichen und privaten Bereich stark belastet. Insofern bestand aus meiner Sicht der Hauptzweck des Gesprächs in einer Stabilisierung, die allein schon durch Zeit, Ernstnehmen und Aufmerksamkeit sowie die Möglichkeit eines weiteren Kontakts, erreicht werden kann. Derzeit ist unklar, inwieweit die akute Belastungsreaktion bei Wiedereintritt in den Dienst erneut aktualisiert wird. Hinsichtlich zukünftiger Stabilisierung sind Anregungen zur Alltagsgestaltung sowie Imaginationen ins Auge zu fassen.

Nach einigen Wochen kommt es zu einem weiteren Gespräch in der JVA und zu einigen telefonischen Kontakten. Nach zwei Jahren schreibt mir Herr Fink:

„Ich denke gelegentlich noch an das Erlebte, habe aber durch die zeitliche Distanz gelernt, damit umzugehen. Mir hat Ihr Gedanke von der Schublade, in die ich das Geschehen lege, gut gefallen. So ist das Geschehen also in der Schublade und bleibt da auch. Beim Öffnen der Hafträume bleibt aber manchmal eine Anspannung ..."

17.4   Abschlussbetrachtungen

Dass meine Offenburger Kolleginnen und Kollegen angesichts der Erfahrung mit der Selbsttötung von inhaftierten Menschen sich eher professionell-gelassen zu diesem Phänomen äußern, deute ich nicht als Entwarnung. Denn gleichzeitig stellen sie die Notwendigkeit von schneller Hilfe durch Vorgesetzte, Kollegen und Fachdienste – einschließlich des Kriseninterventionsdienstes – heraus. Das Auffinden eines toten Inhaftierten kann eine schwere Belastung sein, die Dienstausübung auf Jahre und Jahrzehnte beschädigen und in manchen Fällen zur Frühpensionierung führen.

Ich beobachte eine veränderte Organisationskultur. In meiner Stammheimer Zeit, in den 90er Jahren, galt noch: „Nichts ist härter als ein deutscher Wärter." Damals kommentierte eine altgediente Kollegin aus dem AVD den Suizid eines Gefangenen gegenüber einem Auszubildenden, der am selben Tag den Toten aufgefunden hatte, mit den zynischen Worten: „Wenn du den fünften abgeschnitten hast, macht's dir nichts mehr aus." An die Stelle dieser Haltung tritt zunehmend ein Ernstnehmen von potentiellen Belastungen. Schön drückt dies die – wenn auch wohl nicht ganz typische – Mitteilung eines Teilnehmers an meiner Befragung aus: „Für mich sind die Kolleginnen und Kollegen wie eine zweite Familie. Man passt aufeinander auf und ist für die anderen da, wenn jemand Hilfe braucht."

Dazu passt unsere Erfahrung im Kriseninterventionsdienst, dass unsere Unterstützung deshalb häufig nicht angefragt wird, weil bereits Unterstützung im Kollegenkreis erfahren wird. Dabei können sich Hilfe durch Kollegen und Vorgesetzte und durch Fachdienste ergänzen. So hat es auch einmal ein Gesprächspartner geschildert:

„.... Ich habe eine Alarmierung über Funk durchgegeben, und zu meiner Erleichterung waren innerhalb von kurzer Zeit mehrere Kollegen zu Stelle, so dass man mich vom Ort des Geschehens wegbrachte. Ich wurde zuerst von Kollegen betreut. Danach musste ich meine Aussage gegenüber der Kripo machen. Als das vorüber war, wurde ich zu einem ersten Gespräch mit einer Anstaltspsychologin gebeten, was ich als sehr hilfreich empfand. Ich wurde im Anschluss an dieses Gespräch von Kollegen nach Hause gefahren, wobei diese noch zwei Stunden bei mir blieben, bis sie der Meinung waren, dass ich allein sein konnte. Ich begab mich noch am gleichen Tag in fachärztliche Betreuung. Begleitend dazu habe ich die psychologische Betreuung durch den Kriseninterventionsdienst in Anspruch genommen."

Was bleibt zu tun? Krisenintervention durch eigens dafür eingesetzte und geschulte Mitarbeiter bleibt notwendig und sollte ausgebaut werden. Jedem Bediensteten, der ein potentiell belastendes Dienstereignis erlebt hat, sollte zügig und unabhängig von einem von ihm mitgeteilten Bedarf ein vertrauliches Gespräch angeboten werden. Denn wer in den Seilen hängt, kann sich in aller Regel nicht selber helfen. Ein Vorgesetzter (Anstaltsleiter, Verwaltungsleiter, Vollzugsdienstleiter) soll nach jedem außergewöhnlichen, potentiell belastenden Vorfall mit dem betroffenen Mitarbeiter sprechen und ihm mitteilen, dass er einen guten Job gemacht und nun seinen Auftrag erfüllt hat. Das ist unendlich wertvoll und kann durch keine Krisenintervention ersetzt werden, ersetzt aber nicht selten Krisenintervention. Und: wir sind alle aufgefordert, gut auf unsere Kollegen und Kolleginnen zu achten.

18. Wenn Inhaftierte Suizide von Mitgefangenen erleben –
Erfahrungen eines Seelsorgers

Horst Mantzel

18.1 Vorbemerkung

Ich werde einige Wahrnehmungen schildern, die ich im Zusammenhang mit Suiziden während meiner Tätigkeit als Seelsorger in niedersächsischen Justizvollzugsanstalten gemacht habe. Ich tat diesen Dienst vom September 1987 bis zu meinem Eintritt in den Ruhestand Ende Januar 2007. In diesen fast zwanzig Jahren sind mir immer wieder Suizide bekannt geworden. Zu den meisten Suizidenten hatte ich wenig oder gar keinen seelsorgerlichen Kontakt. Hin und wieder äußerten Mitgefangene und/oder Vollzugsbedienstete mir gegenüber ihre Betroffenheit. Doch die Gespräche blieben meistens auf der informellen Ebene. Für Vollzugsabteilungsleiterinnen und -leiter bedeuteten solche „besonderen Vorkommnisse" eine umfangreiche Ermittlungs- und Berichtsarbeit, die sie angelegentlich mit Missmut sehr zeitaufwendig zu erledigen hatten. Hier wurde ein Suizid als beinahe unzulässige Störung der Abläufe wahrgenommen.

Ich erinnere mich – wenn auch nach so vielen Jahren sehr undeutlich – an zwei Situationen, in denen ich die Betroffenheit von Mitgefangenen erlebte, und an eine Situation, in der es nicht zum Suizid kam, weil eine Angehörige ins Blickfeld geriet. Im ersten Fall versuchte der Zellennachbar eines Suizidenten seine Trauer mit mir zu bearbeiten. Die zweite Situation steht in Verbindung mit einem blutigen Ereignis in der Küche einer Anstalt, bei dem der Täter sich selbst das Leben nahm. Im dritten Fall geht es um schwierige Gespräche mit einem suizidalen Gefangenen.

18.2 Volkstrauertag...

...ist ein kurzer Text überschrieben, mit dem ich versuchte, zwei Suizidfälle auf den Punkt zu bringen oder anders gesagt: lyrisch zu verdichten. Der Text stammt aus dem Jahr 1996. Den ersten Fall bzw. die erste Strophe lasse ich unberücksichtigt. Zum zweiten Fall schrieb ich:

> „Den Namen des Anderen kenne ich nicht.
> Er lag mit Hepatitis
> in der Krankenabteilung.
> Er sei guter Stimmung gewesen,
> sagte sein Zellennachbar,
> nach dem Besuch seiner Frau

und der Bewährungshelferin.
Am nächsten Morgen fand man ihn,
erhängt an der Heizung.

Beide im Namen des Volkes verurteilt.
Beide am Knast zerbrochen.
Und welches Volk trauert?"

(Mantzel, 2011, S.113)

Der an Hepatitis erkrankte Suizident lag in der Krankenabteilung der JVA Uelzen. Der Bewohner der Nachbarzelle, um den es im Folgenden gehen soll, war heroinabhängig und wurde auf Methadon eingestellt; er sollte in Kürze entlassen werden. An einem Nachmittag benachrichtigte mich ein Beamter des Sanitätsdienstes telefonisch, dass der Gefangene Z. mich dringend zu sprechen wünsche. Da noch einige Gespräche mit anderen Gefangenen anstanden, konnte ich nicht sofort reagieren. Ich suchte ihn aber noch am selben Abend in seinem Haftraum auf.

Z. berichtete mir, dass sein Zellennachbar Suizid begangen habe. Er habe sich an der Heizung erhängt. Z. wird mir auch mitgeteilt haben, wer ihm die Information gegeben bzw. auf welche Weise er davon erfahren habe. Daran habe ich leider keine Erinnerung mehr. Aber das kann in diesem Zusammenhang unberücksichtigt bleiben. Wichtig ist, welche Auswirkungen der Suizid seines Zellennachbarn auf ihn hatte. Nachdem die Hafträume wieder aufgeschlossen worden waren, erzählte er weiter, habe er bald die Behandlungsräume im Erdgeschoss aufsuchen müssen, um die tägliche Methadon-Dosis einzunehmen. Dabei musste er die verschlossene und versiegelte Tür der Nachbarzelle passieren. Die Vorstellung, dass da drinnen sein Nachbar an der Heizung hing, habe er nur schwer aushalten können. Er könne nicht verstehen, dass sein Nachbar sich „weggemacht" habe.

Er frage sich, warum er am Tag zuvor nichts gemerkt habe. Sie hatten einige Stunden gemeinsam verbracht, Kaffee getrunken, geraucht und Karten gespielt. Ganz euphorisch habe ihm sein Nachbar vom Besuch der Ehefrau und der Bewährungshelferin am selben Tag erzählt. Es sei alles gut gelaufen. Die Bewährungshelferin habe eine Therapie in die Wege geleitet. Er habe wieder eine Perspektive. Sie trennten sich erst, als der Nachteinschluss angekündigt wurde. Den ganzen Abend hatte Z. in der Zelle seines Nachbarn verbracht. Und nun das! Das sei ihm ganz schön „in die Knochen" gefahren.

Ich besuchte Z. in den folgenden Wochen regelmäßig bis Ende des Monats, wie mein Kalender ausweist, in dem ich terminierte Gespräche notiert hatte. Kurz danach wurde er entlassen. Immer wieder ging es um das Erlebte und Geschehene. Wieder und wieder schilderte er mir das – so möchte ich es nennen – „gut nachbarliche" Zusammensein. Ebenso wiederholte er bei jedem Gespräch den Bericht seines Nachbarn über den Besuch und äußerte, dass er sich mit ihm über eine neu gewonnene Perspektive gefreut habe.

Meinen Notizen zufolge hatte ich nach dem ersten Kontakt mit Z. noch drei längere Gespräche mit ihm, die alle um dieses Thema kreisten. Sie begleiteten gleichsam einen Trauerprozess. Am

Anfang konnte Z. nicht wahrhaben, dass die Beziehung zu seinem Nachbarn abrupt abgebrochen wurde. Es war zwar „nur" eine zeitlich befristete „Knast-Beziehung", die mit der Entlassung des einen ohnehin ein Ende gefunden hätte; ein Ende jedoch, auf das sich beide einstellen konnten. Der Suizid markierte jedenfalls für Z. ein vorzeitiges Ende, das auch ihn vorübergehend blockierte. Er konnte nicht so einfach zur Tagesordnung seines eigenen Vollzugslebens übergehen. Um gewissermaßen weiter zu kommen, suchte er meine Hilfe: Hilfe, die zunächst im Zuhören der scheinbar immer gleichen Geschichte bestand. Durch nachfragendes Intervenieren rückten aber im Laufe der Gespräche unterschiedliche Nuancen und bisher übergangene Momente ins Blickfeld. Wir schritten also die Stationen des Erlebten und des Nach-Erlebens nach und nach ab, so dass Z. mir vermitteln konnte, dass er allmählich weiter gekommen sei. Im letzten Gespräch ging es um seine eigene Entlassungssituation.

Mir fällt auf, dass auch Z. und ich uns von einander verabschieden mussten. Ich fuhr in der Woche nach unserem letzten Gespräch auf eine einwöchige Tagung, an die sich noch ein kurzer Urlaub anschließen sollte. Z. wurde in dieser Zeit entlassen. Wie er mir bei einer zufälligen Begegnung einige Wochen später in Hamburg erzählte, mache er seinen Weg - mit Methadon.

Zu derselben Zeit waren noch andere Gefangene in der Krankenabteilung untergebracht. Mit einem von ihnen war ich auch regelmäßig im Gespräch. Als ich ihn zu dem Suizid befragte, zeigte er keine große Betroffenheit.

18.3   „Blutiger Freitag" [1]

Am 13. August 1999 erstach Herr B., ein Gefangener, der in der Küche der Anstalt arbeitete, den damaligen stellvertretenden Anstaltsleiter, als dieser eine Essenprobe nehmen wollte. Die Stiche waren tödlich. Anschließend erstach er auch sich mit dem Messer und starb. Etliche Bedienstete, die zugegen waren und eingreifen wollten, erlitten zum Teil schwere Verletzungen. Einer von ihnen, der stellvertretende Küchenleiter, verstarb nach zehn Tagen im Krankenhaus.

Es ist hier nicht der Ort, die damaligen Vorgänge mit ihrer eigenen Dynamik zu analysieren. Außerdem fällt es noch nach fünfzehn Jahren schwer, gleichsam mit dem Seziermesser einen Vorgang aus dem gesamten Geschehen herauszuschälen, nämlich den Suizid des Täters. Ich versuche es trotzdem, weil auch in diesem Zusammenhang mein Handeln als Seelsorger gefordert war. Dabei waren betroffene Angehörige und Mitgefangene in den Blick zu nehmen.

Herr B. hatte am Tag zuvor eine Anklageschrift erhalten, in der er der Körperverletzung beschuldigt wurde. Er hatte einen Mitgefangenen bei einer Auseinandersetzung so schwer verletzt, dass dieser ärztlich behandelt werden musste. Das hatte zur Folge, dass die JVA Anzeige bei der Staatsanwaltschaft erstattete. Der Geschädigte, ein Gefangener koreanischer Abstammung, den ich gut kannte, hätte es von sich aus nicht getan. Herr B. war wegen Totschlags zu acht Jahren

---

[1]   Überschrift eines Kapitels in „Nur die Bösen"(2011)

Freiheitsentzug verurteilt worden. Er hatte im Großen und Ganzen an seinem Vollzug mitgearbeitet. Eine Berufsausbildung und damit verbundene Lockerungen waren in Aussicht genommen. Durch die erneute Anklage und eine mögliche Verurteilung sah er den Fortgang seines Vollzuges gefährdet. Damit wurde eine Dynamik in Gang gesetzt, die *auch* zu seinem Suizid führte.

Nachdem an jenem Tage schon etliche Bedienstete nach Hause gegangen waren, blieb ich noch, um mich für Gespräche bereitzuhalten. Die Eltern von Herrn B. wollten noch kommen, um einige Sachen ihres Sohnes zu holen. Bei Bedarf sollte ich gerufen werden. Ich hörte nichts mehr davon und verließ kurz nach 21.30 Uhr die Anstalt.

Durch die Tat hatten Eltern einen Sohn verloren. Als Seelsorger, der zwar im Vollzug arbeitet, aber dort eine unabhängige Stellung hat, wollte ich mich zum Gespräch bereithalten (Mantzel 2002, S. 48). Die Eltern haben dieses Angebot nicht angenommen. Wie ich später erfuhr, waren sie nur sehr kurz in der Anstalt gewesen, ohne weitere Fragen zu stellen. Auch das konnte ich verstehen und nachvollziehen.

Unterschiedlich waren Betroffenheit und Reaktionen bei Gefangenen. Allen gemeinsam war das Bedürfnis, den Suizid und das gesamte Geschehen einzuordnen. Die Einordnungsversuche reichten von eindeutiger Schuldzuweisung an das System Justizvollzug bis hin zu differenzierten Sichtweisen. Manche sahen die Ursache im Verhalten des stellvertretenden Anstaltsleiters („das musste mal so kommen, wie der mit den Leuten umging"), manche gingen von der Perspektivlosigkeit des Täters aus („und da wollte er noch einen mitnehmen").

Am unmittelbarsten betroffen zeigte sich der ursprünglich vom Täter Geschädigte. Schon am Vorabend des Tattages hatte er sich freiwillig einschließen lassen, nachdem er noch einen Gruppenabend im Kirchenraum besucht hatte. Er war von Herrn B. und anderen Gefangenen bedroht worden. Sie hatten von ihm verlangt, ein Papier mit dem Inhalt zu unterschreiben, dass er seine Aussage bei der Polizei zurückziehe. Er hatte das verweigert. Nach der Abendbrot-Ausgabe sei sein Kontrahent zum Sport gegangen. Dieser musste also bei seiner Rückkehr auf die Wohngruppe bemerken, dass die Tür zum Haftraum seines Mitgefangenen verschlossen war – schon vor dem Nachteinschluss. Als wir, ein ehrenamtlicher Kandidat des Predigtamtes[2] (KdP) und ich, am Tag nach dem Anschlag mit dem Geschädigten sprechen wollten, zeigte er sich völlig angstbesetzt. Er befürchtete Repressalien von Mitgefangenen. Er bat uns, das Gespräch nicht in seinem Haftraum, sondern in einem Besprechungsraum des Erdgeschosses zu führen, wohin keine anderen Gefangenen kommen konnten. Das taten wir. Obwohl er sehr schlecht Deutsch sprach, hörte ich heraus, dass er dazu neigte, die Schuld an dem Suizid bei sich zu suchen. Wir konnten das Gespräch in den nächsten Tagen nicht weiterführen, weil er kurzfristig in eine andere JVA verlegt wurde.

---

[2] Der KdP überbrückte die Wartezeit auf eine Stelle im Pfarrdienst mit einem Lehramtsstudium in Lüneburg und hatte den kirchlichen Auftrag, ehrenamtlich in der Gefängnisseelsorge mitzuarbeiten. Zuvor hatte er schon anderthalb Jahre bei mir ein Sondervikariat als Zusatzausbildung nach seinem 2. theologischen Examen absolviert. Deshalb wurde er als KdP mir zugeordnet.

Mit den Gefangenen, die in der Küche arbeiteten, hatte ich zwei Gruppentreffen. Einerseits schilderte jeder aus seiner Sicht, was er wahrgenommen hatte, andererseits waren sie schwer zu motivieren, voreinander ihre Gefühle zu äußern. Deshalb bot ich an, bei Bedarf Einzelgespräche zu führen. Dieses Angebot nahm einer an. Ihn beschäftigte jedoch weniger der Suizid seines Kollegen, sondern der Blick des stellvertretenden Anstaltsleiters, der ihn im Moment des Sterbens traf. Dieser Moment hatte ihn traumatisiert.

In Erinnerung ist mir noch die Äußerung eines anderen Gefangenen, der den Suizidenten vom Sport her gut kannte. Nachdem der stellvertretende Küchenleiter gestorben war, sagte er, dass es drei Opfer gegeben habe. Ein Einordnungsversuch: der Täter als Opfer seiner eigenen Tat. So hatte der Mann durch Rationalisierung das gesamte Geschehen „auf die Reihe" gebracht.

18.4   „Ist denn gar nichts mehr offen?"

Es handelt sich um einen Mann, der in Unterbrechung des Maßregelvollzuges für einige Monate in die Justizvollzugsanstalt kam. Er hatte schon einige Jahre in der forensischen Abteilung einer psychiatrischen Klinik verbracht und sollte auch wieder dorthin zurück. Den Grund für seine vorübergehende Verlegung in den Strafvollzug weiß ich nicht mehr. Wir hatten regelmäßigen Gesprächskontakt. In den Gesprächen erzählte er gern von seinen Vollzugslockerungen und Freizeitmaßnahmen, an denen er außerhalb der Klinik teilnehmen konnte. Manchmal erwähnte er eine Frau, die ihn bei den Lockerungen begleitet und ihn auch schon in der JVA besucht habe.

Als sich der Tag der Rückverlegung in die Forensik näherte, teilte er mir in einem Gespräch mit, dass er keine Perspektive mehr sähe und deshalb „Schluss machen" wolle. Das Gespräch habe ich als sehr zäh, schleppend, bedrückend und mühsam in Erinnerung. Meine Interventionen bezogen sich immer wieder auf seine vielfältigen Freizeitaktivitäten, die er dann ja wieder aufnehmen könne, wenn er in die Klinik zurückkehre. Er wehrte ab. Das alles sei für ihn wertlos. Es gab lange Phasen des Schweigens. Wenn ich schon für ihn nichts öffnen konnte, musste ich wenigstens für mich zusehen, da heraus zu kommen. Wo konnte ich für mich eine offene Tür finden? So sagte ich schließlich: „Sie wollen Schluss machen, mit allem abschließen. Ist denn gar nichts mehr offen?" Mit dieser Frage beendete ich das Gespräch und vereinbarte mit ihm einen neuen Termin.

Einige Tage später war er wieder, wie verabredet, in meinem Büro. Er erklärte, dass ihm die Frage keine Ruhe gelassen habe. Es sei ganz wichtig gewesen, dass ich ihn damit vor einigen Tagen auf seine Zelle geschickt hätte. Beim Nachdenken sei ihm aufgegangen, dass er mit seinen Suizidgedanken eine Person ganz übersehen habe. Das sei seine Freundin gewesen, die ihn in allen Jahren nie verlassen habe und die ihn auch hier besucht habe. Es sei also nichts abgeschlossen, sondern alles wieder offen.

18.5   Fazit

Ich stehe nicht an, eindeutige Motive für die genannten Suizide bzw. Suizidpläne zu definieren. Ich habe aber die starke Vermutung, dass ein (temporärer?) Perspektivverlust eine psychische Dynamik in Gang gesetzt hat, die zum Suizid führte. In allen Fällen haben Zellennachbarn bzw. Mitgefangene keine Signale wahrgenommen. Im ersten und zweiten Fall waren die Gefangenen im Nachteinschluss, also mit sich und ihren Gefühlen allein. Sie haben zuvor mit keinem das Gespräch gesucht, in dem sie ihre Gefühle hätten äußern und Hilfe suchen können. Ihre letzten Begegnungen waren im ersten Fall das Zusammensein mit dem Zellennachbarn, im zweiten Fall der gemeinsame Sport am Abend.

Im dritten Fall kam es zu einem Gespräch, das zunächst ganz ungenau eine Möglichkeit zum Weiterleben zu öffnen versuchte. Aber zu so einem Gespräch muss es erst einmal kommen. Die richtige Frage zur richtigen Zeit führte bei dem Gefangenen zu einer Neubewertung seiner Beziehung. Somit wage ich als Schlussfolgerung die These: Eine Neubewertung von Beziehungen kann einen Suizid verhindern. Ich wünschte mir, dass diese These von Kundigeren empirisch untermauert werden könnte.

18.6   Literatur

- Mantzel 2011, in: Ulrich Tietze (Hrsg.), Nur die Bösen? Seelsorge im Strafvollzug, Hannover 2011, Lutherisches Verlagshaus GmbH Hannover
- Mantzel 2002, in: Axel Kutsch (Hrsg.), Versfluss – Neue deutschsprachige Lyrik, Köln 2002

19. Angehörige

Maja Meischner-Al-Mousawi

19.1 Zusammenfassung

Bei der Bewältigung belastender Lebensereignisse hat die Arbeit mit Angehörigen einen wichtigen Stellenwert. Im Folgenden werden Konzepte der Angehörigenarbeit im sächsischen Justizvollzug vorgestellt. Dabei werden einerseits die Förderung und Unterstützung sozialer Kontakte, der Partnerschaft sowie die Stärkung der Vater-Rolle beschrieben. Angehörige von Inhaftierten können aber auch eine wichtige Informationsquelle für krisenhafte Entwicklung sein, weshalb der Justizvollzug Zugangswege etablieren kann, diese Kommunikation zu fördern. Anhand eines Fallbeispiels werden Möglichkeiten der Unterstützung der therapeutischen Arbeit mit suizidalen Inhaftierten skizziert. Wenn ein Suizid stattgefunden hat, ist die Gestaltung der Kontaktaufnahme, die Form der Information der Angehörigen sowie die Vorhaltung von Betreuungsangeboten zur Trauerbewältigung auch eine wichtige Verantwortung der Justizvollzugsanstalt.

19.2 Einleitung

Für das Ziel Suizidprävention im Justizvollzug wirkt Arbeit mit Angehörigen auf den ersten Blick möglicherweise etwas deplatziert. Es gilt nicht als originäre Aufgabe des Justizvollzuges, sich um die Angehörigen zu kümmern und häufig fehlen dafür auch Ressourcen. Angehörigengespräche werden in der Regel geführt, wenn es um die Prüfung der Lockerungseignung von Inhaftierten geht und sich die Angehörigen als zuverlässige Bezugsperson „beweisen" müssen.

Im psychiatrischen und psychotherapeutischen Setting sind Angehörigengespräche hingegen ein fester Bestandteil der Arbeit im Rahmen der Unterstützung oder Begleitung der Patienten mit psychischen Erkrankungen. Es hat sich in der klinischen Praxis bewährt, Angehörige in Bewältigungsprozesse einzubeziehen und dadurch sowohl den Betroffenen als auch sein soziales Umfeld multifaktoriell zu unterstützen. Gerade bei der Entwicklung von Suizidalität kann eine gemeinsame Arbeit mit Klienten und Angehörigen wertvolle Ressourcen der Bewältigung zugänglich machen.

Im Folgenden sollen ein neuer Fokus der Angehörigenarbeit im Justizvollzug beschrieben und etablierte Konzepte der Angehörigenarbeit im sächsischen Justizvollzug vorgestellt werden.

19.2.1 Bewältigung von belastenden Lebensereignissen

Die Inhaftierung stellt für viele Betroffene ein Stressereignis, in einigen Fällen ein kritisches Lebensereignis dar, das viele Bewältigungsressourcen erfordert. Es kommt zur Aufsummierung mehrfacher Belastungen:

- Reduzierung selbstgewählter Kommunikation,
- Verlust vertrauter Menschen und gewohnter Umgebung,
- nicht vermeidbare Nähe fremder Menschen,
- massive Einschränkung eigener Entscheidungsfreiheit,
- extremer Reizentzug,
- Konfrontation mit dem eigenen Versagen (Bennefeld-Kersten, 2009).

Inhaftierte stellen aufgrund von Häufungen psychischer Auffälligkeiten oder Störungen eine besonders gefährdete Gruppe dar (Schönfeld et al., 2005; Spitzer et al., 2000; Fazel & Seewald, 2012; Ulrich & Maneros, 2000; Konrad, 2004; Missoni et al., 2003). Wenn psychische Beeinträchtigungen oder Erkrankungen vorliegen, sind häufig auch die Stressbewältigungskompetenzen eingeschränkt. Verlust oder Konflikte mit der Familie bzw. geringer sozialer oder familiärer Rückhalt können das Suizidrisiko erhöhen (WHO, 2007).

Unter Betrachtung oben genannter Belastungen und der möglichen Einschränkungen der Bewältigungskompetenzen stellt sich die Frage nach Interventionsmöglichkeiten. Bei der Bewältigung von Stressereignissen kann davon ausgegangen werden, dass die Betroffenen als erstes auf individuelle Belastungsbewältigungsstrategien und personale Ressourcen zurückgreifen. Zu den individuellen Belastungsbewältigungsstrategien zählen z. B. Problemanalyse, Ablenkung, Rückzug oder Gefühlskontrolle (Salewski, 1997). Unter personalen Ressourcen können Faktoren wie optimistische Grundhaltung, Selbstregulationskompetenz, internale Kontrollüberzeugungen (Schröder & Schwarzer, 1997) verstanden werden. Wenn die individuellen Strategien und Ressourcen nicht ausreichen, greifen Betroffene auf soziale Ressourcen zurück bzw. verwenden dyadische Copingstrategien (Bodenmann, 1997). Darunter können alle Strategien summiert werden, welche im Kontakt und in der Auseinandersetzung mit den Angehörigen oder einem anderen sozialen Netzwerk stattfinden. Aus diesem Grund bekommt die Verfügbarkeit des Kontaktes mit Angehörigen eine wichtige Funktion im Rahmen der Bewältigung der Haftsituation und – im Speziellen – in der Suizidprävention. Die Unterstützung der Bewältigung hat eine wichtige Aufgabe bei der primären Suizidprävention, besonders vor dem Hintergrund, dass sich Suizidalität in der Isolation entwickelt (Giernalczyk, 2003). Nun könnte ein Gegenargument sein, dass Inhaftierte nicht allein sind, da sie beständigen Kontakt zu Mitinhaftierten und Bediensteten des Justizvollzuges haben. Allerdings wird sich jeder Mensch eher gegenüber vertrauten Personen öffnen.

Ein weiterer wichtiger Ansatzpunkt liegt in der Betrachtung der Bindung zwischen dem Inhaftierten und seinen Angehörigen. Durch die Inhaftierung werden gewohnte Formen der Interaktionsgestaltung zur Repräsentation, Aktualisierung und Validierung der Bindung unterbrochen. Die gemeinsame Zeit wird auf ein Minimum reduziert; oft sind engere Kontakte nur über Brief oder Telefon möglich. Die alltäglichen Sorgen können nicht mehr in vertrauter Form geteilt und die vertrauten Bewältigungswege wie Lösungssuche bei Problemen, können nicht in gewohnter Weise genutzt werden. Auch die Partnerinnen erfahren oft eine Reduzierung ihrer sozialen Beziehungen und müssen ihre Schwierigkeiten allein bewältigen.

Familien müssen sich plötzlich neu organisieren, da der Partner fehlt, um z. B. das Kind vom Kindergarten abzuholen oder bei den Schularbeiten zu helfen. Diese Alltagsthemen haben aber eine große Bedeutung für das Erleben von Gemeinsamkeit und Partnerschaft. Sexuelle Bedürfnisse, als primäre Grundbedürfnisse des Menschen, können nicht in gewohnter Art befriedigt werden. Häufig entwickeln Inhaftierte Eifersuchtsgefühle, weil sie sich, der Beziehung und ihrer Partnerin nicht vertrauen können oder vertrauen. Im Gefängnis ist meist wenig Raum über diese Nöte und Sorgen zu sprechen. Hinzu kommt, dass Inhaftierte mit Persönlichkeitsstörungen bzw. Persönlichkeitsakzentuierungen nicht gelernt haben oder nicht in der Lage sind, eine stabile Partnerschaft zu gestalten, so dass allein durch die Inhaftierung große Verlustängste ausgelöst werden können. Prävalenzstudien zeigen, dass bei einer großen Zahl von Inhaftierten Persönlichkeitsstörungen zu diagnostizieren sind (z. B. Ulrich & Maneros, 2000). Durch zeitliche Trennung vom Partner oder von wichtigen Bezugspersonen kann massive Angst ausgelöst werden, die bis zur Dekompensation führen kann. Unsichere oder desorganisierte Bindungsstile können mit gesteigerten Stressreaktionen und Beeinträchtigungen der individuellen Stressregulation verbunden sein, wobei in Trennungssituationen die soziale Modulation der Stressreaktionen deutlich eingeschränkt ist (Strauß & Schwark, 2007).

Es sollen deshalb vollzuglich-behandlerische Möglichkeiten etabliert werden, suizidalen Entwicklungen entgegenzuwirken. Ein wichtiger Ansatzpunkt besteht nun in der Verfügbarkeit sozialer Ressourcen, also ab wann und wie ein Inhaftierter Kontakt zu seinen Angehörigen aufnehmen kann.

Im sächsischen Justizvollzug gibt es vier Schwerpunkte der Arbeit mit Angehörigen zur Suizidprophylaxe:

1. Angehörigenbriefe: Nach einer Inhaftierung soll es dem Inhaftierten zügig ermöglicht werden, Kontakt zu seinen Angehörigen aufzunehmen. Für die Angehörigen ist dabei die Vermittlung grundlegender Informationen wichtig. Im sächsischen Justizvollzug wird der Inhaftierte im Rahmen des Aufnahmegespräches darüber informiert, dass die Anstalt mit seinem Einverständnis einen Musterbrief mit Informationen zu Besuch, Einzahlung von Geld, Kontaktaufnahme mit der Anstalt, Beantragung einer Besuchserlaubnis usw. an die Angehörigen versendet. Jede Justizvollzugsanstalt verfügt über einen eigenen, auf ihre Spezifika abgestimmten Angehörigenbrief.

2. Angehörigenbeauftragter: Jede sächsische Justizvollzugsanstalt hat einen Angehörigenbeauftragten mit einer eigenen Telefonnummer und regelmäßigen Sprechzeiten mindestens drei Mal pro Woche. Der Angehörigenbeauftragte steht Angehörigen für Fragen zum Vollzug und zur Kontaktaufnahme mit dem Inhaftierten zur Verfügung. Falls sich aus dem Telefonkontakt wichtige Informationen zu spezifischen Problemlagen des Inhaftierten ergeben, leitet der Angehörigenbeauftragte diese an die zuständigen Bereiche weiter.

3. Angehörigenplakat: Um Angehörigen, aber auch anderen Bezugspersonen, eine Möglichkeit der Kontaktaufnahme bei Problemen der Inhaftierten zu geben, hängen in den Besuchsabteilungen der sächsischen Justizvollzugsanstalten thematische Plakate (s. Abb.). Die Angehörigen sollen sich den Angehörigenbeauftragten bei Auffälligkeiten gegenüber mitteilen, aber auch ihre eigenen Sorgen und Nöte im Zusammenhang mit der Inhaftierung kommunizieren können. Die Verwendung von Piktogrammen macht es möglich, relativ offen auf eventuelle Probleme hinzuweisen, ohne dabei die Angehörigen bezüglich einer suizidalen Entwicklung zu verängstigen. Die Entstehung dieses Plakates war auch von der Idee getragen, dass die Inhaftierten mit ihren Partnern eher über ihre seelische Nöte sprechen, als mit fremden Personen. Damit sollte ein neuer Kommunikationsweg geschaffen werden.

4. Angehörigentage: Alle sächsischen Justizvollzugsanstalten sollen Angehörigentage anbieten. Diese können z. B. sein: Tage der offenen Tür allein für Angehörige von Gefangenen, Vätertage, Begegnungstage, Einbeziehung der Angehörigen bei besonderen Anlässen (Theateraufführungen, Sportveranstaltungen usw.).

Besonders beliebt und seit Jahren bewährt sind die Angehörigentage in der JVA Leipzig. Diese Tage finden zweimal im Jahr statt. Die Besucher können an einer kleinen Anstaltsführung teilnehmen und anschließend ihre inhaftierten Angehörigen auf der Station besuchen. Es findet ein gemeinsames Kaffeetrinken statt, für das die Inhaftierten selbst – und häufig mit hohem Engagement – backen. Die Besucher können in Begleitung eines Stationsbediensteten den Haftraum „ihres" Inhaftierten besichtigen und sich einen allgemeinen Eindruck über das Leben in einer JVA sowie die Möglichkeiten der Tagesgestaltung verschaffen. Regelmäßig kommen die Stationsbediensteten mit den Besuchern ins Gespräch und erfahren interessante andere Seiten über den sozialen Hintergrund ihrer Klienten.

Weiterhin werden Vater-Kind-Tage angeboten. Viermal im Jahr können Kinder zwischen 3 und 10 Jahren gemeinsam mit ihrem Vater in der Sporthalle basteln, Sport treiben oder einfach reden. Diese Veranstaltungen werden von Bediensteten begleitet, die sich auch um die Bereitstellung von Bastelmaterial, Sportgeräten sowie Essen und Trinken kümmern.

Im Rahmen der Väterarbeit wurde in Leipzig das Buch „Wir sehen uns im Traum – Ein Buch über Papa im Gefängnis" geschrieben und gestaltet. Dieses Buch soll Kindern die Möglichkeit geben, die Inhaftierungssituation ihrer Väter zu verstehen und damit umzugehen. Dieses Buch ist im Gitterladen.de erhältlich.

19.2.2 Die Arbeit mit Angehörigen bei der Behandlung suizidaler Inhaftierter

Im Rahmen der Entwicklung von Suizidalität hat der kommunikative Aspekt eine wichtige Bedeutung: Was soll durch die Suizidgedanken an Veränderungswünschen ausgedrückt werden? Suizidalität kann ein Ausdruck erlebter Isolation von sozialen Bindungen oder auch eine Waffe der innerfamiliären Auseinandersetzung sein. In der Arbeit mit dem suizidalen Inhaftierten hat es deshalb große Priorität festzustellen, inwieweit die Bezugspersonen von zentraler Bedeutung für ihn sind. Dies geschieht im Rahmen der Ambivalenzklärung, die als Abwägungsprozess für und gegen einen Suizid zu verstehen ist. Nicht jeder Inhaftierte verfügt über stabile und enge Beziehungen. In diesen Fällen müssen dann andere Methoden der Entwicklung sozialer Ressourcen greifen (z. B. enge Anbindung an Mitarbeiter des Vollzuges oder an ehrenamtliche Betreuer). Wenn die sozialen Beziehungen eine wichtige Rolle bei der Entwicklung der Suizidideen spielen, ist die Einbeziehung der Bezugspersonen eine mögliche wichtige Ressource. Im Rahmen der Totalerhebung zu Suiziden von Gefangenen (Bennefeld-Kersten, 2012) wurde festgestellt, dass 25% der Suizidenten verheiratet oder verpartnert waren. Demzufolge sind bei einem nicht unerheblichen Teil der Inhaftierten Ehe- und Lebenspartner von der Suizidalität betroffen. Gleichzeitig wird deutlich, dass die Partnerschaft allein nicht vor Suizidalität schützt.

Hinter Suizidgedanken können sich Wünsche nach einer Neugestaltung der Beziehung verbergen oder ein Druckmittel, das den Fortbestand der Beziehung erzwingen soll (Borst & Hepp, 2012). Bei beiden Varianten kann die Einbeziehung des Partners eine wichtige Rolle zur Klärung der Konflikte spielen.

Angehörige können den Inhaftierten in der Bewältigung der Lebenssituation unterstützen. Im BELLA-System (Sonneck, 2000) werden folgende Interventionsebenen beschrieben, wobei die vierte Ebene die Einbeziehung sozialer Ressourcen beschreibt, bei der die sozialen Hilfesysteme des Klienten aktiviert werden sollen.

- **B**eziehung aufbauen,
- **E**rfassen der Situation,
- **L**inderung der Symptome,
- **L**eute einbeziehen, die unterstützen,
- **A**nsatz zur Problembewältigung finden.

Nun ist die Übertragung von bewährten extramuralen Kriseninterventionsansätzen nicht ohne Weiteres auf die Inhaftierungssituation möglich. Folgende wichtige Aspekte sollten bei der Einbeziehung von Angehörigen in eine Behandlung beachtet werden:
- Sind die Angehörigen einverstanden und bereit zum gemeinsamen Gespräch?
- Gibt es das Einverständnis der Justizvollzugsanstalt?
- Gibt es bei Untersuchungsgefangenen das Einverständnis der Staatsanwaltschaft?
- Da die Gespräche in der Regel nicht im Büro des Fachdienstes geführt werden können, sind geeignete räumliche Möglichkeiten für Gespräche verfügbar?
- Welche Ausstattung ist notwendig (z. B. Flipchart, aber auch Taschentücher)?
- Ist die Beziehung des Inhaftierten zu dem Angehörigen tragfähig und hilfreich für die Problemsituation?
- Welche konkreten Ziele können für die Gesprächssituationen vereinbart werden?
- Stehen für den Angehörigen ggf. konkrete Hilfsangebote zur Verfügung (z. B. Beratungsstellen, Vereine für Straffälligenhilfe, Psychotherapeuten)?

Zur Illustration der Einbeziehung von Angehörigen soll folgende Fallgeschichte dienen. Die Fallbeschreibung ist allgemein formuliert, um die Privatsphäre des Inhaftierten zu schützen, der Name ist frei erfunden.

Ich betreute als Psychologin den Gefangenen Herrn Sieben. Herr Sieben wurde wegen eines Tötungsdeliktes mit hoher Straferwartung in Untersuchungshaft genommen. Zeitnah wurde klar, dass er die Inhaftierung aufgrund seiner narzisstischen Persönlichkeitsstörung als schwere Kränkung erlebte. Er war das einzige Kind seiner Eltern, die ihm sein ganzes Leben lang stützend und überfürsorglich begegneten. Im Erwachsenenalter gewöhnte er sich an, bei Problemen und krisenhaften Lebenssituationen Alkohol zu trinken oder Cannabis zu rauchen. Durch die Inhaftierung waren seine Selbstregulationskompetenz und die Verfügbarkeit von psychotropen Substanzen eingeschränkt. Er dekompensierte, entwickelte eine Depression und drohte mit Suizid. Ich kam mit ihm ins Gespräch, und wir vereinbarten zwei Gesprächstermine pro Woche. In den stützenden und stabilisierenden Kontakten zeigte sich schnell, dass die Ehefrau mit dem vierjährigen Sohn einen wichtigen Halt im Leben von Herrn Sieben darstellt. In telefonischen Gesprächen mit Frau Sieben ergab sich, dass sie durch die Inhaftierungssituation ebenfalls hoch belastet war. Ihr ganzes Leben hatte sich „auf den Kopf gestellt". Sie musste aus einer scheinbar „heilen" Familiensituation plötzlich ihre Zukunft als alleinerziehende Mutter planen und war verletzt und traurig. Herr Sieben versuchte, seine Lebensgefährtin – sollte sie ihn verlassen wollen – mit Suizidalität zu manipulieren. Daraus ergab sich die Notwendigkeit, Frau Sieben in die psychotherapeutischen Gespräche mit einzubeziehen. Beide Seiten waren mit meinem Vorschlag einverstanden, und so führten wir monatlich gemeinsame Gespräche in der Besuchsabteilung. Zu Beginn der Gespräche war es wichtig, beiden Partnern den Raum zu geben, über ihre Kränkungen und Ängste offen zu sprechen. Die emotionale Bindung zwischen beiden war tragfähig, so dass auch heikle Themen, wie Sexualität, bearbeitet werden konnten. Frau Sieben benötigte allerdings mehr professionelle Unterstützung, so dass ich ihr einen Kontakt zu einer ambulanten Psychotherapeutin vermittelte. Dadurch entwickelte sie mehr Selbstbewusstsein und hatte einen Rahmen der professionellen Fürsorge für sich gefunden. Ich begleitete beide Partner im Prozess der Auseinandersetzung mit ihrer Partnerschaft und bei anstehenden Entscheidungen, zum Beispiel zur Frage, wie es nach der Verurteilung weitergehen sollte. Frau Sieben konnte sich gut stabilisieren und entschied sich für eine Trennung von ihrem Mann. Sie wollte weiterhin den Kontakt halten und auch regelmäßig mit dem Kind zum Besuch kommen. Aber angesichts der erwartbar hohen Haftstrafe hatte die Weiterführung der Partnerschaft für sie keinen Sinn mehr. Herr Sieben konnte neue Wege der Beziehungsgestaltung zu seinem Sohn entwickeln. Ein enger Briefkontakt wurde von mir angeregt und ich bekam regelmäßig stolz die gemalten Bilder des Kindes präsentiert. Herr Sieben gestaltete im Kreativzirkel Dinge für seinen Sohn, die er ihm beim Besuch übergab. Einen Rückschritt im Behandlungsverlauf ergab sich durch die Verurteilung zu einer lebenslangen Haftstrafe, die zu einem ernsthaften Suizidversuch führte. Dieser Suizidversuch wurde auch mit beiden Partnern aufgearbeitet. Durch die gemeinsame Arbeit war es Herrn Sieben langsam möglich, die Trennung von seiner Frau zu akzeptieren.

Jahre nach dem Abschluss der Behandlung traf ich Frau Sieben zufällig im Supermarkt. Sie berichtete mir freudestrahlend, dass sie einen neuen Lebensgefährten gefunden hatte und es dem Sohn gut geht. Sie würde weiterhin ihr Versprechen halten und monatlich zum Besuch in die weiter entfernte Justizvollzugsanstalt fahren, damit Herr Sieben die Beziehung mit seinem Sohn aufrechterhalten konnte. Von Kollegen habe ich gehört, dass sich Herr Sieben an sein Leben im Vollzug gewöhnt hatte, er weiterhin mit dem Psychologen im Kontakt steht und es zu keinen weiteren Krisen gekommen ist.

Wie die Fallgeschichte illustrieren soll, ist die Klärung des kommunikativen Aspektes in der Beziehungsdynamik als möglicher Anlass für die Erhöhung des Suizidrisikos bedeutsam (Schweitzer & v. Schlippe, 2009). Es ist also zu klären, welche Botschaft der Klient mit seinen Suizidgedanken für seine Partnerin verbindet. In der Fallgeschichte ist die Botschaft „wenn Du mich verlässt, bringe ich mich um" enthalten. Die Therapeuten können einen wichtigen Beitrag dazu leisten, den Klienten neue Lösungsmöglichkeiten und Sichtweisen auf seine aktuelle Lebenssituation finden zu lassen. Konkret bedeutet das für die Inhaftierungssituation:
- Wie kann für diese Zeit die Partnerschaft gelebt werden?
- Wie können Kontakte gestaltet werden?
- Wie kann die Beziehung zu den Kindern gestaltet werden?

Falls sich die Trennung nicht vermeiden lässt, wie kann der Therapeut das Paar auf diesem Weg begleiten? Wie sollen dann zukünftige Kontakte z. B. zu den Kindern aussehen?

Durch das Ansprechen und Klären von Wünschen und Sorgen, aber auch von Wut und Aggressionen, können individuelle Auswege aus den suizidalen Krisen gefunden werden.

19.2.3 Umgang mit Angehörigen nach Suiziden

Wenn sich ein Inhaftierter suizidiert hat, sind weitere wichtige Aspekte zu beachten. Dazu gehören die Information über den Suizid sowie die weitere Begleitung der Angehörigen. Ein Suizid kann mit heftigen negativen Reaktionen z. B. in Form von Wut oder Beschuldigung der Mitarbeiter der Justiz verbunden sein. Diese Reaktionen müssen verantwortungsvoll angenommen, sowie durch eine offene und transparente Kommunikation begleitet werden.

Die Überbringung der Todesnachricht soll in der Regel durch Mitarbeiter der Justizvollzugsanstalt persönlich erfolgen. Eine telefonische Benachrichtigung ist ungeeignet. Es hat sich bewährt, dass der Anstaltsleiter / Abteilungsleiter dieses Gespräch in Zusammenarbeit mit einem Seelsorger oder Psychologen der Anstalt führt. Falls die Angehörigen weit entfernt wohnen, kann diese Aufgabe auch an die Polizei weitergegeben werden. Dabei ist zu beachten, dass die Einsatzkräfte vor Ort über die notwendigen Informationen (wer, wie, wann, wo verstorben ist) verfügen, sowie einen direkten Ansprechpartner mit Kontaktdaten der Justizvollzugsanstalt haben müssen.

Wenn die Information direkt durch Mitarbeiter der Anstalt überbracht wird, ist die Beachtung von Grundregeln der Übermittlung einer Todesnachricht wichtig (Kröger, 2013). Dazu gehören:

- Das Schaffen von Voraussetzungen zum Überbringen der Nachricht, wie ruhige Atmosphäre und Versorgung von betreuungsbedürftigen Personen,
- Informationen über die Umstände des Todes,
- Informationen, wohin der Verstorbene gebracht wurde,
- Informationen zum weiteren Prozedere (Freigabe des Leichnams, Beerdigungsmodalitäten, Übergabe der Habe),
- Übergabe schriftlicher Informationen zu weiteren Hilfsangeboten, wie Beratungsstellen, Seelsorge,
- Angebote zu weiteren Gesprächen mit Mitarbeitern der Anstalt.

Für jede Justizvollzugsanstalt ist es hilfreich, Informationen über das psychosoziale Hilfenetzwerk der Region zu haben, um in diesen besonderen Situationen auch konkrete Hilfsangebote unterbreiten zu können.

Die Betreuung und Begleitung von Angehörigen nach einem Suizid liegt in der Regel nicht in den Händen der Justizvollzugsanstalten. Damit die Angehörigen die Trauer bewältigen können und eventuell auch Antworten auf Fragen bekommen, kann jedoch eine zumindest zeitweilige Begleitung durch Fachdienste eine wichtige Unterstützung sein.

Insgesamt ist festzustellen, dass die Einbeziehung der sozialen Ressourcen bedeutsam für die Arbeit mit Inhaftierten ist und es sich für die Justizvollzugsanstalten lohnt, Angebote in dieser Richtung zu unterbreiten. Aus diesem Grund wurde vor zwei Jahren die Landesarbeitsgruppe „Familienorientierter Vollzug" in Sachsen gegründet, die sich intensiv mit der Konzipierung und Umsetzung von angehörigen- bzw. familienorientierten Projekten beschäftigt.

19.3   Literatur

- Bennefeld-Kersten, K. (2009). *Ausgeschieden durch Suizid – Selbsttötungen im Gefängnis. Zahlen, Fakten, Interpretationen.* Lengerich: Pabst Science Publishers.
- Bennefeld-Kersten, K. (2012). *Suizide von Gefangenen in Deutschland 2000 bis 2010 – Totalerhebung.* Unveröffentlichtes Manuskript.
- Bodenmann, G. (1997). Streß und Coping als Prozeß. In C. Tesch-Römer, C. Salewski & G. Schwarz (Hrsg.), *Psychologie der Bewältigung* (S. 74-92). Weinheim : Psychologie Verlags Union.
- Borst, U. & Hepp, U. (2012). Die Leiden der Angehörigen. Suizidalität und Suizid in der systemischen Therapie. *Psychotherapie im Dialog, 13*(2), 36-40.
- Fazel, S. & Seewald, K. (2012). Serious mental disorder in 23.000 prisoners: a systematic review of 62 surveys. *British Journal of Psychiatry, 200*, 364-373.
- Giernalczyk, T. (2003). *Lebensmüde.* Tübingen: DGVT-Verlag.
- Konrad, N. (2004). Prävalenz psychischer Störungen bei Verbüßern einer Ersatzfreiheitsstrafe. *Recht & Psychiatrie, 22*, 147-150.
- Kröger, C. (2013). *Psychologische Erste Hilfe.* Göttingen [u.a.]: Hogrefe.
- Missoni, L., Utting, F. M. & Konrad, N. (2003). Psych(iatr)ische Störungen bei Untersuchungsgefangenen. Ergebnisse und Probleme einer epidemiologischen Studie. *Zeitschrift für Strafvollzug und Straffälligenhilfe, 52,* 323-332.
- Salewski, C. (1997). Formen der Krankheitsverarbeitung. In C. Tesch-Römer, C. Salewski & G. Schwarz (Hrsg.), *Psychologie der Bewältigung* (S. 42-57). Weinheim : Psychologie Verlags Union.
- von Schoenfeld, C.-E., Schneider, F., Schröder, T., Widmann, B., Botthof, U. & Driessen, M. (2006). Prävalenz psychischer Störungen, Psychopathologie und Behandlungsbedarf bei weiblichen und männlichen Gefangenen. *Der Nervenarzt, 77*(7), 830-841.
- Schröder, K. E. E. & Schwarzer, R. (1997). Bewältigungsressourcen. In C. Tesch-Römer, C. Salewski & G. Schwarz (Hrsg.), *Psychologie der Bewältigung* (S. 174-195). Weinheim : Psychologie Verlags Union.
- Schweitzer, J. & von Schlippe, A. (2009). *Lehrbuch der systemischen Therapie und Beratung II: Das störungsspezifische Wissen der systemischen Therapie.* Göttingen: Vandenhoeck und Ruprecht.

- Sonneck, G. (2000). *Krisenintervention und Suizidverhütung.* Wien: Facultas Universitäts-verlag.
- Spitzer, C., Dudeck, M., Liß, H., Gillner, M. & Freyberger, H. J. (2000). Traumata und post-traumatische Belastungsstörung bei forensischen Patienten. In A. Maneros, D. Rössner, A. Haring & P. Brieger (Hrsg.), *Psychiatrie und Justiz* (S. 225-228). München: Zuckschwerdt Verlag.
- Strauß, B. & Schwark, B. (2007). Die Bindungstheorie und ihre Relevanz für die Psychotherapie. *Psychotherapeut, 6,* 405-425.
- Ulrich, S. & Maneros, A. (2000). Persönlichkeit und Kriminalität. In A. Maneros, D. Rössner, A. Haring & P. Brieger (Hrsg.), *Psychiatrie und Justiz* (S. 190-201). München: Zuckschwerdt Verlag.
- WHO (2007). *Suizidprävention – Ein Leitfaden für Mitarbeiter des Justizvollzugsdienstes.* Zugriff am 19.02.2014 unter http://www.who.int/mental_health/resources/resource_jails_prisons_german.pdf

TEIL III

Ausblick –
Maßnahmen und Projekte
der Suizidprävention

20. Suizidprävention und Architektur
Möglichkeiten und Grenzen der baulichen Umsetzung

Klaus Rademacher

**„Erst formt der Mensch das Gebäude,
dann das Gebäude den Menschen"**
Winston Churchill

20.1 Zusammenfassung

Wir verbringen den größten Teil unserer Lebenszeit in einem künstlichen Umfeld, das unser Verhalten und Empfinden beeinflusst. Dieses gilt besonders für eine Justizvollzugsanstalt.

Dieses Umfeld kann die Suizidprävention behindern aber ebenso unterstützen und fördern. Die Architektur kann diese Aufgabe erschweren oder erleichtern.

Nach einer Definition des der Gestaltung von Justizvollzugsanstalten zugrunde liegenden Architekturbegriffs setzt sich der Beitrag mit der architektonischen Gestaltung des künstlichen Umfeldes, ihren Möglichkeiten und Grenzen in Bezug auf die bauliche Suizidprävention auseinander.

Es werden die auftretenden Probleme bei der Umsetzung von Konzepten und Ideen in Architektur in die gebaute Realität aufgezeigt. Ein Problem dabei ist, dass Konzepte, die sich ständig weiter entwickeln, in Gebäuden umgesetzt werden, die eine wesentlich längere Lebensdauer haben.

Die theoretischen Grundlagen der baulichen Umsetzung werden an Beispielen erläutert, realisierte Projekte und deren Detaillösungen werden dargestellt. Ein Suizidpräventionsraum wird vorgestellt, der unter Berücksichtigung dieser Gedanken in der Bundes- und der Landesarbeitsgruppe „Suizidprävention im Justizvollzug" entwickelt wurde. Der Vorschlag einer Projektorganisation zur Umsetzung der baulichen Suizidprävention schließt den Artikel ab.

20.2   Architektur

Architektur (vom lateinischen architectura für „Baukunst") ist im weitesten Sinne die Auseinandersetzung des Menschen mit gebautem Raum. Architektur sollte nach meiner Auffassung die Kunst der Proportion, die Kunst der Angemessenheit im Ganzen und in jeder Einzelheit in Technik, Konstruktion, Funktion, Material und Kosten sein. Dieses wurde ausführlich von Taut in seinen Architekturüberlegungen beschrieben (Taut, 1935/1936). Ebenso kennzeichnet Architektur Utilitas – Nützlichkeit, Firmitas – Festigkeit, Venustas – Schönheit (Vitruv, ca. 35 vor Chr, zitiert nach Fischer, 2008). Architektur sollte immer das planvolle Entwerfen und Gestalten von Bauwerken sein.

Die Qualität der Architektur – besonders einer Justizvollzugsanstalt – hängt von der Verwirklichung dieser Definitionen ab. Die Architektur ist in diesem Falle nicht modisch und kann angemessen altern. Gebäude auf dieser Grundlage lassen sich gut an sich ändernde Bedingungen anpassen.

In der Gefängnisarchitektur zeigt sich, welche Philosophie des Strafvollzugs zur Zeit der Gebäudeplanung herrschte (siehe Abb. 1). Ob die Zeichen mehr auf Repression oder Resozialisierung stehen, lässt sich auch an der Bauweise von Gefängnissen ablesen. Grundsätzlich sollte die Architektur jedoch neutral sein, da sich Vorstellungen in mehr oder weniger regelmäßigen Abständen ändern.

Abb. 1: Beispiele für Gefängnisarchitektur

20.3   Konzepte

Ideen – umgesetzt in Konzepte – bilden die Grundlage jeder Planung und damit auch der baulichen Suizidprävention. Ausgehend von diesem Konzept werden die baulichen Forderungen und die baulichen Qualitäten entwickelt. Die Detailgestaltung steht sinnvollerweise am Ende einer Entscheidungskette. Die bauliche Suizidprävention sollte aber nie auf das Detail reduziert werden, sie betrifft immer das Projekt. Das Ziel ist, die Forderungen und Qualitäten in gebaute Architektur in die Realität umzusetzen.

Dieses gilt auch für die immer zu berücksichtigen Sicherheitskonzepte. Allgemein hat sich eine Dreiteilung des Sicherheitsbegriffs durchgesetzt.

Es wird unterschieden zwischen:
a)   instrumenteller Sicherheit (Mauern, Gitter, Schlösser, Alarmanlagen u. a.);
b)   administrativer Sicherheit (Sicherungs- und Alarmpläne, Dienstpläne, Konzepte u. a.);
c)   sozialer Sicherheit (Atmosphäre, Arbeitsbedingungen u. a.).

Alle drei Aspekte der Sicherheit beeinflussen sich wechselseitig. Von ihrer jeweiligen Beachtung, Wahrung oder Ausgestaltung hängt es wesentlich ab, ob Konflikte im Sicherheitsbereich eskalieren oder sich beilegen lassen und wie sich dieses auf die bauliche Suizidprävention auswirkt.

Eine – wenn nicht sogar die entscheidende – Rolle bei der Suizidprävention spielt der direkte Kontakt zwischen dem Personal und den Gefangenen. Die Gestaltung der Gebäude kann diese Kontakte erleichtern aber nicht ersetzen. Dazu gehört auch die moderne Sicherheitstechnik. Diese kann die Bediensteten entlasten und unterstützen. Richtig angewandt und in Konzepten berücksichtigt, können die Kontaktzeiten zwischen dem Personal und den Gefangenen erhöht werden. Die Sicherheitstechnik kann den Bediensteten nie ersetzen, ihm aber gerade unter suizidpräventiven Gesichtspunkten wertvolle Hilfe sein.

Das wohl wichtigste psychologische Konzept der Mensch-Umwelt-Beziehungen bei der Planung von Gebäuden ist das der Privatheit.
Dazu gehören:
*   Wahlfreiheit als Regulation sozialer Kontakte (Die freie Entscheidung einer Person zwischen Alleinsein und sozialem Kontakt, zwischen Ungestörtheit oder Kommunikation.);
*   territoriale Identität (Jeder Mensch benötigt für die eigene Identifikation eine private Atmosphäre ein persönlich zugeordnetes Territorium – auch am Arbeitsplatz.);
*   Aneignung des Raums (Sie beginnt bereits bei der Mitwirkung am Anforderungsprofil des neuen Gebäudes, bei der aktiven Einrichtungsplanung der Büroräume, bei der Gestaltung des eigenen Arbeitsplatzes und führt zur Identifikation mit dem Gebäude / Raum / Arbeitsplatz.);
*   Zugangskontrolle zum eigenen Territorium (Ist zum Beispiel eine Tür zum Schließen vorhanden, um ungestört zu sein, zum Öffnen, um die Bereitschaft für sozialen Kontakt zu signalisieren?).

In den Konzepten sollten an erster Stelle die menschlichen Bedürfnisse und Maßstäbe und die Beziehungen zwischen den Menschen (den Nutzern) und den Räumen, Gebäuden und ihrer Umgebung stehen.

Konzepte sollten die lange Lebensdauer von Gebäuden berücksichtigen (siehe Abb. 2) und es ermöglichen, das Gebäude wirtschaftlich an geänderte Vorgaben anzupassen. Die Aufgabe „optimal zu bauen" kann immer nur „vorläufig" gelöst werden – heißt bis zur nächsten Idee, dem daraus abgeleiteten Konzept und den dann folgenden baulichen Maßnahmen.

Gerade Justizvollzugsanstalten haben eine lange Lebensdauer. Viele mehr als 100 Jahre alte Anstalten sind nach wie vor in Betrieb. Da Konzepte im Regelfall alle 4-8 Jahre neu entstehen, haben diese Gebäude entsprechend viele Konzepte mit mehr oder weniger großen baulichen Eingriffen überstanden. Sehr oft entstehen Wünsche zu baulichen Änderungen aber schon wenige Tage oder Wochen nach der Einweihung, da die Praxistauglichkeit der Konzepte nicht gegeben war.

Im Sinne der Nachhaltigkeit, der Lebenszyklusbetrachtung und zur Reduzierung der Kosten sollten sich Justizvollzugsanstalten ohne große Umbauten an geänderte Konzepte anpassen lassen. Gebäude mit sorgfältig erstellten Konzepten und damit Planungsvorgaben können wirtschaftlich an geänderte Entwicklungen anpasst werden.

Ein weiteres Problem sind Verständigungsprobleme bei der Umsetzung der Konzepte.

Die Ideen, Konzepte, Vorstellungen, Abläufe usw. sind zwangsläufig dreidimensional (siehe Abb. 3). Sie werden aber mit mangelbehafteten Medien z. B. als Punkte und Striche auf Papier und damit zweidimensional transportiert. Diese Informationen werden dann in ebenfalls zweidimensionale Bauzeichnungen übertragen. Grundrisse von Gebäuden sind zweidimensional (Länge und Breite); für die dritte Dimension werden Schnitte und Ansichten benötigt. Dabei entstehen viele Missverständnisse, die – wenn sie rechtzeitig erkannt werden – auf dem Papier kostengünstig korrigiert werden können. Wenn nicht, sind kostspielige und für alle Beteiligten unangenehme Änderungen und evtl. ein Abbruch und Neubauten notwendig.

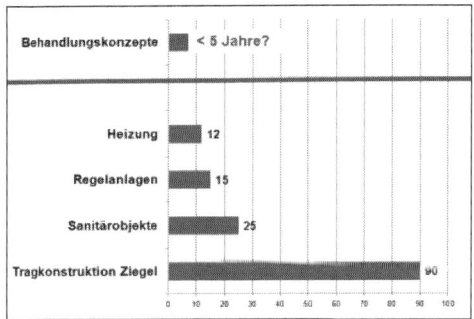

Abb. 2: Lebensdauer, Konzepte, Bauziele

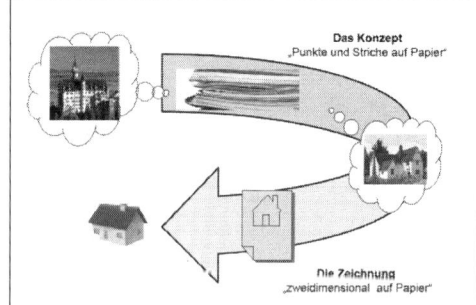

Abb. 3: Verständigungsprobleme

Weitere Probleme verursacht die zwangsläufig unterschiedliche „Sprache" der Beteiligten. Hier ein Beispiel aus einem Konzept: „Die Gestaltung ist ansprechend und zeugt von gepflegter Atmosphäre." Diese blumige Sprache, dieser unpräzise Wunsch lässt sich so baulich weder umsetzen noch einklagen. Er bedarf sorgfältiger Erläuterung. Da, wie bereits beschrieben, Konzepte eine der Grundlagen von Bauverträgen bilden, sollten sie klar und eindeutig und damit einklagbar formuliert werden.

Ein Weg ist die methodische Ermittlung der Bedürfnisse von Nutzern und Bauherren und deren Umsetzung in bauliche Anforderungen mit Hilfe der Bedarfsplanung im Hochbau nach DIN 18205 (DIN 18205: 1996-04, April 1996). Auch eine mögliche Gesprächsführung zwischen den direkt Beteiligten, den Konzeptverfassern und den Planern, den Architekten, wird hier beschrieben.

Da nicht alle genannten Punkte der Mensch-Umwelt-Beziehungen sich in einer Justizvollzugsanstalt umsetzen lassen, ist es umso wichtiger, die Grundbedürfnisse des Menschen zu berücksichtigen.

20.4   Künstliches Umfeld / Grundbedürfnisse

„18.1 Alle für die (...) Unterbringung vorgesehenen Räume haben den Grundsätzen der Menschenwürde zu entsprechen, die Privatsphäre so weit wie möglich zu schützen und den Erfordernissen der Gesundheit und der Hygiene zu entsprechen; dabei sind die klimatischen Verhältnisse und insbesondere die Bodenfläche, die Luftmenge sowie die Beleuchtung, Heizung und Belüftung zu berücksichtigen" (Auszug aus den Empfehlungen des Europarates – Europäische Strafvollzugsgrundsätze – siehe Bundesministerium der Justiz, 2006).

Diese Grundsätze sind auch in den Bauordnungen, den Arbeitsstättenrichtlinien, Arbeitsstättenverordnung usw. verankert und daher bei jeder Planung für die Bediensteten und die Gefangenen zu beachten.

Die baulichen Grundbedürfnisse der Menschen werden hauptsächlich bestimmt durch die Raumfläche, Sanitärausstattung und die Parameter Luft, Wärme, Beleuchtung, Akustik, Materialität, Farbe und Ästhetik.

Bei Berücksichtigung dieser Gebäudeparameter bei der Gestaltung des Arbeitsumfeldes, der Arbeitsplätze, der Arbeitsumgebung und den Arbeitsbedingungen für die Bediensteten ist ein konzentriertes und störungsfreies Arbeiten möglich. Nur dann wird der Bedienstete entlastet und kann seiner Arbeit entspannt und mit der dafür nötigen inneren Ruhe nachgehen.

Bei der Unterbringung der Gefangenen wirken Parameter auf die physiologischen Grundbedürfnisse wie: Atmen, Nahrungsaufnahme, Licht, Erholung, Schlaf, Hygiene und Intimität.

Die Befriedigung dieser Bedürfnisse wirkt präventiv, sie ist die Grundvoraussetzung für eine physische und psychische Gesundheit.

Dazu gehört auch die Sauberkeit, da diese mittelbar und unmittelbar Auswirkungen auf die Gesundheit und damit auf die Psyche und die Physis des Menschen und auf sein Wohlbefinden hat.

20.5 Beispiele baulicher Suizidprävention

Die nachfolgenden Beispiele der Generalplaner – Gemeinschaft GSP Architekten Bremen und Prof. Architekt Klaus Rademacher – zeigen, wie die Grundbedürfnisse und die Überlegungen zur baulichen Suizidprävention in Architektur umgesetzt werden können. Die Projekte sind bzw. werden zurzeit realisiert.

20.5.1 Raumfläche

Entsprechend der vom BGH formulierten Anforderungen beträgt die Fläche einer Einzelzelle min. 7m² zuzüglich der geforderten abgetrennten Nasszelle ca. 10m² Gesamtfläche. Hier als Beispiel die Einzelzellen im Zentralgebäude der JVA Bremen (siehe Abb. 4).

20.5.2 Luft, Wärme, Feuchtigkeit, Beleuchtung

Der erforderliche Mindestluftraum in einer Zelle beträgt 10m³/Person. Bei der geforderten Zellengrundfläche von min. 7m² ergibt sich ein ausreichendes Raumvolumen von ca. 18m³. Für die erforderliche Behaglichkeit ist eine Raumtemperatur von 21° verbunden mit einer relativen Luftfeuchtigkeit von 40-60% nötig. Aufgrund der Verunreinigungen der Innenraumluft durch die Baustoffe, Möbel, Textilien, Reinigungsmittel und vor allem durch das Ausatmen von Kohlendi-

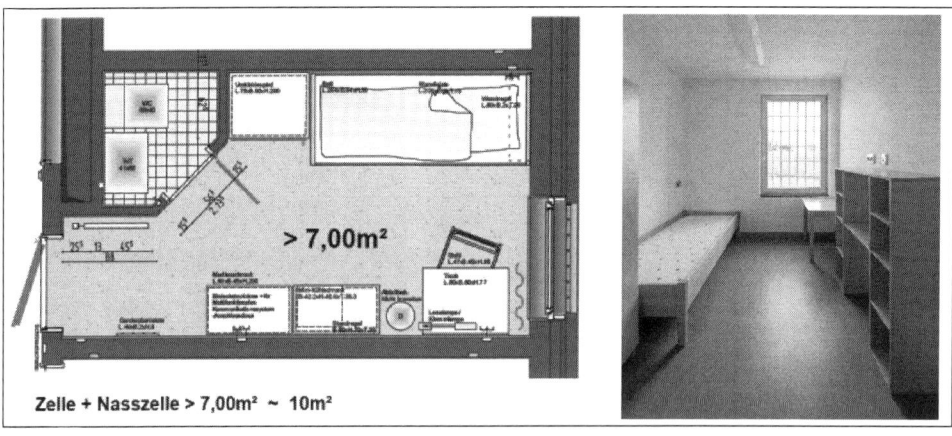

Abb. 4: Einzelzelle JVA Bremen

oxid, der Körpergerüche usw. ist zur Gesunderhaltung eine Be- und Entlüftung erforderlich. Dies kann erreicht werden durch zu öffnende Fenster oder eine Lüftungsanlage. Durch zwingend geforderte Einhaltung der gültigen Energieeinsparverordnung (jetzt 2014 und den Weiterentwicklungen zum Energieneutralen Gebäude 2020) wird zwangsläufig der Einbau einer Lüftungsanlage mit Wärmerückgewinnung zum Gebäudestandard gehören. Da der Energiebedarf der beheizten Räume sehr gering ist, kann er problemlos durch die Lüftungsanlage abgedeckt werden. Auf den Einbau von Heizkörpern kann verzichtet werden. Dieses ist suizidpräventiv (keine Befestigung zum Strangulieren).

Wegen der Lüftungsanlage kann auf zu öffnende Fenster verzichtet werden. Bei dem dadurch möglichen Einbau festverglaster Fenster mit entsprechendem Widerstandwert kann die Vergitterung entfallen. Die Mehrkosten der Verglasung werden durch die Einsparung der Vergitterung abgedeckt. Das Entfallen der Gitter ist ebenfalls suizidpräventiv (s. o.).

Bei einigen Baumaßnahmen sollten die Gitter entfallen, aber gleichzeitig sollte aus psychologischer Sicht ein Fensterteil geöffnet werden können, um die Luft zu spüren. Bei einer lichten Öffnungsweite des Fensters kann auf eine Vergitterung verzichtet werden. Durch einen 12cm breiten Spalt fand noch keine Entweichung statt. Dieser Spalt kann dann noch durch ein Lochblech geschlossen werden, um das Pendeln zu verhindern. Auch diese Lösung ist suizidpräventiv.

In die in Zukunft zwangsläufig vorhandene Lüftungsanlage kann ein manipulationsicheres ASD-System (Air sampling Smoke Detection) eingebaut werden. Dadurch können Brände raumgenau bereits beim Entstehen der Rauchentwicklung geortet werden. Dies wirkt sich ebenfalls suizidpräventiv aus.

Hier ein Beispiel für eine Fassadenbündige feststehende Verglasung ohne Lüftungsflügel und Vergitterung (siehe Abb. 5 und 6).

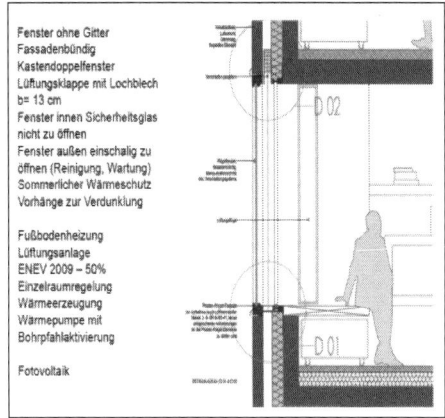

Abb. 5: Fassadenschnitt

Abb. 6: Maßregelvollzug JVA Schwalmstadt

Abb. 7: ohne Pendelschutz   *Abb. 8: Eingangsbereich*

 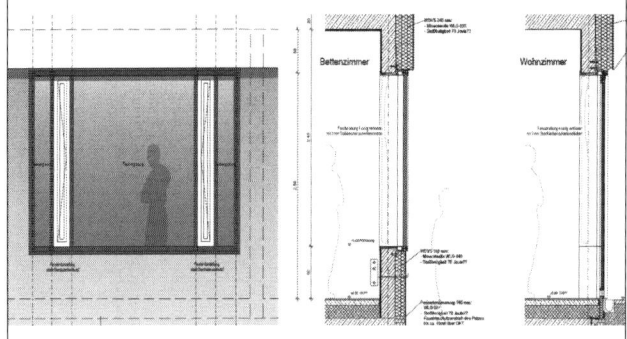

Abb. 9: mit Pendelschutz   *Abb. 10: Fenster unterschiedlicher Höhe*

Bei der Jugendforensik für die Karl Jaspers Klinik Bad Zwischenahn sind festverglaste Fenster ohne Vergitterung aber mit einem danebenliegenden Lüftungsflügel vorgesehen (siehe Abb. 8). Der Lüftungsflügel erhält als Pendelschutz ein Lochblech und / oder eine senkrechte Stange (siehe Abb. 7, 9, 10).

Eine weitere Möglichkeit, die natürliche Be- und Entlüftung zu gewährleisten, ist der Verzicht auf eine klassische Vergitterung, hier im Maßregelvollzug JVA Tegel realisiert. Feststehende Verglasung daneben Lüftungsflügel mit kreativem Lochblech (siehe Abb. 11, 12).

Abb. 5: Ansicht innen   Abb. 6: Ansicht außen

20.5.3   Tageslicht / Beleuchtung

Lichtmangel verursacht depressive Verstimmungen. Durch das Auftreffen des Lichtes im Auge und dessen Wirkung werden über verschiedene Drüsen zahlreiche Funktionsmechanismen im Körper ausgelöst oder gesteuert, wie z. B. die Hormonproduktion oder der Schlaf-Wach-Rhythmus. Eine mindestens ein- bis zweistündige Tageslichtdosis von etwa 2.000 Lux ist notwendig, um diese Vorgänge auf Dauer störungsfrei aufrechterhalten zu können. Darüber hinaus verursacht Lichtmangel durch die vermehrte Produktion von Melatonin und damit verbundene biochemische Veränderungen in Gehirn und Stoffwechsel depressive Verstimmungen, die oftmals saisonal in der dunkleren Winterjahreszeit auftreten.

Diese Disharmonie des zirkadianen Rhythmus kann über Lichtsteuerung ausgeglichen werden. Verschiedene Lichtszenen wie Morgen, Vormittag, Mittag, Nachmittag, Abend und die Nacht werden definiert. Jede Lichtszene weist eine unterschiedliche Beleuchtungsstärke sowie Lichtfarbe aus. Die verschiedenen Lichtszenen werden mittels Steuerung in einer Zeitsequenz von 24h abgespielt. Simuliert wird eine übergangslose Tageslichtnachführung mit entsprechendem Farb- und Helligkeitsverlauf. Die dafür benötigte künstliche Beleuchtung mit LED-Technik ist entwickelt und im Einsatz.

Die Fenstergröße sollte das in den Bauordnungen festgelegte Maß von 1/8 der Raumfläche deutlich überschreiten. Damit das Tageslicht weit in den Raum gelangen kann, sollten die Fenster unmittelbar unter der Decke beginnen (siehe Fassadenschnitt Abb.5). Ein Sonnenschutz ist – im Regelfall – aufgrund der Forderungen der Energieeinsparverordnung erforderlich. Ein Vorhang ist im Sinne der o.a. Verordnung kein Sonnenschutz. Oft ist nur ein außenliegender Sonnenschutz oder eine Sonnenschutzverglasung möglich. Eine zusätzliche Verdunklung ist für einen Wohnraum (Zelle) notwendig und dient auch der Lärmreduzierung. Ein Beispiel für eine suizidpräventive Aufhängung siehe Abb.13.

Abb. 13: Vorhang suizidpräventiv

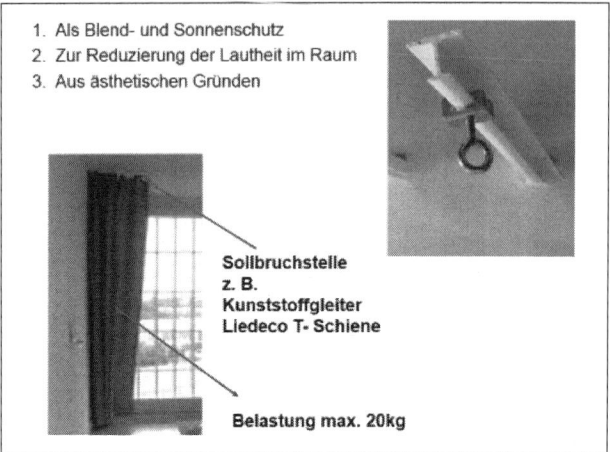

1. Als Blend- und Sonnenschutz
2. Zur Reduzierung der Lautheit im Raum
3. Aus ästhetischen Gründen

Sollbruchstelle z. B. Kunststoffgleiter Liedeco T- Schiene

Belastung max. 20kg

20.5.4 Farben

Farben sind Kräfte, die auf den Menschen wirken und Wohlbefinden oder Unlustgefühle, Aktivität oder Passivität erzeugen. Die Farbgebung kann Leistung steigern oder schwächen. Der Einfluss der Farbe auf den Menschen geschieht mittelbar durch ihre eigenphysiologische Wirkung (Eine mögliche präventive Farbgebung siehe Suizidpräventionsraum).

20.5.5 Lärm / Schallschutz

„Eines Tages werden wir den Lärm bekämpfen müssen wie die Pest" (Robert Koch, 1843-1910) Lärm belästigt, belastet gesundheitlich und kann zu chronischen Erkrankungen führen. Die Grenzwerte sind in der DIN 4109 Schallschutz im Hochbau, der UVV Unfallverhütung Lärm festgelegt. Für die Arbeitsplätze der Bediensteten liegen die Grenzwerte z. B. zwischen 55 dB(A) und 70 dB(A). Akustische Maßnahmen sind grundsätzlich notwendig und können ohne Probleme z. B. an Decken durchgeführt werden.

Suizidpräventive Details Abb.14-17.

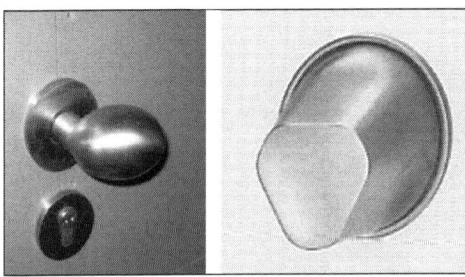

Abb. 14: Türdrücker erschweren das Befestigen von Stricken

Abb. 15: Geländer ohne (links) und mit Absturzsicherung (rechts)

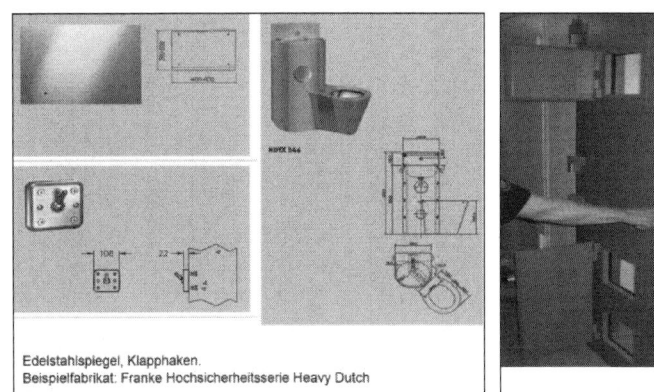

Edelstahlspiegel, Klapphaken.
Beispielfabrikat: Franke Hochsicherheitsserie Heavy Dutch

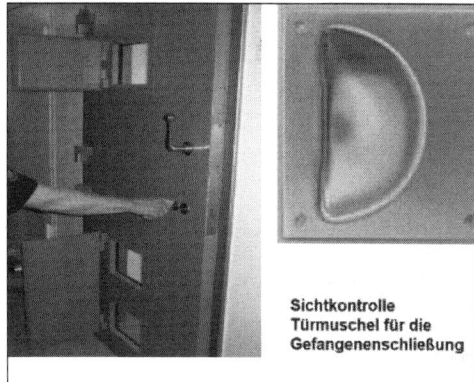

Sichtkontrolle
Türmuschel für die
Gefangenenschließung

Abb. 16: Sanitärobjekte aus Edelstahl: Edelstahlspiegel, klappbare Wandhaken

Abb. 17: Türmuscheln erschweren das Verkeilen

Hier ein Beispiel für die Berücksichtigung der menschlichen Maßstäbe und der Bedürfnisse des Personals bei der Gestaltung des zentralen Sozialraumes der JVA Bremen (siehe Abb. 18). Vor dem Sozialraum mit Lehrküche liegt eine Dachterrasse mit Blick in die Landschaft.

Beispiel für eine Umsetzung der Überlegungen in einem ca. 140 Jahre alten Gebäude der JVA Bremen. Die alte, qualitätvolle Bausubstanz eignet sich sehr gut zu einem Umbau. Die alten Zellen mit hoch liegenden Fenstern und dem in Fensternähe befindlichen WC können wirtschaftlich umgebaut werden. Aus drei alten Zellen entstehen zwei neue Zellen mit eigener Nasszelle (siehe Abb. 19, 20). Insgesamt entsteht eine architektonisch ansprechende Lösung mit hohem Nutzwert und dem Charme alter Gebäude.

Abb. 18: Zentralgebäude, Personalaufenthaltsraum mit Terasse

Abb. 19: JVA Jugendvollzug Altbau ≈ 1870   *Abb. 20: Zelle alt – neu*

20.6   Modell eines Suizidpräventionsraums

Die angemessene Unterbringung von Gefangenen, die sich in einer Krise befinden, stellt hohe Anforderungen an die für die Entscheidung Zuständigen. Der Gefangene soll nicht isoliert und in seiner Krise allein gelassen werden. Gleichzeitig ist er soweit sicher unterzubringen, dass er sich nicht das Leben nehmen kann.

Unter Berücksichtigung der psychischen Belastung eines im bgH Untergebrachten bietet sich die Einrichtung eines Suizidpräventionsraumes an (Modell siehe Abb.21).

Der Suizidpräventionsraum ist ein Haftraum mit freundlicher Ausstattung im medizinischen Bereich der JVA, wenn dieser 24 Stunden besetzt ist. Eine 24 Stunden Kontrolle (unregelmäßig, mindestens alle 15 Minuten über geöffnete Kostklappe) oder Sitzwache für akut suizidale Gefangene muss sichergestellt sein.

Abb. 21: Modell eines Suizidprä-
ventionsraums

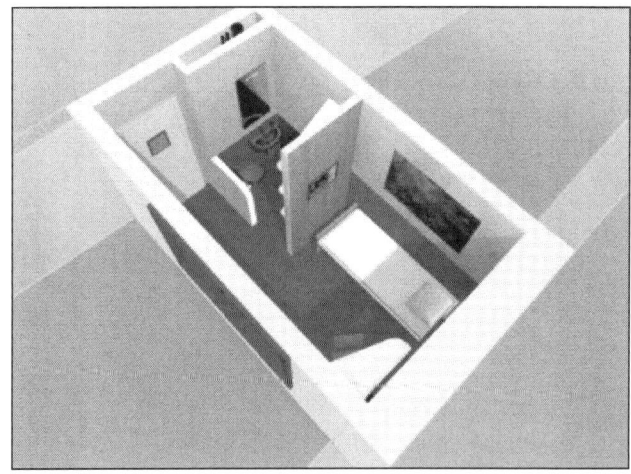

20.6.1   Räumliche Gestaltung:

Durch ein Sichtfenster aus einem neutralen Raum (Dienstzimmer in Abhängigkeit von der Nacht-dienstordnung) kann der Suizidpräventionsraum vollständig eingesehen und überwacht werden. Dieses Sichtfenster erhält einen Fensterflügel für den direkten Gesprächskontakt sowie einen Vorhang aus Vertikallamellen auf der Dienstzimmerseite. Die Verglasung ist nur einseitig vom Dienstzimmer aus durchsehbar. Das gesamte Fensterelement ist durchbruchhemmend nach DIN EN 1627 Widerstandsklasse RC 2 oder RC 3 (früher WK 2 oder WK 3) konstruiert. Das Fenster ist so groß zu wählen, dass tote Winkel (Schenkellänge max. 40 cm) vermieden werden.

Der Raum erhält keine abgeschlossene Nasszelle, aber eine halbhohe Schamwand zu den Sani-täreinrichtungsgegenständen, damit bei einem Blick durch das Sichtfenster der Schutz des In-timbereichs gewährleistet bleibt. In die Trennwand zum Schlafbereich wird der Fernseher eingebaut. In einem Installationsschacht, der nur vom Flur zugänglich ist, kann die gesamte Technik des Raumes gesteuert werden. In diesem Schacht sind ebenfalls der WC Spülkasten und der Geruchsverschluss des Waschbeckens untergebracht.

Waschbecken und WC sind vandalensicher, z. B. aus Edelstahl. Der Spiegel aus Sicherheitsglas wird wandbündig eingelassen. Beleuchtung und Steckdosen sind vandalensicher angebracht, Handtuch- und Kleiderhaken klappbar.

Die Raumbeleuchtung ist vandalensicher und vom Dienstzimmer bzw. Flur aus dimmbar. Die Bett-beleuchtung ist auch vom Gefangenen schaltbar. Im Tischbereich sind drei vandalensichere Steck-dosen. Neben der normalen Zellentür mit Insassenschließung und Kostklappe befindet sich die Zellenkommunikationsanlage. Der Fernseher mit eingebautem Radio einschließlich der Laut-sprecher wird vandalensicher eingebaut bzw. geschützt. Die Bedienung erfolgt durch eine sepa-rate Fernbedienung und / oder mittels Touchscreen.

Der Raum erhält eine regelbare Be- und Entlüftungsanlage mit Wärmerückgewinnung zur Raum-beheizung. Dadurch ist es problemlos möglich, ein ASD (Rauchansaug-) System einzubauen. Brände können so frühestmöglich erkannt werden.

Auf den Einbau von zu öffnenden Fenstern kann in diesem Fall verzichtet werden. Das Fenster erhält eine Festverglasung durchbruchhemmend nach DIN EN 1627 Widerstandsklasse RC 2 oder RC 3 (früher WK 2 oder WK 3). Dadurch kann die Vergitterung entfallen. Der Sonnenschutz, der gleichzeitig der Verdunklung dient, ist außen liegend und kann auch vom Gefangenen bedient werden. Eine Möglichkeit zum Aufhängen von Vorhängen ist vorhanden (Bundesarbeitsgruppe "Suizidprävention im Justizvollzug" Heft I, 2009). Bodenbelag: Linoleum oder Kautschuk mit „meditativem" Muster. Decke und Wände sind glatt ohne Vor- Rücksprünge; keine sichtbaren Rohrleitungen usw. Für die Farbgestaltung sind warme Farben vorzusehen. Die Wände im Wohn-Schlafbereich können farblich gegenüber dem Nassbereich abgesetzt werden.

Der Wandschmuck sollte möglichst viele Sinne ansprechen, z. B. meditative Bilder, Seerosenbil-der von Monet, Labyrinth oder ähnliches. Schutz und Befestigung sind vandalensicher. Ausstat-tungsgegenstände: Bett, Matratze, Wandschutz im Bettbereich, Stuhl, Ablage und Tisch. Die

Ausstattung / Möbel sind grundsätzlich aus Holz, alles vandalensicher befestigt und ohne Versteckmöglichkeiten konstruiert.

Vorstehender Abschnitt ist ein Auszug aus dem Heft II der Bundesarbeitsgruppe „Suizidprävention im Justizvollzug" (2012).

20.7   Projektorganisation

Bewährt hat sich eine Projektorganisation (siehe Abb. 22), bei der alle Entscheidungen von zwei Projektleitern getroffen werden.

Dem Projektleiter des Auftraggebers – *des Bauherren* – steht ein Projektleiter des Auftragnehmers gegenüber. Im besten Falle ist dieses der Generalist – ein Architekt.

Beide Projektleiter sind mit entsprechenden Durchsetzungs- und Entscheidungskompetenzen ausgestattet.

Diese beiden Projektleiter entscheiden alle Projektfragen. Den vom Projektleiter AG aufgestellten Qualitäts-, Kosten- und Zeitrahmen des Projektes setzt der Projektleiter AN um. Sie entscheiden alle offenen Punkte, bündeln alle Wünsche und führen die Entscheidungen in kürzester Zeit herbei.

Für den Projekterfolg muss die Finanzierung des benötigten Personals während der Planungs- und Realisierungsphase des Projektes und des späteren Betriebes des Objektes gesichert und ausreichend sein. Dieses gilt besonders für die Investitionskosten des Projektes und die späteren Nut-

Abb. 22: Projektorganisation

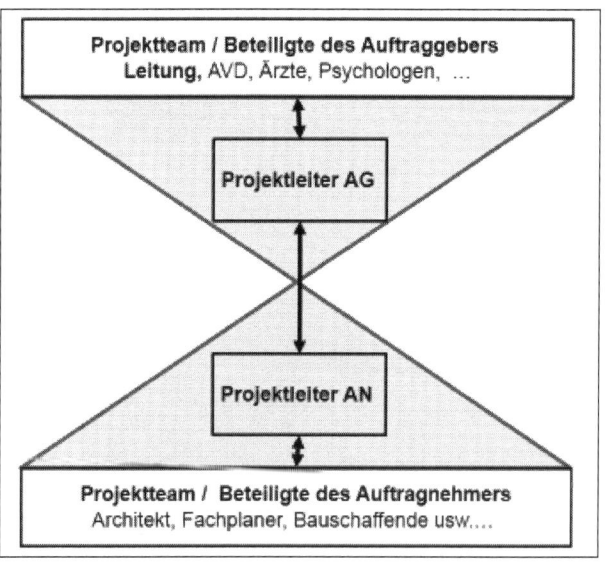

zungskosten Objektes. Eine Unterfinanzierung führt zu Gerichtsverfahren unsicheren Ausganges und im schlimmsten Fall zu einem Projektabbruch.

Ein realistischer Zeitplan mit ausreichend langer Vorbereitungs- und Planungszeit ist unerlässlich. Eine Nichtbeachtung dieser Selbstverständlichkeit führt zu Mehrkosten, Gerichtsverfahren usw.

Zusammengefasst: Nur durch die beschriebene Projektorganisation, eine gemeinsame Planung, ausreichende Finanzierung – verbunden mit einem entsprechenden Zeitrahmen – entstehen gleiche Erwartungen.

Die Möglichkeiten und Grenzen der baulichen Suizidprävention werden im Laufe der Projektentwicklung sichtbar und es kann angemessen und erfolgreich auf die auftretenden Widersprüche reagiert werden.

In dem vorstehenden Artikel wird ein Weg aufgezeigt, wie Ideen in bauliche Realität umgesetzt werden können. Dieser Weg führt mit Hilfe der Projektorganisation von der Idee über das Konzept und die daraus resultieren baulichen Anforderungen zum fertigen Gebäude. So entsteht eine Architektur der Angemessenheit im Ganzen und in jeder Einzelheit.

20.8   Literaturverzeichnis

* Bundesarbeitsgruppe Suizidprävention im Justizvollzug (2009). *Suizidprävention – Empfehlungen für den Justizvollzug, Heft I: Die Aufnahme von Gefangenen.* Celle: Kriminologischer Dienst im Bildungsinstitut des niedersächsischen Justizvollzugs.
* Bundesarbeitsgruppe Suizidprävention im Justizvollzug (2012). *Suizidprävention – Empfehlungen für den Justizvollzug, Heft II: Umgang mit Suizidalität.* Celle: Kriminologischer Dienst im Bildungsinstitut des niedersächsischen Justizvollzugs.
* Bundesministerium für Justiz (2006). *Freiheitsentzug – Die Empfehlung des Europarates Europäische Strafvollzugsgrundsätze.* Godesberg: Forum Verlag.
* DIN 18205 (April 1996). *Bedarfsplanung im Bauwesen.* Berlin: Deutsches Institut für Normung.
* Fischer, G. (2008). *Vitruv NEU oder Was ist Architektur?* Basel: Birkhäuser Verlag.
* Taut, B. (1935/1936). Architekturüberlegungen. Japan: Beilage zur ARCH+194 Oktober 2009.

21. Fortbildung – Suizidprävention für Bedienstete der Justiz

Maja Meischner-Al-Mousawi

21.1 Zusammenfassung

Fortbildungen zum Thema Suizidprävention sollen sensibilisieren, Interesse wecken, Wissen und Fertigkeiten vermitteln, die Sicherheit im Umgang mit der Thematik erhöhen, gegen Mythen ankämpfen und dabei möglichst jeden Teilnehmer erreichen. Suizidpräventionsschulungen gehören bereits zum wichtigen Bereich primärer Prävention dazu.

Um die genannten Ziele einer Fortbildung Suizidprävention zu erreichen, muss die Gestaltung weit über einen Frontalunterricht hinausgehen. Eine wichtige Besonderheit des Themas Suizidprävention ist, dass beim Umgang mit Suizidalität häufig Angst entsteht – etwa Angst davor, falsche Entscheidungen getroffen zu haben, nicht die „richtigen" Methoden zu kennen, Angst vor der Auseinandersetzung mit den eigenen suizidalen Themen oder Angst vor Konsequenzen bei einem Suizid. Bei manchen Kollegen entstehen Gefühle der Überforderung und Hilflosigkeit. Vielleicht werden alte berufliche oder private Erinnerungen aktualisiert, die möglicherweise als unangenehm empfunden werden. Diesen emotionalen Themen professionell zu begegnen, ist ein wichtiges Anliegen der Fortbildung.

In diesem Kapitel möchte ich einige meiner Erfahrungen aus der Durchführung vieler Fortbildungsveranstaltungen zu diesem Thema darlegen. Dabei sollen Ziele, Inhalte und Gestaltungsmöglichkeiten der Fortbildung beschrieben werden. Ein vollständiges „Manual" zur Konzeption von Fortbildungen kann dieses Kapitel nicht ersetzen; ich hoffe aber, dass es zu informieren und zu inspirieren vermag.

21.2 Teilnehmer und Dauer der Fortbildung

Die Teilnahme an einer solchen Fortbildung sollte aufgrund der Bedeutung des Themas verpflichtend sein. Im sächsischen Justizvollzug ist die Teilnahme an der Fortbildung Suizidprävention in den Standards der Suizidprävention festgelegt. Jeder Mitarbeiter der Justizvollzugsanstalt muss einmal im Jahr an einer Fortbildung teilnehmen.

Bei den Fortbildungen treffen viele Professionen mit unterschiedlichen Interessen zusammen. Es hat sich bewährt, nach Enge des Kontaktes zu Inhaftierten und Leitungsaufgaben zu differenzieren. So muss z. B. ein Vollzugsabteilungsleiter oder Zentralbediensteter in der Lage sein, über

Abläufe und Sicherungsmaßnahmen zu entscheiden, während ein Stationsbediensteter Fertigkeiten im persönlichen Umgang mit suizidalen Gefangenen beherrschen muss. Auch Fachdienste (Ärzte, Psychologen, Sozialarbeiter) benötigen eine intensive Schulung zu den Themen Diagnostik und Therapie von Suizidalität, da solche Kenntnisse nicht zwingend mit dem Berufsabschluss erworben sind. In Sachsen bieten wir zweitägige Fortbildungen für Ärzte und Psychologen an.

Bei der Konzeption der Fortbildung ist es notwendig, das zu erreichende Ziel mit der zur Verfügung stehenden Schulungszeit in Einklang zu bringen. Kurze Fortbildungen haben den Schwerpunkt auf Informationsvermittlung und Sensibilisierung. Lange (mehrtägige) Fortbildungen können Fertigkeiten vermitteln und trainieren. Wenn ein Schwerpunkt auf dem Fertigkeitentraining liegt, muss mehr Zeit und Vermittlungsqualität investiert werden. Nach meiner Auffassung sollten in jeder Justizvollzugsanstalt Kollegen arbeiten, die auch eine klare Vorstellung von Diagnostik, Handlungsspielräumen und Interventionsmöglichkeiten haben. Dass dies nicht für jeden Kollegen des allgemeinen Vollzugsdienstes gelten kann, ist nachvollziehbar. Die Entscheidung darüber, welcher Kollege wieviel Fortbildungsangebote bekommt, gehört zur Personalentwicklung im Justizvollzug. Die Implementierung einer Schulung zu Krisenintervention und Suizidprävention muss im Rahmen der Ausbildung der Anwärter zum Allgemeinen Vollzugsdienst selbstverständlich sein.

21.3   Einführung in das Thema

Beim Thema Suizidalität gibt es unterschiedliche vorgefasste Meinungen. In vielen Jahren praktischer Tätigkeit habe ich immer wieder den Satz gehört: „Wenn der das wirklich will, kann man sowieso nichts machen." Aber wer will das wirklich?

Um solche vorgefassten Meinungen zu thematisieren und die Teilnehmer mit ihren Perspektiven und Fragen früh einzubeziehen, haben sich verschiedene Zugänge bewährt. Ein Beispiel ist ein „Barometer", wie es im folgenden Kasten beschrieben wird.

Zwischen Optimismus und Resignation: Erfassung der Haltung zur Suizidprävention

Jeder Teilnehmer bekommt eine Karte, einen Aufkleber oder ähnliches und skaliert seine persönliche Haltung zwischen Optimismus und Resignation von -5 bis +5. Im Anschluss werden die Teilnehmer gebeten, ihre Selbsteinschätzung auf eine Karte zu schreiben und vorzutragen. Diese Haltungen können gesammelt und am Ende der Fortbildung nochmals in einer Gruppendiskussion aufgegriffen werden.

Eine weitere Zugangsmöglichkeit besteht in einer Auseinandersetzung mit Mythen zu Suizidalität. Dafür kann der Dozent verschiedene Mythen und Wahrheiten präsentieren und die Teilnehmer auffordern, die dargebotenen Feststellungen als „Wahrheit oder Lüge" zu kennzeichnen. Im Anschluss werden die Feststellungen erklärt und mit Forschungsergebnissen belegt. Die folgende Tabelle zeigt einige Beispiele für Aussagen, die genutzt werden können.

Mythos	Fakt
„Wer vom Suizid redet, wird ihn nicht begehen."	Nein: 80% der Menschen, die sich suizidierten, haben vorher ihre Absicht mitgeteilt.
„Suizid geschieht ohne Vorzeichen."	Nein: Suizidalität entwickelt sich über einen Zeitraum. Als Erklärungsmodell kann das präsuizidale Syndrom von Ringel (1953) dienen.
„Man soll Menschen nicht fragen, ob sie sich das Leben nehmen wollen, damit man sie nicht auf dumme Gedanken bringt."	Nein: Jemand, der unter Suizidgedanken leidet und/oder bereits eine Selbsttötung in Betracht zieht, erlebt es als entlastend, darüber sprechen zu können. Niemand nimmt sich gern das Leben!
„Besserung nach einer suizidalen Krise bedeutet das Aufhören des Risikos."	Nein: Nach den Dynamiken der präsuizidalen Entwicklung (Ringel, 1953) kann die Besserung auch als die Ruhephase nach dem Suizidentschluss verstanden werden.
„Wenn ein Gefangener sich das Leben nehmen will, kann es niemand verhindern."	Nein: Durch die Installation von suizidpräventiven Strategien konnten die Suizide in Deutschland (und Frankreich) um die Hälfte verringert werden. Durch die Suizidprävention in Sachsen gibt es kaum Suizide in den ersten 4 Wochen der Haft.
„Frauen reden über Suizid, Männer machen ihn."	Ja: Innerhalb und außerhalb des Vollzuges haben Männer eine höhere Suizidrate. (Aktuelle Zahlen können vom Bundesamt für Statistik erfragt werden.)
„Die meisten Suizide geschehen in den ersten vier Wochen der Haftzeit."	Ja: Die meisten Suizide geschehen in den ersten vier Wochen der Haftzeit. (Bennefeld-Kersten, 2012)
„Die meisten Suizide im Vollzug geschehen am Donnerstag."	Nein: Die meisten Suizide im Vollzug passieren Sonn- und Feiertags (Bennefeld-Kersten, 2012).
„Am häufigsten bringen sich Sexualstraftäter und Mörder um."	Ja und Nein: An erster Stelle waren die männlichen Suizidenten wegen Diebstahl/Hehlerei in Haft, welche aber auch die größte Gruppe unter den Inhaftierten bilden. Allerdings sind im Verhältnis eine große Zahl von Suiziden unter den Inhaftierten mit Sexual- und Tötungsdelikten festzustellen (Bennefeld-Kersten, 2012).
„Im Frühling geschehen die meisten Suizide."	Nein: Die Suizide sind relativ gleichmäßig über das Jahr verteilt (Bennefeld-Kersten, 2012).

21.4 Fachwissen und Vermittlungsmöglichkeiten

21.4.1 Was sind Krisen?

In diesem Teilbereich der Fortbildung sollen die Definition von Krisen und ein Ablaufschema von Krisenverläufen vermittelt werden. Hier geht es vorrangig um die Vermittlung von Fachwissen. Bei der Auseinandersetzung mit den Informationen zu Krisen und Krisenverläufen soll den Teilnehmern verdeutlicht werden, dass eine Inhaftierung ein kritisches Lebensereignis oder eine traumatische Lebenssituation darstellen kann, welche sich zu Krisen mit suizidalen Zuspitzungen entwickeln können.

- **Definition einer Krise:**
  Unter Krisen verstehen wir den Verlust des seelischen Gleichgewichts, den ein Mensch verspürt, wenn er mit Ereignissen und Lebensumständen konfrontiert wird, die er im Augenblick nicht bewältigen kann, weil sie von der Art und vom Ausmaß her seine durch frühere Erfahrungen erworbenen Fähigkeiten und erprobten Hilfsmittel zur Erreichung wichtiger Lebensziele oder zur Bewältigung seiner Lebenssituation überfordern (Caplan, 1964).

Krisenverlauf

Zur Veranschaulichung von Krisenverläufen können verschiedene Modelle verwendet werden, beispielsweise Folgende (zitiert aus Sonneck, 2000, S. 57):

	Veränderungskrisen (G. Caplan)		Traumatische Krisen (J. Cullberg)
1. Phase:	Konfrontation mit Ereignis		
2. Phase:	Lösung misslingt – **Gefühl des Versagens**		
3. Phase:	**Mobilisierung** aller Bewältigungskapazitäten führt zu a) Lösung, Bewältigung b) Rückzug mit Resignation **Chronifizierungsgefahr**	1. Phase:	**Schockphase:** Zustand der Betäubung oder chaotisch-ungesteuerter Aktivitäten
4. Phase:	**Vollbild der Krise** mit innerer „Lähmung" oder ziellosen Aktivitäten. *Gefahren:* Fixierung und Chronifizierung, Krankheit, Missbrauch, Suizidalität	2. Phase:	**Reaktionsphase:** Konfrontation mit Realität, Versuche, sie zu integrieren *Gefahren:* Fixierung: Wenn intrapsychische Konflikte aktiviert werden. Chronifizierung: Wenn soziale Isolierung, wenn äußere Hilfsstrukturen unbefriedigend, Krankheit, Missbrauch, Suizidalität
5. Phase:	**Bearbeitung** des Krisenanlasses und seiner Konsequenzen	3. Phase:	**Bearbeitungsphase:** Lösung vom Trauma und Vergangenheit
6. Phase:	**Neuanpassung**	4. Phase:	**Neuorientierung:** Selbstwertgefühl wieder gewonnen, neue Beziehung hergestellt

Die Verwendung verschiedener Modelle ist günstig, da die Gründe für krisenhafte Reaktionen der Inhaftierten unterschiedlich sein können.

Um den Teilnehmern eine bessere emotionale Annäherung an die Thematik zu ermöglichen, können folgende Fragen allein oder in Kleingruppen bearbeitet werden. Im Anschluss sollen die Ergebnisse der gesamten Gruppe vorgestellt werden.

1. Wenn Sie schon einmal in einer Krise waren: welche Gefühle treten auf?

2. Wie sehen diese Gefühle aus?

3. Wenn Sie in einer Krise waren: was hat Ihnen geholfen?

4. Wenn Sie schon einmal eine Krise bei einem Inhaftierten erlebt haben: welche Dinge sind Ihnen aufgefallen? Welches Verhalten konnten Sie beobachten?

Die Herausarbeitung von beobachtbarem Verhalten in Krisensituationen ist wichtig und notwendig für die Übertragung des Fachwissens in die Praxis. Dabei ist wichtig, darauf hinzuweisen, dass krisenhaftes Verhalten nicht nur depressives Rückzugsverhalten bedeutet, sondern sich auch in hoher Labilität und aggressiven Durchbrüchen äußern kann.

21.4.2   Wie entsteht Suizidalität?

Nach der Herleitung der Entwicklung von Krisen und deren Verlauf ist es sinnvoll, auf die Eigenheiten der Entwicklung von Suizidalität einzugehen. Suizidalität „fällt nicht von Himmel" sondern entsteht über einen Zeitraum. Suizidal ist nicht gleich suizidal: es ist wichtig, individuell das Ausmaß an und den Typ der Suizidalität zu beurteilen, um die notwendigen Interventionsmaßnahmen und Sicherungsmaßnahmen ableiten zu können. Eine besondere Herausforderung ist dabei die Differenzierung zwischen selbstverletzendem Verhalten, wie es bei Borderline-Persönlichkeitsstörungen typisch ist, und suizidalem Verhalten. Im Folgenden sollen einige Modelle der Beurteilung von Suizidalität vorgestellt werden.

- **Das präsuizidale Syndrom nach Ringel (1953)**

  1. Einengung
     - Situative Einengung;
     - Dynamische Einengung mit einseitiger Ausrichtung der Apperzeption, Assoziation, Affekte, Verhaltensmuster und mit Reduktion der Abwehrmechanismen;
     - Einengung der zwischenmenschlichen Beziehungen;
     - Einengung der Wertwelt.

  2. Gehemmte und gegen die eigene Person gerichtete Aggression

  3. Selbstmordphantasien

- **Die Stadien suizidaler Entwicklung nach Pöldinger (1968)**

    1. Erwägung: Suizidalität wird als mögliche Lösung des Problems in Betracht gezogen.

    2. Abwägung: Phase der Ambivalenz zwischen lebenserhaltenden und selbstzerstörerischen Impulsen; in dieser Phase kommen direkte und indirekte Suizidankündigungen vor.

    3. Entschluss: „Ruhe vor dem Sturm"; der Entschluss zum Suizid ist gefasst und fällt der Umwelt durch Entspannung auf, welche mit einer tatsächlichen Verbesserung nicht verwechselt werden darf.

- **Von der Arbeitsgemeinschaft „Suizidalität und Psychiatrisches Krankenhaus" werden unterschiedliche „Typen" von Suizidalität mit verschiedenem Handlungsdruck unterschieden (Grepner et al., 2005):**

    1. Ruhewünsche: ohne Versterbensintention.

    2. Todeswünsche: Aktuell oder in der Zukunft, ohne eigene aktive Handlung, ohne Handlungsdruck.

    3. Suizidideen: Mehr oder minder konkret als mögliche Handlungsweise gedacht; häufig Ausdruck von Ambivalenz, jedoch ohne konkreten Handlungsdruck, eher passiv.

    4. Suizidabsichten: Suizidideen mit konkreter Planung und Absichtserklärung zur Durchführung, deutlicher als Drang erlebter Handlungsdruck.

    5. Suizidversuch: Suizidale Handlung, die überlebt wird. Eine deutliche Todesintention und der Glauben, mit der angewandten Methode das Ziel zu erreichen, sind oder waren vorhanden.

    6. Suizid: Suizidale Handlung, die mit dem Tod des Durchführenden endet.

Parasuizidale Handlung: Sieht aus wie eine suizidale Handlung. Die Selbstdestruktion hat jedoch kaum Todesintention, wenngleich die Gefahr des Sterbens in Kauf genommen wird. Häufig ausgeprägter appellativer oder instrumenteller Charakter; es soll etwas erreicht werden oder es wird auf eine Veränderung abgezielt.

- **Von Felber (1993) wurde eine Klassifikation erarbeitet, die versucht, die verschiedenen Suizidarten zu typologisieren bzw. zu klassifizieren.**

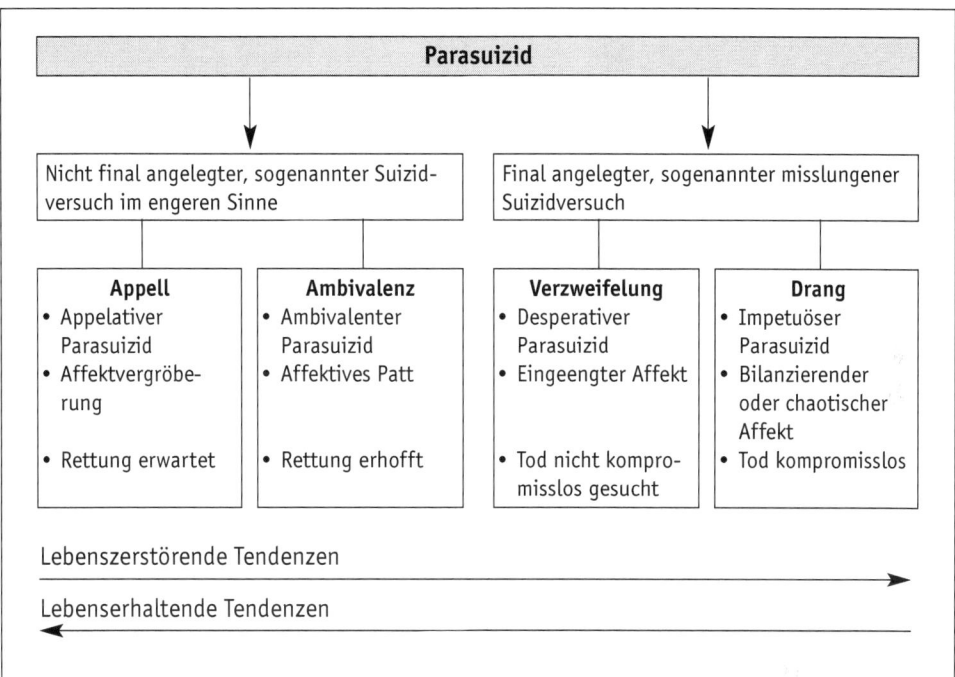

Anhand der verschiedenen Modelle sollten die Teilnehmer der Fortbildung über Erfahrungen mit Suiziden und Suizidversuchen reflektieren. Dafür eignen sich Fallbeispiele aus der Praxis sehr gut. Die Sensibilisierung für die unterschiedlichen Zustände, welche es im Rahmen suizidaler Entwicklungen geben kann, ist ein wichtiger Ausgangspunkt für die Ableitung konkreter Handlungsempfehlungen, die im Anschluss an die Fallbeispiele erarbeitet werden können. An dieser Stelle ist es wichtig, den Teilnehmern auch ein Gefühl für den zeitlichen Verlauf suizidaler Entwicklungen zu vermitteln. Einerseits sind in der Regel Phasen hochakuter Suizidalität zeitlich begrenzt, andererseits ist bei bestimmten dranghaften Verläufen die Wiederauftretenswahrscheinlichkeit akuter Phasen hoch und bedarf einer besonderen längerfristigen Aufmerksamkeit (Felber, 1993; Giernalczyk, 2003).

Die Modelle der Arbeitsgemeinschaft „Suizidalität und Psychiatrisches Krankenhaus" und von Felber (1993) eignen sich darüber hinaus zur Verdeutlichung der Unterschiede von selbstverletzendem und suizidalem Verhalten. Außerdem sind die Modelle hilfreich, um am wichtigsten Mythos „wenn der das wirklich will, kann man sowieso nichts machen" zu arbeiten und solche irrationalen Überzeugungen zu korrigieren. Damit kann das Kontroll- und Selbstwirksamkeitserleben der Teilnehmer im Umgang mit suizidalen Inhaftierten verbessert werden.

21.4.3   Wer ist besonders anfällig?

Für eine fachgerechte Einschätzung von Suizidalität und der Ableitung von Interventionsempfehlungen sind neben den Kenntnissen zu Krisenverläufen und suizidalen Entwicklungen auch die Kenntnisse zu Risikogruppen von besonderer Bedeutung. In verschiedenen Untersuchungen (vgl. Bennefeld-Kersten, Kap.1; Lohner, Kap.22) konnten Risikofaktoren erarbeitet werden. Neben situativen und biographischen Faktoren sind für die Praktiker Kenntnisse über psychische Störungen, die mit Suizidalität hoch assoziiert sind, und diagnostische Hinweise relevant.

An dieser Stelle soll nur auf den Risikofaktor psychische Störung eingegangen werden. In den Fortbildungen ist es sinnvoll, die im Folgenden genannten Störungsbilder vorzustellen, sowie Beispiele und Merkmale zu erarbeiten, anhand derer betroffene Inhaftierte erkannt werden können. Dafür sind Fallbeispiele oder Videos sehr hilfreich. Es geht ausdrücklich nicht darum, dem Stationsbediensteten umfangreiche diagnostische Fachkenntnisse zu vermitteln, sondern für die Besonderheiten dieser Störungsbilder zu sensibilisieren, damit aus einem „der Inhaftierte ist komisch" ein „der Inhaftierte muss dem Fachdienst vorgestellt werden" wird. Die Symptomatik der einzelnen Störungsbilder kann z. B. aus dem ICD-10 entnommen werden, weshalb an dieser Stelle auf eine ausführliche Symptombeschreibung verzichtet wird und nur auf spezielle Aspekte hingewiesen werden soll. Folgende Störungsbilder sind meines Erachtens wichtig:

Anpassungsstörungen und Depressionen

Neben der Vermittlung der diagnostischen Kriterien ist auch die Darstellung des Störungsbildes der „männlichen Depression" (Möller-Leimkühler, 2009) notwendig, da sich depressive Störungen im Justizvollzug auch auf diese Art zeigen können.

- **Vorgeschlagene diagnostische Kriterien der „männlichen Depression" (Zierau et al., 2002):**
  - vermehrter sozialer Rückzug, der oft verneint wird;
  - Burn-out: berufliches Überengagement, das mit Klagen über Stress maskiert wird;
  - Abstreiten von Kummer und Traurigkeit;
  - zunehmend rigide Forderungen nach Autonomie (in Ruhe gelassen werden);
  - Hilfe von anderen nicht annehmen: das „Ich kann das schon allein"-Syndrom;
  - ab- oder zunehmendes sexuelles Interesse;
  - zunehmende Intensität oder Häufigkeit von Ärgerattacken;
  - Impulsivität;
  - vermehrter bis exzessiver Alkohol- und/oder Nikotinkonsum, süchtig nach TV, Sport, etc.;
  - ausgeprägte Selbstkritik, bezogen auf vermeintliches Versagen;
  - Versagensangst;
  - andere für eigene Probleme verantwortlich machen;
  - verdeckte oder offene Feindseligkeit;

- Unruhe und Agitiertheit;
- Konzentrations-, Schlaf- und Gewichtsprobleme.

Persönlichkeitsstörungen

Bei der Vermittlung diagnostischer Kriterien der Persönlichkeitsstörungen sollte besonderer Wert auf eine transparente Vorstellung der narzisstischen Persönlichkeitsstörung gelegt werden. Es hat sich als hilfreich erwiesen, Merkmale für eine konstruktive Beziehungsgestaltung vorzustellen und „Fettnäpfchen" zu illustrieren. Solche Merkmale wurden von Sachse (2006) herausgearbeitet. Das folgende Beispiel soll zur Veranschaulichung dienen:

Konstruktive Beziehungsgestaltung bei der narzisstischen Persönlichkeitsstörung	„Fettnäpfchen" bei der narzisstischen Persönlichkeitsstörung
• Nicht defizitär behandeln • Respektieren • Akzeptieren • "Füttern" • Normalisieren • Compliance schaffen	• Nicht ernst nehmen • Kritisieren und entwerten • Wettbewerb der Großartigkeit • Machtkämpfe • Suizidalität unterschätzen

Störungen aus dem schizophrenen Formenkreis

Störungen aus dem schizophrenen Formenkreis kommen laut Prävalenzstudien (Schönfeld et al., 2005) zwar relativ selten vor, sind dafür aber umso eindrücklicher und bergen ein hohes Risiko für suizidale Entwicklungen. An dieser Stelle eignen sich wiederum Fallbeispiele zur Illustration psychotischer Symptome und Erläuterung der Fachausdrücke. Die Informationen zum Erkennen schizophrener Symptome sollten unbedingt durch Informationen über der Erkrankung vorausgehende Symptome (Prodromalsymptomatik) ergänzt werden. Dazu gehören neben den unten aufgeführten unspezifischen Symptomen (Yung et al., 1996), welche für viele psychische Störungsbilder zutreffen können, auch die Symptome, die unmittelbar vor Ausbruch der Erkrankung auftreten können (zitiert nach Juckel et al., 2003, S. 155):

- **Unspezifische Symptome**
  - Antriebsarmut,
  - Konzentrationsstörungen,
  - Gedrückte Stimmung,
  - Interessenlosigkeit,
  - Sozialer Rückzug,
  - Gefühlsschwankungen,
  - Schlaf- und Appetitstörungen,
  - Leistungsabfall.

- **Kriterien des „Ultra-high risk"-Ansatzes der Früherkennung**

Vorliegen mindestens eines der folgenden **attenuierten psychotischen Symptome, mehrfach über mindestens eine Woche auftretend**
- Beziehungsideen,
- Eigentümliche Vorstellungen oder magisches Denken,
- Ungewöhnliche Wahrnehmungserlebnisse,
- Eigenartige Denk- und Sprechweise,
- Paranoide Ideen.

Vorliegen mindestens eines der folgenden **kurzfristigen psychotischen Symptome (BLIPS)** mit einem Auftreten von weniger als sieben Tagen und nicht häufiger als zweimal pro Woche in einem Monat sowie spontaner Remission
- Halluzinationen,
- Wahn,
- Formale Denkstörungen.

Vorliegen eines **Risikofaktors** (familiäre Belastung mit einer schizophrenen Spektrumstörung oder schizotype Persönlichkeitsstörung beim Patienten) und einem Absinken des globalen Funktionsniveaus (Abfall im GAF-Gesamtwert um mindestens 30%).

Süchte

Abhängigkeitserkrankungen kommen im Justizvollzug relativ häufig vor und sind deshalb Praktikern vertraut. Unter dem Gesichtspunkt der Fortbildung ist der Verweis auf den engen Zusammenhang zwischen suizidalen Entwicklungen und Süchten notwendig, da Suchterkrankungen ein oft beobachteter Risikofaktor für suizidale Entwicklungen sind (Sonneck, 2000; Giernalcyk, 2003).

21.4.4   Was kann bei suizidalen Krisen getan werden?

Für den Stationsbediensteten ist neben dem Erkennen von Risikosignalen wichtig, in Notfallsituationen über Fertigkeiten des Umgangs mit den betroffenen Inhaftierten zu verfügen. Durch die Vermittlung von Informationen und Training von Fertigkeiten können die Handlungskompetenz verbessert und Ängste im Umgang mit dieser Thematik reduziert werden. Krisenintervention ist nicht ausschließlich Fachdienstangelegenheit, sondern kann von allen im Vollzug tätigen Berufsgruppen durchgeführt werden. Wichtige Fortbildungsbausteine sind:

- Erste Schritte der Krisenintervention;
  - Ernst nehmen – zuhören – stabilisieren;
- Weitergabe der Informationen an Fachdienste;
  - Information und Dokumentation;
- Einleitung von ersten Sicherungsmaßnahmen.

21.4.4.1 Erste Schritte der Krisenintervention

Ein wichtiges Medium der Vermittlung sind in diesem Fortbildungsbaustein Rollenspiele. Techniken der Beziehungsgestaltung und der Gesprächsführung lassen sich nicht im „Trockenkurs" vermitteln, sondern müssen geübt werden, auch wenn dies anfänglich meist mit hoher Scham besetzt ist. Grundsätzlich müssen Rollenspiele gut vorbereitet sein. Nach der Erklärung der theoretischen Elemente zum Beziehungsaufbau und der Gesprächsführung ist es hilfreich, wenn der Dozent ein Rollenspiel mit einem Teilnehmer vorführt, damit danach die anderen Teilnehmer in Kleingruppen üben können. Als kleine Auflockerung sind auch paradoxe Vorgehensweisen möglich. So kann den Teilnehmern die Aufgabe gestellt werden, die Gesprächsführung möglichst unempathisch zu gestalten, damit es zum Beziehungsabbruch durch den Inhaftierten kommt. Eins meiner „Lieblingsbeispiele" aus der Praxis ist die Äußerung eines Bediensteten zu einem suizidalen Inhaftierten: „Wenn Du Dich schon umbringen willst, dann aber nicht in meiner Schicht!". Dieses Ausmaß an Zynismus hat mich damals sehr erschüttert. In Fortbildungen kann eine Auseinandersetzung mit dieser Aussage hilfreich sein, um das eigene Menschenbild und die Haltung im Berufsleben zum Thema Suizidalität zu diskutieren.

Um die ersten wichtigen Schritte – Ernst nehmen – zuhören – stabilisieren – umsetzen zu können, benötigen die Bediensteten konkretes Handwerkszeug zur Gesprächsgestaltung. Folgende Elemente sollten erarbeitet und im Rollenspiel geübt werden:

- Zeit nehmen für ein Gespräch – Krisenintervention geht nicht nebenbei
- Ernstnehmen der Situation des Inhaftierten – Was muss ich dafür tun?
- Direktes Fragen nach Suizidgedanken / Suizidabsichten – Wie formuliere ich die Fragen?
- Probleme des Inhaftierten sammeln – Unter was leidet der Inhaftierte?
- Stellen offener Fragen – Wie können diese formuliert werden?
- Wahrnehmung und Intuition – Auf welche Signale sollte geachtet werden?
- Verzichten auf das Anlegen persönlicher Wertmaßstäbe – Welche Gefahren in den Formulierungen gibt es?
- Vermittlung konkreter Hilfestellungen – Was kann der Stationsbedienstete konkret anbieten?

Ausführliche Informationen zu konkreten Handlungsmöglichkeiten finden sich in Heft II „Umgang mit Suizidalität" der BAG „Suizidprävention im Justizvollzug".

21.4.4.2 Weitergabe der Informationen an Fachdienste

Nach der Feststellung einer krisenhaften Entwicklung bei einem Inhaftierten ist die Dokumentation und Weitergabe der Informationen an Fachdienste zwingend notwendig. Jede Justizvollzugsanstalt muss dafür eine Dienstanweisung vorhalten, die konkret den Dokumentationsstandard und die Hinzuziehung von Fachdiensten, z. B. am Wochenende, regelt. In den sächsischen Standards der Suizidprävention werden sowohl das Vorhalten einer Dienstanweisung als auch die Dokumentationsrichtlinien festgelegt. Dokumentationsvorgaben müssen geübt werden, damit ein unbefangener Umgang für den Stationsbediensteten möglich ist. Konkret bedeutet das:

- Was muss dokumentiert werden?
- An welcher Stelle muss dokumentiert werden?
- Wer bekommt die Information?
- Wann wird die Information weitergeleitet?

Dabei ist ein wichtiger Baustein dieses Fortbildungsabschnittes, den Bediensteten die Sorgen zu nehmen, zu schnell oder zu früh Informationen weiterzugeben. Jede Information über den psychischen Zustand eines Inhaftierten ist für den Mitarbeiter der Fachdienste wertvoll. Die Mitarbeiter der Fachdienste können dann eigenverantwortlich die weitere Betreuung übernehmen.

21.4.4.3 Einleitung von ersten Sicherungsmaßnahmen

Neben der Feststellung und Weiterleitung von Informationen ist die Einleitung erster Sicherungsmaßnahmen wesentlich. An dieser Stelle ist auch eine Dienstanweisung notwendig, in welcher klar geregelt wird, bei welchem Ausmaß an Suizidalität welche Sicherungsmaßnahmen gerechtfertigt sind. Im sächsischen Justizvollzug regeln im Rahmen des Screeningverfahrens ein „Maßnahmebogen im Aufnahmeverfahren" und ein „Maßnahmebogen im Haftverlauf" die Unterteilung in Notfallsituation (Hinweise auf akute Suizidalität) und Risikosituation (Hinweise auf latente Suizidalität). Die Feststellung der Notfall- oder Risikosituation bedingt weitere Festlegungen hinsichtlich der anzuwendenden vorläufigen Sicherungsmaßnahmen. Dazu gehören z. B.

- bei Feststellung einer Notfallsituation: der Inhaftierte erhält eine Kennzeichnung „S" für akut suizidal, darf nicht mehr allein gelassen werden und ein Mitarbeiter des psychologischen Dienstes muss sofort hinzugezogen werden. Dieser empfiehlt nach einem Gespräch mit dem Inhaftierten weitere Sicherungsmaßnahmen. Das können z. B. die Unterbringung in einem Suizidpräventionsraum sein, die Anfertigung von Beobachtungsbögen mit konkreten Angaben, auf was der Bedienstete achten muss oder ein psychiatrisches Konsil, zur Prüfung der Verlegung in das Justizvollzugskrankenhaus.
- Bei Feststellung einer Risikosituation: der Inhaftierte erhält eine Kennzeichnung „GM", wird gemeinschaftlich untergebracht bzw. in festgelegten Zeitabständen kontrolliert. Ein Fachdienst wird hinzugezogen und empfiehlt das weitere Vorgehen. Auch für diese Inhaftierte können Beobachtungsbögen angelegt werden.

Die Einschätzung des psychologischen Dienstes wird im sächsischen Justizvollzug auf dem Formblatt „Psychologische Einschätzung des Suizidrisikos" dokumentiert. Die Benutzung dieses Formblattes wird in den Fortbildungen „Diagnostik und Therapie bei Suizidalität" für Ärzte und Psychologen geübt.

Darüber hinaus kann in einer Teamsitzung die weitere Begleitung im Rahmen der Krisenintervention festgelegt werden. Die Bedeutung des Austausches im Team ist ein wichtiger Bestandteil der Fortbildung zur Suizidprävention, da alle Professionen im Vollzug einen wichtigen Beitrag leisten können und der Informationsaustausch, gerade bei manipulativen Inhaftierten wesentlich für eine adäquate Einschätzung des Suizidrisikos ist. Die Bedeutung des Beitrages der Stationsbediensteten muss immer wieder betont werden, da diese Kollegen den engsten Kontakt zu den Inhaftierten haben und ohne ihre Beteiligung die Suizidprävention nicht verantwortungsvoll gestaltet werden kann.

Durch Festlegungen über die Dokumentation erhält der Bedienstete Handlungssicherheit sowie eine eindeutige und verbindliche Arbeitsgrundlage. Allerdings birgt die Benutzung von Formblättern auch das Risiko, dass sich der Benutzer nicht mehr intensiv in die Problematik hineindenkt. Aus diesem Grund ist es notwendig, die Benutzung von Formblättern in Schulungen zu üben.

Wenn es konkrete Vorgaben für den Umgang mit suizidalen Inhaftierten gibt, müssen die Abläufe und Entscheidungsbäume mit den Bediensteten an Fallbeispielen in der Fortbildung trainiert werden.

21.5   Ausblick

Die Gestaltung von Fortbildungsveranstaltungen sollte professionell und lebendig sein. Die Teilnehmer tatsächlich zu erreichen, ist immer wieder eine große Herausforderung. Die Arbeit an der Motivation für dieses Thema ist ein steter Prozess, der über eine Schulungsmaßnahme hinausgeht. Neben den Fortbildungen sind auch die Leitungskräfte im Justizvollzug gefragt, die Bedingungen für eine adäquate suizidpräventive Arbeit zu schaffen. Dazu gehören z. B. neben der Gestaltung der notwendigen Arbeitsatmosphäre die Förderung der Zusammenarbeit im Team mit Möglichkeiten der Psychohygiene, Räume für Gespräche, Dienstanweisungen sowie monetäre Möglichkeiten zum Kauf von z. B. Kaffee oder Tabak für akute Krisensituationen.

21.6   Literaturverzeichnis

* Bennefeld-Kersten, K. (2012). *Suizide von Gefangenen in Deutschland 2000 bis 2010 – Totalerhebung.* Unveröffentlichtes Manuskript.
* Caplan, G. (1964). *Principles of preventive psychiatry.* New York & London: Basic Books.
* Felber, W. (1993). *Typologie des Parasuizids.* Regensburg: S. Roderer Verlag.
* Giernalczyk, T. (2003). *Lebensmüde.* Tübingen: dgvt-Verlag.
* Grebner, M., Lehle, B, Neef, I., Schonauer, K., Vogel, R. & Wolfersdorf, M. (2005). Empfehlungen zur Diagnostik und zum Umgang mit Suizidalität in der stationären psychiatrisch-psychotherapeutischen Behandlung. *Krankenhauspsychiatrie, 16*(S1), 51-54.

- Juckel, G., Schultze-Lutter, F. & Ruhrmann, S. (2003). Früherkennung beginnender schizophrener Erkrankungen. *Psychoneuro, 30*(3), 153–159.
- Möller-Leimkühler, A. M. (2009). Männer, Depression und „männliche Depression". *Fortschritte der Neurologie und Psychiatrie, 77*, 412–422.
- Pöldinger, W. (1968). *Die Abschätzung der Suizidalität.* Bern: Huber.
- Ringel, E. (1953). *Der Selbstmord. Abschluss einer krankhaften Entwicklung.* Wien [u. a.]: Maudrich.
- Sachse, R. (2006). *Therapeutische Beziehungsgestaltung.* Göttingen: Hogrefe-Verlag.
- Sonneck, G. (2000). *Krisenintervention und Suizidverhütung.* Wien: Facultas Universitätsverlag.
- von Schoenfeld, C.-E., Schneider, F., Schroeder, T., Widmann, B., Botthof, U. & Driessen, M. (2006). Prävalenz psychischer Störungen, Psychopathologie und Behandlungsbedarf bei weiblichen und männlichen Gefangenen. *Der Nervenarzt, 77*(7), 830-841.
- Yung, A. R. & McGorry, P. D. (1996). The initial prodrome in psychosis: descriptive and qualitative aspects. *Australian and New Zealand Journal of Psychiatry, 30*(5), 587-599.
- Zierau, F., Bille, A., Rutz, W. & Bech, P. (2002). The Gotland Male Depression Scale: A validity study in patients with alcohol use disorders. *Nordic Journal of Psychiatry, 56*(4), 265-271.

22. Screening

Johannes Lohner

22.1   Zusammenfassung

Um diejenigen unter den Neuinhaftierten zu erkennen, die – statistisch gesehen – ein erhöhtes Risiko für suizidales Verhalten aufweisen, werden im Rahmen der Anwendung von Screeningverfahren Gefangene auf das Vorliegen von Risikofaktoren untersucht. Dieses Kapitel erläutert einige Grundprinzipien dieser Screenings und geht dabei auch auf die Problematik bei der Festlegung von Cutoffs (Schwellenwerte, ab wann ein Gefangener als „Risikogefangener" eingestuft wird) ein. Es werden verschiedene Arten von Screeningverfahren vorgestellt und ihre Vor- und Nachteile bzw. Einsatzmöglichkeiten und Grenzen diskutiert. Darüber hinaus werden rechtliche Aspekte und Vorgaben in Bezug auf den Einsatz dieser Verfahren und das weitere Vorgehen nach dem Screening vorgestellt. Es hat sich heraus gestellt, dass Screenings im Rahmen der Aufnahmeprozedur von Neuinhaftierten ein essentieller Bestandteil im Gesamtkonzept der Suizidprävention von Justizvollzugsanstalten sind. Die Verhinderung von Suiziden ist jedoch eine komplexe Herausforderung für den Vollzug und Screenings bergen die Gefahr, die Bediensteten in trügerischer Sicherheit zu wiegen.

22.2   Screeningbögen zur Vorhersage von suizidalem Verhalten

22.2.1   Was ist Screening? Grundprinzipien von Screeningtools

Die Vorhersage menschlichen Verhaltens ist sehr schwierig und umso schwieriger, je länger der Zeitraum ist, für den etwas vorhergesagt werden soll und je mehr unbekannte Variablen es gibt. Da aber die Suizidraten besonders am Anfang einer Inhaftierung besonders hoch sind (siehe Bennefeld-Kersten, Kap.1), gilt es schnell diejenigen zu erkennen, die besonders gefährdet sind, auch wenn noch wenig über sie bekannt ist und nur ein aktueller Status, aber kein Verlauf zu beobachten ist. Screeningverfahren sind Fragebögen, mittels derer aus der Grundgesamtheit aller Gefangenen (meist aller Neuinhaftierten) im Rahmen eines Rasterverfahrens suizidgefährdete Gefangene erkannt werden sollen. Diese Screenings bestehen dabei aus statistisch gewonnenen Risikofaktoren, von denen ermittelt wurde, dass sie häufig einem Suizid vorangehen oder mit ihm in Beziehung stehen, ihn also vorhersagen können (Prädiktoren).

Screeningtools unterscheiden sich im Wesentlichen durch die Risikofaktoren voneinander, aus denen sie bestehen.[1] Während „schlankere" Varianten weniger Variablen beinhalten (z. B. Dahle et al., 2005) und dadurch evtl. weniger aufwendig sind (Zeit, Anforderungen an professionellen Hintergrund des Anwenders), nehmen andere Verfahren mehr Variablen in den Blick (z. B. „VISCI", Frottier et al., 2008). Die meisten Verfahren konzentrieren sich hauptsächlich auf statische Risikofaktoren (meist zeitstabile, leicht objektivierbare Daten, wie Alter, Schulbildung, Vordelikte etc.). Während statische Risikofaktoren den Nachteil haben, nicht sensitiv gegenüber Veränderungen zu sein und deshalb wenig über die aktuelle Situation eines Gefangenen aussagen, sind dynamische Faktoren schwieriger zu erheben und eignen sich deshalb nur eingeschränkt für effektive Screeningmaßnahmen. Sollen Screeningverfahren beispielsweise auch von Justizvollzugsbediensteten angewendet werden, gilt es eben auch nur solche Variablen in einen Fragebogen aufzunehmen, die durch nicht psychopathologisch Geschulte zu bearbeiten sind (Dahle et al., 2005). Missoni und Konrad (2008) weisen in diesem Zusammenhang darauf hin, dass auch die Verlässlichkeit statischer Daten teilweise erheblich eingeschränkt ist (bspw. Frage nach psychiatrischer Vorerkrankung), v. a. wenn es sich um Selbstauskünfte von Gefangenen handelt, bei denen die Gefangenen u. U. negative Konsequenzen vermuten (bspw. Angabe einer psychischen Störung).

Eine entsprechend aufwändigere Mischung aus statisch-historischer und dynamisch-aktueller Befindlichkeit bietet bspw. die „Depression, Hopelessness and Suicide Screening Form" (DHS, Mills & Kroner, 2002)[2].

22.2.2   Wie werden Screeningbögen eingesetzt?

In einfacheren Varianten von Screeningbögen hat jeder Prädiktor das gleiche Gewicht und geht, wenn dieser Risikofaktor beim entsprechenden Gefangenen vorliegt, mit einem Punkt in das Gesamtergebnis der Einschätzung des Gefangenen ein. Bei elaborierteren Verfahren sind diese Prädiktoren noch nach ihrem Vorhersagevermögen gewichtet. So erhalten besonders starke Prädiktoren (z. B. „aktuelle Suizidversuche oder Suizidgedanken" = drei Punkte, vgl. Dahle et al., 2005) ein höheres Gewicht als schwächere (z. B. „Alter über 40 Lebensjahre" = ein Punkt, vgl. Dahle et al., 2005). Die jeweils erzielten Punkte werden addiert. Ist ein vorher festgelegter Schwellenwert (Cutoff) überschritten, so hat der entsprechende Gefangene *statistisch gesehen* ein höheres Risiko für Suizidalität. Durch die Verwendung eines Screeningbogens wird, eine gewissenhafte Anwendung vorausgesetzt, darüber hinaus auch sichergestellt, dass keine wichtigen Fragen vergessen oder übergangen werden. Wie in einer Checkliste werden alle Faktoren abgefragt, die im Rahmen der Suizidprävention wichtig sind.

---

[1]   Rabe und Konrad (2010) und Bennefeld-Kersten (Kap. 1) bieten einen Überblick über Risikofaktoren für Suizide von Gefangenen.
[2]   Eine Darstellung und Untersuchung weiterer Screeningverfahren haben Perry et al., (2010) vorgenommen.

22.2.3 Das Problem mit dem richtigen Cutoff – ein Dilemma

Im Rahmen des Justizvollzugs sind Fachdienste häufig aufgefordert, das Verhalten einer Person vorherzusagen: „wird der Gefangene Lockerungen missbrauchen?", „wird er wieder rückfällig und unter welchen Bedingungen wird er es nicht?", „wird er einen Suizidversuch unternehmen?". Natürlich will man bei der Vorhersage eines Verhaltens bzw. Erkennung einer Gruppe von Menschen, die dieses Verhalten zeigen werden, keine Fehler machen. Zu denken ist hier sowohl an sog. „Falsch Positive", also Personen, die trotz einer Einstufung als suizidgefährdet, keinen Suizidversuch unternehmen als auch an „Falsch Negative", also Personen, deren Suizidrisiko gering eingeschätzt wurde, die aber dann einen Suizidversuch unternehmen.

Beim ersten Fehler sind die „Kosten" dieser Fehlentscheidung unmittelbar nicht besonders tragisch – wir haben auf jemanden aufgepasst, der *vermeintlich* eigentlich ungefährlich war. Ob sich dieser Gefangene auch ohne unsere Aufmerksamkeit und Anstrengungen nicht umgebracht hätte, werden wir allerdings nie erfahren. Als „Kosten" sind Ressourcen verbraucht worden, die evtl. falsch eingesetzt wurden und die wir nicht dorthin geleitet haben, wo wir sie vielleicht besser hätten gebrauchen können. Um die Wahrscheinlichkeit für diese Fehler möglichst zu verringern, wird die sog. Spezifität (Richtig als „Positive" vorhergesagte) des Vorhersage- oder Screeninginstruments möglichst erhöht. Dies kann, neben der Auswahl besonders guter Prädiktoren, über eine *Erhöhung* des Cutoffs geschehen: es werden dann nur noch die besonders Gefährdeten erkannt.

Beim zweiten Fehler (Falsch Negative) wird man sich vorwerfen müssen, evtl. zu unvorsichtig gewesen zu sein. Der „Preis" dafür ist ungleich höher, nämlich ein Menschenleben. Um nun die Wahrscheinlichkeit für diese Fehler möglichst klein zu halten, wird die sog. Sensitivität (Richtig als „Negative" vorhergesagte) erhöht. Wie nicht anders zu erwarten, kann dies durch die *Verringerung* des Cutoffs gelöst werden, so dass möglichst viele potentiell Gefährdete erkannt werden.

Allerdings sind nun Spezifität und Sensitivität über die Änderung des Cutoffwertes eines Vorhersageinstruments unmittelbar voneinander abhängig. Damit wird ein Dilemma offenbar: entweder die Anstalt riskiert wenig, setzt den Cutoff möglichst niedrig und hat dann u. U. sehr viele Gefangene, die potentiell gefährdet sind (es aber vielleicht eigentlich nicht sind) oder sie entscheidet sich für das Gegenteil und riskiert, einen Suizidgefährdeten zu übersehen. Die Wahl scheint angesichts der drastischen Folgen eines Suizids schnell getroffen, jedoch lohnt eine genauere Betrachtung eines weiteren Aspekts.

Zwar ist die Suizid(versuchs)rate von Gefangenen im Vergleich zur Allgemeinbevölkerung deutlich erhöht, jedoch handelt es sich glücklicherweise – statistisch gesehen – immer noch um ein seltenes Ereignis. Bei Phänomenen, die in Bezug auf die Grundgesamtheit aller relativ selten auftreten, wie etwa der Suizid(versuch) eines Gefangenen, spricht man von sog. kleinen Basisraten. Selbst bei einer hypothetisch angenommenen, sehr hohen Vorhersagegenauigkeit eines Screenings (hohe Spezifität *und* hohe Sensitivität), ist bei kleiner Basisrate von einer (absolut) sehr großen Zahl an falsch positiv Eingeschätzten auszugehen – so kann es sein, dass für einen

---

richtig erkannten Suizidgefährdeten dann Hunderte falsch positiv eingeschätzt wurden, weil der Cutoff eines Instruments um einen kleinen Schritt erhöht wurde (vgl. Kühl & Schumann, 1989). Die vielen falsch positiven Gefangenen werden die Ressourcen einer Anstalt extrem strapazieren und darüber hinaus die Aufmerksamkeit des Personals für das Thema einer Suizidgefährdung schon auf kurze Sicht reduzieren, weil keine echte Unterscheidung mehr stattfindet. Insofern wäre durch „zu große" Vorsicht die beabsichtigte Wirkung eines Screenings ins Gegenteil verkehrt.

22.2.4   Es gibt nicht *das* Screeningtool

Beim Blick auf den „Markt" vorhandener Screeninginstrumente kann dem Suchenden schnell schwindelig werden und er verliert den Überblick. Was ist nun das richtige Screeningverfahren für die jeweilige Anstalt? Da sich Justizvollzugsanstalten in einer Reihe von Aspekten teilweise drastisch voneinander unterscheiden, diese Aspekte aber in Bezug auf die Suizidalität große Wirkung entfalten können, wird verständlich, wieso es nicht *ein* Screeningtool geben kann, das für alle Anstalten gleichermaßen geeignet ist. Um nur einige dieser Kriterien zu nennen: Haftanstalten unterscheiden sich nach ihrer Belegungskapazität, der Haftart, dem Geschlecht der Insassen, dem Alter der meisten (Neu-)Inhaftierten, der Anzahl der Fachdienste, der Haftdauer und Deliktform der meisten Gefangenen, der psychischen Belastung und Störungen der (Neu-)Inhaftierten etc.. Während z. B. die Eigenschaften von Suizidenten in Untersuchungsanstalten relativ uniform erscheinen und sich die Suizidenten hinsichtlich der Risikofaktoren oftmals gleichen (bspw. intoxiziert, frühere Suizidversuche, frisch inhaftiert bzw. um den Termin der Verhandlung herum, vgl. Lohner & Konrad, 2009), stellt sich die Gruppe der Suizidenten aus der Strafhaft wesentlich inhomogener dar. Entsprechend fällt es viel schwerer für diese Gefangenen ein Risikoprofil zu zeichnen und nach ihnen zu suchen. Idealerweise würde jede Anstalt mit ihren individuellen Gegebenheiten ein eigenes Risikoprofil entwickeln und nach entsprechenden gefährdeten Gefangenen dann rasterartig suchen. Dies ist aufgrund des hohen Forschungsaufwandes nicht realistisch und durchführbar. Vielmehr gilt es die Charakteristika, wie sie in der Entwicklungsstichprobe verwendet wurden, mit denen der eigenen Anstalt zu vergleichen und festzustellen, welches Screeningtool am besten geeignet erscheint.

Wann immer möglich, sollten alle vorhandenen Vorinformationen in ein Screening mit einfließen können. Dies können Informationen aus Vorinhaftierungen (teilweise auch in anderen Anstalten), von der Polizei oder dem Haftrichter oder aus anderen Quellen sein. Es wäre unklug, diese Erkenntnisquellen nicht zu nutzen oder bei der Entwicklung eines Screeningbogens keinen entsprechenden Raum für derlei Daten zu schaffen. Die Wege der Kommunikation zu den Erkenntnisquellen sind im Rahmen kollegialer Netzwerkarbeit zu pflegen, um bei den Beteiligten Verständnis für die Thematik zu fördern.

Im Rahmen einer Aufnahmeprozedur, die ein Screening beinhaltet, dürfen auf keinen Fall unstrukturierte (klinische) Beobachtungen und Eindrücke des Personals außer Acht gelassen werden, auch wenn sie im Rahmen des eigentlichen Screenings keinen Platz haben. Hat beispielsweise ein aVD-Beamter ein diffuses, „schlechtes Gefühl" beim Umgang mit dem entsprechenden Gefangenen, so ist solchen Wahrnehmungen gewissenhaft nachzugehen – ein blindes Vertrauen auf Screeningbögen könnte fatale Folgen haben.

22.2.5 Fortlaufende Screenings

In diesem Zusammenhang wird noch ein Problem offensichtlich: ist der Hochrisikozeitraum klar eingrenzbar, so sind Screeninganstrengungen auch eben zu diesem Zeitpunkt besonders sinnvoll – dies ist bei Untersuchungsgefangenen und Neuinhaftierten der Fall, da sich die meisten ihrer Suizide sehr früh ereignen. Da sich für die Strafgefangenen die Risikozeiträume nicht so klar angeben lassen, ist auch nicht zu beantworten, für welchen Zeitpunkt spezielle Risikofaktoren zu suchen sind und wann gescreent werden sollte.

Klassische Screeningverfahren kommen hier an ihre Grenzen. Es gilt im Sinne eines fortlaufenden Screenings, das immer wieder durchgeführt wird, entsprechende Risikogefangene herauszufinden. Würden diese Verfahren vorwiegend aus statischen Variablen bestehen, also Faktoren die auch über lange Zeit unveränderlich sind (bspw. Alter über 40 Jahre, Kapitaldelikt, Vorgeschichte an psychischer Erkrankung oder Suizidversuchen), so käme das wiederholte Screening zwangsläufig immer zum selben Ergebnis und ware deshalb entbehrlich. Derartige fortlaufende Screeningverfahren erweitern die bisher dargestellten Ansätze und gehen in Richtung statistisch unterstützter Einzelfalleinschätzungen, wie sie im nächsten Abschnitt beschrieben werden.

22.3 Screening – und dann?

Je stärker Screening klassisch betrachtet und eingesetzt wird, also rein auf statistischen Daten beruht (nomothetischer Ansatz), mit denen alle Gefangenen rasterartig betrachtet werden, umso mehr gilt, dass es sich beim Ergebnis des Screenings nur um einen Hinweis handelt, der dabei hilft, die Aufmerksamkeit der Bediensteten grundsätzlich besser zu fokussieren. Würde man bspw. allen im Screening „positiv" erkannten Gefangenen einen Vermerk „Suizidgefahr" geben, hätte man vielfach bald annähernd jeden zweiten Gefangenen zu beobachten. Das ist weder angebracht noch notwendig und führt ganz praktisch jede Suizidprävention ad absurdum, weil für die wirklich Gefährdeten keine Ressourcen mehr zur Verfügung stehen (s.o.). Insofern muss sich bei einem positiven Screeningergebnis zwangsläufig eine *individuelle* Einschätzung der aktuellen Suizidgefahr des Betreffenden anschließen.

Besonders konsequent und deshalb als vorbildlich zu erwähnen ist hier ein Aspekt der Anwendung des Wiener Instruments für Suizidgefahr in Haft (VISCI) im Österreichischen Justizvollzug.

Neben dem positiven Ansatz, dass man einer fortlaufenden Einschätzung von Suizidalität durch erneute Untersuchungen entspricht, führen die Ergebnisse von Screeningfragen und klinischen Einschätzungen zu einer Einschätzung des Gefangenen auf einer sog. „Ampel", wobei die Farben unterschiedliche Gefährdungsstufen symbolisieren (diese Verfahrensweise kann auch kritisch hinterfragt werden, siehe unten). Wurde ein Gefangener auf „Rot" gestuft, so wird dies automatisch im Computersystem der Anstalt vermerkt und führt z. B. dazu, dass der betreffende Gefangene unter keinen Umständen in einen Einzelhaftraum eingebucht werden kann. Dadurch kann die Wahrscheinlichkeit für entsprechende verhängnisvolle Fehler vermieden werden.

Perry et al. (2010) weisen ausdrücklich darauf hin, dass Screeningtools nur dann wirksamer Bestandteil von Suizidprävention sein können, wenn ihnen in jedem Fall adäquate Reaktionen folgen und weitere Maßnahmen ergriffen werden. Ansonsten hätten Kritiker Recht, die Screenings als Ressourcenverschwendung bezeichnen. Wie wirksam entsprechende Verfahren sein können, wurde von Gallagher und Dobrin (2005) gezeigt, die in Jugendhaftanstalten signifikant weniger Suizidversuche fanden, in denen nach Suizidgefahr gescreent wurde.

22.3.1 Grenzen von Screeningverfahren und Bedeutung im Rahmen der Suizidprävention

Wie bereits erwähnt, dienen Screenings dazu, potentiell gefährdete aus der „anonymen Masse" vieler herauszufinden. Sie ergänzen an dieser Stelle die Präventionsanstrengungen einer Anstalt. Es ist dabei in keinem Fall so, dass durch Screeningtools eine differenzierte Einschätzung der aktuellen Suizidgefahr oder des Suizidwunsches einer einzelnen Person möglich ist. Beim „Massenverfahren Screening" geht es nicht um eine (idiographische) Einzelfalleinschätzung. Solche Einzelfalleinschätzungen können nur für einen bestimmten Moment oder sehr begrenzten Zeitraum von einer Fachkraft vorgenommen werden, wobei statistisch (nomothetisch) gewonnene Risikofaktoren mit klinischen Eindrücken sinnvoll und logisch schlüssig zu kombinieren sind.

Es ist zu befürchten, dass Screeningverfahren, die in eine mehr oder weniger explizite Einschätzung des Suizidrisikos münden, den Beteiligten falsche Sicherheit suggerieren. So könnten die o.g. Ampelsignale des VISCI im Fall von „grüner" Stufe dazu führen, dass die Bediensteten ihre Aufmerksamkeit im Hinblick auf Gefahrensignale beim Gefangenen reduzieren. Die an Fachleute vielfach herangetragene Forderung, sich bei Einschätzungen und in Stellungnahmen möglichst eindeutig festzulegen, ist gleichermaßen verständlich und grundsätzlich auch berechtigt. Wenn es die Kunst des Faches und der konkrete Fall erlauben, sollten Aussagen so konkret wie möglich gemacht werden – eine Flucht in nebulöse Allgemeinplätze hilft niemandem und ist unprofessionell. Es ist jedoch im Rahmen der Kommunikation einer Justizvollzugsanstalt nicht selten zu beobachten, dass sich einmal verschriftlichte Stellungnahmen verselbstständigen und quasi unkorrigierbar stehen bleiben. Ein einmal als „nicht suizidal" eingeschätzter Gefangener bleibt Zeit seiner Inhaftierung dann auch „nicht suizidal". Eine einfache Festlegung im Sinne einer Ampel kann zu solchen ungünstigen Entwicklungen führen. Es ist deshalb darauf zu achten, dass die Ergebnisse von Screenings richtig kommuniziert werden und Suizidalität als Prozess verstanden wird, der in der menschlichen Natur liegt und zu dem grundsätzlich jeder in krisenhaften Situationen fähig ist.

22.3.2 Screening als Konsequenz aus rechtlichen Vorgaben

Suizide und Suizidversuche von Gefangenen sind, neben der psychischen Belastung für Bedienstete, auch aufgrund rechtlicher Bestimmungen eine Herausforderung für den Justizvollzug. Bspw. nach Art. 5 Abs. 2 BayStVollzG ist „schädlichen Folgen des Freiheitsentzugs [...] entgegenzuwirken" und nach Art 58 Abs. 1 BayStVollzG (früher § 56 StVollzG) „für die körperliche und geistige Gesundheit der Gefangenen [...] zu sorgen". Romkopf und Riekenbrauck (1999) weisen in diesem Zusammenhang in ihrer Kommentierung des § 56 StVollzG darauf hin, dass zwar der „Erfolg" eines Suizides nicht als Pflichtwidrigkeit [der Anstalt] angesehen werden könne, jedoch ein richtiges Vorgehen bei der Verhinderung von Suiziden schlüssig und nachvollziehbar sein müsse. Dabei müsse das Handeln der Suizidprävention „Methode" erkennen lassen, worunter bspw. auch Screeningmaßnahmen im Vorfeld gehörten, zur Erkennung potentiell gefährdeter Gefangener. Siegel (1997) spricht in diesem Zusammenhang von der Garantenpflicht zur Verhinderung von Selbsttötungen, die der Strafvollzug gegenüber seinen Gefangenen habe. Werde diese Amtspflicht schuldhaft verletzt, könne es auch zu strafrechtlichen Konsequenzen kommen. Ein Verschulden werde nach den Fragen „war der Suizid vorhersehbar" und „welche Maßnahmen zur Verhinderung konnten und mussten im Einzelfall getroffen werden" beurteilt. Dabei gingen die Gerichte nicht von der absolut sicheren Voraussehbarkeit bzw. Abwendbarkeit eines Suizides aus. Vielmehr könne das richtige diagnostische Vorgehen verlangt werden, das nachvollziehbar dokumentiert sein müsse. Grundlage dieses „richtigen" diagnostischen Vorgehens kann nur eine wissenschaftliche fundierte Diagnostik von Suizidgefahr – wie beispielsweise die Anwendung o.g. Screeningverfahren – sein.

Mit anderen Worten: niemand kann dafür verantwortlich gemacht werden, wenn sich ein Gefangener suizidiert, es sei denn er (oder die Anstalt) hat nicht alles Mögliche auf die richtige Art und Weise versucht. Schon deshalb sind Bedarf und Wunsch der Verantwortlichen nach praktikablen und vorhersagesicheren Screeningbögen groß und ihr Einsatz macht Sinn. Wie geschildert, gilt es bei ihrem Einsatz jedoch eine Reihe von Dingen zu beachten.

Für die künftige Foschung stellt sich die Frage, wie suizidgefährdete Gefangene noch besser erkannt werden können. Bisher konzentriert sich die Forschung zum Thema Suizidscreenings sehr auf Risikofaktoren. Dies liegt einerseits daran, dass sie starke Vorhersagekraft haben, andererseits aber auch daran, dass sie im Rahmen retrospektiver Untersuchungen leichter zu beforschen sind. Künftige Forschungsanstrengungen sollten im Rahmen prospektiver Studien auch versuchen, protektive Faktoren zu ermitteln, um durch ein Abwägen von Schutz- und Risikofaktoren bessere Prognosen zu ermöglichen. Gleichzeitig würden dadurch Ansatzpunkte für suizidpräventive Arbeit und Behandlung des Einzelfalls genannt. Außerdem sollten Risikofaktoren (ob gewichtet oder nicht) nicht nur addiert werden, sondern über die Entwicklung spezifischer Risikoprofile (unterschieden nach Anstaltstypen) Cluster der Suizidgefährdung erkannt werden. So könnte es sein, dass gewisse Risikofaktoren für sich genommen keine starke Vorhersagekraft besitzen, sie jedoch in bestimmter Kombination mit anderen Faktoren eine bessere Prognose erlauben.

22.4   Literatur

- Dahle, K.-P., Lohner, J. & Konrad, N. (2005). Suicide prevention in penal institutions: Validation and optimization of a screening tool for early identification of high-risk inmates in pretrial detention. *International Journal of Forensic Mental Health, 4*(1), 53-62.
- Frottier, P., König, F., Matschnig, T., Seyringer, M. E., & Frühwald, S. (2008). Das Wiener Instrument für Suizidgefahr in Haft (VISCI). *Psychiatrische Praxis, 35*, 21–27.
- Gallagher, C. A. & Dobrin, A. (2005). The association between suicide screening practices and attempts requiring emergency care in juvenile justice facilities. *Journal of the American Academy of Child & Adolescent Psychiatry, 44*(5), 485-493.
- Kühl, J. & Schumann, K. F. (1989). Prognosen im Strafrecht – Probleme der Methodologie und Legitimation. *Recht & Psychiatrie, 7*, 126-148.
- Lohner, J. & Konrad, N. (2009). Preventing Suicide in Penal Institutions. *Directions in Psychiatry, 29*(4), 39-49.
- Mills, J. F. & Kroner, D. G. (2002). *Depression, Hopelessness and Suicide Screening Form (DHS),*
- *User Guide.* Selby, Ontario: Authors.
- Missoni, L., Konrad, N. (2008). Beurteilung der Suizidgefährdung in Untersuchungshaft. *Recht und Psychiatrie, 26*, 3-14.
- Perry, A. E., Marandos, R., Coulton, S. & Johnson, M. (2010). Screening Tools Assessing Risk of Suicide and Self-Harm in Adult Offenders: A Systematic Review. *International Journal of Offender Therapy and Comparative Criminology, 54*(5), 803-828.
- Rabe, K. & Konrad, N. (2010). Aktuelle Aspekte des Gefängnissuizids. *Forensische Psychiatrie, Psychologie, Kriminologie, 4*(3), 182-192.
- Romkopf, U. & Riekenbrauck, W. (1999). Kommentierung des § 56 StVollzG. In H.-D. Schwind & A. Böhm (Hrsg.), *Strafvollzugsgesetz: (StVollzG); Gesetz über den Vollzug der Freiheitsstrafe und der freiheitsentziehenden Maßregeln der Besserung und Sicherung vom 16. März 1976* (S. 481-486). Berlin: de Gruyter.
- Siegel, W. (1997). Zum Umgang mit der Suizidproblematik. *Zeitschrift für Strafvollzug und Straffälligenhilfe, 46*(1), 34-35.

23. Suizidprävention mit Texten und Bildern

Zur Enstehungsgeschichte von Flyern und Empfehlungen

Katharina Bennefeld-Kersten & Maria Gröbner

Im Jahr 2005 hat der Kriminologische Dienst im Bildungsinstitut des niedersächsischen Justizvollzugs damit begonnen, bundesweit Daten zu Suiziden von Gefangenen abzufragen (Totalerhebung). Eine erste Auswertung ergab u. a. eine hohe Anzahl von Suizidenten, die sich zum Zeitpunkt ihres Todes noch in Untersuchungshaft befunden hatten. Auch dass viele Suizide schon kurz nach der Inhaftierung vollzogen worden waren, ließ einen dringenden Handlungsbedarf erkennen. Die Ergebnisse der Totalerhebung wurden der im Jahr 2006 ins Leben gerufenen „Bundesarbeitsgruppe Suizidprävention im Justizvollzug"[1] vorgestellt. Dort wurden nach Erörterung verschiedener Möglichkeiten der Intervention Flyer und Hefte mit Empfehlungen für den Justizvollzug als suizidpräventive Maßnahmen im Justizvollzug entwickelt.

Die Empfehlungen Heft I und Heft II (Heft III ist in Vorbereitung) fokussieren unter suizidpräventiven Aspekten einzelne Bereiche und Abläufe. Heft I behandelt die inhaltliche Gestaltung und bauliche Konzeption der Aufnahme von Gefangenen. Prof. Rademacher ist Architekt und hat für den Justizvollzug Vorschläge zur Gestaltung der Büro- Funktions- und Hafträume entwickelt (Rademacher, Kap. 20). Heft II hat den Umgang mit suizidalen Gefangenen zum Inhalt. Es soll Bediensteten helfen, Gefangenen, die in eine Krise geraten sind, ein Gefühl für Lebensnotwendigkeiten zu vermitteln. Heft III wird Handlungsempfehlungen für die Situation nach einem Suizid geben, angefangen vom Auffinden eines Suizidenten bis zu Gesprächen mit Angehörigen und Mitgefangenen.

Die Flyer richten sich an Vollzugsbedienstete und Gefangene. Die Idee für den ersten Flyer war, durch eher beiläufige Information über die Problematik suizidaler Gefangener das „Merkblattwesen" abzuschaffen. Ein vielerorts als „Merkblatt zur Selbstmordverhütung" benanntes Dokument musste einmal jährlich allen Bediensteten in Erinnerung gerufen werden. Es hatte auch durchaus wichtige Informationen und praktikable Vorschläge zum Inhalt, es wurde nur nicht mehr gelesen. So entstand erst einmal ein Flyer für Bedienstete „Hinsehen, zuhören, reden...", der nach dem Motto „Wussten Sie schon..." über Risikogruppen und kritische Zeiten im Haftverlauf informierte. Im Flyer werden auch Empfehlungen zum Umgang mit möglicherweise suizidgefährdeten Gefangenen gegeben.

---

[1] Siehe http://www.suizidpraevention-deutschland.de/arbeitsgruppen.html

Die Kosten für den ersten Druck der Flyer wurden vom Nationalen Suizidpräventionsprogramm getragen und der Flyer den Bundesländern kostenlos zur Verfügung gestellt. Dort entwickelte sich jedoch eine so große Nachfrage, dass der Kriminologische Dienst die weitere Verteilung der Flyer gegen Kostenerstattung übernahm.

Vermutlich war es der große Erfolg, der die Bundesarbeitsgruppe veranlasste, 2009 einen Flyer für Gefangene zu entwickeln „Niedergeschlagen? Schlecht drauf? Nicht zögern! Reden!". Dieser Flyer soll neu aufgenommenen Gefangenen vermitteln, dass Gefühle von Hilflosigkeit, Angst und Schuld mit entsprechenden physischen Begleiterscheinungen nicht ungewöhnlich sind und sich üblicherweise nach einiger Zeit abschwächen. Die Gefangenen sollen motiviert werden, etwas für die eigene Stabilisierung zu tun und sich Hilfe zu holen, wenn die Belastungen überhand nehmen. Anfangs konnte der Flyer nur deutschsprachigen Gefangenen zur Verfügung gestellt werden. Inzwischen haben es die Mitglieder der Bundesarbeitsgruppe mit großem Engagement und Hartnäckigkeit unter Nutzung all ihrer Kontakte geschafft, den Flyer kostenfrei in 14 weitere Sprachen übersetzen zu lassen. Auch dieser Flyer fand und findet großes Interesse in den Bundesländern. Als nach einiger Zeit aus mehreren Bundesländern der Wunsch geäußert worden war, einen entsprechenden Flyer für junge Gefangene zu erstellen, hat sich die Arbeitsgruppe „Suizidprävention im Justizvollzug"[2] im Jahr 2012 dieser Aufgabe angenommen und unter der Leitung von Johannes Lohner einen jugendspezifischen Flyer entwickelt. Auch dieser Flyer wurde durch Vermittlung der Bundesarbeitsgruppe in zurzeit 14 weitere Sprachen übersetzt[3]. Im folgenden Abschnitt werden von Mitgliedern der Arbeitsgruppe die Kriterien vorgestellt, die für die Gestaltung des Flyers ausschlaggebend waren.

23.1   Ein Flyer für jugendliche Gefangene

23.1.1   Hintergrund zur Entstehung

Im Vergleich zum Flyer für erwachsene Gefangene wurden folgende Aspekte als nicht geeignet für Jugendliche betrachtet:

1. **Design:** U. a. entsprechen die verwendeten Bilder nicht den Erwartungen junger Menschen. Sie schaffen es nicht, ihr Interesse zu wecken und die gewünschten Informationen und Emotionen zu transportieren. Insgesamt wirkt der Flyer zu nüchtern und sachlich, um für Jugendliche aus den übrigen Schriftstücken aufzufallen, die bei Haftbeginn übergeben werden.

2. **Text / Menge:** Der Flyer für Erwachsene arbeitet mit sehr viel Text, was auf Jugendliche eher abschreckend wirkt. Die Sprachwahl wirkt nüchtern und evtl. zu sachlich für Jugendliche.

---

[2] Fakultät Soziale Arbeit an der Hochschule für angewandte Wissenschaften Landshut
[3] Bezug über das Bayerische Staatsministerium der Justiz und für Verbraucherschutz, Abt. F

3. **Text / Anrede:** „Sie" ist die passende Ansprache für erwachsene Inhaftierte. Bei jugendlichen und jungen Erwachsenen kann diese Ansprache einen distanzierten Umgang zwischen Mitarbeitern und jungen Klienten hervorrufen und für den Aufbau von Vertrauen hinderlich sein. Da der Flyer als Vermittler zwischen Mitarbeitern und Jugendlichen gesehen werden kann, entschied sich die AG nach kontroverser Diskussion für die Anrede mit „Du". Die Kontaktaufnahme zu Mitarbeitern wird dadurch niederschwelliger gestaltet.

4. **Text / Ausdrucksweise und Wortwahl:** Die Sprache sollte jugendtypisch und nicht überfordernd sein. Ansonsten fühlen sich Jugendliche nicht in ihrer individuellen Lage abgeholt.

5. **Thematisierung von Suizidalität:** Im Flyer für Erwachsene liegt der Fokus sehr stark auf der Suizidalität, die explizit thematisiert wird. Das fanden einige Praktiker bedenklich. Sie befürchten, dass sich Jugendliche dadurch animiert fühlen und mit Suizid drohen könnten, um Aufmerksamkeit zu erhalten und ernst genommen zu werden. Diese Bedenken wurden von der AG nicht geteilt (siehe auch Beitrag Lempp & Radeloff, Kap. 12). Suizidprävention soll nicht erst bei akuter und offener Suizidalität ansetzen, sondern bereits in latenten Vorstadien, also in diffusen Krisensituationen und bei Missstimmungen. Darum wird das Thema Suizid im Flyer für Jugendliche nicht explizit genannt, sondern vielmehr versucht, die missliche emotionale Situation dieser Vorstufe zu beschreiben.

Durch Besuche verschiedener Jugendanstalten konnten spezielle Bedürfnisse von jungen Gefangenen beobachtet werden, die bei der Gestaltung des Flyers Berücksichtigung fanden.

Die Ziele des Flyers für jugendliche Gefangene stellen sich wie folgt dar:

- Die jungen Gefangenen sollen da abgeholt werden, wo sie stehen, indem die vermeintliche Gefühlssituation der Neuinhaftierten beschrieben wird.

- Die jungen Gefangenen sollen ermutigt werden, Kontakt zu Mitarbeitern aufzunehmen.

- Die jungen Gefangenen sollen Möglichkeiten der Freizeitgestaltung und Ausbildung im Gefängnis kennenlernen, um als Teilnehmer „Hilfe zur Selbsthilfe" zu erfahren. Ziel ist es, ihnen Selbstwirksamkeitserleben zu vermitteln: Auch in Haft ist man nicht hilflos ausgeliefert, auch dort kann man das eigene Schicksal konstruktiv in die Hände nehmen.

23.1.2 Umsetzung

Die Titelseite des Flyers „KNAST – was nun?" soll als „Eyecatcher" ansprechen und den „Türöffner" darstellen, da sich die Jugendlichen u. U. in einer ausweglosen Situation befinden und vermutlich nicht genügend Informationen darüber haben, was sie in der kommenden Zeit erwartet. Das auf der zweiten Seite verwendete Bild verkörpert (assoziiert) eine Art „inneres Gefängnis", aus dem nicht ausgebrochen werden kann. Dadurch soll das Gefühl des Eingesperrtseins und das Gedankenkreisen symbolisiert werden, aus dem nicht ausgestiegen werden kann. Entsprechend werden auf der folgenden Seite diverse Gefühlszustände geschildert, die verschiedene emotionale Befindlichkeiten darstellen, wie sie von jungen Gefangenen berichtet worden sind. Die Sprachwahl der Gefühlsäußerungen wurde bewusst in jugendtypischem Stil gewählt. Begriffe wie „ätzend", „mies" etc. liegen nahe am Sprachgebrauch der Jugendlichen, damit können sie sich identifizieren, aber auch angesprochen und ernst genommen fühlen. Hervorgehoben wird dies durch das entsprechende Design. Auf den darauf folgenden Seiten werden Ansätze und Vorschläge aufgezeigt, um die vorherrschende Situation zu ändern und zu verbessern. In der Folge soll den Jugendlichen die Scheu davor genommen werden, Kontakt zu Mitarbeitern der JVA aufzunehmen. Kommunikation stellt die entscheidende Grundlage der Zusammenarbeit dar, sowohl von Mitarbeitern in Richtung der Jugendlichen, als auch von Jugendlichen in Richtung Mitarbeiter. Ein weiterer Aspekt des Flyers ist, dass die Jugendlichen aktiv werden sollen, etwas für sich zu tun und nicht in Lethargie zu versinken. Ebenso werden sie ermuntert, sich Informationen zu unterschiedlichen Themen wie Schule und Ausbildung während des Aufenthalts in der JVA zu besorgen.

23.1.3   Rezeption

Die Justizverwaltungen mehrerer Bundesländer (u. a. Baden-Württemberg, Bayern) beschlossen, den Flyer nach seiner Fertigstellung als Bestandteil der Aufnahmeprozedur für neu inhaftierte Jugendliche verbindlich an alle Gefangenen auszuhändigen. Darüber hinaus wurde er in 17 Sprachen übersetzt, um auch Gefangene zu erreichen, die kein Deutsch sprechen. Er kann über das Bayerische Staatsministerium der Justiz und für Verbraucherschutz bezogen werden.

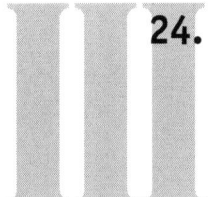

24. Telefonseelsorge für Gefangene – eine besondere Art sozialer Unterstützung

Katharina Bennefeld-Kersten

24.1 Zusammenfassung

Der folgende Beitrag berichtet von einer bis heute einmaligen Maßnahme sozialer Unterstützung für Gefangene in Niedersachsen. Angehörige der niedersächsischen Gefängnisseelsorge bieten Untersuchungsgefangenen ab der ersten Nacht nach ihrer Inhaftierung ein Gespräch per Telefon an, das die Gefangenen anonym von ihrem Haftraum aus führen können. Daten zu Suiziden von Gefangenen als Anlass für die Einrichtung dieser Maßnahme werden berichtet und Gesprächs-Modalitäten vorgestellt. Gefangene haben in einem Fragebogen u. a. Fragen nach Ängsten und Suizidgedanken beantwortet und Seelsorger haben die Telefongespräche dokumentiert. Die Auswertung gibt aufschlussreiche Einblicke in die Bedürfnislage von Gefangenen in ihren ersten Hafttagen.

24.2 Vorbemerkung

Das Ergebnis der Suche nach einer Maßnahme, die es Gefangenen ermöglicht, über ihre Straftat und ggf. suizidale Überlegungen sprechen zu können, ohne dass die Fürsorgepflicht von Bediensteten berührt wird, war die Einrichtung der *Telefonseelsorge für Gefangene*.

Im März 2010 wurde in vier niedersächsischen Gefängnissen eine *Telefonseelsorge für Gefangene* (TfG) eingerichtet. Sie soll vor allem Untersuchungsgefangenen in den ersten Hafttagen seelischen Beistand leisten. Gefangenen, die sich in einer Krise befinden, die möglicherweise an Suizid denken, aber nicht als suizidal erkannt wurden, bietet sie ein Forum, das es ihnen möglich macht, die eigene Befindlichkeit vertrauensvoll und „folgenlos" anzusprechen.

In Freiheit kann jeder anonym die *Telefonseelsorge* (TS) anrufen und sich Rat und Zuspruch holen. Die TS in Deutschland hat Daten von 4 231 348 Kontakten im ersten Halbjahr 2013 ausgewertet. In 6 % der Gespräche wurde Suizid benannt und in 2,5 % war Suizidalität Thema des Gesprächs. Blömeke hat festgestellt, dass Anrufende „den Mitmenschen [suchen], bei dem sie hier und jetzt ankommen können, der bzw. die es versteht, zu trösten, zu ermutigen, zu stärken und sie ein Stück weit zu begleiten" (Blömeke, 2014, S. 33). Ein Arrangement an Zuwendung, das der Bedürfnislage Neuinhaftierter ganz besonders zugutekommt.

24.3   Suizide von Gefangenen

Die Einlieferung in ein Gefängnis ist für die Betroffenen ein erheblicher Einschnitt in die Gestaltung ihres Lebensalltags und ein deutlicher Verlust an Lebensqualität. In den Jahren 2000 bis 2013 waren in bundesdeutschen Gefängnissen jeweils im März des Jahres im Durchschnitt mehr als 76 000 Personen in Haft. In diesem Zeitraum haben sich 1067 Gefangene – pro Jahr durchschnittlich 76 Personen – getötet. Wenn auch davon ausgegangen werden kann, dass Straftat und Inhaftierung zu den sogenannten kritischen Ereignissen (Filipp, 2010) zählen, weiß man letztlich nicht konkret, was Inhaftierte veranlasst haben mag, ihrem Leben ein Ende zu setzen. Aber es gibt zu denken, wenn 1067 Personen in staatlicher Obhut offenbar keine andere Möglichkeit gesehen haben, ihrem Leben eine andere Wendung zu geben. Viele von ihnen haben ihre Entscheidung vermutlich noch unter dem Druck der (kritischen) Ereignisse getroffen. In der ersten Haftzeit, konkret am zweiten, dritten und vierten Hafttag, wurden mit 53, 34 und 33 Fällen am häufigsten Suizide vollzogen. Demzufolge muss das Ziel sein, Zeit zu gewinnen und einer Krise zu begegnen, bevor sie die Wendung in die Suizidalität nimmt.

Dass Gefangene in der ersten Zeit nach ihrer Inhaftierung als Zugehörige einer Hochrisikogruppe zu klassifizieren sind, war das Ergebnis einer Totalerhebung des Kriminologischen Dienstes im Bildungsinstitut des Landes Niedersachsen (Bennefeld-Kersten, 2009). Erhoben wurden Daten über alle Gefangenen der Bundesrepublik, die sich seit dem Jahr 2000 das Leben genommen haben. Dabei stellte sich heraus, dass es insbesondere die Gruppe der Untersuchungsgefangenen betraf, die – untergebracht in einer Einzelzelle – sich nachts getötet hatte. Gefangene äußern nicht selten den Wunsch, in einer Einzelzelle untergebracht zu werden, dort sind sie jedoch nachts und weitgehend auch tagsüber sich selbst überlassen. Gerade die erste Zeit nach der Inhaftierung stellt häufig eine starke psychische Beanspruchung dar. Soziale Unterstützung kann dabei (über-)lebensnotwendig sein. Sie hilft, Wegweiser im Dickicht verflochtener Problemsituationen zu finden, ist geeignet, Ängste zu mildern und durch Begleitung und Zuwendung zur emotionalen Beruhigung beizutragen. In dieser Situation soziale Unterstützung von Personen außerhalb des Gefängnisses zu erhalten, ist jedoch schwierig: Die Kontakte von Untersuchungsgefangenen bedürfen der Genehmigung des Haftrichters, Telefonate und Briefe werden kontrolliert. Demzufolge ist das Ausmaß sozialer Unterstützung begrenzt und ihre Präsentation mit Rücksicht auf den „Kontrolleur" kalkuliert. Inhaftierte Personen können ihren Alltag nicht selbst gestalten. Die für Personen in Freiheit selbstverständlichen individuellen Wege der Problemlösung stehen ihnen nicht zur Verfügung. Für ein quantitativ und qualitativ hohes Ausmaß an Problemen gibt es für sie keine ausreichenden Bewältigungsmöglichkeiten und kaum soziale Unterstützung. Seligmann (1979) hat für Beeinträchtigungen von Personen, die Situationen als nicht von ihnen kontrollier- und beeinflussbar wahrnehmen, das Modell gelernter Hilflosigkeit entwickelt. Ohne Korrektiv von außen können auf dem Boden gelernter Hilflosigkeit kognitive und emotionale Deprivation gedeihen. Das Ergebnis der Suche nach einer Maßnahme, die es den Gefangenen ermöglicht, ein Mindestmaß an Kontrolle über ihre Lebensgestaltung zurückzugewinnen und über ihre Straftat und ggf. suizidale Überlegungen sprechen zu können, ohne dass die Fürsorgepflicht von Bediensteten berührt wird, war die Einrichtung der *Telefonseelsorge für*

Gefangene. Als Gesprächspartner bieten sich grundsätzlich im Gefängnis tätige Fachdienste an, denn soziale Unterstützung geht fehl, wenn beispielsweise einem Untersuchungsgefangenen, der Sorge um den Erhalt seiner Partnerschaft hat, geraten wird, sich mit seiner Partnerin doch auszusprechen. Dabei ist auch zu berücksichtigen, dass die Problematik eines Ratsuchenden am Telefon für den Gesprächspartner sehr schwer einzuschätzen ist. Im telefonischen Gespräch fehlen viele Informationen, die einem Berater im persönlichen Gespräch zur Verfügung stehen, zum Beispiel Wahrnehmungen über die äußere Erscheinung des Ratsuchenden, über Haltung, Mimik und Gestik (Christoph, Kap. 25). Angehörige der Gefängnisseelsorge sind vor allem wegen ihrer Schweigepflicht, aber auch aufgrund ihrer alltäglichen Erfahrung im Umgang mit emotional hoch belasteten Menschen als kompetente Zuhörer für diese Klientel besonders geeignet.

24.4   Ablauf der TfG

Im Januar 2010 haben sich Mitarbeiter der niedersächsischen Gefängnisseelsorge dazu bereiterklärt, im Rahmen eines Pilotprojekts Untersuchungsgefangenen in der ersten Haftzeit nachts telefonisch beizustehen. Das Niedersächsische Justizministerium beauftragte eine Telefongesellschaft (Telio) in vier niedersächsischen Justizvollzugsanstalten Telefone in Crafträumen der jeweiligen Aufnahmeabteilungen einzurichten. Seit März 2010 können neu aufgenommene Untersuchungsgefangene zur Nachtzeit aus ihrem Haftraum mit einem Seelsorger der niedersächsischen Gefängnisseelsorge sprechen. Die Gespräche sind anonym. Wenn Gefangene von sich aus keine Mitteilung machen, weiß der Gesprächspartner nicht, aus welcher Anstalt der Anruf kommt. Im Juli 2010 haben die in der Telefonseelsorge aktiven Seelsorger die Fortführung des Projekts beschlossen. Inzwischen nutzen weitere drei niedersächsische Justizvollzugsanstalten das Angebot der TfG.

24.5   Ergebnisse einer Dokumentation

Von Beginn an wurde das Pilotprojekt vom Kriminologischen Dienst dokumentiert. Dazu wurden technische Daten wie Anzahl, Uhrzeit und Dauer der Gespräche bei der Telefongesellschaft abgefragt und sowohl die in einer „Telefonzelle" untergebrachten Gefangenen, als auch ihre Gesprächspartner gebeten, einen Fragebogen auszufüllen. Nachdem Ende des Jahres 2012 die Organisation der TfG (nunmehr *SaT, Seelsorge am Telefon*) durch die Kirchen übernommen worden war, wurde die Auswertung der technischen Daten der Telefongesellschaft eingestellt, Fragebögen von Gefangenen und Seelsorgern jedoch noch einige Zeit weiter erfasst.

Hier werden einige Ergebnisse der Auswertung von Fragebögen vorgestellt, die bis Ende des Jahres 2013 dem Kriminologischen Dienst übersandt worden sind.

24.6 Fragebogen für Gefangene

(N=301, davon 263 Untersuchungsgefangene, 38 Strafgefangene)

Zielgruppe der TfG waren in einer Einzelzelle untergebrachte Untersuchungsgefangene. Unmittelbar nach ihrer Inhaftierung sollten sie während der Nachtzeit die Möglichkeit zu einem Gespräch haben. In Einzelfällen wurden die Telefonzellen auch mit Strafgefangenen belegt. Alle Gefangenen, die während ihrer ersten Haftzeit in einem Haftraum mit Telefon untergebracht worden waren, wurden gebeten, einen Fragebogen auszufüllen und diesen in einem verschlossenen Brief dem Kriminologischen Dienst übersenden zu lassen[1].

Gefragt wurde u. a. nach ihren Kontakten, nach Befürchtungen und Ängsten, nach Suizidgedanken und Personen, die sie als hilfreich erlebt hatten. Sie wurden auch gebeten, anzugeben, ob sie telefoniert hatten und – falls nicht – was sie von einem Gespräch abgehalten hatte.

Frage: *Haben Sie Kontakte nach draußen?*

> *„Nein, weil ich in U-Haft bin und noch keine Freigabe vom Gericht habe"*

Ein Drittel der Gruppe der Gefangenen hat angegeben, zum Zeitpunkt der Beantwortung keine Kontakte nach draußen zu haben. Das betraf diejenigen, die zum Zeitpunkt der Beantwortung längstens 14 Tage inhaftiert waren (n=103) in besonderem Maß. Von dieser Gruppe gaben 40,7% an, keine Außenkontakte zu haben. Dabei handelte es sich bis auf 2 Strafgefangene um Untersuchungsgefangene.

Frage: *Was macht Ihnen derzeit am meisten zu schaffen?* (Mehrfachnennungen)

> *„Der Verlust von Freiheit und Gewohnheit; Die ständige Kontrolle, das ‚Gelebtwerden'
> auf diesem engen Raum; die ungewisse Zukunft hier und da".*

Vorrangig wurden Sorgen um Familie und Kinder (n=103) und um die Partnerin / den Partner benannt (n=85). Weiter wurden die Haftumstände insgesamt (n=76) beklagt, die aufgezwungene Untätigkeit (n=46) und Fremdbestimmung (n=34). Da sich die meisten Befragten noch in Untersuchungshaft befanden, wurden auch häufig Ungewissheit (n=70), das Verfahren und Folgen der Tat (n=55) sowie Verlustängste (n=41) genannt. Für Gefangene, die Suizidgedanken angegeben hatten, war Hilflosigkeit, i. S. von Unfähigkeit, Verlustängsten und Ungewissheit zu begegnen, eine deutlich größere, und psychische Beeinträchtigungen sowie Einsamkeit eine tendenziell stärkere Belastung als für Gefangene ohne Suizidgedanken.

Frage: *Haben Sie während der derzeitigen Haftzeit mal daran gedacht, sich das Leben zu
nehmen?*

> *„Ja, da ich mit meinem Leben nicht mehr klarkomme und mir die meisten Gedanken
> über meine Frau mache. Ich komme nicht mehr klar mit allem und habe nur noch
> Angstzustände."*

---

[1] Die Daten beziehen sich demzufolge nur auf rückgesendete Fragebögen. Die Anzahl tatsächlich ausgegebener Fragebögen ist nicht bekannt.

59 Gefangene haben Suizidgedanken eingeräumt und zwar häufiger aus der Gruppe der Untersuchungsgefangenen (20,5%) als aus der Gruppe Strafgefangener (13,2%). Zum Zeitpunkt befragt, gaben die meisten Gefangenen (n=28) Suizidgedanken am Tag nach der Inhaftierung an und viele beschrieben Suizidgedanken am Folgetag und am Tag der Inhaftierung (je n=21). Vier Gefangene berichteten von täglichen Suizidgedanken von Beginn der Inhaftierung an und auch nach 14 Tagen Haft anhaltend. Gefangene, die angegeben hatten, vor der Inhaftierung bereits einen Suizidversuch unternommen zu haben (n=36), hatten ein signifikant höheres Risiko für Suizidgedanken in der aktuellen Haft. Eine weitere Risikogruppe für Suizidgedanken bilden Gefangene, die von Mitgefangenen drangsaliert worden waren (n=40). Mehr als ein Viertel dieser Gruppe berichtete von Suizidgedanken.

Frage: *Gibt es Personen, die Ihnen während der derzeitigen Haft eine Hilfe waren?* (Mehrfachnennungen)

„Sicherlich meine Familie, die kann ich aber weder hören noch sehen zurzeit."

24 Gefangene gaben an, von niemandem Hilfe erfahren zu haben. Von Personen außerhalb des Gefängnisses wurden vor allen anderen Familienangehörige (n=134) und Rechtsanwälte (n=134) als hilfreich benannt. Mitgefangene (n=147), Bedienstete von der Station (n=76) und der soziale Dienst (n=64) waren Personen, die innerhalb des Gefängnisses als Hilfe erlebt worden waren. An vierter Stelle wurden die Seelsorger (n=55) genannt, an fünfter Stelle der ärztliche Dienst (n=48). Unterstützung durch Psychologen (n=27) wurde seltener erfahren. Das mag darauf zurückzuführen sein, dass der Kontakt zu dieser Berufsgruppe im Aufnahmeverfahren üblicherweise nicht zum Standardprogramm gehört. Während erlebte Unterstützung von Personen innerhalb des Gefängnisses vor allem von Gefangenen beschrieben wurde, die den Fragebogen innerhalb der ersten Woche ihrer Inhaftierung beantwortet haben, wurde die Personengruppe außerhalb vorwiegend von Gefangenen benannt, die den Fragebogen erst nach Ablauf mindestens eines Haftmonats ausgefüllt hatten.

Frage: *Sie hatten die Möglichkeit, während der ersten 14 Tage Ihrer Haft nachts mit einer Seelsorgerin bzw. einem Seelsorger zu telefonieren, haben Sie davon Gebrauch gemacht?*

„Ich finde das gut mit dem Telefon, da es Gefangene gibt, die sich nicht öffnen können und somit anonym über ihre Probleme sprechen können."

Von 298 Gefangenen, die die Frage beantwortet haben, haben 57 Gefangene (18,9 %) angegeben, die TfG in Anspruch genommen zu haben, 21 von ihnen wiederholt. Es zeigt sich ein signifikanter Unterschied zwischen den Gruppen von Gefangenen mit und ohne Suizidgedanken. 33,9 % der Gruppe mit Suizidgedanken hat im Vergleich zu 15,5 % der Gruppe ohne diese das Gespräch gesucht. Tendenziell haben Anrufer aus der Gruppe mit Hinweisen auf Suizid häufiger wiederholt das Gespräch gesucht. Von der Gruppe, die Suizidgedanken angegeben und telefoniert hat (n=20), haben 60 % im Vergleich zu 43,2 % von der Gruppe ohne Suizidgedanken nach dem Telefonat weitere Gespräche mit Fachdiensten – in den meisten Fällen mit der Gefängnisseelsorge – geführt. 77,2 % der Gruppe, die telefoniert hat, haben das Gespräch als hilfreich erlebt.

Während in der Rangfolge aller Personengruppen, die als Hilfe erlebt worden waren, die Seelsorger an siebter Stelle genannt wurden, rückten sie für Gefangene, die telefoniert hatten, an die zweite Stelle erfahrener Hilfe.

Frage: *Wenn Sie keinen Gebrauch davon [Anm.: von der TfG] gemacht haben, was war der Grund?* (Mehrfachnennungen möglich)

„Ich wusste nicht, was ich sagen soll. Ich bin nämlich selbst schuld, dass es so gekommen ist"

92 Gefangene gaben an, kein Anliegen gehabt zu haben und 50 gingen davon aus, dass ihnen ein Gespräch mit der Seelsorge nicht helfen würde. 38 Gefangene wollten ihre Anliegen mit anderen Personen erörtern und für 34 Gefangene war es ein Hindernis, dass sie nicht wussten, mit wem sie sprechen würden. Die Unkenntnis der Person des Gesprächspartners scheint Personen mit Suizidgedanken besonders zu beeinträchtigen. Für 16 Gefangene (27,1 %) aus dieser Gruppe war sie ein Hinderungsgrund, während sie nur von 7,4 % der Gruppe ohne Suizidgedanken angeführt wurde. Letztere führten häufiger das fehlende Anliegen an (37,6 %), das hinwiederum nur von einem Gefangenen (1,7 %) mit Suizidgedanken genannt worden war.

24.7 Dokumentation der Seelsorger (N=755)

Der Dokumentationsbogen wurde in Anlehnung an die allgemeine Telefonseelsorge konzipiert. Er war möglichst zeitnah zum Telefonat von den Seelsorgern auszufüllen und dem Kriminologischen Dienst zu übersenden. Unter anderem erfasst er die mitgeteilten Gesprächsinhalte, die Erwartungen, die der Anrufer an das Gespräch hat, sowie die Einschätzung der Verfassung des Anrufers und seine Befindlichkeit zu Gesprächsbeginn im Vergleich zum Gesprächsende. Auch die Befindlichkeit des Seelsorgers nach dem Gespräch wurde abgefragt. Angaben zur Person der Anrufer wurden auch erfasst, sind aber unvollständig, da sie nicht systematisch vom Seelsorger abgefragt wurden. Die folgenden Prozentzahlen beziehen sich auf die jeweilige Grundgesamtheit der bekannten Fälle:

Mit 87,3 % waren die meisten Anrufer männlichen Geschlechts und zwischen 20 und 29 Jahre alt (41,8 %). Sie befanden sich noch in Untersuchungshaft (82,9 %) und tätigten die meisten Anrufe innerhalb der ersten drei Tage nach der Inhaftierung (35,4 %).

24.8 Gesprächsthemen

Hinweise auf die Beschäftigung mit Suizid gab es in 112 Gesprächen (14,8 %). In 27 Gesprächen (3,6 %) war der Eindruck entstanden, dass sich die Anrufer in einer suizidalen Krise befanden.

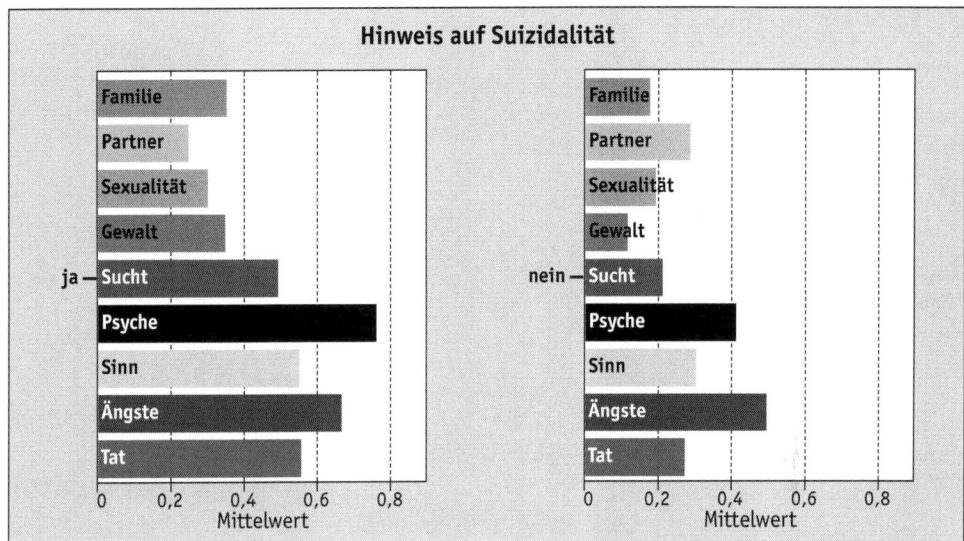

Abb. 1: Häufigkeit angesprochener Themen von Anrufern mit und ohne Hinweise auf Suizidgefahr.

Insgesamt wurden in den Gesprächen am häufigsten Ängste thematisiert (58,9 % der Gespräche): Angst vor der Zukunft, Angst davor, alles zu verlieren, Angst vor langen Haftstrafen und vor Mitgefangenen. Anrufer mit Hinweisen auf Suizid haben am häufigsten von psychischen Beeinträchtigungen berichtet: U. a. von Depressivität, Angstzuständen und Alpträumen (86,6 % der Gespräche im Vergleich zu knapp einem Drittel der Anrufer ohne Suizidhinweise). Auch Sinn- und Schuldfragen, sowie Abhängigkeit von Suchtmitteln beschäftigten Anrufer mit Hinweisen auf Suizid häufiger. Diese Gruppe hat im Gesprächsverlauf auch deutlich mehr Themen angesprochen als die Gruppe ohne Hinweise (Abb. 1).

24.9   Erwartungen

An Erwartungen der Anrufer an die Gesprächspartner wurde an erster Stelle emotionale Entlastung genannt. Auch der Wunsch nach persönlicher Annahme, Bestätigung und Ermutigung wurde häufig offenbar. Beide Erwartungskategorien waren deutlich häufiger – wie auch der Wunsch nach Unterstützung zur Klärung von Problemen im Zusammenhang mit dem Delikt – in der Gruppe der Anrufer mit Suizidhinweisen vorhanden. Diese interessierte sich auch tendenziell mehr für Informationen über die TfG und den Vollzug sowie für Rückmeldungen zu früheren Gesprächen.

24.10   Befindlichkeiten

Die Seelsorger wurden gebeten, eine Einschätzung der Befindlichkeit der Anrufer auf einer Skala von 0= „nicht gut" bis 4= „gut" zum Gesprächsbeginn und zum Gesprächsende vorzunehmen sowie die eigene Befindlichkeit anzugeben.

Waren es zu Gesprächsbeginn 320 Anrufer, deren Befindlichkeit als „nicht gut" eingeschätzt worden war – darunter fast drei Viertel der Gruppe mit Hinweisen auf Suizid (Abb. 2) – waren es zum Gesprächsende nur noch 36 Anrufer mit dieser Art Befindlichkeit. Dafür war der Anteil an Anrufern mit „eher guter" bis „guter" Befindlichkeit nach dem Gespräch angestiegen (Abb. 3): 71 Anrufer wurden zu Gesprächsbeginn, aber 320 zum Gesprächsende als in „eher guter" bis „guter" Befindlichkeit eingeschätzt.

Es besteht ein hochsignifikanter Zusammenhang zwischen der graduellen Einschätzung der Befindlichkeit der Anrufer und der entsprechenden Mitteilung eigener Befindlichkeit der Seelsorger: Wurde zum Gesprächsende die Befindlichkeit des Anrufers als nicht gut eingeschätzt, fühlte sich auch der Angerufene nicht gut. War die Einschätzung jedoch gut, fühlte sich auch der Seelsorger gut.

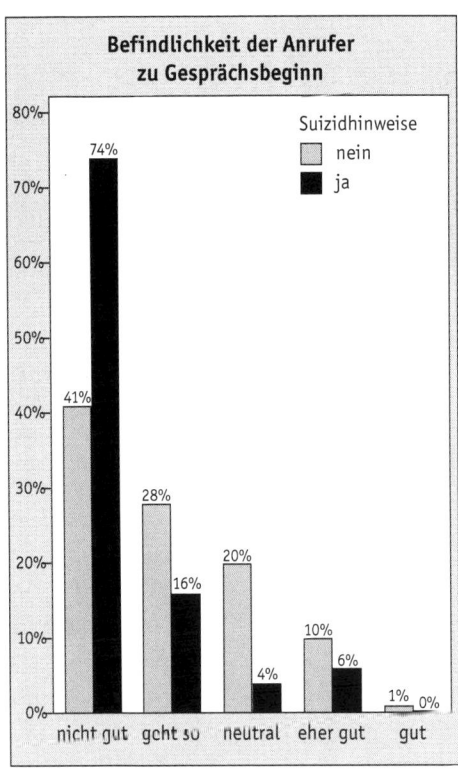

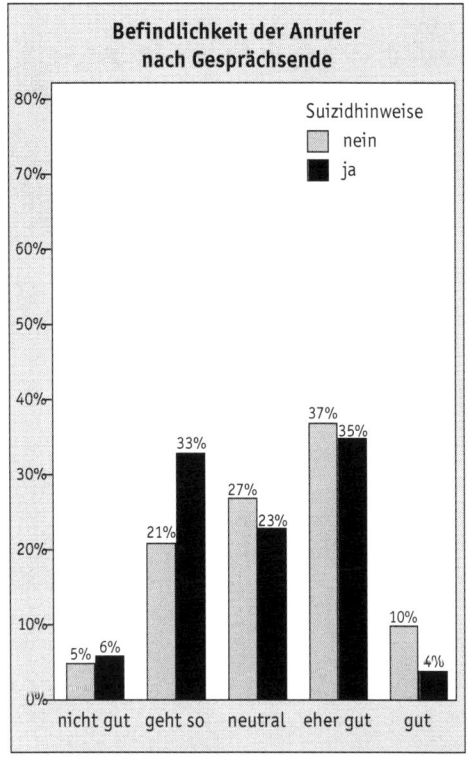

Abb. 2: Befindlichkeit der Anrufer mit Hinweisen auf Suizid zu Beginn des Gesprächs.

Abb.3: Befindlichkeit der Anrufer mit Hinweisen auf Suizid zum Ende des Gesprächs.

Auch die Vorstellung, ob die Erwartungen der Anrufer erfüllt werden konnten (Skala von 0 = gar nicht bis 4 = vollständig), hatte großen Einfluss auf die Befindlichkeit der Seelsorger: Es ging ihnen nicht gut, wenn sie den Eindruck hatten, die Erwartungen gar nicht erfüllt zu haben und sie fühlten sich gut, wenn sie meinten, die Erwartungen weitgehend erfüllt zu haben.

24.11   Fazit

„Ich fand das Telefon überhaupt dort gut (auch wenn ich nicht telefoniert habe), weil man fühlt sich nicht so einsam."

Ob telefoniert oder nicht telefoniert wurde, allein die Möglichkeit zu einem vertraulichen Gespräch nutzen zu können, trägt zur psychischen Stabilisierung bei.

Das Konzept für die TfG wurde in Anlehnung an die TS konzipiert, dennoch unterliegt die Vergleichbarkeit der Datenauswertung Einschränkungen. In beiden Gruppen sind die Gespräche für den Anrufer kostenlos, die Gesprächsinhalte werden vertraulich behandelt, und der Anrufer bleibt anonym. Anonymität und Schweigepflicht haben einen immens hohen Stellenwert für Gefangene. Zum einen, weil die Anrufer keine Konsequenzen in Form von Sicherungsmaßnahmen befürchten müssen, wenn sie von eigener Suizidalität berichten. Das ermöglicht ein offenes Gespräch über Suizid und eine Ausarbeitung von Alternativen. Zum anderen, weil sie auch ungefiltert über ihre Tat sprechen können. In 79 Gesprächen haben die Anrufer ihre Straftat thematisiert, deren Folgen für viele Gefangene in der ersten Haftzeit traumatisch sind.

Personen in Freiheit haben grundsätzlich viele verschiedene Möglichkeiten, sich Rat zu holen und soziale Unterstützung in Anspruch zu nehmen. Für sie ist auch die TS Tag und Nacht erreichbar. Die TfG beschränkt sich derzeit noch auf die Hochrisikogruppe der in einer Einzelzelle untergebrachten Untersuchungsgefangenen, die in der Regel in der ersten Haftzeit und nachts auf keinen Ansprechpartner ihres Vertrauens zurückgreifen können. Mehr als ein Drittel der Gruppe befragter Gefangener verfügte nach eigenen Angaben in der ersten Haftzeit nicht über Kontakte nach draußen. Für sie wird die Kluft zwischen Handlungsnotwendigkeiten und Handlungsmöglichkeiten und der Mangel an sozialer Unterstützung besonders belastend sein.

Die Datenauswertung der TS hat ergeben, dass 90 % der Telefon-Kontakte längstens 1 1/2 Minuten dauerte. Auch im Rahmen der TfG gab es viele kurze Kontakte, allerdings deutlich weniger als im Rahmen der TS. Von März 2010 bis Ende des Jahres 2012 dauerten 55 % der TfG-Gespräche längstens 1 Minute. Hier entfallen Scherzanrufe von Kindern und Jugendlichen, die bei der TS einen nicht unerheblichen Anteil an den Kurz-Kontakten haben. Gefangene, die die TfG in Anspruch nehmen konnten, haben selten Scherzanrufe getätigt. Ihre psychische Verfassung war wohl eher angespannt und emotional belastet. Die gedankliche Beschäftigung mit Suizid ist in der ersten Haftzeit nicht ungewöhnlich: Zwanzig von hundert Gefangenen, die den Fragebogen beantwortet hatten, haben angegeben, in den ersten Hafttagen an Suizid gedacht zu haben. In elf von hundert Gesprächen, die im Rahmen der TfG geführt worden waren, wurde eigene Suizidalität thematisiert und bei vier von hundert Anrufern eine krisenhafte suizidale Verfassung unterstellt. Damit stellt sich die Frage, ob diejenigen, die sich mit Suizid beschäftigen, ihn denn auch begehen.

Einerseits wird es kaum Suizide geben, die nicht vorher durchdacht worden sind. Andererseits gibt es Hinweise aus der Literatur, dass sich die Gruppe von Personen, die sich das Leben genommen haben, in der Entwicklung und Ausprägung von Suizidalität unterscheidet von der Gruppe derjenigen, die sich nur in Gedanken mit der Beendigung ihres Lebens beschäftigt hat oder mit Akten der Selbstbeschädigung in Erscheinung getreten ist (Lohner, 2008; Brown et al. 2004). Die Totalerhebung von Gefangenensuiziden (2000-2013) liefert harte Daten zur Person und zur strafrechtlichen Auffälligkeit der Suizidenten. Über Ausmaß und Auswirkung fehlender sozialer Unterstützung und Art der Befindlichkeiten als Beiträge zur suizidalen Entwicklung können jedoch nur Vermutungen angestellt werden. Die Dokumentation der TfG liefert keine harten Daten zur Person der Anrufer, aber Selbstauskünfte über kritische Konstellationen und Erfahrungen mit sozialer Unterstützung von Gefangenen mit und ohne Hinweise auf Suizidalität. Die Dokumentationen der Seelsorger geben darüber hinaus Auskünfte über Erwartungen und Befindlichkeiten der Anrufer. Ein Vergleich dieser beiden Gruppen (Suizidenten und Anrufer mit Hinweisen auf Suizidalität) zeigt interessante Übereinstimmungen.

Personen mit Suizidversuchen in der Vorgeschichte und Gefangene, die unter Mitgefangenen zu leiden hatten, haben ein höheres Risiko für Suizid (Blaauw et al., 2005). Dieses Ergebnis findet auch hier Bestätigung: Befragte, die angegeben hatten, schon einmal einen Suizidversuch unternommen zu haben oder von Gefangenen drangsaliert worden zu sein, haben häufiger Suizidgedanken angegeben.

Daten aus der Totalerhebung zeigen, dass die meisten Suizide von Untersuchungsgefangenen am Tag nach der Inhaftierung begangen worden waren, gefolgt vom dritten und vierten Hafttag. Für den Tag nach der Inhaftierung haben befragte Untersuchungsgefangene auch am häufigsten von Suizidgedanken berichtet, gefolgt vom dritten und ersten Hafttag. Auch dass die meisten Anrufe bei der TfG innerhalb der ersten vier Hafttage getätigt worden sind, spricht dafür, dass die Gefangenen gerade in der allerersten Haftzeit auch Hilfe suchen.

Dass Gefangene mit Hinweisen auf Suizid deutlich häufiger viele Themen angesprochen haben, ist ein Hinweis auf gedankliche Umtriebigkeit und emotionale Deprivation, der sehr ernst zu nehmen ist. Diese Gruppe hat häufiger telefoniert, als die Gruppe Inhaftierter ohne Hinweise auf Suizid, und hat auch häufiger nach dem Telefonat weitere Gespräche – meist mit Seelsorgern in der Anstalt – gesucht. Gerade Anrufer, deren Befindlichkeit zu Gesprächsbeginn als „nicht gut" zu bezeichnen war, dazu gehörten auch die meisten mit Suizidproblematik, waren aus Sicht der Seelsorger gut ansprechbar.

Die Befindlichkeit der Seelsorger war in den meisten Fällen „neutral" und häufig war es ein besonders schwieriges Gespräch, das den Seelsorgern die Notwendigkeit einer Nachtbereitschaft nahebrachte. Auf die Frage, was ihm zurzeit am meisten zu schaffen mache, antwortete ein

Gefangener: „Der Tod eines Häftlings, er hat sich erhängt und ich habe ihn gefunden." Er war auf einer Telefonzelle untergebracht und hat das Angebot der TfG genutzt. Gleichbleibend neutrale Stimmungslage – unabhängig von der Befindlichkeit der Probanden – wirkt auf Ratsuchende leicht als zu routiniert und zu wenig empathisch. Das Ergebnis der Auswertung eigener Befindlichkeit der Seelsorger nach dem Gespräch bringt Mitgefühl mit den Anrufern und Anspruch an die eigene Leistung zutage.

„Telefonseelsorge hat es allem Anschein nach mit der Innenseite der erlebten sozialen Verwerfungen, des Ausgegrenztseins, des Am-Rande-Stehens zu tun." (Blömeke, 2014, S. 33) Den Seelsorgern scheint es gelungen zu sein, viele Anrufer in einer kritischen Zeit wieder in den Kreis der wertgeschätzten Mitmenschen zu holen.

24.12   Literatur

- Bennefeld-Kersten, K. (2009). *Ausgeschieden durch Suizid – Selbsttötungen im Gefängnis. Zahlen, Fakten, Interpretationen.* Lengerich: Pabst Science Publishers.
- Blaauw, E., Kerkhof, A. J. F. M. & Hayes, L. M. (2005). Identification of Suicide vulnerability in inmates on the basis of demographic and criminal characteristics and indicators of psychiatric problems. *Suicide and Life-Threatening Behavior, 35*(1), 63-75.
- Blömeke, B. (2014). Die Innenseite sozialer Verwerfungen. *Suizidprophylaxc, 156,* 30-33.
- Filipp, S. (2010). *Kritische Lebensereignisse und Lebenskrisen.* Stuttgart: Kohlhammer.
- Frottier, P., Frühwald, S., Ritter, K. & König, F. (2001). Deprivation versus Importation: ein Erklärungsmodell für die Zunahme von Suiziden in Haftanstalten. *Fortschritte der Neurologie Psychiatrie, 69,* 90-96.
- Hayes, L. M. (1995). Prison suicide: An overview and a guide to prevention. *Prison Journal, 75,* 431-456.
- Liebling, A. (1999). Prison Suicide and Prisoner Coping. In M. Tonry & J. Petersilia (Hrsg.), *Prisons* (S. 283-359). Chicago: University Press.
- Lohner, J. (2008). *Suizidversuche und selbstschädigendes Verhalten im Justizvollzug.* Hamburg: Dr. Kovac
- Seligman, M. (1979). *Erlernte Hilflosigkeit.* München, Wien, Baltimore: Urban und Schwarzenberg.

25. Seelsorge am Telefon für Gefangene – Erfahrungsbericht eines Seelsorgers

Franz-Josef Christoph

Ein Abend im Dezember 2013. Ich habe Telefondienst. Der Zeiger der Uhr ist gerade eben auf 21.00 Uhr umgesprungen, da klingelt auch schon das Telefon, ohne dass ich vorher noch den Kontrollanruf machen konnte. Na, da muss aber jemand Druck haben.

Ein Mann, Mitte fünfzig, spricht gut deutsch mit russischem Akzent, sei im Ausland festgenommen und nach Deutschland ausgeliefert worden. Er habe eine lange Odyssee, Gefangenentransport mit vielen Zwischenstopps in unterschiedlichen Gefängnissen hinter sich und sei nun in einem niedersächsischen Gefängnis. Morgen habe er einen Haftprüfungstermin, befürchte aber, nicht frei zu kommen.

Er leide unter Klaustrophobie – ein altes Kriegstrauma – und bekomme in engen geschlossenen Räumen Panikattacken. Detailliert schildert er mir seine Geschichte seit der Festnahme bis zur vorläufigen Endstation in einer niedersächsischen JVA. Vor jedem Transport oder Nachteinschluss die immer selben Diskussionen mit immer neuen Justizvollzugsbediensteten: Hand- und Fußfesseln in einem GTW oder Gefangenenbus, das geht gar nicht, oder Zellentür schließen, um Gottes Willen, Panikattacken, Erstickungsanfälle, Todesangst. Man braucht nicht viel Phantasie, um sich vorzustellen, wie der durchschnittliche Justizvollzugsbedienstete darauf reagiert. Nicht selten eskalieren die Situationen nach seinen Schilderungen unter Anwendung unmittelbaren Zwangs. Er habe durch diesen ganzen Psychostress schon einen Herzinfarkt erlitten und befürchte, das Ganze nicht lebend zu überstehen.

Ich höre zu, „ja ... ach so ... hmm ..."stelle kurze Fragen. Nach einer Stunde lege ich den Hörer aus der Hand auf den Tisch und stelle auf Lautsprecher um. Linkes Ohr und linker Arm werden langsam taub.

Nach 1 ¼ Stunden (22.15 Uhr) kommt meine Frau und signalisiert, sie gehe jetzt mit dem Hund. Das ist normalerweise abends mein Job. Da nehme ich mein Handy mit, um erreichbar zu sein. Heute nicht.

Würde ich versuchen, auf den gesprochenen Text zu achten, ich müsste mitschreiben und wäre dennoch überfordert. Außerdem kann ich nicht überprüfen, was von dem mir geschilderten Drama stimmt bzw. erfunden ist. Aber wann kann man das überhaupt? Ich höre nur seine Stimme, sein Gesicht, seine Mimik und Gestik sehe ich nicht.

Worum geht es? Was steht hinter dem gesprochenen Text? Gefühle: Angst und Einsamkeit, Sorge um seine Familie im Heimatland, Sorge um seine Zukunft, sein Leben.

Nach 2 ½ Stunden, um 23.30 Uhr, beendet er das Telefonat. Ich bin erschöpft, völlig platt, und er kann vielleicht ein paar Stunden Schlaf finden.

Was habe ich gemacht? Zugehört, seine Einsamkeit und seine Ängste geteilt. Konkret helfen konnte ich ihm nicht. Ich habe nichts weg oder klein geredet oder versucht, oberflächlich zu trösten. Ausgehalten. Dafür der ganze Aufwand? Was bringt überhaupt das Angebot eines Seel-sorgetelefons für Untersuchungsgefangene? Und das bei dem Personalaufwand? 365 Tage im Jahr, jede Nacht von 21.00 bis 06.00 Uhr morgens schiebt ein niedersächsischer Seelsorger / eine Seelsorgerin Telefondienst.

Zwei Tage zuvor. Um kurz nach 21.00 Uhr mache ich meinen Kontrollanruf bei Telio, um zu über-prüfen, ob mein Anschluss freigeschaltet wurde. Alles okay.

Um 21.30 Uhr der erste Anruf. Ein junger Mann, krank, Marcumarpatient, schimpft über den An-staltsarzt, den Sozialarbeiter, die Justizvollzugsbediensteten. Ersterem kann man nicht trauen, außerdem sei er unfähig und verschreibe die falschen Medikamente. Der zweite lüge, sei auch inkompetent. Die Justizvollzugsbediensteten hörten nicht zu und reagierten aggressiv. Kurze Rückfrage meinerseits, ob der Anstaltsarzt die Krankenakte seines Hausarztes angefordert hätte: Ob ich verrückt sei, er habe doch schon gesagt, dem Arzt könne man nicht trauen, nie würde der seine Krankenakte in die Hände bekommen. So ähnlich geht es weiter. Er schimpft, der Anwalt meldet sich nicht, und übrigens würden ihn alle meiden oder hätten keine Zeit. Egal, was ich sage oder frage, es ist völlig daneben.

Auf meine Frage, ob er sich schon mal überlegt hätte, dass die Reaktionen des Personals etwas mit ihm und seiner Art, mit anderen umzugehen, zu tun haben könnte, plötzlich vollste Zustim-mung: „Genau, das Verhalten der anderen sei inakzeptabel und unprofessionell." Selten, dass ich mich so falsch verstanden fühlte.

Am Ende des Telefonates sollte ich ihm sagen, was er nun in dieser desolaten Situation tun solle. Na, da fiel mir wirklich nicht mehr viel ein, was er mit folgendem Satz kommentierte: „ Ich wün-sche Ihnen, dass Sie bald einen anderen Job finden, von dem Sie auch was verstehen" und legte auf. 21.45 Uhr.

Kurze Pause, dann muss ich laut lachen. Der Typ hat auch Humor. Vor knapp 4 Jahren, als das Projekt startete, hätte mich ein solches Telefonat noch geärgert oder hilflos gemacht. Heute nicht mehr so schnell.

Was sonst noch so passiert: Jemand fragt nach der Uhrzeit, er hat keine Uhr, im Haftraum ist auch keine, es fehlt die zeitliche Orientierung. Manchmal reicht die Nennung der Uhrzeit. Öfter ergibt sich daraus ein längeres oder kürzeres Gespräch.

Noch hat bei mir niemand morgens um 02.30 Uhr eine Pizza Salami bestellt, ist mal einem Kol-legen passiert. Überhaupt, Scherzanrufe sind die Ausnahme.

Oft werden auch konkrete Fragen gestellt, z. B. nach Besuchs- und Telefonerlaubnis, wer ist im Vollzug wofür zuständig, Sozialarbeiter, Psychologen, AVD, Seelsorge etc. Bei der Aufnahme gehen oft viele wichtige Informationen wegen der Aufregung, des Schocks oder Drogenkonsums unter, die wir im nächtlichen Telefonat nochmal nachliefern. Das beruhigt und orientiert oft schon den Gefangenen.

Telefonate mit Gefangenen, die depressiv sind und akute Suizidabsichten haben, dauern lange, ziehen viel Energie und lassen mich oft rat- und hilflos zurück.

Gespräche über Sinn- bzw. Glaubensfragen, Zukunftsängste bezüglich Familie, Freunde, Job, Wohnung etc. sind dagegen mitunter leichter. Manchmal ist es die Bitte um ein (gemeinsames) Gebet. Die Palette der Gesprächsthemen ist ausgesprochen breit und vielfältig. Manchmal wird auch herzlich gelacht. Es gibt auch Nächte ohne Anrufe.

Lohnt sich der personelle Aufwand für dieses Seelsorgeangebot? Die Diskussionen über „Für und Wider" der Gefangenentelefonseelsorge gingen kontrovers und manchmal auch polemisch und ideologisch durch ganz Deutschland. Zwei Hauptargumente sind: Erstens, die Seelsorge lasse sich vom Vollzug für deren Aufgaben der Suizidprävention instrumentalisieren. Der Vorwurf würde dann auch im normalen Tagesdienst zutreffen. Zweitens, argumentiert ein Vertreter der Telefonseelsorge, wir seien nicht ausgebildet und kompetent für die Seelsorge am Telefon. Einen Kommentar dazu erspare ich mir an dieser Stelle.

Seit fast vier Jahren sorgen Justizvollzugsseelsorgerinnen und -seelsorger in Niedersachsen dafür, dass jede Nacht das Telefon von 21.00 bis 06.00 Uhr besetzt ist, und wir sind davon überzeugt, dass unser Dienst Sinn macht und eine wichtige nächtliche Lücke im Vollzug schließt. Umfragen bei Vollzugsbediensteten und Gefangenen bestätigen uns in dieser Annahme. Kriseninterventionen sind ein klassisches Feld der Seelsorge, warum also nicht auch nachts und am Telefon?

Aber warum machen das nicht auch die anderen Fachdienste des Vollzuges, Psychologen oder Sozialarbeiter? Wir Seelsorger sind nicht auskunftspflichtig und stehen unter Schweigepflicht. Ein Anrufer, der nicht auf die Vertraulichkeit setzen kann, wird seine Suizidabsichten kaum nachts mitteilen, weil er mit entsprechenden Konsequenzen rechnen müsste. Aus diesem Grund werden die Anrufe auch nicht zurückverfolgt, was technisch kein Problem wäre. Die Anrufer bleiben anonym. Wir werden nicht aktiv wie Notfallseelsorger und informieren auch nicht den Vollzug oder unsere KollegInnen in den anderen Anstalten. Unsere Aufgabe beschränkt sich nur auf das Telefonieren.

Dieses ökumenische Angebot ist mittlerweile weiter institutionalisiert. Eine Kollegin ist beauftragt mit der Dienstplangestaltung und der Evaluierung. War am Start vor fast vier Jahren die Mitarbeit an diesem Projekt noch freiwillig, so haben alle Kolleginnen und Kollegen, die neu als Seelsorger/in im Vollzug anfangen, seit 2013 die Gefangenentelefonseelsorge als verpflichtenden Auftrag in ihrem Aufgabenkatalog.

Es ist ein personell intensives Angebot. Macht es auch Sinn? Dazu zum Abschluss nächtliche Gedanken eines Gefangenen:

> „Geschafft,
> wieder ist ein Tag vorbei,
> die Maske stirbt,
> die Stahltür kracht ins Schloss.
> ...Zigarette, eine Tasse Tee,
> das Strafvollzugsgesetz zum Abendbrot,
> doch ich bin zu müde.
> Ich bin zu müde für mich selbst,
> ich bin zu müde für Gedanken,
> ... Nein, ich bin nicht hier,
> nicht heute und nicht jetzt,
> es gibt sie nicht,
> die bodenlose Zeit,
> die Hoffnung auf das Wunder,
> die tägliche Erniedrigung.
> Alles gar nicht wahr,
> alles Quatsch.
> Gesetze garantieren Ordnung,
> halten das Gerüst zusammen,
> sind die Wissenschaft der Denkprognosen,
> und wenn mal einer draufgeht,
> Pech gehabt,
> Time out,
> wir sind ja auch nur Menschen.
> Heute ist vorbei,
> dazwischen die Nacht,
> serviert mir Ruhe und ein Glas Erholung,
> ein Fetzen Auszeit,
> Stille,
> mehr nicht.
> Einatmen, ausatmen.
> Nein, das ist kein Leben
> aber ...
> ich will doch leben!
> Mein Schrei
> verhallt
> in Dunkelheit."

(Kenny Berger, Foto in schwarz-weiß, aus: Geräusche der Nacht, Ingeborg-Drewitz-Literaturpreis für Gefangene, Literatur aus dem deutschen Strafvollzug 2008, agenda Verlag Münster 2008, S. 46f)

26. Listener

Maike M. Breuer & Willi Pecher

26.1 Zusammenfassung

Nachfolgend wird der Listener-Ansatz als eine Maßnahme zur Suizidprävention im Justizvollzug dargestellt, die auf dem peer-to-peer-Prinzip basiert. Dabei werden Neuzugänge, bei denen durch Fachdienste eine „latente Suizidalität" festgestellt wurde, mit einem speziell ausgebildeten und engmaschig betreuten Gefangenen für eine Nacht gemeinschaftlich untergebracht. Die Möglichkeit mit einem auf schwierige Gesprächssituationen vorbereiteten Mitgefangenen zu sprechen, soll einerseits den Belastungen des Neuzugangs entgegenwirken, u. a. durch die Erfahrung von sozialer Unterstützung in einer Krisensituation und durch den Abbau von Ängsten vor dem Vollzug. Andererseits sollen die Listeners selbst von der Maßnahme profitieren, u. a. indem sie ihre sozialen Kompetenzen sinnvoll und prosozial einsetzen können. In der sozialtherapeutischen Abteilung Gewaltdelikte der Justizvollzugsanstalt München wurde der Listener-Ansatz in einem Modellprojekt realisiert und in ein Gesamtkonzept zur Suizidprävention eingebettet. Nach einer kurzen historischen Einleitung und Zusammenfassung relevanter Forschungsbefunde, wird der Einsatz von Listeners in der JVA München beschrieben. Dabei wird herausgearbeitet inwiefern sich die Unterbringung mit einem Listener und in regulärer Gemeinschaft unterscheiden und welche Auswirkungen auf den Neuzugang einerseits und den Listener andererseits erwartet werden und realistisch erscheinen. Dann werden die Befunde einer schriftlichen Befragung von Listeners und Neuzugängen zur Evaluation der Maßnahme dargestellt, die eine positive Bewertung des Modellprojekts durch die Beteiligten dokumentieren. Abschließend werden Mindeststandards für die Umsetzung entsprechender Projekte formuliert.

26.2 Einleitung

Das peer-to-peer-Prinzip hat seine Ursprünge in der Behindertenarbeit. Es bezeichnet die Beratung von Menschen mit Behinderung durch Menschen mit Behinderung. Auch in der Drogenhilfe werden „Ex-User" als Berater und Betreuer eingesetzt. Vor allem die eigenen Erlebnisse und Einsichten als Person mit dem gleichen Erfahrungshintergrund schaffen Vertrauen in der Arbeit mit ebenso Betroffenen. Berater und Ratsuchender haben zwar unterschiedliche Rollen, teilen aber doch eine ähnliche Lebenserfahrung, in die sich Nicht-Betroffene nur schwer und unvollständig einfühlen können.

Es sind verschiedene Anwendungen des peer-to-peer-Prinzips im Justizvollzug denkbar. Etwa können im Rahmen eines von Fachkräften geleiteten Programms geschulte und betreute erwachsene Gefangene jungen Gefangenen oder Jugendarrestanten als Gesprächspartner zur Verfügung stehen. Erfahrungen der sozialtherapeutischen Abteilung Gewaltdelikte der Justizvollzugsanstalt München zeigen, dass insbesondere bei jungen Gefangenen Mitgefangene eine hohe Glaubwürdigkeit besitzen und damit positiven Einfluss ausüben können. Dabei geht es (im Gegensatz zu den sogenannten „scared-straight"-Programmen) keineswegs um Abschreckung, sondern um Identifizierungsprozesse mit den geänderten Einstellungen der erwachsenen Gesprächspartner. Nachfolgend wird das sogenannte „Listener"-Projekt als eine Nutzbarmachung des peer-to-peer-Prinzips im Justizvollzug ausführlich beschrieben.

Listeners stehen Mitgefangenen in Krisensituationen als geschulte Gesprächspartner zur Verfügung, insbesondere im Rahmen der Suizidprävention. Das Engagement der Listeners erfolgt ehrenamtlich ohne Bezahlung. Sie werden sorgfältig ausgewählt und auf ihre Einsätze vorbereitet, sowohl durch die Vermittlung von Wissen, als auch durch praktische Rollenspiele. Im Zentrum stehen dabei Grundsätze der Gesprächsführung und der Krisenintervention, aber auch die Reflexion über eigene Erfahrungen mit Krisen (siehe Haider, Kap. 27). Die Einsätze werden in der Gruppe der Listeners, bei Bedarf auch einzeln, nachbesprochen.

26.3   Entwicklung des Listener-Gedankens

Erstmalig wurden die Listeners wohl im britischen Strafvollzug eingesetzt. Entsprechend ist ihr Einsatz im englischsprachigen Raum (Vereinigtes Königreich, Kanada und die USA) weiter verbreitet (Junker et al., 2005) und wird hier von den sog. „Samaritans" („Sams") unter dem Begriff der „peer suicide prevention" durchgeführt. Eine Übernahme im deutschsprachigen Raum erfolgte durch die Justizanstalt Innsbruck ab dem Jahr 1999, später durch andere Anstalten in Österreich (Fuchs, 2001), wobei umfangreiches Schulungsmaterial für das Training der Listener-Gefangenen erstellt wurde (vgl. auch den Zwischenbericht zum Projekt: „Suizidprävention in der Justizanstalt Innsbruck"). Grundlegend ist der Gedanke der Selbsthilfe unter Häftlingen zur Bewältigung belastender Situationen und Krisen. Eine Gruppe von freiwilligen Gefangenen stellt sich Neuzugängen in der belastenden Anfangszeit als Zuhörer und Ansprechpartner zur Verfügung. Neben der Entlastung für den Neuzugang, in den ersten Stunden nicht alleine zu sein und einen Gesprächspartner zu haben, sind darüber hinaus auch konkrete Informationen zum möglichen Verfahrensverlauf und zur Haft in der Justizvollzugsanstalt hilfreich, um die akute Situation zu entschärfen. Der Einsatz der Listeners ist vor allem nachts besonders sinnvoll, in einer Zeit also, in der normalerweise keine Fachdienste als Ansprechpartner zur Verfügung stehen.

Mit dem Einsatz von Listeners als Maßnahme der Suizidprävention im deutschen Justizvollzug beschäftigte sich inzwischen auch die als Untergruppe des Nationalen Suizidpräventions-Programms

(NASPRO)[1] anerkannte bundesweite Arbeitsgruppe für den Bereich des Strafvollzugs unter der Leitung von Frau Dr. Bennefeld-Kersten.

26.4 Einsatz von Listeners zu Beginn der Haft

Ein besonders sinnvolles – aber sicher nicht das einzig mögliche – Einsatzgebiet für Listeners ist die Betreuung von Neuzugängen. Aus der vom niedersächsischen Kriminologischen Dienst durchgeführten Totalerhebung der Suizide in deutschen Gefängnissen über mittlerweile 11 Jahre geht ganz deutlich hervor, dass die Suizidrate zu Beginn der Inhaftierung am höchsten ist. Dass gerade die ersten 48 Stunden einer Untersuchungshaft mit dem höchsten Suizidrisiko einhergehen, ist durch nationale und internationale Studien belegt (Bennefeld-Kersten, 2009; Cox & Morschauser, 1997; WHO, 2007).

Im Rahmen einer Studie zu Suizidgedanken von Untersuchungsgefangenen des Kriminologischen Dienstes im Bildungsinstitut des niedersächsischen Justizvollzugs (Ansorge, 2011), bei der 103 männliche und 93 weibliche Gefangene und die mit ihrer Behandlung betrauten Mitarbeiter des allgemeinen Vollzugsdienstes befragt wurden, gab mehr als jeder vierte Mann (27 %) und fast jede siebte Frau (12 %) der befragten Gefangenen an, in der ersten Haftphase an Suizid gedacht zu haben.

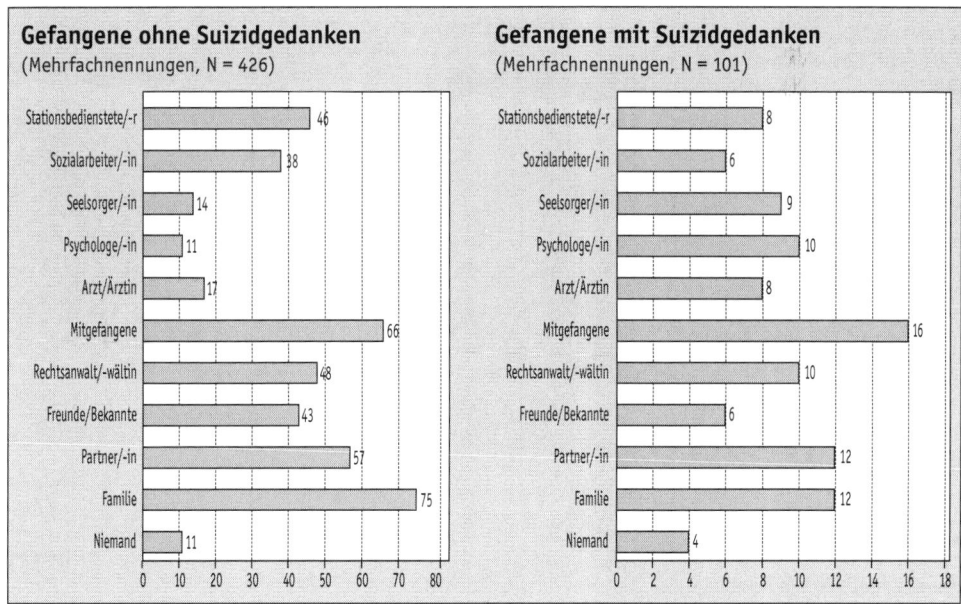

Abb. 1: Studie von Ansorge (2011): Welche Personengruppe wurde als unterstützend erlebt?

---

[1] http://www.suizidpraevention-deutschland.de/
.

Dieses Ergebnis korrespondiert mit älteren Daten, welche die Inhaftierung und den sog. „Inhaftierungsschock" als Stressor erkannt und als mitverursachend für selbstschädigende Handlungen unter Gefangenen sahen (Biggam & Power, 1999; Harding & Zimmermann, 1989; Haycock, 1989). In einer neueren Dunkelfeldstudie führten 118 Gefangenen, die Suizidversuche oder -gedanken berichteten, unter anderem eine Wut auf sich selbst, private Probleme und den Aufenthalt im Gefängnis als Grund für ihre Suizidalität an (Boxberg, Wolter & Neubacher, 2013). In der von Ansorge (2011) vorgetragenen Studie wurde eindrücklich die Bedeutung von Mitgefangenen gerade für suizidgefährdete Gefangene aufzeigt (s. Abb. 1). Befragt wurden Gefangene 14 Tage nach der Inhaftierung, welche Personengruppe sie als unterstützend erlebten.

Diese Ergebnisse können insofern als Belege für die Sinnhaftigkeit des Einsatzes von Listeners als zusätzliche Maßnahme einer professionellen Suizidprävention gewertet werden, da deutlich wird, dass Listeners einen eigenen genuinen Zugang zu ihren Mitgefangenen haben.

Ein weiteres Ergebnis dieser Studie war die Erkenntnis, dass der weit überwiegende Teil der Gefangenen, die angaben, während der ersten Haftphase Suizidgedanken gehabt zu haben, von den Mitarbeitern des allgemeinen Vollzugsdienstes als nicht gefährdet eingeschätzt wurde, während ein Teil dieser Gefangenen ihre Belastung gegenüber Mitgefangenen offenbarte (s. Abb. 2).

	Mit Suizidgedanken	Ohne Suizidgedanken
Keine Hinweise	29 (76 % der Gruppe mit Suizidgedanken)	143
Hinweise	7	6

Abb. 2: Studie von Ansorge (2011): Wieviele suizidgefährdete Gefangene wurden vom Personal (AVD) erkannt.

Im Rahmen eines Maßnahmenbündels zur Suizidprävention für Neuzugänge können Listeners also einen genuinen, nicht durch andere Maßnahmen zu ersetzenden Beitrag liefern. Im Folgenden sollen die Grundzüge des Einsatzes von Listeners vorgestellt und erste Erfahrungen mit dieser Maßnahme in der JVA München berichtet werden.

26.5   Einsatz von Listeners bei Neuzugängen der JVA München

In der JVA München wurde die Zugangsprozedur neu gestaltet. Seit Anfang 2011 führen Fachdienste mit allen neu aufgenommenen Gefangenen Zugangsgespräche. Im täglichen Wechsel kommt ein Psychologe oder ein Sozialpädagoge zum Einsatz. Der zentrale Teil dieses Zugangsgesprächs ist die Durchführung eines (halb-) standardisierten Suizidscreenings, dessen Fragen an entsprechende Studien angelehnt wurden (vgl. u. a. Dahle et al., 2005). Bei einer Einschätzung als „unklares Ergebnis" oder „potenziell suizidgefährdet" erfolgt zwingend die (Wieder-) Vorstellung des Gefangenen beim ärztlichen Dienst zur Einschätzung der konkreten Suizidgefahr. Seit Beginn der Durchführung von Zugangsgesprächen in der JVA München im Februar 2011 besteht die Möglichkeit, einem als latent (!) suizidgefährdet eingestuften, bzw. psychisch tendenziell belasteten Neuzugang einen geschulten Mitgefangenen aus der sozialtherapeutischen Abteilung Gewaltdelikte als Listener für die erste Nacht zuzuteilen. Bei festgestellter akuter Suizidgefährdung erfolgt die weitere Betreuung ausschließlich durch Ärzte und Psychologen. Bis März 2014 fanden 61 solcher Einsätze statt.

Bereits über ein halbes Jahr vor Einführung der neuen Zugangsgespräche wurden zunächst drei Gefangene aus der sozialtherapeutischen Abteilung Gewaltdelikte auf Listener-Einsätze vorbereitet. Als geeignet eingestufte Gefangene wurden von den Fachdiensten angesprochen und alle bekundeten Interesse. In monatlichen Treffen (zwei- bis dreistündig am Samstag unter psychologischer Leitung) wurden sie in Gesprächsführung, der besonderen Situation von Menschen in Krisen und Grundregeln im Umgang mit suizidgefährdeten Personen geschult. Neben theoretischen Inhalten wurde dem Erfahrungsaustausch (jeder Teilnehmer kennt die Zugangs-Situation) und insbesondere Rollenspielen ein großer Stellenwert eingeräumt. Auch eine eingehende Reflexion über die eigene Motivation zur Teilnahme an dem Projekt sowie eine Einschätzung der Möglichkeiten und Grenzen zur Übernahme dieser Aufgabe fand statt. Im Rahmen der Vorbereitung wurden auch eigene Suizidalität sowie Erfahrungen mit Suiziden im familiären Umfeld oder bei Mitgefangenen thematisiert und bearbeitet. Zur Vorbereitung fand außerdem ein Erste-Hilfe-Kurs statt, der von einem Krankenpfleger der Anstalt durchgeführt wurde.

Ein Teilnehmer schied auf eigenen Wunsch aus dem Projekt noch in der Vorbereitungsphase aus, weil er sich überfordert fühlte. Zwei weitere Bewerber wurden dafür aufgenommen, so dass zu Beginn der Einsätze die Gruppe vier Listeners umfasste. Zwischenzeitlich fanden weitere Veränderungen in der Listenergruppe statt (Gründe z. B: Entlassung aus der Haft; Überforderung durch gleichzeitig stattfindende Prüfungen). Immer besteht die Möglichkeit, auf eigenen Wunsch vorübergehend zu pausieren, also keine Einsätze zu übernehmen, aber weiterhin an den Treffen teilzunehmen. Aktuell (März 2014) umfasst die Listenergruppe fünf Gefangene.

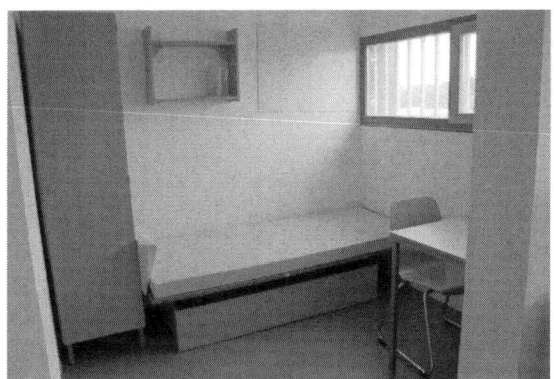

Abb. 3 links: Listener-Haftraum
Abb. 4 oben: Listener-Koffer

Es wurde ein Doppel-Haftraum als Listener-Haftraum eingerichtet und für diese Einsätze frei gehalten. Es handelt sich hierbei um eine sog. „Durchbruch-Zelle", die durch die Herausnahme der Zwischenwand zweier Einzelhafträume entstand. Ebenso wurde ein sog. „Listener-Koffer" von der Arbeitstherapie gefertigt, in dem für die Einsätze sinnvolle Materialen kompakt zugänglich sind: Schreibzeug, Spiele, Wasserkocher, Kaffee, Tabak.

Im Vorfeld wurde durch die Anstaltsleitung eine Verfügung erlassen, die die Modalitäten eines Listener-Einsatzes regelt, insbesondere das Prozedere, wie ein Einsatz zustande kommt und das Vorgehen für den Fall, dass ein Listener einen Einsatz während der Nachteinschlusszeit abbricht. Diese Möglichkeit wird jedem Listener-Gefangenen eingeräumt, damit es nicht zu einer andauernden und für den Listener nicht mehr kontrollierbaren Überforderungssituation kommt. Bisher wurde von dieser Möglichkeit noch nicht Gebrauch gemacht.

Im Rahmen des Zugangsgesprächs mit neu aufgenommenen Gefangenen kann der zuständige Fachdienst die Empfehlung abgeben, dass einem Gefangenen für die erste Nacht ein sog. „Listener" zugeteilt wird. Diese Maßnahme ist insbesondere dann geeignet, wenn sich bei der Überprüfung der für Suizidgefahr relevanten Faktoren ein unklarer Befund ergibt. Die „Listeners" sind im Umgang mit möglicherweise suizidgefährdeten Mitgefangenen besonders geschult. Jeder Einsatz wird mit ihnen nachbesprochen und ausgewertet. Die Gruppe der Listeners umfasst geeignete Gefangene der sozialtherapeutischen Abteilung Gewaltdelikte. Die Gruppe trifft sich mindestens monatlich unter Anleitung von (...).

Wird vom Fachdienst, der das Zugangsgespräch geführt hat, der Einsatz eines Listeners empfohlen, setzt sich der Fachdienst mit (...) oder einem seiner Kollegen in Verbindung. Diese prüfen, ob ein geeigneter Gefangener aus der Listener-Gruppe zur Verfügung steht. Kann der Einsatz erfolgen, initiieren sie den weiteren organisatorischen Ablauf. Steht kein Listener zur Verfügung, wird dies dem Fachdienst vom Zugang rückgemeldet, der über das weitere Vorgehen entscheidet.

Der Einsatz erfolgt im Gemeinschaftshaftraum der Station N3b. Notrufe aus diesem Haftraum sind mit hoher Priorität zu bearbeiten. Der eingesetzte Listener hat das Recht, seinen Einsatz zu beenden, wenn er sich nicht mehr im Stande sieht, die Situation zu kontrollieren. In diesem Fall muss der Nachtdienst die Gemeinschaft auflösen und es muss in Rücksprache mit der ärztlichen und juristischen Rufbereitschaft eine neue Lösung für die Unterbringung gefunden werden.

Tab.1: Verfügung der Anstaltsleitung der JVA München über den Einsatz von Listeners

Die Listeners kommen grundsätzlich reihum zum Einsatz. Dabei wird versucht, ein gewisses Matching zwischen Listener und Neuzugang herzustellen d.h. die Fachdienste der sozialtherapeutischen Abteilung, die die Listeners kennen, versuchen sich ein Bild darüber zu machen, welche

Konstellation am besten „passt" (z. B. bezüglich Alter, Temperament, möglicher Überforderung, Raucher/Nichtraucher). Wünsche der Listeners (z. B. kein Sexualtäter) werden berücksichtigt. Jeder Listener hat das Recht, einen Einsatz abzulehnen. Von diesem Recht wurde bisher nur aus persönlichen Gründen Gebrauch gemacht („Kopf mit anderen Dingen zu sehr voll", „Stress in der Arbeit", „wichtiger Brief zu schreiben" u. ä.), nicht in Bezug auf den zu betreuenden Gefangenen. Bis auf eine Ausnahme fand sich immer ein Listener zur Übernahme eines anstehenden Falls bereit.

Sämtliche Einsätze werden mit den Listeners in der mindestens monatlich stattfindenden Listener-Gruppe und bei Bedarf einzeln (im Rahmen der Einzeltherapie-Sitzungen in der Sozialtherapie Gewaltdelikte) nachbesprochen. Bisher kam es in keinem Fall zu einer besorgniserregenden Situation. Die Einsätze wurden von den Listeners teilweise als anstrengend, aber immer bewältigbar eingeschätzt, zum Teil auch als angenehm und abwechslungsreich.

Es hat sich gezeigt, dass sich der Bedarf an Listener-Einsätzen in einem Rahmen hält, der bewältigbar erscheint (jährlich etwa 20 Einsätze). Der Nutzen ist für die Fachdienste, die das Zugangsgespräch durchführen, augenscheinlich und die Maßnahme wird vom überwiegenden Teil der Kollegen wohlwollend unterstützt. Es entstand jedoch gelegentlich der Eindruck, dass beim ein oder anderen immer noch eine gewisse Unsicherheit besteht, welcher Gefangene sich für die Zuweisung zu einem Listener-Gefangenen eignet. Nachfragen bei den Fachdienst-Kollegen ergaben darüber hinaus, dass bei manchen die Möglichkeit, für einen Neuzugang einen Listener-Einsatz zu empfehlen, nicht präsent war. Hier ist ständige Informationsarbeit nötig, insbesondere für neue Fachdienst-Kollegen. Eine gewisse Unsicherheit bei den betreffenden Kollegen ist auch durchaus nachvollziehbar, befindet sich doch der „prototypische" Neuzugang für einen Listener-Gefangenen in einem gedachten „Korridor der Suizidalität". Augenscheinlich eher unbelastete Gefangene, die beispielsweise hafterfahren sind oder deren Inhaftierung aufgrund einer kurzen Dauer für sie keine besondere Belastung darstellen, eignen sich nicht für das Projekt, da es keinen Bedarf für einen Listener-Einsatz gibt. Insofern bilden diese Gefangenen eine gedachte Untergrenze der Suizidalität, ohne zur Zielgruppe zu gehören. Die entsprechende Obergrenze, auch ohne dabei zur Zielgruppe zu gehören, stellen Gefangene dar, die psychiatrisch auffällig bzw. mehr oder weniger akut oder chronisch suizidal sind (auf die Versorgung dieser Gruppe wird später noch einmal eingegangen). Gefangene, die mehr als die erste, dabei aber weniger als die zweite Gruppe belastet sind und/oder von einem Listener-Einsatz bspw. durch Informationen aus „erster Hand" profitieren können, stellen schließlich die Zielgruppe dar.

Durch die Einführung des Listener-Projekts zeigen sich schon jetzt ganz überwiegend positive Effekte auf „vielen Seiten". Übereinstimmend mit Hall und Gabor (2004) profitieren in der JVA München Neuzugänge, Listener-Gefangene und das Personal von dieser Maßnahme.

26.6 Evaluation

Die nachfolgenden Analysen beziehen sich auf die ersten 54 Einsätze von Listeners, die nach jedem Einsatz einen Fragebogen ausfüllten. Den betreuten Neuzugängen wurde ein ähnlicher Fragebogen ausgehändigt und die Beantwortung frei gestellt. Es resultierte ein Rücklauf von 48 auswertbaren Fragebögen.

Diese Ergebnisse werden ausgewählten Daten aus einer Bachelorarbeit (Halbfinger, 2013) gegenübergestellt, in der die Unterbringung in einem Listener-Haftraum mit der Unterbringung in einem regulären Gemeinschaftshaftraum verglichen wurde. Dazu wurden Gefangene befragt, die die erste Nacht als Neuzugang in der Justizvollzugsanstalt München in einem Gemeinschaftshaftraum untergebracht waren. Nach einem Zufallsverfahren wurden 64 Gefangene gebeten, einen Fragebogen auszufüllen, und es resultierte ein Rücklauf von 40 verwertbaren Fragebögen für die Vergleichsstichprobe.

26.6.1 Ausgewählte demografische Angaben der Neuzugänge

Die Gruppe der im Listener-Haftraum untergebrachten Neuzugänge umfasste insgesamt 54 Personen, die zwischen 21 und 58 Jahren bzw. im Durchschnitt 32 Jahre alt waren. Der überwiegende Teil befand sich mit 44 Personen in Untersuchungshaft (81,5 %) und 10 Neuzugänge waren in Strafhaft, einschließlich Ersatzfreiheitsstrafen und Sicherungshaft. Die überwiegende Mehrheit von 42 Neuzugängen (77,8 %) war das erste Mal in Haft, sechs Personen waren bereits einmal, eine Person auch mehrmals zuvor in Haft. Trotz ihrer früheren Hafterfahrung schienen diese Neuzugänge sowohl gemäß ihrer Selbstauskunft als auch aus Sicht der Listener gleichermaßen belastet wie diejenigen, die zum ersten Mal in Haft waren. Dies unterstreicht, dass fehlende Hafterfahrung keine zwingende Voraussetzung für die Zuweisung zur Betreuung durch einen Listener sein sollte.

Insgesamt berichteten 34 Neuzugänge (63,0 %), vor ihrer Inhaftierung gearbeitet zu haben, wobei 18 eine feste Anstellung hatten und die anderen angaben, gelegentlich oder regelmäßig zu arbeiten, in einer Ausbildung oder selbständig zu sein. Ohne festen Wohnsitz waren fünf Personen (9,3 %).

Die von Halbfinger (2013) erhobene Vergleichsgruppe weist in den demographischen Merkmalen zwar kleinere Unterschiede auf, diese sollten jedoch die Vergleichbarkeit der beiden Gruppen nicht grundsätzlich einschränken. Die in Gemeinschaft untergebrachten Neuzugänge waren mit einem Durchschnitt von 35 Jahren geringfügig älter mit einer Spannbreite von 16 bis 62 Jahren. Auch die im regulären Gemeinschaftshaftraum untergebrachten Neuzugänge waren überwiegend in Untersuchungshaft (28 der insgesamt 40 Personen, 70,0 %), sie hatten jedoch etwas häufiger Hafterfahrung (18 Personen, 45 %). Im Vergleich zu den Zugängen im Listener-Haftraum gingen etwas weniger einer festen Tätigkeit nach (17 Personen, 42,5 %), jedoch hatten fast alle eine feste Meldeadresse (36 Personen, 90,0 %).

26.6.2 Selbstauskünfte der Neuzugänge zur Suizidalität

Von den in einem Listener-Haftraum betreuten Neuzugängen gaben sechs (11,1 %) an, schon einmal in ihrem Leben einen Suizidversuch unternommen zu haben, der keinen Zusammenhang zu der aktuellen Inhaftierung aufweise. Gemäß ihrer Selbstauskunft hatten elf Personen (20,4 %) seit ihrer aktuellen Festnahme an Suizid gedacht. Von diesen gaben vier an, mit dem Listener über frühere Suizidversuche gesprochen zu haben und sieben, über Selbsttötungsgedanken oder -fantasien berichtet zu haben.

Aus der Vergleichsgruppe räumte niemand frühere Suizidversuche ein. Ein Befragter (2,5 %) gab jedoch an, seit seiner Inhaftierung an Suizid gedacht zu haben. Die im Gemeinschaftshaftraum Untergebrachten zeigten sich demnach weniger vulnerabel als die den Listeners zugewiesenen Neuzugänge.

26.6.3 Befinden der Neuzugänge vor und nach der ersten Nacht

Sowohl der betreute Neuzugang (Selbstauskunft) als auch der Listener (Fremdeinschätzung) schätzten das allgemeine Befinden des Neuzugangs unmittelbar vor und nach dem Listener-Einsatz ein. Die Ergebnisse der Selbstauskünfte sind in der nachfolgenden Abbildung 5 denen der Neuzugänge aus der Vergleichsgruppe gegenübergestellt. Die den Listeners zugewiesenen Neuzugänge fühlten sich schlechter als diejenigen, die in regulärer Gemeinschaft untergebracht wurden. Dies bestätigt die Zuweisungspraxis, nach der Neuzugänge vor allem dann einem Listener zugeordnet werden, wenn sie in schlechter Verfassung sind. Andererseits mahnt dieser Unterschied zur Vorsicht bei der Interpretation von Gruppenvergleichen.

Nach der ersten Nacht berichteten beide Gruppen ein verbessertes Wohlbefinden, das auf einen positiven Effekt der Zeit und der Gegenwart von Mitgefangenen verweist. Erwartungsgemäß ging es jedoch denen, die mit einem Listener untergebracht waren, unmittelbar nach dem Gespräch deutlich besser als denen, die in der Vergleichsgruppe waren. Über die Verbesserung hinaus, die sich auch bei der Unterbringung in einem regulären Gemeinschaftshaftraum zeigte, könnte dies einen besonders positiven Effekt des Gesprächs mit dem Listener indizieren[2].

Einige Tage später war kein Unterschied im Wohlbefinden der beiden Gruppen mehr festzustellen. Dies könnte indizieren, dass der Effekt des Gesprächs mit einem Listener mit der Zeit verblasst. Andererseits ließe sich argumentieren, dass trotz des schlechteren Ausgangsbefindens der Neuzugänge in der Listener-Gruppe ein deutlich verbessertes Befinden noch nach zwei Tagen erkennbar ist. Anhand der Daten lässt sich nicht klären, ob die Gefangenen auch langfristig von einem Gespräch mit einem Listener profitieren, beispielsweise weil sie sich auf das Leben im Gefängnis besser vorbereitet fühlen als diejenigen, die weniger systematisch über die Abläufe in-

---

[2] Konkrete Aussagen zu den Ursache-Wirkungsbeziehungen lassen sind nicht treffen. Beispielsweise sind auch methodische Effekte nicht auszuschließen. Ergeben sich bei einer ersten Testung Extremwerte, so zeigen nachfolgende Messungen regelmäßig Verschiebungen zur Mitte hin (Regression zur Mitte).

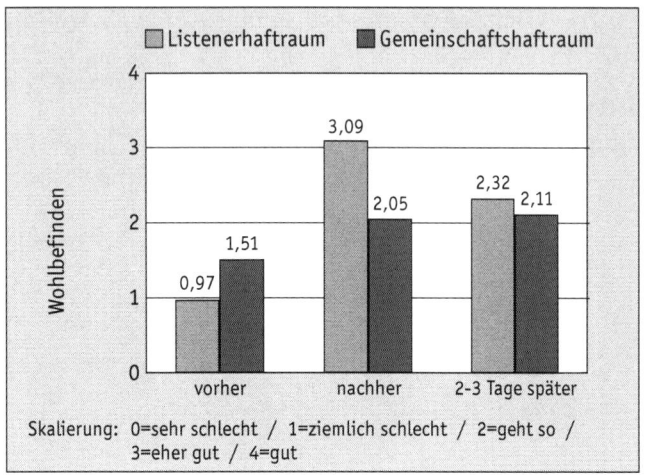

Abb. 5: Befinden der Neuzugänge gemäß ihrer Selbstauskünfte vor und nach einer Unterbringung mit einem Listener und in einem regulären Gemeinschaftshaftraum.

formiert wurden. Es bleibt jedoch ein deutlich verbessertes Wohlbefinden der stark beeinträchtigten Neuzugänge unmittelbar nach den Gesprächen festzustellen, so dass die Maßnahme akut wirksam erscheint.

26.6.4 Ausmaß der Verbesserung im Befinden der Neuzugänge

Fast alle der durch einen Listener betreuten Neuzugänge fühlten sich nach dem Gespräch besser als vorher, wobei die Verbesserung im Durchschnitt mehr als zwei Stufen ausmachte. Das Ausmaß der Veränderung erwies sich als unabhängig von dem Alter und der früheren Hafterfahrung des Neuzugangs. Auch war kein systematischer Zusammenhang zu der Person des Listeners zu erkennen. Insgesamt waren acht Listener bei jeweils drei bis 20 Gelegenheiten im Einsatz. Fast

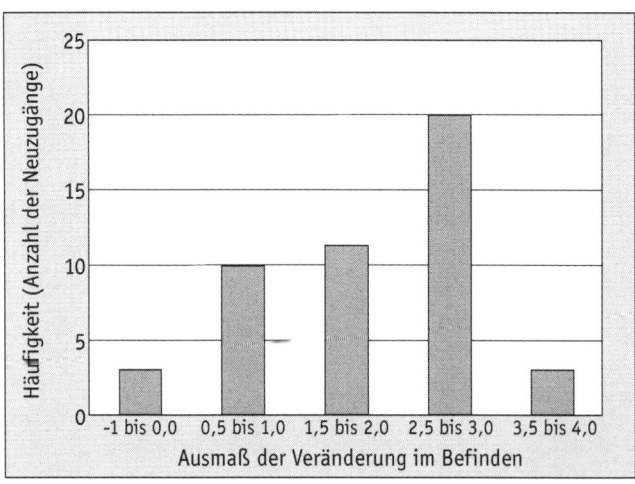

Abb. 6: Änderung des Befindens der Neuzugänge gemäß ihrer Selbstauskünfte vor und nach der Unterbringung mit einem Listener.

jeder Listener betreute Neuzugänge, deren Befinden sich um mehr und andere deren Befinden sich um weniger als zwei Stufen verbesserte.

Es gab nur wenige Extremfälle, die keine Veränderung ihres Befindens oder eine Verbesserung um fast vier Stufen berichteten. Lediglich zwei Neuzugänge stellten keine Veränderung in ihrem Wohlbefinden fest, sie äußerten sich jedoch im Freitext positiv über das Listener-Projekt („Gespräch hat mir ein gutes Gefühl gegeben und meine Anspannung gelöst", „mir hat gut gefallen, dass man sich mit seinen Gedanken austauschen bzw. mitteilen konnte"), bzw. führten erläuternd aus: „Er [der Listener] kann mir ja leider auch nicht die Angst vor der Zukunft nehmen". Eine weitere Person indizierte eine Verschlechterung um eine Stufe von einem „guten" zu einem „eher guten" Befinden. Im Widerspruch dazu führte sie im Freitext aus, das Gespräch mit dem Listener habe ihr gut getan. Vermutlich lag hier ein falsches Verständnis der Antwortskala vor.

Darüber hinaus gaben zwei Neuzugänge nach ihrem Gespräch mit verschiedenen Listeners an, dass sich ihre Verfassung über die gesamte Bandbreite der Skala verbessert habe, d.h. von einem „sehr schlechten" zu einem „guten" Befinden. Die Anmerkungen der Listener zu diesen Einsätzen machen deutlich, dass einer dieser beiden Neuzugänge depressiv und aufgrund eines akuten Vorfalls mit einem Mitgefangenen sehr belastet war. Der andere schien aufgrund sprachlicher Probleme stark überfordert und vermerkte entsprechend auch, dass für ihn die Erklärungen des Listeners zu alltäglichen Vorgängen im Vollzug besonders wertvoll waren. Bei der dritten Person, die in bemerkenswertem Ausmaß von dem Gespräch zu profitieren schien, gab es wohl besonderen Redebedarf zum Tatgeschehen und damit verbundenen Gefühlen.

26.7   Beim Listener-Einsatz besprochene Themen

Die Neuzugänge wurden gefragt, über welche der vorgegebenen Themen sie mit den Listeners gesprochen haben. In Tabelle 2 sind die Gesprächsthemen denen aus der regulären Gemeinschaftsunterbringung vergleichend gegenübergestellt.

Bei mehr als der Hälfte der geführten Gespräche ging es um die Tatvorwürfe. Dies galt sowohl im Kontakt zu den Listeners als auch zu den Gefangenen im Gemeinschaftshaftraum. Es zeigten sich aber auch deutliche Unterschiede in den Gesprächsthemen der beiden Gruppen. So wurde mit den Listeners in mehr als der Hälfte der Fälle auch über Ängste bezogen auf die Zukunft, das Verfahren, den Strafvollzug und private Entwicklungen gesprochen. Im Gemeinschaftshaftraum kamen diese Themen hingegen in weniger als einem Drittel der Fälle zur Sprache. Fett gedruckt sind Themen, die gemäß der Auskünfte des Neuzugangs in der einen Gruppe doppelt so häufig angesprochen wurden wie in der anderen. Neben den Ängsten hinsichtlich des Strafvollzugs und privater Entwicklungen, sprachen manche Neuzugänge mit den Listeners über depressive Verstimmungen, Selbsttötungsgedanken und -fantasien. Im regulären Haftraum wurden diese Bereiche kaum thematisiert. Insgesamt wäre es denkbar, dass bei den Listener-Einsätzen mehr und möglicherweise auch intimere Themen behandelt wurden.

Gesprächsthemen	Listener-Einsatz (N=54)		Gemeinschaftshaft-raum (N=40)	
	N	%	N	%
Tatvorwurf / Straftat	41	76	25	63
Ängste bezüglich Entwicklungen im privaten Bereich	**33**	**61**	10	25
Ängste bezüglich Strafvollzug	**32**	**59**	11	28
Ängste bezüglich Zukunft	34	63	14	35
Ängste bezüglich Verfahren	23	43	11	28
depressive Verstimmung	**22**	**41**	8	20
Probleme in Partnerschaft	16	30	8	20
Probleme mit Eltern	16	30	8	20
Scham / Schuld	14	26	6	15
Einsamkeit / Vereinsamung	20	37	12	30
gesellschaftliche / politische Fragen	17	32	16	40
Trennung / Scheidung	12	22	7	18
Probleme mit Behörden und Institutionen	12	22	10	25
Selbsttötungsgedanken / -fantasien	**7**	**13**	2	5
Religion / Glaube / Weltanschauung / ethische Fragen	13	24	12	30
finanzielle Notlage	9	17	12	30
Probleme mit Kindern	6	11	4	10
körperliche Beschwerden / Behinderung	5	9	5	13
frühere Suizidversuche	4	7	2	5
Probleme mit erlittener Gewalt	5	9	2	5
Probleme mit Drogen	7	13	7	18
Probleme mit eigenen Aggressionen / Gewalt	3	6	**8**	**20**
Probleme mit Alkohol	3	6	**6**	**15**
Anzahl der Themen	354		206	

Tab. 2: Gesprächsthemen

Schließlich wurden die Zusammenhänge zwischen konkreten Themen und dem Ausmaß der Verbesserung im Befinden des Neuzugangs nach dem Gespräch mit einem Listener exploriert. Hier zeigten sich kaum bedeutsame Zusammenhänge, was vermutlich auch auf methodische Aspekte zurückzuführen ist (z. B. zu geringe Fallzahlen für diese Analysen, nicht trennscharfe Kategorien, selten besprochene Themen). Allerdings schienen Gespräche, in denen gesellschaftliche und politische Fragen aufgegriffen wurden, mit deutlicheren Verbesserungen im Befinden des Neuzugangs einher zu gehen. Entsprechende Themen erscheinen zunächst wenig persönlich, andererseits konnten sie den Gesprächseinstieg erleichtern oder gar indizieren, dass sich Listener und Neuzugang gut verstanden haben und über Gemeinsamkeiten verfügten, die über die konkrete Erfahrung der Inhaftierung hinausgingen.

26.8 Freitextangaben zum Listener-Projekt

Schließlich konnten die Neuzugänge im Freitext vermerken, was sie im Gespräch mit den Listeners hilfreich fanden und was sie störte. Alle Neuzugänge, die sich an der Befragung beteiligten, brachten eine positive Bewertung des Listener-Einsatzes zum Ausdruck. Oft wurde auf ein hilfreiches Gespräch und auf ein angenehmes und respektvolles Verhalten der Listener hingewiesen. Manche fanden es auch wichtig, dass der Listener nicht nur zuhörte, sondern auch etwas über sich erzählte. Darüber hinaus schätzten es einige, konkrete Ratschläge und Informationen über die Abläufe in der Justizvollzugsanstalt zu erhalten. Zur Veranschaulichung sind nachfolgend einige Kommentare zitiert zur Frage „Was hat Ihnen im Gespräch mit dem Listener geholfen?":

- „Der Eindruck verstanden zu werden, Information bezüglich der Gegebenheiten und Möglichkeiten innerhalb der JVA, Rat und Hilfe betreffs Anträge."

- „Zu erfahren, wie es hier in Haft abläuft, mit jemandem offen zu reden, mit Angst vor Haft besser umzugehen."

- „Er hat mir aufmerksam zugehört. Er hat meine Gedankengänge stehen gelassen ohne großartig zu be- oder verurteilen. Ich habe mich nicht so alleine gelassen gefühlt in meiner Situation: Beratend, offen und ehrlich stand er mir zur Seite!"

- „Seine Erfahrungen, die er mit mir geteilt hat. Was er wie erlebt hat, konnte ihm Fragen stellen, gute Ratschläge wie ich hier klar kommen kann."

- „Dass das Leben weiter geht, nicht aufgeben soll, dass man da 'ne Lösung finden kann, das Gespräch hat sehr gut getan …"

- „Der Listener hat mir die Angst etwas genommen."

- „Jemanden zu sehen, der in einer ähnlichen Lage für sich auch Positives aus der Lage gezogen hat und nicht daran verzweifelt ist. Das Verständnis für meine eigene Situation war sehr hilfreich."

- „Dass er für einen da ist und man sich nicht nur über Probleme unterhalten hat und man nicht alleine ist."

- „Dass ich mit jemandem offen reden konnte und dass mir jemand zugehört hat."

Störendes wurde kaum benannt bzw. in der Regel verneint. Beim ersten Einsatz eines Listeners in der Justizvollzugsanstalt München wurde der Neuzugang versehentlich nicht darüber informiert und wertete es daher als Vertrauensbruch, dass der Listener im Anschluss an das Gespräch einen Fragebogen ausfüllte. Alle nachfolgenden Teilnehmer wurden daher umfassend über die Datenerhebung informiert, so dass dieser Kritikpunkt beseitigt werden konnte. Für einen Neuzugang war es unangenehm, dass der Listener rauchte. Unterschiedliche Rauchgewohnheiten sollten soweit möglich bei der Zuordnung von Listeners und Neuzugängen berücksichtigt werden.

Schließlich fand ein Neuzugang, dass das Gespräch mit dem Listener morgens recht abrupt beendet worden sei.

Abschließend hatten die Neuzugänge Gelegenheit, Anmerkungen und Verbesserungsvorschläge zu formulieren. Erneut zeigte sich eine sehr positive Bewertung des Projektes. So wurde wiederholt vorgeschlagen, das Projekt als Standardmaßnahme für Neuzugänge umzusetzen, den Einsatz der Listener zu verlängern oder auch weiterführende Gespräche anzubieten. Viele nutzten die Gelegenheit, um den Listeners oder anderen Projektbeteiligten zu danken und einer empfahl sogar Vergünstigungen für das ehrenamtliche Engagement der Listener:

- „Dem Listener evtl. frei geben für den nächsten Tag, weil es für ihn bestimmt anstrengend ist nach einer Nacht, wo er sich die Sorgen anhören muss, danach ziemlich früh aufzustehen und zu arbeiten."

- „Ich war sehr froh / begeistert über die Situation sprechen zu können, ohne auf Ablehnung / Unverständnis zu stoßen, sehr angenehme Atmosphäre, menschlich = 1a"

- „Danke sagt glaube ich alles"

- „Ich bin mir sicher, dass Häftlinge, die zum ersten Mal sitzen, so die Angst genommen wird und sie sich dann besser integrieren können. Super-Projekt!"

- „Das Listener-Projekt ist eine sehr gute Einrichtung, damit sich Neuankömmlinge nicht völlig isoliert und mit ihren Ängsten alleine gelassen fühlen."

- „Alles Perfekt!"

- „Ich halte dieses Programm für sehr sinnvoll für gewisse Persönlichkeiten womöglich sogar für lebensrettend, es sollte in jedem Fall fortgeführt werden."

- „Ich fand es sehr positiv und alle Fragen, die ich zu dem Zeitpunkt hatte wurden beantwortet."

- „To meet this guy is the best what could happen to me" („Den Listener zu treffen, war das Beste, was mir widerfahren konnte.")

- „Ich will immer noch raus"

26.9 Therapeutische Effekte für die Listener

Hauptziel des Listener-Projekts ist die Begleitung latent suizidaler Gefangener. Zusätzlich können aber auch die Listener deutlich im Hinblick auf ihre eigene Persönlichkeitsentwicklung profitieren (Lohner & Pecher, 2012). In der forensischen Behandlungsforschung setzt sich zunehmend durch, dass neben einer notwendigen, insbesondere im Rahmen der Deliktarbeit unverzichtbaren Fokussierung auf zu behebende Defizite der Gefangenen auch ihre Ressourcen in den Blick genommen werden müssen. So konstatiert Suhling, „... dass sich die Wirksamkeit von Interventionen erhöhen lässt, wenn der Fokus auf die Defizite, Probleme, Schwächen und (Denk-)Fehler der Inhaftierten abgeschwächt und um positive Ansätze und die Arbeit an und mit Ressourcen und vor Kriminalität schützenden Faktoren ergänzt wird. Vermeidungsziele zeigen zu wenig positive Perspektiven auf, sondern besagen nur, was nicht geschehen soll" (Suhling, 2007, S. 152). Das Listener-Projekt zeigt in herausragender Weise, wie Gefangene ihre Ressourcen – die entweder schon vor der Inhaftierung vorhanden waren oder ggf. in der Therapie aufgebaut oder gestärkt wurden – zum Einsatz bringen können. Freilich liegt es in der Einschätzung der Fachkräfte, ob die Ressourcen für die Bewältigung dieser doch anspruchsvollen Aufgabe genügen. Regelmäßig wird ein Gefangener nicht schon zu Beginn einer sozialtherapeutischen Behandlung als Listener eingesetzt werden. Wird das Listener-Projekt außerhalb einer Behandlungsgruppe durchgeführt, finden sich jedoch auch geeignete Gefangene, die nach sorgfältiger Einweisung und Schulung die Aufgabe übernehmen können.

Es folgt eine kurze Beschreibung der Effekte für den Listener, die von den Therapeuten wahrgenommen wurden. Eine detaillierte Darstellung der Therapieeffekte in Fallvignetten verbietet sich, da aufgrund der bisher geringen Fallzahl eine Anonymisierung nicht gewährleistet werden kann.

26.9.1   Erweiterung der Empathiefähigkeit

Empathie kann im Einsatz als Listener erprobt und erweitert werden. Selbstverständlich können nur Gefangene zugelassen werden, die schon über gewisse Ressourcen in diesem Bereich verfügen. Empathiedefizite treten bei zu therapierenden Straftätern mitunter nicht durchgängig, sondern situationsbezogen auf (z. B. gegenüber Autoritäten, nach Kränkungen durch nahestehende Menschen). Wenn die Grundstruktur des Listener-Einsatzes diese jeweiligen Situationen nicht reproduziert, kann ein Einsatz erfolgen, auch wenn schwere Gewaltdelinquenz in der Vorgeschichte des Listeners zu beobachten ist.

26.9.2   Ausbau der sozialen Kompetenz

Die Gesprächsführung während ihres Einsatzes stellt die Listener manchmal vor beachtliche Herausforderungen. Ein Mitgefangener schweigt recht beharrlich, ein anderer hört nicht auf zu reden, wieder ein anderer ist sprunghaft in seinen Äußerungen. Hierauf angemessen zu reagieren, d.h. eigene und die Bedürfnisse des anderen angemessen zu berücksichtigen, kann der Listener im Einsatz und durch die Nachbesprechung lernen.

26.9.3   Stärkung des Selbstwerterlebens

Für die Listener ist es i.d.R. bereits eine Bestätigung des Selbstwertes, dass ihnen ein Einsatz zugetraut wird. Ängste, sich auf den Therapieprozess einzulassen, weil damit in der Fantasie eine Selbstzuschreibung als krank, unzulänglich, wertlos usw. verbunden ist, können relativiert werden, indem durch den Einsatz als Listener vorhandene Fähigkeiten ausdrücklich anerkannt werden. Den Einsatz selbst erleben die Listener i.d.R. als sinnvoll und befriedigend. Oft erfolgt auch eine positive Rückmeldung durch den betreuten Mitgefangenen.

26.9.4   Realistische Einschätzung eigener Möglichkeiten

Hier ist die andere Seite der häufig bei Straftätern anzutreffenden Selbstwertproblematik angesprochen: Neben Insuffizienzgefühlen besteht häufig eine Überschätzung der eigenen Person. Eine Erfahrung bei Einsätzen war, dass gerade im Rahmen eines zwischenmenschlichen Kontakts der „Machbarkeit" Grenzen gesetzt sind, manchmal im „Aushalten" die Grenze des gerade Möglichen erreicht ist.

26.9.5   Stärkung prosozialer Werte

Durch den Listener-Einsatz werden zwischenmenschliche Werte verstärkt, die eine unmittelbare Reziprozität im Sinne eines gegenseitigen Nutzens (gibst Du mir, gebe ich Dir) übersteigen. Diese Haltungen werden durch den Einsatz auch sogleich einer Realitäts-Prüfung unterzogen: Es geht nicht um proklamierte Selbstlosigkeit, sondern um konkretes Handeln mit Möglichkeiten und Grenzen.

26.9.6   Erweiterung des Handlungsfeldes über die unmittelbare Therapie hinaus

So wichtig zu Beginn der Therapie eine Beschränkung des Handlungsraums auf den strukturierten und kontrollierten Rahmen der Therapiegruppe ist, so wichtig ist später eine Erweiterung auf andere Aktionsfelder im Sinne der Ausweitung der Erfahrungen und der Erprobung des therapeutisch Erreichten. Diesem Ziel dienen vornehmlich Vollzugslockerungen. Durch den Einsatz als Listener können auch Gefangene, die dafür noch nicht in Frage kommen, einen solchen Effekt erfahren. Eine Aufnahme in die Listener-Gruppe sollte erst erfolgen, wenn die Therapie schon über die Anfangsphase hinaus fortgeschritten ist. Bei den häufig recht langen notwendigen Behandlungszeiten ist eine Erweiterung des Handlungsfeldes bereits sinnvoll, aber über Vollzuglockerungen noch nicht zu realisieren.

In einer Bachelorarbeit (Seitz, 2012) wurden die Auswirkungen des Listener-Projekts aus Sicht der Listeners untersucht. Dazu wurde eine etwa dreistündige Gruppendiskussion mit den Listeners durchgeführt, das auf Band aufgenommene Gespräch transkribiert und mit Methoden der qualitativen Textanalyse ausgewertet. Es zeigte sich, dass die Listener ganz überwiegend (80 %) positive Auswirkungen für sich sehen. Von den oben beschriebenen therapeutischen Effekten sehen sie am deutlichsten ‚Ausbau der sozialen Kompetenz' und ‚Stärkung des Selbstwerterlebens.' Die Ziele ‚Realistische Einschätzung eigener Möglichkeiten' und ‚Stärkung prosozialer Werte' werden moderat oft thematisiert. Selten werden dagegen die Ziele ‚Erprobung der Empathiefähigkeit' und ‚Erweiterung des Handlungsfeldes' von den Listeners selbst in der Gruppendiskussion angesprochen. 20 % der Redebeiträge thematisieren negative Auswirkungen der Einsätze auf den Listener (in abnehmender Häufigkeit): negative Effekte auf die Gefühlslage; Abwertung der Listener-Tätigkeit durch Nicht-Listener; zusätzliche Belastung zu weiteren Belastungen der Haft; Konfrontation mit eigenen Grenzen; Verringerung der eigenen Geduld.

Diese Ergebnisse stehen in Übereinstimmung mit Dhaliwal und Harrower (2009), die mittels interpretativer phänomenologischer Analysen des Listener-Prozesses zeigen konnten, dass die Listener-Gefangenen ein deutliches persönliches Wachstum erlebten, sowie ihre Einstellungen zu sich selbst und zu anderen positiv veränderten.

26.10 Grenzen

Wird in einem Zugangsgespräch oder sonst irgendwann festgestellt, dass aktuell eine konkrete bzw. akute Suizidgefahr besteht (diagnostiziert durch einen Arzt oder Psychologen[3]), eignet sich dieser Gefangene ausdrücklich nicht für die Zuweisung zu einem Listener, solange die o. g. Gefahr besteht. Zum einen sind in diesen Fällen akut-psychiatrische Maßnahmen indiziert, um die Gefahr abzuwenden, bzw. die (psychische) Gesundheit des Gefangenen wiederherzustellen[4]. Zum anderen ist es einem Listener schlichtweg nicht zumutbar, einen akut suizidalen Mitgefangenen zu betreuen und dadurch eine Verantwortung auf sich zu nehmen, die er nicht tragen kann und soll. Aus ähnlichen Erwägungen wurde auch davon Abstand genommen, weitere Treffen oder einen längeren Kontakt zwischen Neuzugang und Listener durchzuführen. Neben fraglos auch positiven Aspekten wäre zu befürchten, dass der Listener-Gefangene in eine „Therapeutenrolle" käme, was zu einer Überforderung des Listeners mit entsprechend malignem Beziehungsverlauf führen könnte.

Keinesfalls dürfen darüber hinaus Listener-Gefangene als „Hilfskräfte" missdeutet werden, die Aufgaben übernehmen, die eigentlich dem Fachpersonal der Anstalt zukommen. Es bleibt selbstverständlich vollumfänglich die Pflicht der Anstalt und jedes ihrer Mitarbeiter, „Schädlichen Folgen des Freiheitsentzugs [...] entgegenzuwirken" (Art. 5 Abs. 2 BayStVollzG) und „für die

---

[3] In Fällen akuter Suizidalität scheint eine Listener-Maßnahme auch nicht ausreichend
[4] Entsprechende diesbezügliche Hinweise können dem Leitfaden der WHO (2007) „Suizidprävention – Ein Leitfaden für Mitarbeiter des Justizvollzugsdienstes" entnommen werden.

körperliche und geistige Gesundheit der Gefangenen [...] zu sorgen" (Art. 58 Abs. 1 BayStVollzG). Art 4 Abs.2 BayUVollzG spricht ausdrücklich auch die Suizidprophylaxe an: „Dem Erkennen von Suizidabsichten und der Verhütung von Selbsttötungen kommt eine besondere Bedeutung zu."

Der Einsatz von Listener-Gefangenen kann nur in ein existierendes, schlüssig-nachvollziehbares Gesamtkonzept der Suizidprävention eingebunden werden (vgl. Siegel, 1997), das nach den Bedürfnissen, Erfordernissen und Möglichkeiten der jeweiligen Anstalt individuell zu entwickeln ist und dabei den Standards wissenschaftlich fundierter Praxis genügt[5]. Schon angesichts dieser Tatsache erübrigt sich eine, die Maßnahme überhöhende, und sie letztlich schädigende Diskussion, welche sie zu einem „Allheilmittel" der Suizidprävention stilisiert. Etwas vereinfacht dargestellt kann das Listener-Projekt als eine teil-standardisierte und professionell begleitete Variante einer uralten Vollzugspraxis begriffen werden. So lange es den Justizvollzug heutiger Prägung gibt, wurden (mehr oder weniger und nach Augenschein beurteilte) „zuverlässige" Gefangene „genutzt", um mit ihnen sog. Notgemeinschaften für schwächere, psychisch belastete und deshalb potentiell gefährdete Gefangene zu bilden. Die Neuerung besteht darin, dass

1. die Auswahl der „Sich-Kümmernden-Gefangenen" (hier Listeners) sehr sorgfältig, von Fachleuten, unter expliziten Kriterien erfolgt,[6]
2. die Listener auf ihre Einsätze vorbereitet werden,
3. die Einsätze der Listener nachbesprochen und sie somit mit ihren Erlebnissen nicht allein gelassen werden und
4. die Erfahrungen für einen therapeutischen Prozess (bspw. im Rahmen einer sozialtherapeutischen Behandlung) nutzbar gemacht werden (s. o.).

Aus der obigen Aufzählung wird deutlich, dass sich das Listener-Projekt besonders gut mit Gefangenen wird realisieren lassen, die Teil einer sozialtherapeutischen Abteilung oder zumindest einer Wohngruppe mit therapeutischem Betreuungspersonal sind. Hier können die nachfolgend genannten Standards (bspw. i. S. e. fundierten Auswahl und Begleitung der Listener-Gefangenen) leicht erfüllt und ein entsprechender therapeutischer Mehrwert genutzt werden. Gleichwohl ist die Anbindung an eine Therapie- oder Wohngruppe nicht unabdingbar. Die erforderliche Kontaktdichte muss dann anderweitig, etwa durch häufigere Gruppentreffen und intensive Einzelkontakte mit dem das Projekt betreuenden Fachdienst gewährleistet werden.

Juristische Bedenken gegen eine gemeinschaftliche Unterbringung von Straf- (Listener) und Untersuchungsgefangenen (Neuzugängen) lassen sich aus der Rechtslage ableiten, die eine getrennte Unterbringung dieser Haftarten fordert. Auch hier zeigt die langjährige Vollzugspraxis eine andere Realität, weshalb ein plötzliches Bestehen auf Einhaltung dieser Vorschrift, angesichts einer „offiziellen Festlegung" im Rahmen der Listener-Maßnahme zugunsten eines Verzichts auf eine Verbesserung der Suizidprävention und o. g. positiver Effekte zweifelhaft, ja zynisch erscheint.

---

[5] Zu möglichen Kriterien siehe Thackwray (2009).
[6] Darüber hinaus willigen die Neuzugänge im Vorfeld der Maßnahme schriftlich in eine gemeinschaftliche Unterbringung ein.

26.11 Mindestanforderungen

In Bayern wurde das Listener-Modell in verschiedenen Kontexten (v. a. Brennpunkttagung an der Justizvollzugsschule, Informationsveranstaltung für Mitarbeiter aus allen Vollzugsanstalten) vorgestellt und diskutiert. Drei weitere Anstalten außer der JVA München, nämlich die JVAen Aichach, Bernau und Bayreuth haben bereits Konzepte einer an die modifizierten Gegebenheiten vor Ort adaptierten Umsetzung des Projekts erarbeitet. Um die Rahmenbedingungen klarzustellen, die nicht unterschritten werden sollen, wurden vom Autor im Auftrag seiner Aufsichtsbehörde Mindestanforderungen erarbeitet:

26.11.1 Freiwilligkeit und Ehrenamtlichkeit

Der Einsatz als Listener muss von diesem freiwillig übernommen werden. Die Tätigkeit erfolgt ehrenamtlich und wird nicht vergütet. Auch wer sich prinzipiell als Listener zur Verfügung gestellt hat, darf einzelne Einsätze ablehnen.

26.11.2 Auswahl der Listener

Die Listener müssen von Fachpersonal sorgfältig ausgewählt werden. Ein gewisses Maß an sozialer Kompetenz, insbesondere Frustrationstoleranz und Empathiefähigkeit muss erkennbar sein. Gleichzeitig werden aber gerade diese Fähigkeiten beim Listener durch die Einsätze weiter gefördert. Die Teilnahme an der Listener-Gruppe eignet sich somit zusätzlich hervorragend als Behandlungsmaßnahme für den Listener.

26.11.3 Schulung und Vorbereitung

Die Listener sollen in den Grundprinzipien der Gesprächsführung und der Krisenintervention von einem Fachbediensteten geschult werden. Die Schulung soll nach den Grundsätzen eines sozialen Kompetenztrainings erfolgen und praxisbezogen auf die zu erwartenden Einsätze ausgelegt sein. Bewährt haben sich insbesondere Rollenspiele.

Es muss zudem eine persönliche Auseinandersetzung über das Thema Suizid erfolgen. Suizidale Krisen in der eigenen Biografie sowie Suizide oder Suizidversuche im sozialen Nahfeld (Verwandten- und Freundeskreis, Mitgefangene) müssen besprochen werden. Sind diese nicht genügend aufgearbeitet, liegt ein Ausschlusskriterium vor.

Günstig ist die Teilnahme an einem Erste-Hilfe-Kurs, um die Verhaltenssicherheit der Listeners zu steigern, auch Extremsituationen gewachsen zu sein.

28.11.4 Im Listener-Einsatz betreute Gefangene

Ein Gefangener, der von einem Listener betreut werden soll, muss von einer Fachkraft gesehen und auf seine Eignung geprüft werden. Ungeeignet sind Gefangene, bei denen akute Suizidalität vorliegt. Zielgruppe sind dagegen Gefangene mit latenter Suizidalität oder Gefangene, die in eine suizidale Krise abzugleiten drohen.

Zwischen Listener und betreutem Gefangenen sollte nach Möglichkeit ein Matching hergestellt werden (mögliche Kriterien: Alter, Lebensstil, Raucher/Nichtraucher).

26.11.5 Ablauf der Einsätze

Der Listener-Haftraum muss mit 2 Betten ausgestattet sein, die gegenseitigen Blickkontakt ermöglichen (keine Stockbetten). Um schnell einen anfallenden Einsatz ermöglichen zu können, sollte der Haftraum nicht anderweitig belegt werden.

In einem „Listener-Koffer" sollten einige Utensilien zur Verfügung stehen, die dem Listener die Kontaktaufnahme und -gestaltung zu seinem Mitgefangenen erleichtern (z. B. Wasserkocher, Kaffee, Tabak und einige Spiele).

Notrufe aus dem Listener-Haftraum müssen vom Nachtdienst mit hoher Priorität bearbeitet werden.

Der Listener hat das Recht, einen Einsatz abzubrechen, wenn er sich nicht mehr im Stande sieht, die Situation zu kontrollieren. Die Modalitäten eines Abbruchs müssen genau geregelt sein, am besten in einer Dienstanweisung (z. B. Auflösung der Gemeinschaft durch den Nachtdienst und Schaffung einer neuen Lösung für die Unterbringung in Rücksprache mit der ärztlichen und juristischen Rufbereitschaft).

Der Einsatz sollte auf eine Nacht begrenzt werden, um den Listener nicht zu überfordern und ihn nicht in eine Quasi-Betreuer-Rolle zu drängen.

26.11.6 Integration in ein Behandlungskonzept

Günstig ist die Integration der Listeners in ein umfassendes Behandlungskonzept einer Wohn-, Betreuungs-oder Sozialtherapie-Gruppe, damit ein enger Kontakt und Austausch zwischen dem Betreuer der Listener-Gruppe und den Listeners sowie den Listeners untereinander gewährleistet ist. Bei regelmäßigem Kontakt kann aber auch die Listener-Gruppe selbst einen solchen Rahmen schaffen.

26.11.7 Begleitung der Einsätze

Die Listener-Einsätze müssen von einem Fachdienst in regelmäßigen Gruppentreffen (mind. einmal monatlich) nachbesprochen und aufgetretene Probleme bearbeitet werden. Bei besonders schwierigen Einsätzen sollte zudem eine Nachbesprechung im Einzelgespräch erfolgen.

26.12 Literatur

- Ansorge, N. (2011). *Suicidal Ideation in Prisoners – What do we Know?* Vortrag auf dem 32. Kongress der International Academy of Law and Mental Health, 17.-23. Juli 2011 in Berlin.
- Bennefeld-Kersten, K. (2009). *Ausgeschieden durch Suizid – Selbsttötungen im Gefängnis. Zahlen, Fakten, Interpretationen.* Lengerich: Pabst Science Publishers.
- Biggam, F. H. & Power, K. G. (1999). A comparison of the problem-solving abilities and psychological distress of suicidal, bullied, and protected prisoners. *Criminal Justice and Behavior, 26*(2), 196-216.
- Boxberg, V., Wolter, D. & Neubacher, F. (2013). Gewalt im Jugendstrafvollzug. In A. Dessecker & R. Egg (Hrsg.), *Justizvollzug in Bewegung* (S. 87-126). Wiesbaden: Kriminologie und Praxis.
- Cox, J. F. & Morschauser, P. C. (1997). A solution to the problem of jail suicide. *Crisis – The Journal of Crisis Intervention and Suicide Prevention, 18,* 178-184.
- Dahle, K.-P., Lohner, J. & Konrad, N. (2005). Suicide prevention in penal institutions: Validation and optimization of a screening tool for early identification of high-risk inmates in pretrial detention. *International Journal of Forensic Mental Health, 4*(1), 53-62.
- Dhaliwal, R. & Harrower, J. (2009). Reducing prisoner vulnerability and providing a means of empowerment: Evaluating the impact of a Listener Scheme on the listeners. *The British Journal of Forensic Practice, 11*(3), 35-43.
- Fuchs, S. (2001). Suizidprävention im Strafvollzug - Ein konkretes Projekt in der Justizanstalt Innsbruck. *Zeitschrift für Strafvollzug und Straffälligenhilfe, 50,* 109-112.
- Halbfinger, L. (2013). *Suizidprophylaxe im Justizvollzug – Vergleich der psycho-sozialen Auswirkungen von Gefangenen in einer „Listener Zelle" mit Gefangenen in einem regulären Gemeinschaftshaftraum.* Unveröffentlichte Bachelorarbeit (Soziale Arbeit), Hochschule Landshut.
- Hall, B. & Gabor, P. (2004). Peer Suicide Prevention in a Prison. *Crisis – The Journal of Crisis Intervention and Suicide Prevention, 25*(1), 19-26.
- Harding, T. & Zimmermann, E. (1989). Psychiatric symptoms, cognitive stress and vulnerability factors: A study in a remand prison. *British Journal of Psychiatry, 155,* 36-43.
- Haycock, J. W. (1989). Manipulation and suicide attempts in jails and prisons. *Psychiatric Quarterly, 60*(1), 85-98.
- Junker, G., Beeler, A. & Bates, J. (2005). Using Trained Inmate Observers for Suicide Watch in a Federal Correctional Setting: A Win-Win-Solution. *Psychological Services, 2,* 20-27.

- Lohner, J. & Pecher W. (2012). Teilnehmer der Sozialtherapie als „Listeners" im Rahmen der Suizidprävention – Hilfe für „beide Seiten". In B. Wischka, W. Pecher & H. van den Boogaart (Hrsg.), *Behandlung von Straftätern – Sozialtherapie, Maßregelvollzug, Sicherungsverwahrung* (S. 581-593). Freiburg: Centaurus.
- Seitz K. (2012): *Suizidprophylaxe durch peer-to-peer-Intervention in Justizvollzugsanstalten: Das Listener-Projekt.* Unveröffentlichte Bachelorarbeit (Psychologie), Universität Bamberg.
- Siegel, W. (1997). Zum Umgang mit der Suizidproblematik. *Zeitschrift für Strafvollzug und Straffälligenhilfe, 46*(1), 34-35.
- Suhling S. (2007). Positive Perspektiven in der Straftäterbehandlung. Warum zur Rückfallminderung mehr gehört als Risikomanagement. *Zeitschrift für Strafvollzug und Straffälligenhilfe, 56*(4), 151-155.
- Thackwray (2009). *Are you still listening? - Listener Screening and Selection.* Zugriff am 14.05.2014 unter http://www.insidetime.org/articleview.asp?a=519&c=are_you_still_listening_listener_training
- WHO (2007). *Suizidprävention – Ein Leitfaden für Mitarbeiter des Justizvollzugsdienstes.* Zugriff am 14.05.2014 unter http://www.who.int/mental_health/resources/resource_jails_prisons_german.pdf

27. Ausbildung von Listeners

Julia Haider

27.1 Zusammenfassung

Im folgenden Kapitel wird ein Manual vorgestellt, welches zur Schulung von Listeners konzipiert wurde. Sogenannte Listeners sollen Neuzugängen als Gesprächspartner zur Verfügung gestellt werden. Neuinhaftierte befinden sich aufgrund des Haftschocks häufig in einer schweren Krise. Eine Schulung ist aber nicht nur wichtig, um einen positiven Effekt für den Neuzugang zu erzielen, sondern auch für den Listener selbst. Im Folgenden wird daher zunächst der Sinn der Ausbildung im Hinblick auf den Nutzen für den Listener erläutert. Im Vordergrund stehen dabei die Förderung der sozialen Kompetenzen und die Steigerung des Selbstwerts der Teilnehmer. Aber auch die Bildung einer Gruppenidentität ist ein wichtiger Bestandteil der Schulung. Anschließend werden die drei Einheiten des Manuals – Einführung, Listener-Einsatz und Gesprächsführung – genauer beschrieben. Sämtliche theoretischen als auch praktischen Inhalte sowie deren Funktion werden dabei eingehend betrachtet. Während sich in der ersten Einheit die Teilnehmer mit den Themen Krise und Suizidalität auseinandersetzen sollen, erfahren sie in der zweiten Einheit, wie genau der Listener-Einsatz abläuft und welche Funktion sie als Listener haben. Der Schwerpunkt des Manuals wird auf die dritte Einheit gelegt. Dabei sollen die Teilnehmer des Listener-Projekts Kenntnisse über die Gesprächsführung erlangen und diese in praktischen Übungen vertiefen.

27.2 Sinn der Ausbildung

Sinn des Listener-Projekts ist die Begleitung latent suizidaler Neuzugänge (vgl. Breuer & Pecher, Kap. 26). Aber auch die Listeners selbst profitieren hinsichtlich ihrer eigenen Persönlichkeitsentwicklung. So ist es ein maßgebliches Ziel der Sozialtherapie, dass die emphatischen Fähigkeiten der Teilnehmer ausgebildet werden. Diese können im Rahmen des Listener-Projekts erprobt und weiterentwickelt werden. Auch die soziale Kompetenz wird hierbei gestärkt, da der Listener lernt, eigene und die Bedürfnisse anderer zu berücksichtigen. Ein weiterer Vorteil für den Listener ist die Stärkung seines Selbstwerterlebens. Nicht nur die positive Rückmeldung durch den betreuten Neuzugang, sondern bereits die Tatsache, dass ihm ein Einsatz zugetraut wird, kann den Selbstwert steigern. Aus den bisher vorliegenden Fragebögen geht hervor, dass sich ein gelungener Einsatz auch positiv auf die Gefühlslage des Listeners auswirkt (Lohner & Pecher, 2012).

Um jedoch einen positiven Effekt sowohl für den Neuzugang als auch für den Listener erzielen zu können, ist eine intensive Schulung und Begleitung der Listeners unerlässlich. Keine oder eine schlechte Schulung kann die Wahrscheinlichkeit, im Listener-Einsatz zu versagen, steigern. Dies wiederum kann sich negativ auf den Selbstwert des Listeners auswirken. Auch der positive Effekt für den Neuzugang – also ein Beitrag zur Orientierung und Anpassung und damit eine psychische Stabilisierung zu Beginn der Inhaftierung – könnte dadurch ausbleiben. Zudem fördert eine umfangreiche Schulung den Beziehungsaufbau zwischen den Listeners und der Gruppenleitung. Eine vertrauensvolle Beziehung ist wichtig, sodass offen und ehrlich miteinander gesprochen werden kann und die Listeners Gefühle und Ängste ohne Bedenken äußern können. Sie müssen ohne schlechtes Gewissen mitteilen können, dass sie sich beispielsweise momentan nicht in der Lage fühlen, einen Einsatz anzutreten, denn der Listener-Einsatz ist oftmals sehr anstrengend und kann belastend sein. Auch der Abbruch eines bereits angetretenen Einsatzes muss in der Gruppe besprochen werden können. Die Bildung einer Gruppenidentität und die Stärkung der Gruppenkohäsion wirken sich positiv auf den Selbstwert der Teilnehmer des Listener-Projekts aus.

Die Hochschule Landshut hat in Zusammenarbeit mit der Listener-Gruppe der JVA München ein Manual zur Schulung von Listeners erstellt. Dabei wurden an Hand der Erfahrungen der Münchener Listener-Gruppe wichtige Themen für die Schulung zusammengetragen und ein ausführliches und abwechslungsreiches Schulungsprogramm erstellt. Eine gute Vorbereitung in Bezug auf theoretische Grundlagen und Basiskompetenzen ist wichtig, um dem Neuinhaftierten zur Seite stehen und eine positive Atmosphäre schaffen zu können. Hierzu gehört auch das theoretische Wissen über Suizidalität und deren Bewältigung, sowie Fähigkeiten im Bereich der Gesprächsführung. Das Manual gliedert sich in drei thematische Einheiten: Die erste Einheit stellt eine Einführung in die Thematik dar, hierbei stehen die Begriffe Krise und Suizidalität im Mittelpunkt. In der zweiten Einheit werden die Rahmenbedingungen sowie der Ablauf eines Listener-Einsatzes besprochen. Aktives Zuhören sowie para- und nonverbale Kommunikation und weitere Grundlagen der Gesprächsführung sind zentrale Themen der dritten Einheit. Allerdings ist zu beachten, dass die angehenden Listeners nicht überfordert werden. Richtig platzierte Diskussionen und Übungen helfen daher beim Verständnis der theoretischen Inhalte. Vorgesehen sind fünf Sitzungen á 180 Minuten, wobei die im Folgenden erläuterten Themen und deren Reihenfolge lediglich eine Anregung darstellen. Abweichungen und Veränderungen sind je nach Einschätzung der Gruppenleitung bezüglich des Leistungsniveaus und der Verfassung der Gruppe möglich. Wurde beispielsweise im Rahmen der Sozialtherapie ein Thema schon behandelt, reicht möglicherweise eine kurze Wiederholung. Andererseits können Themen, welche dem Gruppenleiter oder den Teilnehmern besonders wichtig erscheinen, ausführlicher behandelt werden.

Neben Informationen zu den Handouts und Übungen zur Verdeutlichung bietet das Manual auch didaktische Anregungen. Um Theorie und Praxis sinnvoll zu gestalten, stehen neben den Übungen zur Gesprächsführung hierzu einige Anleitungen zu gruppendynamischen Übungen im Anhang zur Verfügung. Diese können auch unabhängig vom Thema durchgeführt werden, zum Beispiel am Anfang der Schulung, um das Kennenlernen zu erleichtern oder wenn die Konzentration nachlässt. Dabei sollte allerdings immer darauf geachtet werden, dass die Übungen für die Gruppe geeignet sind und sich die Teilnehmer nicht unwohl fühlen. Im Anhang befinden sich außerdem Anleitungen zu verschiedenen Rollenspielen, die an Hand realer Fälle der JVA München konstruiert wurden. Diese aber auch von der Gruppe selbst erarbeitete – erfundene – Rollenspiele, bieten sich vor allem im Rahmen der dritten Einheit zur Gesprächsführung an.

Alle beschriebenen Handouts, einen Fragebogen für den Listener zu seinem Einsatz, sowie einen Fragebogen zum Listener-Einsatz für den Neuzugang sind als Kopiervorlage im Anhang. Für Gruppenleiter stehen außerdem Artikel zum Listener-Projekt zur Verfügung.

Im Folgenden werden die drei thematischen Einheiten des Manuals aufgeführt.

27.2.1   Erste Einheit – Einführung

Zunächst soll das Listener-Projekt vorgestellt werden. Hierzu wurde für die Teilnehmer ein Handout mit allgemeinen Informationen sowie der Entstehungsgeschichte des Listener-Projekts erstellt. Im Anschluss an die Vorstellung des Projekts soll den angehenden Listeners die Möglichkeit gegeben werden, ihre Erwartungen an das Projekt und eigene Erfahrungen mit den Themen Krise und Suizid anzusprechen. Auch ein Rückblick auf die eigenen Erfahrungen während der ersten Nacht der Inhaftierung ist sinnvoll.

Da viele Neuinhaftierte sich aufgrund der schwierigen Situation, die eine Inhaftierung darstellt, in einer Krise befinden, müssen die angehenden Listeners wissen, was eine Krise ist. Hierzu stehen ihnen zwei Handouts zur Verfügung. Neben der Definition des Begriffs Krise werden auch einige Ursachen und Hochrisikogruppen für Suizide vorgestellt, sowie ein typischer Krisenverlauf anhand einer Grafik erläutert. Im Manual selbst findet der Gruppenleiter eine Beschreibung zu dieser Grafik. Anschließend kann anhand des transaktionalen Modells von Lazarus (1991) die Bewältigung von Krisen erläutert werden. Bevor jedoch diese Handouts ausgeteilt werden, bietet es sich an, die aktive Teilnahme der Gruppe zu fördern, indem die Listeners zunächst selbst eigene Überlegungen zu diesem Thema anstellen.

Da das Listener-Projekt der Suizidprävention dienen soll, steht dieses Thema im Mittelpunkt der ersten Einheit. Neben einer Begriffsdefinition wird die suizidale Entwicklung nach Ringel (1953) kurz dargestellt. Der Gruppenleiter findet hierzu eine ausführlichere Erklärung im Manual. Das Handout enthält bewusst nur einzelne Schlagwörter dieser Stadien, da diese ausreichend einprägsam sind, sofern der Gruppenleiter die Begriffe eingehend erläutert. Weiterhin bietet das Handout einen Überblick über die Phasen der Suizidalität (Pöldinger, 1968), an welchen sich der Listener im Einsatz orientieren kann, sowie stichpunktartige Erklärungen zu den Begriffen „Bilanz-Suizid" und „Parasuizidalität".

Weiterhin werden Mythen über den Suizid erörtert. Dabei ist zu beachten, dass jeder Mythos auch einen Hintergrund hat, der zu diskutieren ist. Mit Hilfe zweier Arbeitsblätter mit den gängigsten Mythen, sollen sich die Teilnehmer selbst Gedanken über die Hintergründe machen und diese notieren. In einer anschließenden Gesprächsrunde können auch weitere Mythen diskutiert werden. Im Anschluss werden die Handouts mit den entsprechenden Fakten ausgeteilt. Eine umfassende Diskussion der Mythen ist wichtig, um als Listener dem Neuinhaftierten möglichst vorurteilsfrei gegenübertreten zu können.

Um den Teilnehmern die Notwendigkeit dieses Projekts und ihrer Tätigkeit als Listener zu verdeutlichen, erhalten sie Handouts, die einen Zeitungsartikel sowie diverse Statistiken zu den Suiziden in deutschen Gefängnissen enthalten. Da die Suizidrate zu Beginn der Inhaftierung am höchsten ist, wird deutlich warum der Listener-Einsatz in der ersten Nacht der Inhaftierung erfolgen sollte.

Zum Abschluss der ersten Einheit werden die Risikofaktoren eines Suizids erläutert. Diese können helfen, das Risiko eines Suizidversuchs des Neuinhaftierten besser einzuschätzen, wobei aber darauf hingewiesen werden muss, dass viele dieser Faktoren nicht sofort erkennbar sein müssen und auch das Fehlen von Risikofaktoren einen Suizidversuch nicht ausschließen kann.

27.2.2   Zweite Einheit – Der Listener-Einsatz

In der zweiten Einheit der Schulung sollen die Teilnehmer des Projekts erfahren, unter welchen Rahmenbedingungen der Listener-Einsatz stattfindet und wie dieser praktisch abläuft. Für die Gruppenleitung bleibt festzuhalten, dass entsprechend vor Beginn der Schulung die Modalitäten eines Einsatzes von der jeweiligen JVA festgelegt werden müssen. Im Manual findet sich dazu ein Entwurf der Mindestanforderungen an den Einsatz von Listeners.

Die angehenden Listeners sollen mit Hilfe eines Handouts über die Beschaffenheit des Listener-Haftraums und -koffers informiert werden, sowie über die Notwendigkeit der Fragebögen, welche nach dem Einsatz vom Listener und dem Neuinhaftierten ausgefüllt werden sollen.

Ein weiteres Handout informiert die Teilnehmer über ihre Rechte und Pflichten. An erster Stelle steht hierbei der Selbstschutz des Listeners. Sollte der Listener während des Einsatzes in eine nicht mehr kontrollierbare Überforderungssituation geraten, muss es ihm möglich sein, den Einsatz abzubrechen oder um Hilfe zu bitten. Die Möglichkeit, sich nach einem Listener-Einsatz von der Arbeit befreien zu lassen, sollte in Ausnahmesituationen bestehen. Zudem dienen regelmäßige Gruppentreffen der Besprechung aufgetretener Probleme. Dies ist nicht nur für den Listener nach einem Einsatz sinnvoll, sondern auch für alle anderen Listener, da sie von den Erfahrungen der Anderen profitieren können.

Weiterhin ist es erforderlich, die Teilnehmer über ihre Rolle als Listener zu informieren. Der Listener ist weder Sanitäter noch Rechtsbeistand. Natürlich ist jeder dazu verpflichtet, Erste Hilfe zu leisten, sollte es zu einem Notfall kommen, für alles Weitere sind die zuständigen Angestellten der JVA verantwortlich. Außerdem ist der Listener lediglich als Stütze für die erste Nacht tätig, nicht als Therapeut. Auch ist er kein Experte in Rechtsfragen, daher sollten lange

Diskussionen über Strafmaß etc. vermieden werden. Informationen über die JVA im Allgemeinen, sowie über Kontaktpersonen und Möglichkeiten der Freizeitgestaltung stehen nach Möglichkeit im Mittelpunkt der Peer-to-Peer Beratung.

Damit die Schulung, der Einsatz und die gemeinsamen Nachbesprechungen der Listeners sinnvoll gelingen können, gilt ein Schweigekodex. Das heißt, alles, was während der Gruppensitzungen und der Einsätze passiert und besprochen wird, bleibt innerhalb dieser Gruppe. Dies ist nicht nur für die Neuinhaftierten relevant, sondern auch für die Listeners selbst, damit sie offen über ihre Erfahrungen, Gefühle und Ängste sprechen können. Das Dilemma zwischen notwendiger Offenbarung in Notsituationen bei gleichzeitiger Verschwiegenheit als Grundlage einer helfenden Beziehung, soll im Rahmen der Listener-Schulung besprochen werden.

27.2.3   Dritte Einheit – Gesprächsführung

Neben der theoretischen Wissensvermittlung bezüglich Krise und Suizid, sowie der Klärung der Rahmenbedingungen des Einsatzes stellt die Gesprächsführung einen wesentlichen Teil der Listener-Schulung dar. Hierbei sollen neben theoretischen Inhalten auch praktische Fähigkeiten vermittelt werden. Da das Gelernte in diversen Übungen und Rollenspielen verinnerlicht werden soll, sind für die dritte Einheit drei Sitzungen vorgesehen.

Im ersten Handout dieser thematischen Einheit werden noch einmal zwei relevante Mythen über den Suizid angesprochen: „Menschen, die vom Suizid reden, verüben ihn nicht." und „Durch das Ansprechen von Suizidgedanken bringt man den anderen erst ‚auf die Idee'." Weiterhin werden wichtige Grundlagen für das Gespräch mit einem labilen Neuinhaftierten erläutert. Der Listener erhält sozusagen einen Leitfaden, an dem er sich orientieren kann.

Relevant ist aber auch das aktive Zuhören, da dieses Interesse am Gegenüber zeigt und Vertrauen erzeugt. Bevor das Handout hierzu ausgeteilt wird, bietet es sich an, gemeinsam oder in kleinen Gruppen zu überlegen, wie sich aktives Zuhören zeigt, aber auch wie es sich äußert, wenn man kein Interesse am Gegenüber hat. Weiterhin ist es notwendig zu wissen, was Zuhören verhindert, wie z. B. äußerliche Störfaktoren oder andere Probleme. Da es oft hilfreich ist, an Hand von negativen Beispielen zu lernen, soll eine Übung durchgeführt werden, in der ein Teilnehmer von einem Erlebnis erzählt, während der andere anhand der vorher gesammelten Indizien kein Interesse zeigt. Eine genaue Anleitung dieser Übung findet sich im Manual.

Eine weitere Grundlage der Gesprächsführung sind die vier Seiten einer Nachricht – Sachinformation, Beziehung, Selbstoffenbarung und Appell – nach Schulz von Thun (1981). Nachdem das folgende Handout gelesen und eventuelle Fragen geklärt worden sind, sollen sich die angehenden Listeners darüber Gedanken machen, ob sie „ein Ohr" haben, auf dem sie besonders oft hören. Die Erkenntnis darüber, dass Mitteilungen einen breiten, subjektiven Interpretationsspielraum zulassen, ist oftmals nützlich.

Wie sich die Beziehung und das Gespräch wechselseitig beeinflussen, wurde in einem Handout zu den 5 Axiomen der Kommunikation von Watzlawick et al. (1962) zusammengetragen. Um diese besser zu verstehen, ist es sinnvoll, dass sich die Teilnehmer, aber auch die Gruppenleitung, neben denen des Handouts eigene Beispiele überlegen.

Weiterhin erhalten die Teilnehmer ein Handout zu Fragen der Grundhaltung zum Gegenüber aus der Gesprächspsychotherapie. Hierzu gehören zum Beispiel die Akzeptanz des Anderen, aber auch die eigene Ehrlichkeit dem Gesprächspartner gegenüber.

Es gibt Dinge, die im Alltag oft in Problemsituationen gesagt werden, die den Gesprächspartner aber verunsichern oder die Situation sogar verschlimmern können. Daher sollen die Listeners einen Überblick darüber bekommen, auf was im Gespräch über Suizidgedanken geachtet werden soll. Dazu wurde ein Arbeitsblatt erstellt, mit einigen solcher „Dont's". Darunter fallen Sätze wie „Kopf hoch, das Leben geht weiter". Derartige Klischeeäußerungen geben dem Gesprächspartner das Gefühl abgespeist und nicht ernstgenommen zu werden. Stattdessen ist es sinnvoll, auf die angesprochenen Probleme und Situationen einzugehen. Bevor die Handouts mit eben solchen Erklärungen und den „Do's" ausgeteilt werden, sollen sich die Teilnehmer mit Hilfe des Arbeitsblattes selbstständig überlegen, was stattdessen gesagt oder getan werden kann. Auch hier ist eine ausführliche Diskussion innerhalb der Gruppe sinnvoll.

Einen wesentlichen Teil der Gesprächsführung stellt die non-verbale Kommunikation dar. Das gesprochene Wort muss nicht immer der Wahrheit entsprechen, die Körpersprache hingegen äußert sich meist unbewusst. Anhand der paraverbalen und nonverbalen Kommunikation kann man Hinweise auf den Gefühlszustand des Gegenübers erhalten. Daher sollen die Teilnehmer des Listener-Projekts für diese Art der Kommunikation sensibilisiert werden. Wichtig ist es, Unsicherheit und Aggressivität zu erkennen, um rechtzeitig handeln zu können. Hierzu wurde ein Arbeitsblatt erstellt, auf dem die Listeners selbstständig Kennzeichen für unsichere, sichere und aggressive Kommunikation eintragen sollen. Auf einem weiteren Handout finden sich Vorschläge für mögliche Verhaltensweisen. Jedoch sollen die verschiedenen Antworten der Teilnehmer unbedingt in der Gruppe diskutiert werden. Bevor dieses Arbeitsblatt jedoch ausgefüllt werden kann, erhalten die Teilnehmer ein Handout mit den Definitionen paraverbaler und nonverbaler Kommunikation – unterteilt in Körpersprache, Mimik und Gestik.

Auf dem Arbeitsblatt findet sich auch der Begriff „Distanz". Gerade in einer engen Gefängniszelle ist es wichtig, eine gewisse Distanz zu wahren, damit sich weder der Listener noch der Neuinhaftierte bedrängt fühlen. Das im Folgenden dargestellte letzte Handout der Listener-Schulung befasst sich daher mit diesem wichtigen Thema. Mit Hilfe des Handouts und der darauf abgebildeten Grafik werden die Begriffe „Persönliche Distanz" und „Intime Distanz" erläutert. Bevor dieses Handout ausgeteilt wird, ist es sinnvoll, eine Gesprächsrunde zum Thema Nähe und Distanz anzuregen. „Wer darf Ihnen wie nah kommen?" und „Wann fühlen Sie sich unwohl?" können dabei zentrale Fragen sein. Da die Auffassung von Distanz sehr individuell sein kann, bietet es sich außerdem an, die im Manual angegebene Übung durchzuführen. Hierbei sollen sich die Teilnehmer ihres eigenen Nähe-Distanz-Erlebens und entsprechender Bedürfnisse bewusst werden. Ziel dieser Übung ist es, zu zeigen, dass ein gewisser Abstand seinem Gesprächspartner gegenüber notwendig ist, um diesen nicht zu bedrängen. Durch die Gesprächsrunde und die Übung wird außerdem deutlich, dass Nähe und Distanz auch von der Beziehung zueinander bestimmt werden.

27.3   Literaturverzeichnis

- Lazarus, R. (1991). *Emotion and Adaption.* New York: Oxford University Press.
- Lohner, J. & Pecher W. (2012). Teilnehmer der Sozialtherapie als „Listeners" im Rahmen der Suizidprävention – Hilfe für „beide Seiten". In B. Wischka, W. Pecher & H. van den Boogaart (Hrsg.), *Behandlung von Straftätern – Sozialtherapie, Maßregelvollzug, Sicherungsverwahrung* (S. 581-593). Freiburg: Centaurus.
- Pöldinger, W. (1968). *Die Abschätzung der Suizidalität.* Bern: Huber.
- Ringel, E. (1953). *Der Selbstmord. Abschluss einer krankhaften Entwicklung.* Wien [u. a.]: Maudrich.
- Schulz von Thun, F. (1981). *Miteinander Reden 1 – Störungen und Klärungen. Allgemeine Psychologie der Kommunikation.* Reinbek: Rowohlt.
- Watzlawick, P., Bavelas, J. B. & Jackson, D. D. (1962). Pragmatics of human communication a study of interactional patterns, pathologies, and paradoxes. New York [u. a.]: Norton.

TEIL IV

Weitblick –
Ein Kaleidoskop der
Betrachtungen

IV

28. Aus der Welt gefallen? Frei Tod, Selbst Mord, Bilanz Suizid

Katharina Bennefeld-Kersten

Abschließend wird aus dem Mosaik der Beiträge ein Bild der gefängnisspezifischen integrativen Suizidprävention entwickelt. Ein Bild, das von Anstalt zu Anstalt variieren kann, aber in jedem Fall Selbstachtung und Selbstwirksamkeit im Focus hat.

Manchmal lässt allein die Wortwahl auf die Einstellung des Verfassers zu dem bezeichneten Ereignis schließen. Zum Beispiel lassen die Buchtitel „Hand an sich legen" (Amery), „Mein Tod gehört mir" (Flaßpöhler) und „Tod durch eigene Hand" (Baechler) annehmen, dass Selbsttötung als Akt der (freien) Selbstbestimmung dargestellt oder zumindest diskutiert wird. Willemsen, der eine Sammlung von Briefen, Manifesten und Literarischen Texten unter dem Titel „Der Selbstmord" herausgegeben hat, begründet seine Wortwahl mit einem Dilemma „...[Die Herausgabe der Sammlung] auch wieder unter dem Titel ‚Der Selbstmord' – wohl wissend, dass keine Vokabel das Phänomen im Kern erfasst: So wenig einen ‚Mord' begeht, wer sich umbringt, so wenig ‚frei' ist, wer in den Freitod geht." Suizid und sich suizidieren hält er für „Schwulstformen", die nichts anderes als die lateinische Übersetzung von „Selbstmord" seien. „Und obwohl die schönsten Wendungen jene sind, die der Volksmund fand – so nennt man in Österreich die Selbstmörder ‚die, die sich heimdrehen' –, bleibe es also für den vorliegenden Band bei der alten, natürlich nicht moralisch verstandenen Wendung." (Willemsen, 2007, S. 425).

Ein Suizident hat in einem Abschiedsbrief[1] das Wort Freitod gewählt und offenbar in Kenntnis der Verantwortlichkeit des Vollzuges vorab die Einrichtung und sein Personal von jeder Schuld freigestellt:

...um eine aufwendige Untersuchung zu vermeiden, teile ich Ihnen mit, daß weder der Strafvollzug noch irgendein Beamter für meinen Entschluß, den Freitod zu wählen, verantwortlich ist.

Aber so frei, in den Freitod zu gehen, war der Suizident vermutlich nicht.

Meine Tat ist nicht zu rechtfertigen, ich kann damit nicht leben.

Das legt nahe, dass er nicht tot sein wollte, sondern meinte, so nicht weiterleben zu können. Ein Motiv, das auf einige, wenn nicht auf viele suizidale Gefängnisinsassen zutrifft, die mit einer Art Tunnelblick ihre aktuelle und zukünftige Situation betrachten. Ein Motiv, das sie – gefangen in ihren Emotionen – keine Alternativen erkennen lässt. Das spärliche Licht am Ende des Tunnels ist für sie kein Hoffnungsschimmer sondern ein Grablicht. Ein freier Tod jedoch beruht auf einer

---

[1] Pecher & Stark, Kap. 16

freien Entscheidung, einer Abwägung angesichts von Alternativen, einer Entscheidung aus dem intellektuellen Modus und nicht aus emotionaler Verstrickung gegen die Unerträglichkeit des Seins. Dennoch, dass auch Gefangene den Freitod begehen können, ist nicht ausgeschlossen, aber wohl selten.

Im Gefängnis wird Selbstmord[2] als Bezeichnung für einen Suizid eher gedankenlos und umgangssprachlich verwendet, während Freitod und Bilanzsuizid gern benannt werden, um die Eigenverantwortung des Suizidenten zu betonen. Die Suizid-Entscheidung eines Gefangenen, der eine böse Tat auf der Habenseite hat, erscheint uns abgewogen und nachvollziehbar. Denn mit einer Bilanz, die bezüglich Selbstachtung, Lebenszufriedenheit, Ausgeglichenheit und Perspektive nur rote Zahlen schreibt, lässt sich nicht gut leben. Dass ein derart Betroffener einen Schlussstrich unter seine Bilanz zieht, kann man ihm nicht verübeln. Würde man einen Wirtschaftsprüfer mit der Prüfung der Bilanzen von Gefangenen beauftragen, würde er vermutlich in vielen Fällen zur Konkursanmeldung raten. Umso bemerkenswerter, dass es nach Schmitt (Kap.3) möglicherweise gar nicht so viel mehr Suizide im Gefängnis wie Suizide in Freiheit gibt.

28.1   Aus der Welt gefallen – Plädoyer für ein lebenswürdiges Dasein

Zur Gestaltung des Vollzuges heißt es in den Strafvollzugsgesetzen der Länder: „Das Leben im Vollzug soll den allgemeinen Lebensverhältnissen soweit als möglich angeglichen werden." Zum Leben gehört das Sterben und wenn dieses den Suizidraten in Freiheit entspricht, könnte ein Plädoyer für die Verstärkung der Anstrengungen um Suizidprävention obsolet geworden sein. Spätestens hier wird deutlich, wie fruchtlos das Vergleichen von Suizidraten vor und hinter den Gefängnismauern ist. Es geht um das Leben und das Recht eines jeden Menschen, unter individuell lebenswürdigen Bedingungen sein Dasein so zu gestalten, dass auch die Selbstachtung keinen Schaden nimmt. Und es geht um die Verantwortung des Staates für eine Klientel, die schon vor dem Suizid oft nicht mehr so recht im Leben gestanden ist. Dass somit die Realisierung des lebenswürdigen Daseins häufig mit Schwierigkeiten und erhöhtem Aufwand verbunden ist, zeigen einige Beiträge in diesem Buch.

Schulz, Weßels und Zech (Kap. 13 / 14) beschreiben inhaftierte Frauen, die nach demütigen und diskriminierenden Sozialisationserfahrungen häufig schwere psychische Beeinträchtigungen ausgebildet haben. Hier sei u. a. erhöhter Betreuungsaufwand, der von den Frauen auch gern in Anspruch genommen werde, dringend geboten.

Lempp und Radeloff (Kap. 12) berichten das Dilemma professioneller Helfer im Jugendvollzug. Bei den Adoleszenten seien häufig akute psychosoziale Belastungsfaktoren Auslöser für die Entwicklung von Suizidalität. Diese entsprechend zu erkennen und einzuordnen sei für das Personal ein Problem, da es sich regelhaft in einer anderen Entwicklungsphase mit anderem

---

[2]   siehe auch Schmitt, Kap. 3

Wertesystem befinde als die Adoleszenten. Bei einer Bewertung suizidalen Verhaltens in der Adoleszenz sei in jedem Fall auch intensiv nach aktuell bestehenden psychosozialen Belastungsfaktoren außerhalb von diagnostizierbaren Störungen zu suchen. Auf jeden Fall sollte jeder suizidverdächtige Gefangene einer Ärztin oder einem Arzt vorgestellt werden (Göttinger, Kap. 9). Suizidalität könne eben auch Ausdruck einer psychiatrischen Erkrankung oder ein Hinweis darauf sein. Den Anstaltsärztinnen und -ärzten steht eine breite Palette an möglichen Maßnahmen zur Verfügung, bis hin zur Einweisung in eine Psychiatrische Klinik außerhalb des Justizvollzuges.

Gefangene, die sich selbst verletzt haben, bedürfen besonderer Aufmerksamkeit. Häufig würden selbstverletzend Handelnden erpresserische Absichten unterstellt, wobei die Bediensteten erwartungsgemäß eine positivere Einstellung gegenüber „braven" Gefangenen mit Selbstverletzungen im Vergleich zu „störenden" Gefangenen aufweisen (Lohner, Kap. 8). Man könne davon ausgehen, dass etwa ein Drittel aller Gefangenen sich schon einmal absichtlich selbst verletzt habe. Wenn es auch nicht die ursprüngliche oder einzige Absicht gewesen sei, können Selbstbeschädigungen, welcher Motivation auch immer, zum Tod führen.

28.2 Verantwortung für „Verlorene Lebensjahre"

Der besondere Aufwand, der in einem Gefängnis zur Verhinderung von Suiziden betrieben werden muss, ist kein sozial ambitionierter Luxus und seine Notwendigkeit nicht von sogenannten Gutmenschen erdacht. Alle Vollzugsbediensteten haben aufgrund ihrer besonderen Verantwortung für die Gefangenen eine beruflich begründete und strafrechtlich verfolgbare Garantenstellung (Schulz & Weßels, Kap. 7). Der Umfang der Garantenstellung entspreche der vollzuglichen Funktion der einzelnen Bediensteten und begründe eine Pflicht zum Handeln, wenn Gesundheit oder Leben der Gefangenen bedroht sind. Je mehr Gefangene in ihrer Willensbildung, persönlichen Entscheidungsfreiheit und eigenverantwortlichem Handeln beschnitten seien, desto größer werde die Verantwortung des Staates, insbesondere der für ihn tätigen Garanten.

Von 1067 Suizidenten der Totalerhebung (Bennefeld-Kersten, Kap. 1) waren bei ihrem Tod die Männer im Mittel 37 und die Frauen 41 Jahre alt. Das sind nach Schmitt (Kap. 3) im Durchschnitt 33 verlorene Lebensjahre für jeden Suizidenten und 29 verlorene Lebensjahre für jede Suizidentin. Rechnerisch kommt man so für 1067 Suizidenten auf die schwindelnde Höhe von fast 36 000 verlorenen Lebensjahren. „Niemand hakt sein Leben einfach ab, sondern zieht in der Regel sein Dasein dem Nichtsein vor. Evolutionsbiologisch formuliert sind wir auf Lebenwollen programmiert" (Wetz, Kap. 5). Was also ist geschehen, dass so viele Lebensjahre verloren gehen konnten?

28.3   Das bedrohte Selbst - Hintergrundumstände und Emotionen

Suizidprävention muss sich an Ursachen und Motiven orientieren, wenn diese auch nicht immer trennscharf sind. Gesondert zu betrachten sind Risikofaktoren für suizidales Handeln wie Untersuchungshaft, Unterbringung in einer Einzelzelle und die Nachtzeit. Dabei handelt es sich nicht um Ursachen für Suizidalität, sondern um Hintergrundumstände, die eine suizidlastige emotionale Gestimmtheit begünstigen und eine suizidale Handlung befördern können (Abb. 1 Kontext der Bewältigung von Ereignissen). Auch Suizidgedanken und Suizidversuche sind nicht ursächlich, sondern ein alarmierendes Anzeichen für das Vorhandensein von Suizidalität.

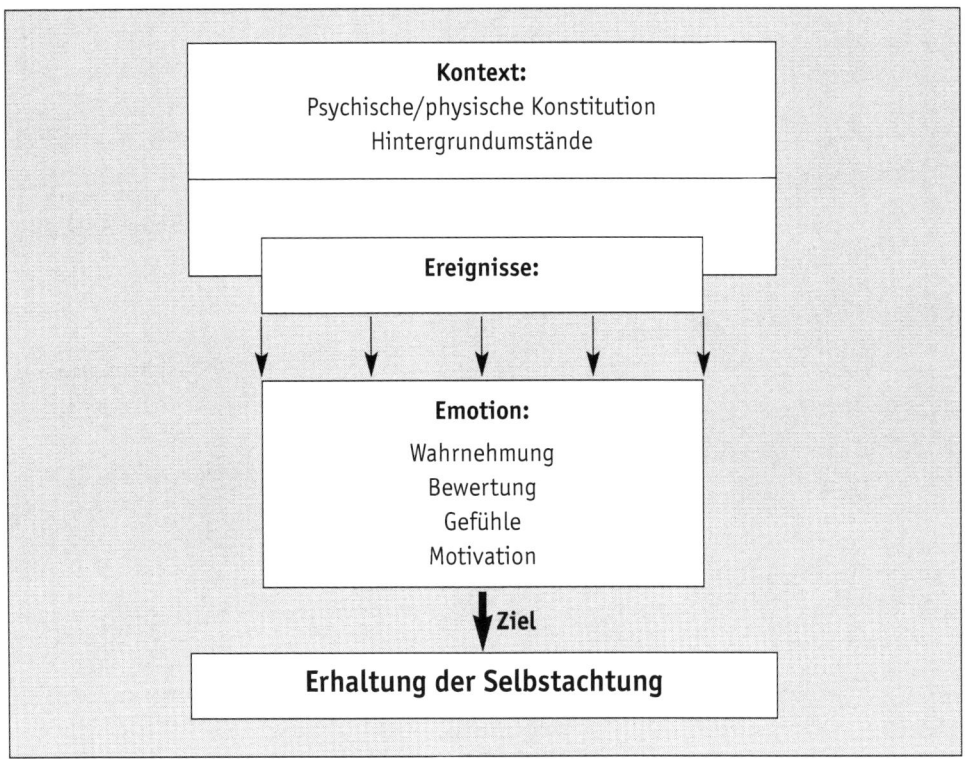

Abb. 1: Kontext der Bewältigung von Ereignissen.

Ursächlich kann nur etwas sein, was die Suizidalität bewirkt, was ihre Entwicklung veranlasst, zum Beispiel eine psychiatrische Erkrankung oder negative Emotionen[3]. Ein Leben, das seinem Besitzer positive Emotionen beschert, wird kaum vorzeitig beendet werden. Wie Wetz in seinem Beitrag über die demütigen Erfahrungen von Neuzugängen berichtet, wird die Inhaftierung für viele Gefangene (und für ihnen nahestehenden Personen) eine deutliche und in der Regel negative Veränderung darstellen und viele bedeutende Probleme nach sich ziehen.

---

[3]   siehe Bennefeld-Kersten, Kap. 1

Wenn wir – so Martin (2011) – davon bestimmt werden, wie sich Probleme anfühlen, dürfte der Gemütszustand der Neuzugänge oder auch der Gefangenen, die zu einem späteren Zeitpunkt eine negative Veränderung ihrer persönlichen Situation (z. B. Verurteilung) erleben, weitgehend verdüstert sein.

28.4   Optimierung der Hintergrundumstände

Wenn im Gefängnis eine der zentralen Ursachen für Suizidalität negative Emotionen sind, stellt sich die Frage, wie man auf die sich Innen abspielenden, sehr individuellen Beweggründe einwirken kann.

Abb. 2 „Gefängnisspezifische Entwicklung von Suizidalität" stellt die vor dem Hintergund der Umstände (ungünstige) Wirkung der Ereignisse dar.

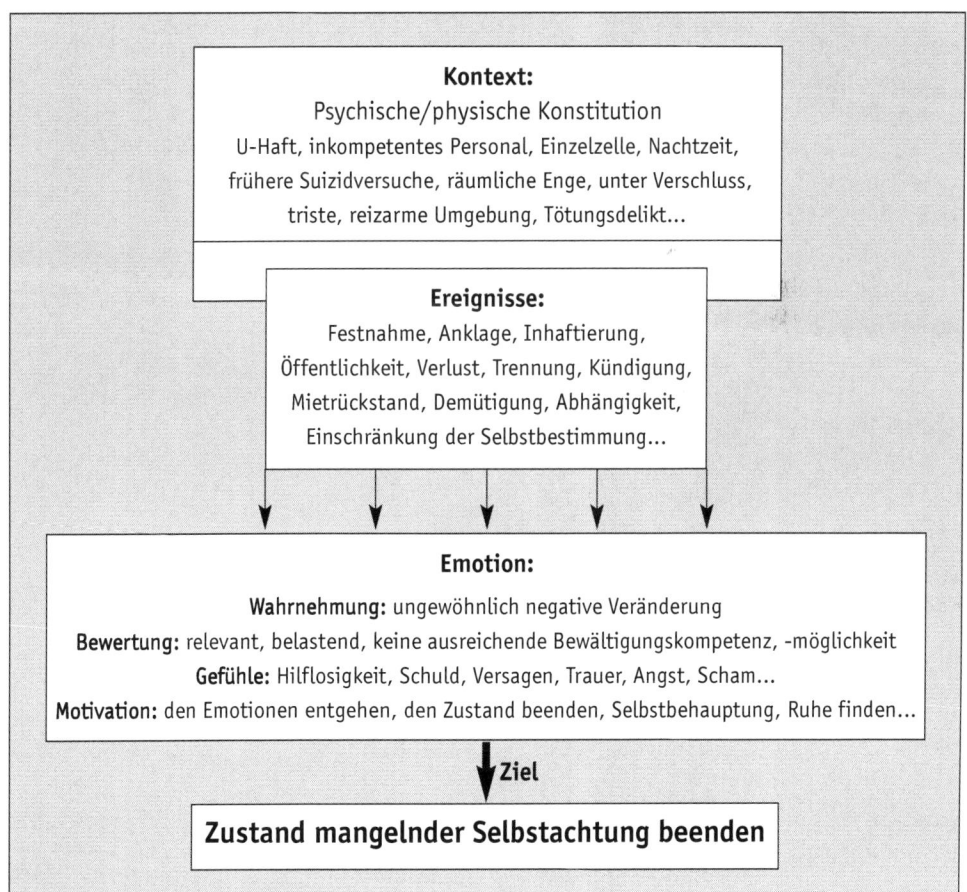

Abb. 2: Gefängnisspezifische Entwicklung von Suizidalität.

Das Vollzugspersonal kann die Hintergrundumstände optimieren, und durch Ausdehnung der Bewältigungskompetenz für den Umgang mit emotionalen Belastungen Hilfestellung zur Erhaltung der Selbstachtung leisten.

Dafür müssen folgende Voraussetzungen gegeben sein:

Gut ausgebildetes und motiviertes Personal (s. Maischner, Kap. 21; Cuadra, Kap. 17; auch Goldbeck, Kap. 10),
- das regelmäßig an Fortbildungen u. a. zum Erkennen und Umgehen mit Suizidalität, Gesprächsführung und Krisenbewältigung teilnimmt,
- das zeitliche und räumliche Gegebenheiten für Gespräche in angemessener Atmosphäre nutzen kann,
- das sich in regelmäßigen Besprechungen austauschen kann und ggf. durch unverzüglichen Informationsaustausch über eine aktuell suizidale Entwicklung informiert ist,
- das in der Lage ist, mit individuellen Formen der Krisenbewältigung zu intervenieren,
- das selbst in Krisensituationen Hilfe und Unterstützung, sowie Anerkennung und Zuspruch der Vorgesetzten findet.

Eine Architektur (s. Rademacher, Kap. 20),
- die den Grundsätzen der Menschenwürde entspricht, indem sie die Privatsphäre schützt, die klimatischen Verhältnisse und insbesondere die Bodenfläche, die Luftmenge sowie die Beleuchtung, Heizung und Belüftung, Lärmquellen und Farbgebung berücksichtigt,
- die den direkten Kontakt zwischen Gefangenen und Bediensteten fördert, ohne die Sicherheitsbelange außer Acht zu lassen,
- die durch Zugangskontrolle den dort wohnenden Personen Wahlfreiheit zwischen Alleinsein und sozialem Kontakt gewährt,
- die Gefangenen und Bediensteten territoriale Identität ermöglicht,
- die zukünftigen Nutzern durch Mitwirkung am Anforderungsprofil des Gebäudes Identifikation mit dem Arbeitsplatz gestattet und
- die die angemessene Unterbringung von in der Krise befindlichen Gefangenen ermöglicht (Suizidpräventionsraum).

Von der Anstaltsleitung geschaffene strukturelle Rahmenbedingungen, zum Beispiel:
- Bestellung von Suizidpräventions-Beauftragten,
- Einrichtung einer Projektgruppe, die anstaltsspezifische Möglichkeiten auslotet und nutzt, um gezielte suizidpräventive Maßnahmen einzusetzen. Goldbeck berichtet von den Aufgaben einer solchen Gruppe „Hilfestellung zur Einschätzung, Beurteilung und Umgang mit suizidalen Patienten im forensisch stationären Bereich". Dort wurden u. a. Verantwortliche für Schulung und Dokumentation benannt und ein Gruppenprogramm für die spezielle Klientel eingesetzt,
- Einrichtung einer Aufnahmeabteilung[4] mit Einsatz von Screeningverfahren (Lohner, Kap. 22) und entsprechend geschultem Personal,

---

[4] siehe „Empfehlungen für den Justizvollzug", Heft I

- Gewährleistung strukturierter Informationsabläufe,
- Installierung des Wohngruppenvollzugs auch in der Untersuchungshaft.

Zur Stärkung der „ethisch gerechtfertigten Selbstachtung" (Wetz, Kap. 5) gehört, Gefangene umfassend über ihre Situation und ihre Möglichkeiten zu informieren, ihre Kontakte nach draußen zu stützen und Möglichkeiten des Zuwachses von Bewältigungskompetenz zu schaffen:

Angebote für Gefangene, u. a.
- Für Neuzugänge: Flyer (Bennefeld-Kersten & Gröbner, Kap. 23), Telefonseelsorge für Gefangene (Christoph, Kap. 25), Begleitung durch Listener (Breuer & Pecher, Kap. 26),
- Einführungs- und Informationsveranstaltungen,
- Ansprechpartner für Angehörige (Maischner, Kap. 19),
- Wochenendfreizeiten mit Angehörigen,
- Sportangebote,
- ... .

28.5   Einwirkung auf Ereignisse und Emotion

Ereignisse, die auf den Neuzugang geradezu herab prasseln, sind in vielen Fällen, vor allem wenn es sich um vollzugsfremde Ereignisse handelt, für den Gefangenen belastend und für das Vollzugspersonal kaum zu beeinflussen. Die Anstalt kann bspw. die Kontakte zu Angehörigen durch großzügige Besuchsgestaltung stützen, aber letztlich eine Trennung nicht verhindern. Sie kann Kontakt zu Arbeitgebern und Wohnungseigentümern aufnehmen, wird aber bei andauernder Inhaftierung Kündigungen nicht vermeiden können.

Das Personal muss die Ereignisse wahrnehmen, ihre Bedeutung ansprechen, den Verlauf beobachten und den Insassen in der Reflektion begleiten. Nicht selten ist es eine Frage der Zeit, dass Menschen sich an eine neue Situation gewöhnen und sich die ursprünglichen Schrecken verlieren.

Dagegen ist das Ertragen einer tiefgreifenden emotionalen Belastung schwer und bedarf der Konstitution einer Schildkröte. Diese kann das schwere Gewicht ihres Panzers nur tragen, weil sie vier stabile Beine hat. Je stabiler das Selbstwertgefühl, die Selbstachtung der Person ist, desto geringer die Gefahr, sich von den Emotionen niederdrücken zu lassen.

Schuld- und Schamgefühle beeinträchtigen nachhaltig die Selbstachtung und sind häufiger und intensiver als der äußere Anschein vermuten lässt. Insbesondere Gefangene, die andere Menschen – oft Angehörige – verletzt oder getötet haben, leiden darunter. Oft werden die Beeinträchtigungen mit Großspurigkeit und Schuldzuweisungen an die Opfer kaschiert und vermitteln dadurch den Eindruck von Unbeeindruckbarkeit und mangelndem Mitgefühl. Durch Hilfe zur Selbsthilfe[5] erwerben die Gefangenen Kompetenz im Umgang mit belastenden Emotionen ande-

---

[5] z.B. *Listener*, JVA München; *Insassen klären auf, Gefangene helfen Jugendlichen* (GHJ), Sozialtherapie in der JVA Hamburg und JVA Bremen)

rer. Auch Angebote, die das Wissen in bestimmten Bereichen fördern und Anerkennung anderer vermitteln, sind der Selbstachtung dienlich:

- Elternkurse - auch ohne den anderen Elternteil[6],
- Gesprächskreise (auch zum Thema Suizid), unter Einbeziehung außenstehender Personen,
- Kurse zur Stärkung fachbezogener Kompetenz, z. B. Computerkurse, Sprachkurse,
- Kulturelle, sozialpädagogische und kunsttherapeutische Angebote[7],
- Individuelle therapeutische Maßnahmen, auch niedrigschwellig.
- ...

28.6   Nach einem Suizid

Und wenn es doch geschehen ist und sich ein Gefangener in unserer Obhut das Leben genommen hat? Dann ist nicht die Suche nach Schuldigen angesagt, sondern Ansprache und Betreuung Betroffener und sorgfältige Analyse und Reflektion des Geschehens. Die Frage „Wie konnte das nur geschehen", endet schnell in mehr oder weniger versteckten Schuldzuweisungen. Anders formuliert „Warum ist der Suizid *jetzt* vollzogen worden?" lenkt den Focus auf das Zusammenwirken verschiedener Umstände und entspricht damit eher der Dynamik eines suizidalen Geschehens. Breit-Keßler (Kap. 4) stellt in ihrem Beitrag fest, dass die Suizidgeschichten der Bibel allesamt im Umfeld von Kriminalität, mindestens aber (kriegerischer) Gewalt spielen. So scheint auch Suizidalität bei Straftätern nicht ungewöhnlich. Nach einem Suizid ist sozusagen vor einem Suizid, auch darum sind Folge-Maßnahmen sehr wichtig und gehören zur Suizidprävention. Einige Beiträge haben sich dem Thema der „Nachsorge" gewidmet und Erfahrungen mitgeteilt sowie konkrete Maßnahmen vorgestellt. Fuchs (Kap. 15) berichtet in diesem Zusammenhang über den Einsatz der Suizidkonferenz mit einer abschließenden psychologischen Autopsie. Dem betroffenen Personenkreis wird eine Betreuung mit CISM angeboten, einer besonderen Form der Stressbearbeitung. Die Notwendigkeit der Krisenintervention für betroffene Bedienstete und Gefangene macht auch Cuadra-Braatz (Kap. 17) deutlich. Dabei handelt es sich um eine Einrichtung, die zwar noch nicht lange Eingang im Vollzug gefunden hat, aber inzwischen schon weitgehend etabliert ist. Mantzel (Kap. 18) hat Gefangene begleitet, die Suizide von Mitgefangenen erlebt haben und stellt die Rolle des aktiven Zuhörens in den Vordergrund, um im Gespräch die richtigen Fragen stellen zu können. Er kommt zu dem Schluss, dass eine Neubewertung von Beziehungen, wenn sie in einem anderen Licht betrachtet werden können, Suizide verhindern könnten.

Die Akzeptanz der Art und Weise, wie ein Mensch aus dem Leben geschieden ist, hält Breit-Keßler für sehr wichtig. Wenn hier geschwiegen oder gelogen werde (zum Bsp. über den Suizid), würde die Trauerarbeit eher schwerer als leichter. Besonders wichtig für diese Trauerarbeit sei ihr eigentlicher Beginn, die Beerdigung – wenn dort gelogen werde, bleibe meist lange eine Zentnerlast zurück.

---

[6] z.B. *STEP* Weiterbildungsprogramm für Erziehungskompetenz (instep-online.de)
[7] z.B. *Kunst und Kultur* in der JVA für Frauen in Vechta, *Risk Assessment* in der JVA Weiterstadt

28.7 Das gefängnisspezifische integrative Präventionsmodell und seine Umsetzung

Wenn die Leser dieses Buches sich bis zu diesem Schlusskapitel durchgearbeitet haben sollten, haben sie nicht nur eine Fülle von Informationen über Suizidalität, über die Institution Gefängnis, seine Bewohner und das dort tätige Personal erhalten, sie wurden auch mit Vorschlägen und Empfehlungen zur Suizidprävention eingedeckt. Das gefängnisspezifische integrative Präventionsmodell (Abb. 3) zeigt einerseits, wie sich Suizidalität bei Gefangenen entwickeln kann, nämlich durch negative Emotionen als Folge vorangegangener Ereignisse, die sich in einem gefängnisspezifischen Kontext vollziehen. Dem gegenüber stehen darauf abgestimmte Präventionsmöglichkeiten, die Einfluss nehmen können auf den Kontext, die belastende Wirkung von Ereignissen und die Selbstachtung der Betroffenen. Nicht alle Maßnahmen sind gleichermaßen wirkungsvoll und anwendbar in den Justizvollzugsanstalten. Eine angemessene Umsetzung bedarf einer Bestandsanalyse und intensiver Erörterung.

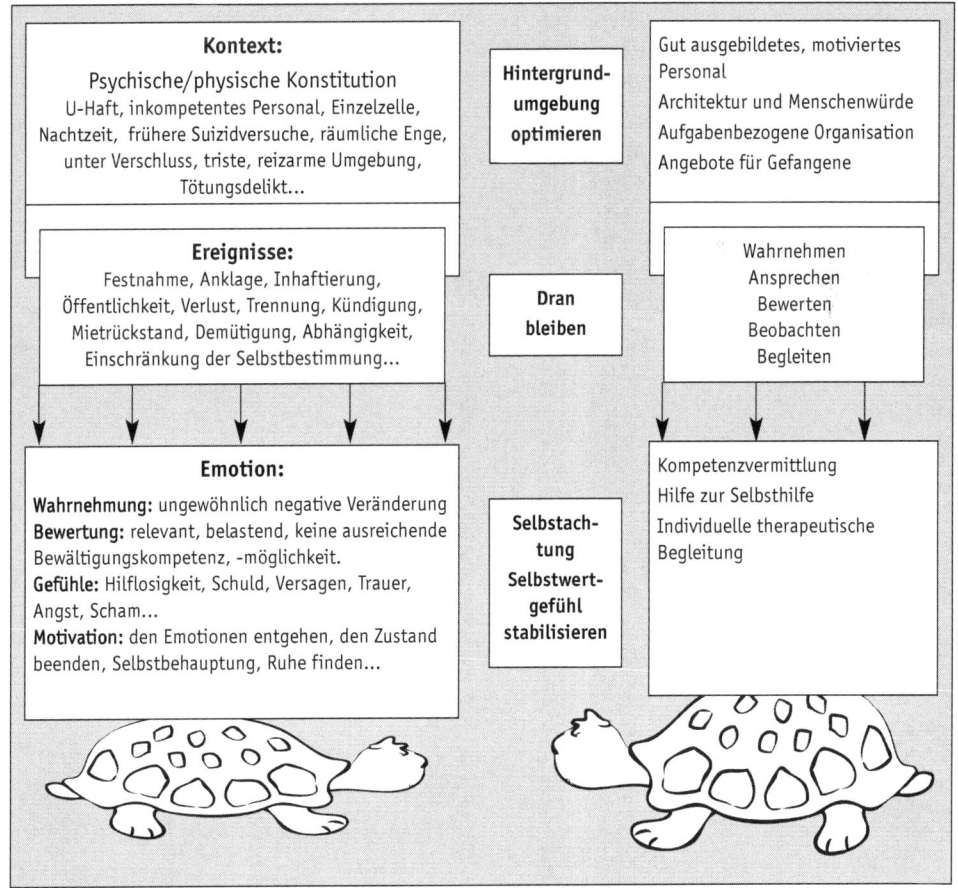

Abb. 3: Suizidprävention – ein gefängnisspezifisches integratives Präventionsmodell.

28.8   Zertifizierung

Was kann getan werden, damit die möglicherweise guten Vorsätze, der einen oder anderen Empfehlung zu folgen, nicht im Alltag versickern? Abgesehen von den baulichen Maßnahmen, die einer Zertifizierung zugänglich wären, wird von einer Zertifizierung der „Optimierung der Hintergrundumstände" abgeraten. Hier geht es mehr um Prozesse, die gerade nicht durch Standardisierung abgearbeitet werden dürfen. Es ist bspw. wenig hilfreich, wenn eine Anstalt dokumentieren kann, dass sie viele Angebote für Gefangene vorhält, die Angebote jedoch an den Bedürfnissen der Insassen vorbeigehen. Hinzu kommt, dass der Versuch, Prozesse zu dokumentieren und zu standardisieren, bisweilen zu auswuchernder Bürokratie führt und eher der Absicherung und Gefahrenabwehr dient.

Für die Aufsichtsbehörde, deren Aufgabe es ist, u. a. die Organisation und die Tätigkeit des Personals zu überprüfen, ist eine Dokumentation hilfreich, weil sich Schriftstücke einfacher überprüfen lassen als die Wirksamkeit von Maßnahmen. Zwar ist heute nicht mehr das „Papier geduldig" sondern es sind die Eintragungen im Basis-Web, an der Handhabung hat sich jedoch kaum etwas verändert. Gerät eine Anstalt in den Focus öffentlicher Aufmerksamkeit – was im Zusammenhang mit Gefangenensuiziden leicht geschehen kann – kann sie mit umfassend dokumentierten Maßnahmen ihre Verteidigung stützen. Die Gefahr von Bürokratie und Absicherung steht jedoch dem Nutzen der Verbindlichkeit wirksamer Maßnahmen gegenüber. Wie anstaltsspezifisch ein solches Dilemma aufgelöst werden kann, könnte Aufgabe einer Projektgruppe (s. Abb. 3, Aufgabenbezogene Organisation) sein.

Breit-Keßler hat ausgeführt, es sei Aufgabe der Justizvollzugsanstalten „Menschen die Gewissheit zu vermitteln, dass sie nicht einsam sind, sondern man ihnen und ihrer Geschichte aufmerksam zuhört, sie ernst nimmt, dass sie lernen dürfen, sich selbst zu achten mit dem, was sie können und mit ihrer Schuld, dass sie sich in neuem, empathischen Verhalten einüben können und dass sie merken: Ich bin ein Mensch."

Wenn wir weniger mit Gefangenen zu tun haben und mehr mit Menschen, denen die Selbstachtung in unseren Gefängnissen nicht verloren gegangen ist, werden wir – so die Hoffnung – auch weniger verlorene Lebensjahre zu beklagen haben. Und das macht dieses Buch so notwendig.

28.9   Literatur:

* Amery, J. (1976). *Hand an sich legen – Diskurs über den Freitod*. Stuttgart: Klett.
* Baechler, J. (1975). *Tod durch eigene Hand*. Berlin: Ullstein.
* Ben-Ze`ev, A. (2013). *Die Logik der Gefühle*. Frankfurt: Edition Unseld Suhrkamp.
* Flaßpöhler, S. *(2013) Mein Tod gehört mir*. München: Pantheon.
* Martin, A. (2011). *Handlungstheorie*. Darmstadt: Wissenschaftliche Buchgesellschaft.
* Willemsen, R. (2007). *Der Selbstmord*. Frankfurt: S. Fischer.

Autorenverzeichnis

AUTOREN

Bennefeld-Kersten, Katharina,
Dr. phil., Diplom-Psychologin, ehem. Leiterin der Justizvollzugsanstalt Salinenmoor, bis 2013 Leiterin des Kriminologischen Dienstes im Bildungsinstitut des niedersächsischen Justizvollzugs.
Kontakt: suizidforschung@gmx.de

Breit-Kessler, Susanne,
Theologin und Journalistin, Oberkirchenrätin im Kirchenkreis München, Regionalbischöfin, Ständige Vertreterin des Landesbischofs, Vorsitzende des Seelsorgeausschusses der VELKD, stellvertretende Vorsitzende der Kammer für Öffentliche Verantwortung der EKD, Mitglied der Bioethik-Kommission der Bayerischen Staatsregierung, Vorsitzende der Evangelischen Stiftung Hospiz.
Kontakt: regionalbischoefin.muenchen@elkb.de

Breuer, Maike,
Dr. phil., Diplom-Psychologin, Kriminologischer Dienst des bayerischen Justizvollzugs.
Kontakt: maike.breuer@jva-er.bayern.de

Christoph, Franz-Josef,
Diplom-Theologe, Supervisor DGSv, Justizvollzugsseelsorger der Justizvollzugsanstalt Wolfenbüttel Abteilung Braunschweig
Kontakt: fjchristoph@web.de

Cuadra Braatz, René,
Diplom-Psychologe, Geschäftsführender Psychologe der JVA Offenburg, Leiter der Behandlungsabteilung
Kontakt: rene.cuadra-braatz@jvaoffenburg.justiz.bwl.de

Fuchs, Stefan,
Dr. phil., Diplom-Psychologe, Hofrat, Vollzugsdirektion des österreichischen Justizvollzugs in Wien, Abteilung Projektmanagement.
Kontakt: stefan.fuchs@justiz.gv.at

Göttinger, Georg,

Dr. med., Arzt für Psychiatrie und Psychotherapie, Diplompsychologe, bis 2010 Leiter medizinische Dienste im Justizvollzug, Justizministerium Niedersachsen
Kontakt: georg-brayan@t-online.de

Goldbeck, Frank,

Dr. med., Facharzt für Psychiatrie und Psychotherapie, Schwerpunkt Forensische Psychiatrie, Stellv. Ärztlicher Direktor und Chefarzt der Psychotherapeutischen Abteilung der Klinik Nette-Gut für Forensische Psychiatrie
Kontakt: f.goldbeck@kng.landeskrankenhaus.de.

Gröbner, Maria,

Studentin der Sozialen Arbeit (B.A.) an der Hochschule für angewandte Wissenschaften Landshut. Kontakt über Johannes Lohner.

Haider, Julia,

Studentin der Sozialen Arbeit (B.A.) an der Hochschule für angewandte Wissenschaften Landshut. Kontakt über Johannes Lohner.

Lempp, Thomas,

Dr. med., Facharzt für Kinder- und Jugendpsychiatrie und -psychotherapie, Klinik für Psychiatrie, Psychosomatik und Psychotherapie des Kindes- und Jugendalters, Klinikum der Goethe-Universität Frankfurt.
Kontakt: thomas.lempp@kgu.de

Lohner, Johannes,

Prof. Dr. phil., Professor für Klinische Sozialarbeit an der Hochschule Landshut.
Kontakt: johannes.lohner@haw-landshut.de.

Mantzel, Horst,

evangelischer Pfarrer im Ruhestand. Nach Tätigkeiten in verschiedenen Kirchengemeinden von 1987 bis zum Eintritt in den Ruhestand 2007 Seelsorger an den Justizvollzugsanstalten Uelzen und Lüneburg.
Kontakt: irmgard.mantzel@t-online.de.

Meischner-Al-Mousawi, Maja,

Dr. phil., Diplom-Psychologin, Kriminologischer Dienst des Landes Sachsen.
Kontakt: maja.meischner-al-mousawi@jval.justiz.sachsen.de.

Pecher, Willi,

Dr. phil., Diplom-Psychologe, approbierter Psychotherapeut, Leiter der sozialtherapeutischen Abteilung Gewaltdelikte der Justizvollzugsanstalt München.
Kontakt: wilhelm.pecher@jva-m.bayern.de.

Radeloff, Daniel,

Dr. med., Facharzt für Kinder- und Jugendpsychiatrie und -psychotherapie, Klinik für Psychiatrie, Psychosomatik und Psychotherapie des Kindes- und Jugendalters, Klinikum der Goethe-Universität Frankfurt.
Kontakt: daniel.radeloff@kgu.de.

Rademacher, Klaus,

Hon.-Prof., Architekt, spezialisiert auf Gefängnisarchitektur, Jade-Hochschule Oldenburg,
Kontakt: g-k-rademacher@t-online.de.

Schmitt, Günter,

Prof. Dr., Diplom-Psychologe, 1972-1981 Leiter der JVA Ludwigshafen, 1974-1984 Leiter des Kriminologischen Dienstes des Landes RLP, 1979-2007 Professor an der Universität Essen.
Kontakt: guenter.schmitt@uni-due.de.

Schulz, Jens,

Ass. jur., Mitarbeiter der JVA für Frauen Vechta / Hildesheim
Kontakt: jens.schulz@justiz.niedersachsen.de

Stark, Alexander,

Diplom-Sozialpädagoge, Heilpraktiker für Psychotherapie, sozialtherapeutische Abteilung Gewaltdelikte der Justizvollzugsanstalt München.
Kontakt: alexander.stark@jva-m.bayern.de

Weßels, Oliver,

Sozialpädagoge und Jurist, Leitender Regierungsdirektor, Anstaltsleiter der JVA für Frauen Vechta / Hildesheim
Kontakt: oliver.wessels@justiz.niedersachsen.de.

Wetz, Franz Josef,

Prof. Dr. phil., Professor für Philosophie an der Pädagogischen Hochschule in Schwäbisch Gmünd.
Kontakt: fjwetz@t-online.de.

Zech, Rainer,

Diplom-Psychologe, Psychologiedirektor, Leiter der Sozialtherapeutischen Abteilung der JVA für Frauen Vechta / Hildesheim
Kontakt: rainer.zech@justiz.niedersachsen.de

**260 Seiten, ISBN 978-3-89967-535-1,
Preis: 30,- €**

PABST SCIENCE PUBLISHERS
Eichengrund 28
D-49525 Lengerich
Tel. + + 49 (0) 5484-308
Fax + + 49 (0) 5484-550
pabst.publishers@t-online.de
www.psychologie-aktuell.com
www.pabst-publishers.de

Katharina Bennefeld-Kersten
Ausgeschieden durch Suizid – Selbsttötungen im Gefängnis
Zahlen, Fakten, Interpretationen

Ausgeschieden durch Suizid – Mit dieser Formulierung wird die Personalakte eines Gefangenen ad acta gelegt, wenn er sich während der Haft das Leben genommen hat. Was kann Anlass sein für eine solche Tat? Hätte sich dieser Mensch in Freiheit auch getötet oder sind es spezielle Bedingungen, die den Suizid im Gefängnis als Ausweg aus dem Leben nahelegen?

Katharina Bennefeld-Kersten hat im Rahmen einer in ihrer Art einzigartigen Totalerhebung von Suizidfällen in Gefängnissen der Jahre 2000 bis 2006 das in dieser Umgebung sehr spezielle Zusammenwirken von Belastung und Bewältigung untersucht. Damit gerät ein Bereich ins Scheinwerferlicht, der Außenstehenden sonst verborgen bleibt und in dem es schwierig ist, überhaupt belastbare Daten zu gewinnen. Für den Leser bekommt der Haftalltag von Gefangenen in diesem Buch Konturen, und er erhält eine Vorstellung von der Besonderheit des Lebens (und des Sterbens) hinter den Mauern. Die Ergebnisse der Studien stimmen nachdenklich, sie geben aber auch Hinweise darauf, wie der Vollzug das Problem der Suizide von Gefangenen vielleicht besser bewältigen könnte.

Maike M. Breuer, Kerstin Gerber, Nicola Buchen-Adam, Johann Endres (Hrsg.)

Kurzintervention zur Motivationsförderung

Ein Manual für die Arbeit mit straffällig gewordenen Klientinnen und Klienten (Handbuch mit CD-ROM)

**176 Seiten + CD-ROM,
ISBN 978-3-89967-997-7, Preis: 20,- €**

eBooK: 978-3-89967-998-4,
Preis: 15,- € (www.ciando.com)

PABST SCIENCE PUBLISHERS
Eichengrund 28
D-49525 Lengerich
Tel. + + 49 (0) 5484-308
Fax + + 49 (0) 5484-550
pabst.publishers@t-online.de
www.psychologie-aktuell.com
www.pabst-publishers.de

Die Kurzintervention zur Motivationsförderung (KIM) soll straffällig gewordene Klientinnen und Klienten dabei unterstützen, sich mit den Hintergründen ihrer Straftaten und mit Möglichkeiten

der Veränderung auseinanderzusetzen, die ihrem Leben eine neue Richtung geben und idealerweise in ein straffreies Leben münden könnten. KIM stellt eine deutschsprachige Adaption des neuseeländischen „short motivational programme" (Department of Corrections NZ) dar und wurde von einer Arbeitsgruppe im bayerischen Strafvollzug entwickelt und erprobt, erscheint jedoch darüber hinaus auch im ambulanten Setting (z.B. durch die Bewährungshilfe) sinnvoll einsetzbar.

Unter Berücksichtigung der Grundhaltung und Methoden der motivierenden Gesprächsführung werden mit den Teilnehmenden in fünf Einzelgesprächen Übungen bearbeitet. Zunächst geht es darum, individuelle Problembereiche zu erkennen, die strafbares Verhalten begünstigen (Sitzung 1). Um die eigene Straffälligkeit besser zu verstehen, wird der Tatablauf in Form einer Ereigniskette besprochen (Sitzung 2). Die Vor- und Nachteile des kriminellen Verhaltens werden herausgearbeitet (Sitzung 3) sowie Aspekte, die einer Veränderung diesen Verhaltens entgegenstehen oder sie erleichtern könnten (Sitzung 4). Konkretisiert sich bei den Teilnehmenden ein Änderungswunsch, werden die gewonnenen Erkenntnisse zusammengefasst und nächste Schritte geplant (Sitzung 5).

Das vorliegende Manual zu KIM beinhaltet detaillierte Durchführungshinweise und vielfältige Beispiele. In Verbindung mit einer Schulung zur motivierenden Gesprächsführung erscheint daher eine Anwendung durch Berater/-innen auch ohne psychologisches oder sozialpädagogisches Studium denkbar. Die Arbeitsblätter für die Teilnehmenden werden auf CD zur Verfügung gestellt und lassen sich nach Bedarf ausdrucken. Neben Möglichkeiten und Grenzen der Anwendung von KIM wird die motivierende Gesprächsführung anhand von Beispielen mit straffälligen Klientinnen und Klienten erläutert. Ergänzt wird dies durch Hinweise für den Umgang mit schwierigen Gesprächssituationen.

**612 Seiten, ISBN 978-3-89967-897-0,
Hardcover, Preis: 60,- €**

eBooK: 978-3-89967-930-4,
Preis: 45,- € (www.ciando.com)

PABST SCIENCE PUBLISHERS
Eichengrund 28
D-49525 Lengerich
Tel. + + 49 (0) 5484-308
Fax + + 49 (0) 5484-550
pabst.publishers@t-online.de
www.psychologie-aktuell.com
www.pabst-publishers.de

*Marc Lehmann, Marcus Behrens,
Heike Drees (Hrsg.)*

Gesundheit und Haft
Handbuch für Justiz, Medizin, Psychologie und Sozialarbeit

Gefängnisinsassen sind meist vor, während und nach der Haft verschiedensten gesundheitlichen Risiken ausgesetzt – somatisch und psychosozial. Mit Haftantritt und Haftende wechseln jeweils die zuständigen Leistungsträger und Versorgungseinrichtungen; die Betreuung wird daraufhin oft verändert, unterbrochen oder abgebrochen.

Der Strafvollzug hat den Auftrag, die Gefährlichkeit von Tätern zu minimieren und eine Resozialisierung anzubahnen. Eine qualifizierte Gesundheitsversorgung trägt wesentlich dazu bei. Am Beispiel Substanzabhängigkeit wird dies bereits auf den ersten Blick deutlich.

Ein rein medizinisch ausgerichteter Ansatz verbietet sich in den meisten Fällen. Ein multiprofessionelles Engagement ist in der Regel indiziert. Die Gesundheitssorge wird maßgeblich vom Personal bestimmt – seiner Qualifikation, seiner Einstellung und seinem Menschenbild.

Ziel dieses Buches ist es, alle in diesem Feld arbeitenden Akteure zu sensibilisieren. Die Handlungsempfehlungen sollen dazu beitragen, Versorgungsschwierigkeiten zu minimieren und generell die gesundheitliche Situation der Gefangenen zu verbessern – vor, während und nach der Haft. Das Buch adressiert Leitungen und Entscheidungsträger, den allgemeinen Vollzugsdienst, die sozialen, psychologischen und medizinischen Dienste sowie die Bewährungshilfe.

Die Beiträge – aus unterschiedlichen, teils konträren Perspektiven verfasst – regen zu kritisch-konstruktiven Reflexionen an und dienen gleichzeitig der alltagspraktischen Handlungskompetenz. Sie informieren ausführlich über den Lebensraum Haft mit dem besonderen Blickwinkel auf die gesundheitlichen Versorgung.